우리 시대의
금융경제 읽기

- 어느 중앙은행가의 메모 -

대전환기 정책 · 시장 · 제도 · 인간을 이해하는 통찰력 키우기
시대 현실을 어떻게 바라보고 접근하며 시사점을 찾을 것인가

조홍균

박영사

우리 시대의 금융경제 읽기

- 어느 중앙은행가의 메모 -

조홍균

대전환기 정책·시장·제도·인간을 이해하는 통찰력 키우기
시대 현실을 어떻게 바라보고 접근하며 시사점을 찾을 것인가

서문

우리 시대에 경험하는 현실을 어떻게 바라보고 접근하며 시사점을 찾을 것인가. 동시대(contemporary era)를 사는 우리가 사색하고 글을 읽으며 글을 쓰기도 하는 이유라 할 수 있다. 필자는 금융, 경제, 법을 섭렵하는 학문적 및 실무적 배경을 갖춘 법/제도경제학자(legal/institutional economist)이자 오랜 중앙은행 실무가로서 금융경제를 중심으로 한 시장, 정책, 제도에 주로 천착해 왔다. 그동안 현장에서 함께 하거나 관찰한 금융경제 이슈들을 중심으로 언론과 간행물 등에 꾸준히 글을 기고해 왔다. 현실에서 이슈가 되고 있다고 판단되는 주제를 포착하여 현상과 흐름을 정리하고 필자 나름대로의 관점에서 접근하며 시사점을 모색하는 과정에 의미와 가치가 있다고 보았다. 이를 대중과 더 효과적으로 공유하는 차원에서 100편의 글을 한데 모아 책으로 엮었다.

우리는 대전환기에 살고 있다. 지난 40년을 지배한 세계화(globalization)와 자유주의(liberalism) 흐름에도 변화를 가져올 수 있는 정치경제적 불안정성 지

속과 함께 팬데믹 이후 겪어온 구조적 변혁에 더하여 트럼프 2기 행정부 출범에 따른 불확실성 등에 직면하고 있다. 인공지능을 필두로 한 디지털 대전환(digital transformation)의 가속화가 문명사적 패러다임의 변화를 가져오고 있는 가운데 인구구조 변화, 기후위기 대응, 민주주의 위기 등의 여러 도전적 과제가 다가오고 있다.

'더없는 행복은 대전환기에 살아있는 것이고 이 시대에 열정과 열망이 있음은 바로 천국이다.' 영국의 시인 윌리엄 워즈워스가 1789년 프랑스 혁명을 바라보는 감격을 표현한 시다. 이 시를 패러프레이즈 해본다. '더없는 행복은 대전환기에 중앙은행가로 살아있는 것이고 이 시대에 더 나은 세계를 만들어 가려는 열정과 열망이 있음은 바로 천국이다.' 이러한 열정과 열망을 지니고 우리 시대를 함께 해온 어느 중앙은행 실무가의 메모를 모은 것이라 할 수 있는 이 책이 대전환기 정책, 시장, 제도, 인간을 이해하는 통찰력을 키우는 데 도움을 줄 수 있기를 기대해 본다.

우리 모두는 바다의 항해자에 비유할 수 있다. 성공적인 항해를 위해서는 해면의 포말과 심해의 흐름을 함께 읽는 통찰력이 긴요하다. 필자의 글이 지향하고 싶은 방향이기도 하다. 항해자에게는 포말과 심해 흐름을 함께 읽을 수 있도록 일깨우며 도움을 주는 길잡이가 필요하다. 아무쪼록 이 책이 정책가, 시장운영가, 입법가, 금융가, 기업가, 법률가, 연구가를 포함한 우리 시대의 항해자를 위한 길잡이 역할을 할 수 있기를 바란다. 이와 관련하여 현실 이슈와 밀접한 대선 등 선거와 정책을 준비하는 사람들의 경우 시대 흐름과 방향을 포착하기 위한 지침서로도 활용할 수 있을 것이다. 교육가의 관점에서는 금융, 경제, 경영, 법, 행정, 정책 등 분야 전공자의 현실에 대한 이해 제고를 위하여 대학 학부와 대학원 과정의 참고교재로 쓸 수 있으리라 본다. 교육 범위를 글쓰기 교육으로 넓힌다면 대학입시 논술 준비를 포함하여 젊은이들이 현실 논의를 글로 전개하는 접근방법을 익히는 데 참고할 풍부한 사례집이 될 수 있으면 한다. 로스쿨 입시에 필수인 법학적성시험(LEET) 등 준비의 배경지식을 연마하는 데에도 도움이 되기를 기대한다. 필자는 중앙은행 총재의 대외 연설 및 강연문 작성 업무를 오랜 기간 담당한 바 있다. 총재의 연설강연 원고를 담당하던 당시에는 필자의 글을 쓰지 못했고 그 업무에서 벗어나서는 비로소 본격적으로 기고를 할 수 있었다. 그런 면에서 필자의 글이 상당 부분 중앙은행가의 중립적 시각에서 접근한 측면이 있으리라 여겨진다. 논리적 글쓰기 훈련이 철저한 미국 로스쿨의 J.D. 과정에서 공부한 필자의 경험 또한 글에 반영되어 있으리라 본다.

이 책의 1부에서는 트럼프 2기 행정부 출범으로 이어져 온 극적인 미국 대통령 선거 과정을 살펴보면서 미 대선 드라마의 승부를 가른 요인이 무엇인지를 집중 조명하고 향후 전개되는 트럼프 2기 정책의 방향과 패러다임 변화를 가늠해 보고자 하였다. 2부에서는 통화정책과 경제정책을 포함한 주요 정책 이슈를 폭넓게 다루고 국가경영에 대한 안목을 넓히며 이와 연계하여 시장이 어떻게 움직이는지 조명하고자 하였다. 3부에서는 전환기 금융정책과 금융감독정책의 주요 현안을 다루며 그 흐름을 읽고자 하였다. 4부에서는 혁신과 변화 속에서 발전하는 산업, 기업, 과학기술의 향방을 짚어보고자 하였다. 5부에서는 정치경제, 법, 사회가 부단히 직면하는 현실 이슈를 성찰하고자 하였다.

필자는 한국은행 조사제1부, 정책기획국, 경제연구원 등 정통 금융경제정책 및 조사연구 라인에서 오랜 기간 훈련받은 중앙은행 실무가이기에 필자의 글은 중립성과 신뢰성 높은 한국은행 조사연구자료와 그 통찰력에 크게 바탕을 두고 있음을 밝힌다. 한국은행이 조직으로서 지니는 지적 자산과 경험(institutional memory)이 필자의 글에 담겨있다는 점을 매우 자랑스러운 특권으로 생각한다. 이 책이 나올 수 있게 한 근본적인 원동력인 한국은행의 동료와 선배를 포함한 구성원들, 그리고 국민경제의 발전과 더 나은 세계를 향하는 그들의 헌신과 열정에 감사와 경의를 표한다. 평소 과분한 격려와 지도를 아끼지 않는 한국은행 유상대 부총재님, 중앙은행과 대한민국의 싱크탱크 역할을 하고 있는 한국은행 경제연구원 조태형 부원장님과 경제연구원의 동료, 조사국, 경제통계국, 통화정책국, 금융시장국, 금융안정국, 금융결제국, 발권국, 국제국, 해외사무소, 국제협력국, 외자운용원, 커뮤니케이션국 등 각 부서의 동료, 또 지면 관계상 일일이 열거하기 어려운 많은 분들이 베풀어준 격려와 도움에 깊은 감사의 뜻을 전한다.

2025년 3월
저자 조홍균

목 차

3부 **전환기 금융정책·금융감독정책 현안 읽기**

4부 혁신과 변화 속 산업·기업·과학기술 향방은

1부

美대선 드라마,
무엇이 승부를 갈랐나

트럼프 2.0에도 미국 예외주의는 이어질 것인가

트럼프 2.0 한달, 미국 예외주의 기대·관망 교차

전방위적 정책 불확실성…투자 확신·동력 제약

美헌정위기…장기실질금리·인플레기대↑ 자본유입↓

　미국 예외주의(American exceptionalism). 미국이 정치, 경제, 문화 등 모든 분야에서 다른 나라와 구분되는 특별함을 갖고 있다는 뜻이다. 최근 미국경제가 나홀로 성장을 구가하는 점에서 더욱 회자되어 왔다. 미국 예외주의는 미국경제가 다른 선진국, 특히 유럽과 격차를 내기 시작한 이후 세계경제와 주식시장의 확립된 특징으로 자리잡았다고 할 수 있다. 미국의 1인당 GDP가 2009년 이후 거의 두 배로 증가하는 동안 유로존의 1인당 GDP는 약 17% 증가하는 데 그친 것이 이를 말해준다. 금융 부문에서도 미국 주식시장은 코로나19 팬데믹 이후 가장 높은 수익률을 보이며 주요국 시장의 수익률을 상회하는 모습이다. 주가수익비율(PER, Price-to Earnings Ratio)이 20년래 최고 수준이다. 인공지능을 포함한 주요 미래산업에서의 리더십을 향유하고 있는 미국의 예외주의에 대한 시장 확신을 반영하고 있다고 하겠다.

　트럼프 2.0에도 이러한 미국 예외주의는 이어질 것인가. 트럼프 2기 행정부 정책이 표방한 규제 완화와 혁신 촉진, 감세, 낮은 에너지 가격 등은 경제성장과 주식시장에 일단 유리한 정책 조합(policy mix)으로 평가되며 기대를 모은 것이 사실이다. 도널드 트럼프 대통령이 취임한 지 한 달이 된 지금의 평가는 어떠한가. 당초 트럼프 2기 정책에 열광적 지지를 보냈던 많은 미국 기업들이 투자 지출 등에 관하여 '기다리며 지켜보자는 태도(wait-and-see attitude)'를 취하기 시작했다는 우려가 제기되고 있다. 트럼프 2.0 출범 한 달 만에 기업들이 행동에 나서기 주저하는 관망 자세를 보이고 있는 것이다. 이와 같은 상황이 확산된다면 트럼프 2.0의 미국경제가 자칫 성장 둔화 가능성에 직면하게 됨으로써 그동안 세계 경제와 시장을 하방 리스크로부터 견인하는 데 중요한 역할을 해 온 미국 예외주의가 흔들릴 우려도 배제할 수 없다. 트럼프 2.0의 미국 예외주의 지속 전망을 두 가지 관점에서 살펴보도록 하자.

첫째, 정책 불확실성이다. 트럼프 2기 행정부의 불확실한 정책 기조로 인해 기업들이 투자 결정 등에 확신을 갖는 데 시간이 필요하다는 점이다. 지난 한 달간 빠르고 격렬하게 진행된 트럼프 2.0이 경제에 미치는 영향 자체가 매우 혼란스러울 뿐만 아니라 친성장 정책이 어떻게 시행되고 성과를 낼 수 있는지를 가늠해보기까지에도 평가와 판단이 요구되기 때문이다. 트럼프 1기 행정부에서 나타났던 것처럼 불확실성이 사라질 때까지 기업들이 당분간 투자 결정을 미룰 수도 있다. 통상정책 등을 둘러싼 불확실성이 트럼프 1기보다 훨씬 높은 상황이다. 불확실성의 증대는 인공지능과 같은 번영의 미래 엔진에 대한 대규모 투자가 필요한 시기에 미국의 성장 모멘텀을 약화시킬 위험성이 있다.

지난달 미국의 기업인수합병(M&A) 건수는 10년래 최저 수준인 900건 미만이다. 지난해 같은 기간에는 1,200건을 상회했다. 트럼프 2기 친성장 정책 추진이 가져와야 할 비즈니스 활성화 기대와는 반대 흐름이며 트럼프 특유의 정책 스타일이 야기하는 높은 불확실성 속에서 시장의 M&A 거래 추진 동력도 제약을 받고 있음을 나타낸다. 정책 불확실성과 관련하여 제롬 파월 미 연방준비제도(연준) 의장은 트럼프 2기의 관세, 이민, 재정, 규제 정책 등이 어떤 방식으로 시행될지 말하기는 매우 어렵고 이를 추측하는 것은 현명하지 못하다고 토로했다. 통화정책 수행 여건의 불확실성이 높음을 시사한다. 이런 가운데 트럼프는 중앙은행보다 통화정책을 더 잘 이해한다고 주장하는 등 연준은 1980년대 이후 독립성에 대한 최대 도전에 직면하고 있는 형국이다. 이처럼 트럼프 2.0이 만드는 전방위적인 정책 불확실성은 미국 예외주의의 지속 전망을 판단하는 데 고려해야 할 하나의 요소라 할 수 있다.

둘째, 헌정 위기(constitutional crisis) 가능성이다. 트럼프는 지난 한달 사이 전격적인 여러 행정명령으로 헌법이 정한 의회의 예산권 등을 무력화하고자 했고 사법부가 제동을 걸었지만 이를 존중하지 않고 있다. 연방 예산의 1% 미만인 국제 원조를 돌연 중단키로 함으로써 미국이 2차 세계대전 이후 세계의 리더로서 오랜 기간 쌓아온 소프트 파워를 상실할 위기를 자초하고 있다. 국제 원조가 미국에 가져오는 이익은 계량화하기 쉽지 않지만 빈곤 감소, 질병 퇴치, 경제개발 촉진 등을 통해 세계를 더 안전하고 풍요롭게 만들어 미국 수출 시장의 저변을 확대하는 등 경제적 측면에서도 많은 도움을 준다. 트럼프 2.0이 입법권을 무시하고 사법권을 거부하는 등 헌정 위기 가능성을 야기하며 강행하려는 근시안적인 국제 원조 중단은 소프트 파워를 포함한 미국의 이익에 직간접적으로 심대한 침해를 가져올 것임이 자명하다.

아울러 시장은 헌법적 위기 내지 헌법적 질서 붕괴에 결코 긍정적이거나 우호적으로 반응하지 않는다는 것이 역사적 통찰력이라 할 수 있다. 대통령이 헌법을 존중하지 않는 나라에서는 장기 실질 금리가 상승할 가능성이 있을 것이다. 투자자들이 미국 채권을 보유하기 위해 더 높은 기간 프리미엄

(term premium)을 요구할 것이기 때문이다. 독립적인 사법부를 무시하는 데 이어 독립적인 중앙은행을 무시하는 대통령이 있는 나라에서는 인플레이션 기대 수준 또한 높아질 가능성이 적잖다. 헌법적 질서가 무너지는 나라의 금융시장으로 유입되는 자본 투자는 줄어들 가능성이 있을 것이다. 장기 실질금리와 인플레이션 기대가 높아지며 자본 투자가 줄어들 수 있음을 예측케 하는 트럼프 2.0 헌정 위기 가능성은 미국 예외주의의 지속 전망을 판단하는 데 고려해야 할 또 하나의 요소라 할 수 있다.

트럼프 2.0에도 미국 예외주의는 과연 이어질 것인가. 트럼프 2.0 이전부터 축적해 왔으며 이제 정책 불확실성 속에서 만들어가는 경제의 지배(rule of economy)가 이를 판가름하리라는 점은 분명하다. 아울러 헌정 위기 가능성 속에서 법의 지배(rule of law)가 어떻게 작동하느냐에 따라 미국 예외주의의 향방이 결정되리라고 본다. 현실 속에서 시시각각 움직이는 트럼프 2.0의 역동적 요소를 총체적으로 판단하는 혜안이 긴요하다.

(2025년 2월 19일 기고)

1.2 막 오른 트럼프 관세정책…움직이는 표적 속 '악당의 서사' 찾기

> 트럼프 2.0 관세정책, 여러 불확실성·방향성 내재 '움직이는 표적'
> 해밀턴·매킨리 유형 경제정책인가, 거래·협상의 도구·지렛대인가
> 승자 되는 해법, '악당의 서사' 찾는 트럼프 심리와 불가분 관계

미국 도널드 트럼프 2기 행정부가 관세정책의 서막을 올렸다. 관세 온건파인 스콧 베센트 재무장관 등이 아닌 관세 매파 피터 나바로 백악관 무역·제조업 고문이 이를 주도한 것으로 전해진다. 2월 4일 캐나다와 멕시코에 25%, 중국에 10% 부과하기로 한 관세를 캐나다, 멕시코에 대해 시행 직전 전격적으로 30일간 유예하기로 했고 중국에 대해서는 시행에 들어갔다. 캐나다와 멕시코의 관세 유예 조건으로 마약, 불법 이민자 관련 조치의 협상이 있었다. 중국과는 아직 협상에 이르지 않았고 가능성을 남겨두었다. 서막오른 트럼프 2.0 관세정책의 방향은 어떻게 전개될 것인가.

먼저 관련 역사를 돌아보자. 미국의 관세 부과 역사는 1789년으로 거슬러 올라간다. 건국의 아버지라 일컫는 초대 재무장관 알렉산더 해밀턴은 관세를 신생 공화국의 필요와 열망을 충족시킬 해결책으로 보았다. 재정수입을 늘려야 하는 절실한 필요와 영국 의존에서 벗어나 국내 산업을 키우고자 하는 열망이었다. 그러나 오늘날 주류 경제학자들은 관세가 재정수입을 늘리는 획기

적인 도구나 국내 산업 부흥을 촉진하는 효과적인 방법이 된다고 보는 견해에 회의적이다. 그것은 해밀턴 시절의 환상일 뿐이라고 본다.

트럼프는 관세를 좋아했던 25대 미 대통령 윌리엄 매킨리를 찬양한다. 아울러 19세기 후반에서 20세기 초를 미국 산업의 황금기이자 역사상 미국이 가장 부유했던 때라고 말한다. 취임과 함께 북미 대륙 최고봉 알래스카주 디날리산의 명칭을 매킨리산으로 바꾸기도 했다. 그렇지만 매킨리 관세를 연구한 다트머스대 더글러스 어윈은 관세가 모든 번영을 가져왔다고 본다면 그것은 과장이라고 했다. 당시 미국 평균 경제성장률이 높았으나 관세 덕분이라고 단정하기 어렵다는 것이다. 관세는 이미 상당히 높은 수준이었기에 관세로 인해 별안간 성장이 촉발된 것은 아니며 은행 대출 재원 증가, 사회간접자본 확충, 이민을 통한 노동력 공급, 전화 등 기술 발전과 같은 복합적 요인이 함께 작용한 결과라고 보았다. 매킨리는 1890년 49.5%의 관세를 부과했는데 독립 연방기관 미 국제무역위원회(International Trade Commission) 자료에 따르면 그 이후 가중 평균 관세가 하락했다. 그 이유는 관세가 부과되는 상품의 수입 비중이 1891년 55%에서 1894년 41%로 떨어졌기 때문이다. 관세 부과 상품의 무역이 급격히 감소함에 따라 총 관세 수입도 크게 줄어들었다. 이뿐만 아니라 매킨리 관세는 대중 생필품 가격 상승을 초래했고 이어진 하원의원 선거에서 매킨리의 공화당이 의석 절반을 잃게 된 원인을 제공했다. 트럼프가 향수를 느끼는 매킨리 관세에는 빛과 그림자가 있었다고 할 수 있다.

트럼프 2.0 관세정책은 마치 '움직이는 표적'과도 같은 형국이다. 여러 불확실성이 상존한다. 미국이 관세를 부과할지, 부과한다면 관세가 일시적일지 영구적일지, 협상의 도구일지 응징의 도구일지, 상대 국가는 어떤 보복을 가할지 불확실하다. 관세의 경제적 영향을 예측하려는 경제분석모델에 본연적으로 내재한 불확실성에 빠지기 전부터 여러 요소가 불확실하다.

이번에 트럼프가 멕시코와 캐나다에 즉각 부과하려던 관세를 당분간 유예하면서 받은 대가는 아주 크다고 보기는 어렵다. 멕시코는 이미 주둔하고 있는 북부 국경에 군대를 파견하겠다고 약속했고 캐나다는 마약 문제를 담당하는 펜타닐 차르를 임명하겠다고 했다. 그래서인지 백악관 국가경제위원회(National Economic Council) 케빈 헤셋 위원장은 이번 관세 부과를 무역전쟁(trade war)이 아니라 마약전쟁(drug war)이라고 표현하기도 했다.

중국은 미국이 부과한 이번 관세에 대한 보복 조치의 일환으로 구글에 대한 조사를 시작하고 희귀 금속에 대한 수출 통제를 시행했으며 두 개의 미국 회사를 국가안보 블랙리스트에 추가했다. 하지만 구글은 중국에서 거의 사업을 하지 않으며 블랙리스트에 추가된 두 회사 중 하나는 이미 조사를 받고 있었다. 중국은 지난해 여러 희귀 금속에 대한 제한을 가했고 미국 수입업체들은 이미 조정을 시작했다. 중국의 보복 조치가 자국민들에게는 강경하게 보이면서도 도를 넘지 않고 긴장을 고조시키지 않는 방식으로 이루어짐으로써 미국과의 잠재적 협상에서 레버리지 여지를 만드는 측면이 있다.

트럼프 2.0이라는 게임, 특히 관세정책 게임에서 트럼프가 어떤 플레이를 펼칠 것인가를 내다보기 위해서는 플레이어의 심리를 파악하는 것이 매우 중요하다. 예컨대 트럼프는 캐나다가 펜타닐의 주요 공급원이라고 주장하고 있다. 반면 뉴욕타임스의 최근 보도에 따르면 캐나다에서 미국으로 유입되는 펜타닐의 양은 미국 남부 국경에서 압수되는 양의 0.2%에 불과하다고 한다. 트럼프가 캐나다에 압박을 가하기 전에 왜 그렇게 많은 미국인이 중독자가 되었는지를 스스로 물어볼 수도 있을 것이다. 미국이 펜타닐 위기에 시달리는 가운데 트럼프가 이웃 나라에 책임을 전가하고 압박 수단으로 관세를 부과하겠다고 위협하는 심리는 어떻게 설명할 수 있을까.

좌파든 우파든 적지 않은 정치 지도자들은 지지자들에게 행동의 모티베이션을 부여하기 위해 이른바 '악당에 관한 명확한 서사(clear narratives about villains)'를 만들어내려는 심리를 지니고 있다고 한다. 미국 좌파의 상원 기수(旗手, standard-bearer)라 할 버니 샌더스의 경우 미국의 불행을 백만장자와 억만장자 탓으로 돌리며 지지자들에게 어필한 바 있다. 트럼프의 스토리텔링에는 항상 악당이 있다. 공동의 적(common enemy)을 찾는 것이다. 트럼프는 지난 대선 과정에서도 불법 이민자 추방 메시지와 같은 악당에 관한 명확한 서사를 통해 지지자들을 끌어모은 대목이 있다. '파시즘은 어떻게 작동하는가: 우리와 그들의 정치(How Fascism Works: The Politics of Us and Them)'의 저자인 예일대 제이슨 스탠리는 공동의 적을 설정하고 이에 맞서 사람들을 하나로 묶으며 단합시키려는 성향으로 트럼프의 심리를 묘사했다.

그렇다면 앞으로 트럼프 2.0 관세정책 방향의 요체는 무엇인가. 건국 초 해밀턴이 또는 트럼프가 찬양하는 매킨리가 19세기 말 추구하려 했던 유형의 경제정책인가. 다양한 형태로 거래와 협상을 도모하는 데 활용되는 트럼프 2.0 버전의 새로운 도구와 지렛대인가. 현 상황은 여러 불확실성과 방향성이 혼재되어 '움직이는 표적'과도 같다고 할 수 있다. 이러한 가운데 관세정책을 포함한 트럼프 2.0 게임에서 승자가 되는 해법은 트럼프 심리의 관점에서 찾아야 할 필요성이 크다. '움직이는 표적' 속에서 '악당의 서사'를 찾는 게임이 본격 시작되었다.

(2025년 2월 7일 기고)

1.3 트럼프 2.0 개막 10일…트럼프 언어의 시사점

트럼프 2.0 언어, 혼란과 불확실성 초래 우려
시장 성숙 반응 속 더욱 긴요해진 연준 독립성
트럼프의 과다확신에 여러 대응방안 준비해야

1월 20일 도널드 트럼프 대통령 취임 후 첫 번째 미국 통화정책 결정은 트럼프가 압박한 금리인하가 아닌 금리동결이었다. 1월 29일 미 연방준비제도(연준)는 연방공개시장위원회(FOMC) 회의에서 정책금리를 현재 수준인 연 4.25~4.50%로 유지하는 결정을 내렸다. 제롬 파월 의장은 정책 기조를 조정하기 위해 연준이 서둘 필요가 없다고 말했다. 금리인하에 신중한 자세를 견지할 뜻을 표명한 것이다.

이로부터 몇 시간 지나지 않아 트럼프는 연준을 신랄하게 비판했다. 연준이 다양성, 형평성, 포용성, 젠더 이념, 녹색 에너지, 가짜 기후변화에 시간을 덜 할애했다면 인플레이션은 결코 문제가 되지 않았을 것이라고 주장했다. 그러지 못해 역사상 최악의 인플레이션을 겪었으며 연준이 인플레이션을 통제하는 데 실패했다고 비난했다. 이에 앞서 1월 23일 트럼프는 스위스 다보스 세계경제포럼(WEF) 연설에서 사우디아라비아와 산유국들은 유가를 낮춰야 한다고 했고 유가가 하락하면 중앙은행들은 즉시 금리를 인하해야 하며 전 세계적으로 금리가 하락해야 한다고 했다.

갓 취임한 대통령이 표출한 이런 언어는 시장과 정책에 의미 있는 영향을 주고 있는 것일까. 현재까지 그렇지 못한 것으로 볼 수 있다. 트럼프의 다보스 포럼 발언 이후 유가의 움직임은 미미했고 시장의 2025년 금리 예측에는 거의 변동이 없었다. 시장은 대체로 연준의 이번 통화정책 결정을 수용하는 모습을 보였다. 국채가 완만한 매도 압력을 받으며 통화정책에 민감한 2년 만기 국채 수익률이 소폭 상승했다. 파월은 출범한 새 행정부의 정책은 연준이 비판하거나 찬양할 대상이 아니라고 말했다. 트럼프의 금리인하 요구 발언에 대해 어떠한 대응도, 논평도 하지 않을 것이라고 했다. 대중은 연준이 항상 그래왔던 것처럼 최선의 이해와 생각을 바탕으로 연준의 목표 달성에 노력하는 것 외에 다른 일을 하지 않을 것이라는 확신을 가져야 한다고 했다.

트럼프의 광폭 언어는 여기에 그치지 않았다. 연준이 통화정책을 결정한 1월 29일 트럼프는 엄청난 후폭풍을 초래하고 있는 연방 정부 보조금 지급 동결 계획을 철회한다고 했다. 수천억 달러 규모의 연방 정부 프로그램을 중단한 행정명령을 철회한 것이다. 이러한 급반전은 원래의 행정명령으로 공화, 민주 양당에 큰 정치적 혼란과 반발을 불러일으킨 직후 일어난 것이다.

퓨 리서치 센터에 따르면 미국 50개 주는 모두 연방 보조금을 받고 있으며 이는 2022 회계연도 총수입의 36.4%인 1조 1,000억 달러에 달한다. 루이지애나주 공화당 주지사 제프 랜드리는 주의 재정적 안정성을 위협받지 않으면서 불필요하고 엄청난 이 정책으로부터 풀려날 책임 있는 활주로를 개발하라고 백악관에 촉구했다. 루이지애나주 2022 회계연도 수입의 50% 이상은 연방 보조금으로 받은 것이며 이는 50개 주에서 최대치다. 민주당은 트럼프의 지급 동결 계획이 대통령의 불법적인 권한 약탈이라고 비난했으며 미국경제에 해를 끼칠 것이라고 경고했다. 파장이 커지면서 급기야 연방법원은 지급 동결 계획이 발효되기 직전에 이를 차단하는 판결을 내렸다.

결국 트럼프는 원래의 행정명령을 철회하기에 이르렀다. 백악관은 연방법원 판결과 부정직한 언론 보도로 인해 발생한 정책에 대한 혼란을 종식하기 위해 이를 철회했다고 밝혔다. 트럼프는 언론이 의도적으로 어떤 이유로든 만들어낸 혼란을 바로잡고 싶다고 했다. 또한 엄청난 낭비와 사기, 남용이 있어 온 거대 관료주의의 일부를 보고 있을 뿐이라고 말했다. 민주당은 이를 새 행정부의 조기 정책 실패를 보여주는 사례로 규정했다. 척 슈머 민주당 상원 원내대표는 국민이 반격했고 트럼프가 후퇴했으며 정책이 실패했다고 했다.

트럼프 2.0 개막 이후 불과 10일간이지만 트럼프의 언어가 만만치 않음을 새삼 실감하게 된다. 대체로 트럼프의 경제적 추론은 정합성이 낮기에 이에 관한 트럼프의 언어에 시장은 성숙한 반응을 보이고 있는 것으로 평가된다.

트럼프 2기에서는 연준의 독립성과 중립적 정책 판단이 더욱 중요해진다. 지난 10일간 경험한 트럼프 언어의 파장은 트럼프 2기 행정부의 정책이 상당 기간 불확실성 속에서 추진될 개연성을 감지하게 한다. 보수 싱크탱크 헤리티지 재단이 만든 공화당 행정부의 청사진인 프로젝트 2025에 대해 트럼프는 대선 기간 중 거리를 두었다. 이 프로젝트의 많은 정책이 연방 정부의 급진적 개편을 추진하는 등 첨예한 논란의 여지가 있었기 때문이다. 그렇지만 일부 정책은 트럼프의 취임과 함께 행정명령에 반영되고 있는 형국이다. 그러한 가운데 트럼프의 언어가 극명하게 표출된 이번 행정명령 철회는 갓 출범한 트럼프 2기 정책이 보여준 파열음의 일단이라 하겠다.

배우가 입이 가벼우면 대본이 여러 개 필요할 수 있다. 혼란과 불확실성에 대비해야 하기 때문이다. 트럼프 2.0 개막 10일간 쏟아진 트럼프의 언어에서 트럼프 2기 행정부 정책에 관한 어떤 시사점을 얻어야 할 것인가. 각국 정책 결정자와 시장참가자는 시스템에 관한 중장기적 영향을 확정적으로 예단하기보다는 트럼프의 독특한 접근 방식과 때로는 과다확신 등에 대응하여 여러 개의 대본을 준비하는 통찰력이 긴요하다고 하겠다.

(2025년 1월 31일 기고)

트럼프 2.0 미국 우선주의 개막…승자 되는 조건은

| 미국 우선주의 슬로건…빛과 그림자 공존
| 관세정책은 협상 레버리지 중시 성향 감지

도널드 트럼프 대통령이 취임했다. 트럼프 2기 행정부의 성공을 기원한다. 취임사에서 강조한 대로 위대하게 미국을 만드는 것을 넘어 더 좋은 미국을 만들고 더 좋은 세계를 만드는 데 기여하는 대통령이 되길 기대한다. 트럼프는 취임사에서 미국 우선주의(America first)를 힘주어 언급했다. 트럼프 2.0 이라는 게임이 이제 시작된 것이다. 게임에는 게임의 룰이 있고 룰 아래에서 움직이는 플레이어가 있다. 룰과 플레이어가 상호작용을 하고 그 상호작용이 게임의 성과를 만든다.

트럼프 2기 정책은 미국 우선주의라는 슬로건을 우선적으로 내걸었다. 여기에는 불확실성이 내재되어 있다. 미국 우선주의 구호가 향후 실제로 전개되는 정책에서 구체적인 현실로 어떻게 구현될지를 불확실성 속에서 주시해야 하기 때문이다. 불확실성엔 빛과 그림자가 공존한다. 트럼프 2기 정책이 표방하는 규제 완화와 혁신은 기업가 정신의 창달을 기할 수 있다. 빛에 해당하는 부분이다. 하지만 국제통화기금(IMF)은 트럼프 2기 행정부가 규제 완화를 너무 심하게 추진하면 미국이 위험한 호황-불황의 사이클(boom-bust cycle)로 빠질 수 있다고 경고하고 있다. 규제 완화가 번거로운 행정 절차(red tape)를 없애고 혁신을 자극함으로써 미국경제의 성장 동력을 높일 수 있지만 너무 지나치면 위험이 따른다고 밝힌 것이다.

트럼프 2기 정책이 이처럼 여러 얼굴을 지니고 있기에 트럼프 2.0에 진입한 플레이어 입장에서 관성적 틀에 머물지 않고 역동적으로 변화하는 현실 속 동학(dynamics)을 읽는 판단이 긴요하다.

트럼프 2기 정책의 하이라이트는 관세정책이라고 회자되어 왔다. 그렇기에 취임과 동시에 이른바 관세폭탄이 투하될 것이라는 예상도 있었으나 관세 수입을 징수할 대외수입청(External Revenue Service) 설립 계획과 함께 보호무역주의 정책 기조를 예고하는 수준에 머물고 있다. 초미의 관심사라 할 보편관세 도입을 포함한 구체적인 통상정책이 제시되지는 않았다. 실제 행정에서는 다소 점진적인 정책접근을 모색하고자 하는 것인가.

트럼프 2기 행정부가 출범한 지금부터는 정책을 주도적으로 추진할 주무부처라 할 수 있는 재무부와 상무부의 정책 방향이 중요하다. 그런 점에서 2기 행정부의 스콧 베센트 재무장관과 하워드 러트닉 상무장관의 관세정책에 대한 인식을 주목할 필요가 있다.

베센트 재무장관은 현재까지 관세 순수주의자(tariff purist)라기보다는 관세 점진주의자(tariff gradualist)에 가깝다는 평가를 대체로 받고 있다. 미국의 경쟁력을 회복하기 위해 높고 영구적인 관세가 필요하다고 생각하는 것이 아니라 협상의 도구로 관세를 바라본다는 것이다. 베센트는 각국의 무역 관행이 얼마나 불공평한지에 따라 정해진 스케줄에 의거 다양한 강도로 관세를 부과해야 한다고 했다. 또한 관세는 협상 레버리지와 시장이 적응할 시간을 제공하는 포워드 가이던스, 즉 선제적 안내의 형태로 느껴져야 한다는 견해를 피력한 점이 시사적이다. 적국과 동맹국 모두에게 관세를 부과할 수 있다고 했다. 중국의 무역 관행을 비판했다.

러트닉 상무장관은 베센트와 비슷한 맥락에서 관세정책을 지지한다. 베센트와 마찬가지로 러트닉은 관세 순수주의자가 아니라는 평가를 최근 받고 있다. 러트닉은 관세가 협상의 포커 칩이며 적과 동맹국에 사용하여 무역 정책을 변경하도록 만드는 수단이라고 했다. 러트닉은 또한 관세 보편주의자(tariff universalist)가 아니라는 평가를 받고 있다. 다른 국가의 미국 제품에 대한 관세에 상호 맞추어서 제품별로 부과하는 관세에 대해 언급했다. 다만 중국에 대해서는 완전히 다른 나라라고 하며 거리를 두었다. 중국에 대한 관세는 중국의 행동을 변화시키기 위한 것이지 협상 테이블로 끌어들이기 위한 것이 아니라는 것이다.

트럼프 2기 재무장관과 상무장관 모두 관세를 좋아하고 관세를 협상 레버리지로 사용하는 데 관심이 있는 것으로 평가되고 있다. 모두 중국을 비판하고 있다. 모든 국가와 모든 제품에 동일한 수준으로 동일한 비율로 적용되는 일괄적 관세에는 반대하고 있다. 트럼프가 때때로 원했던 것처럼 들리는 대목이다. 재무장관, 상무장관, 행정부 정책결정자들이 앞으로 트럼프와 어떻게 의견을 조율하고 또 미 의회와는 어떻게 상호작용하며 관세정책을 추진해 나아갈지 예의 주시해야 할 시기라 할 수 있다.

재무장관, 상무장관 등이 강조하는 외국과의 협상 지렛대, 그리고 관세 수입이라는 재정적 측면, 자국의 산업보호 등 현실주의적 관점과 방식의 접근이 예상되는 가운데 관세정책이 산업별, 국가별, 심지어 동맹국별로도 동등하지는 않을 개연성 또한 배제하기 어려울 것이다. 트럼프 2기의 관세정책은 철저하게 현실주의적이고 실용주의적인 접근을 해나갈 가능성이 크다고 할 수 있을 것이다. 다만 이 과정에서 트럼프 행정부가 자칫 그들만의 과다확신 오류 또는 집단사고 오류에 빠질 위험성은 없는 것인지는 경계해야 할 대목이다.

이제 개막한 트럼프 2.0 미국 우선주의라는 슬로건 아래에서 관세정책을 포함하여 불확실성 속에 전개되는 트럼프 2기 정책이 현실 속에서 실제로 어떻게 구현되느냐를 정확히 짚어내는 것이 무엇보다 중요하다. 미국 연방대법원의 판례이론을 인용해 본다면 1937년 연방대법원 판례(First Nat. Bank & Trust Co. of Bridgeport, Conn. v. Beach)에서 비롯된 총체적 상황 판단(totality of the circumstances test) 이론이 있다. 어느 하나 또는 특정 요소에만 의존하지 않고 모든 정보와 상황을 총체적으로 고려하여 판단을 내려야 한다는 이론이다.

이 판례이론이 경제 문제에도 적용되는 바가 있다. 트럼프 2기에서의 관세정책뿐만 아니라 인플레이션 궤도, 산업정책, 외교군사정책 등 제반 주요 현안 대응에 관한 총체적 상황 판단이 긴요하다. 트럼프 2.0 게임의 승자가 되기 위한 조건이기도 하다.

(2025년 1월 21일 기고)

트럼프 2.0과 美경제의 미래

> 트럼프 2.0 정책에 대한 전미경제학회의 성토와 우려 경청 필요
> 美노동공급 지속가능성, 민간투자 향방, 중앙은행 독립성 주시해야

20일 도널드 트럼프는 미국 대통령으로 백악관에 복귀한다. 트럼프 2.0 시대를 목전에 두고 연초 열린 2025년 전미경제학회 연례총회는 트럼프 2.0 정책에 대한 지지와 기대가 아닌 성토와 우려로 가득했다. 대규모 관세 부과 등 무역장벽으로 인플레이션이 높아지고 경제성장이 타격을 받을 것이라는 경고의 목소리가 컸다. 이민제한 정책에 대한 비판도 상당했다. 2022년 노벨 경제학상 수상자인 벤 버냉키 전 연방준비제도(연준) 의장은 트럼프 행정부에서 연준의 독립성이 침해될 경우 경제에 부정적 영향을 끼칠 수 있음을 경고했다. 숱한 논란 속에 임박한 트럼프 2.0 정책과 함께 미국경제에서 고려해야 할 요소는 무엇인가.

고전파 경제학자 데이비드 리카도의 관점에서 무역을 바라볼 때 개방 무역은 모두에게 이롭다. 각국은 수입 대금을 지불하기 위해 상품을 수출하고 비교 우위가 있는 분야를 전문으로 한다면 모두가 더 나은 삶을 살 수 있다고 본다. 리카도 시대의 무역은 주로 상품의 양자 교환 형태였다. 예컨대 양모와 와인을 교환하는 것이었다. 지금의 많은 무역은 국경을 넘는 서비스를

포함하고 디지털 방식에 의해 이루어진다. 상품의 이동 또한 매우 복잡하다. 예컨대 애플이 아이폰을 만들 때 40여국에 걸치는 공급망을 활용하며 미국산 자동차 부품은 제조 과정에서 멕시코 국경을 여러 번 통과하게 된다. 트럼프 2.0 정책의 관점에서는 리카도 경제이론이 더 이상 적절하지 않을 수 있음을 고려해야 한다.

아울러 전통적 경제이론이 말하는 호모 이코노미쿠스(homo economicus, 경제적 인간)만이 아닌 현실 속의 호모 폴리티쿠스(homo politicus, 정치적 인간)를 고려해야 한다. 그러한 맥락에서 트럼프 2.0 정책에 관한 그동안의 현란한 수사(修辭, rhetoric)가 실제로 전개되는 정책에서 어느 정도 현실로 구현될지를 예의 주시해야 할 것이다. 트럼프의 정책 공약은 자체적인 모순으로 가득 차 있다. 공언대로 대규모 관세를 부과한다면 트럼프가 낮추겠다고 말한 인플레이션을 높일 수 있으며 달러화 강세를 가져올 가능성이 있다. 이는 무역적자를 확대할 수 있는데 물론 트럼프가 원하는 결과는 아니다. 트럼프 2.0에 대한 평가는 몇 년이 지난 후에야 이루어질 수 있을 것이기에 현 시점은 불안감을 느끼며 지켜보는 국면이라 하겠고 그 정책이 미국경제의 앞날에 어떤 역할을 할지 예단하기 쉽지 않다. 높은 불확실성 속에서도 염두에 두어야 할 미국경제에 관한 기조적인 요소를 몇 가지 짚어 볼 필요가 있다.

먼저 미국경제의 견조한 성장세를 뒷받침해온 안정적인 인구구조와 풍부한 노동공급의 지속가능성이다. UN 인구 추산에 따르면 미국 인구는 2024년 기준 3억 4,500만 명으로 인구증가율은 2022년 0.4%, 2023년 0.6%, 2024년 0.6%이며 인구가 줄어들고 있는 유럽, 일본과 대조를 보인다. 코로나19 팬데믹 이후 이민 인구 유입이 늘어난 점도 노동공급 증가에 기여해 왔다. 향후 미국으로 신규 유입되는 이민자 수는 트럼프 2.0 정책 방향에 따라서는 크게 줄어들 개연성이 있다. 트럼프 1.0 시절에도 이민 허용 요건이 까다로워져 이민자가 감소했던 경험이 있다.

다만 이와 같은 이민자 감소가 노동공급 부족 현상을 크게 증가시킬 가능성은 단기적으로는 낮을 것으로 보인다. 팬데믹 이후 경기회복 과정에서 노동공급이 크게 부족했을 때 이민자들이 급격히 늘어나며 빈 일자리를 이미 채움으로써 최근 빈 일자리율은 안정적인 모습을 보이고 있다. 미국의 노동생산성이 팬데믹 이후 지속적으로 팬데믹 이전을 상회하고 있는 점 또한 트럼프 2.0 이후에도 미국경제의 지속가능한 성장에 긍정적 영향을 주는 요소로 볼 수 있겠다. 팬데믹을 거치며 저생산성 부문의 구조조정이 이루어지고 해당 노동력이 고생산성 부문으로 재배치되면서 노동생산성이 제고된 것으로 평가된다.

다음으로 미국의 민간투자가 지속적으로 증가할 것인가의 여부다. 이는 트럼프 2.0 정책의 방향에 따라서 달라질 수 있다. 향후의 관세 협상, 감세 규모, 산업정책 등에 따라 민간투자의 방향이 크게 바뀔 것으로 예상된다. 트럼프가 에너지가격 인하를 공약으로 내세웠기에 트럼프 1.0 때와 같이 셰일가스나 석유생산량이 늘 경우에는 관련 투자가 증가할 가능성도 있다.

인공지능(AI) 관련 투자는 트럼프 2.0에서도 증가 추세를 유지할 것으로 보인다. 미국의 AI에 대한 민간투자는 2017년 이후 가파른 증가세를 나타냈고 투자 규모가 감소했던 여타 주요국과 달리 2023년에도 전년 대비 22% 증가했다. AI 관련 투자는 앞으로도 지속적으로 늘어나 생산성 향상에 긍정적인 역할을 할 것으로 전망된다.

아울러 벤 버냉키 전 연준 의장이 이번 전미경제학회 연례총회에서 강조한 중앙은행의 독립성이다. 버냉키는 연준의 독립성이 침해될 경우 인플레이션과 시장에 부정적인 영향을 줄 수 있다고 우려했다. 연준은 자신이 무엇을 하고 있는지, 왜 그렇게 하는지 등 통화정책의 정당성을 의회와 대중에 충분히 설명할 필요가 있다고 했다. 반면 트럼프 2.0에서 첨예하게 거론되어온 이슈인 관세정책, 이민정책 등이 인플레이션에 미치는 영향은 오히려 제한적일 수 있다는 견해를 피력했다.

트럼프 2.0이 코앞에 다가온 시점에서 전해진 전미경제학회의 트럼프 2.0 정책에 대한 고언은 경청할 만하다. 트럼프 2.0과 미국경제의 미래를 바라볼 때 경제이론상의 호모 이코노미쿠스만이 아닌 현실 속의 호모 폴리티쿠스를 종합적으로 고려해야 할 당위성이 크다. 그러한 가운데 노동공급의 지속가능성, 민간투자의 향방, 중앙은행의 독립성 등 미국경제에 관한 기조적인 요소를 주시하면서 트럼프 2.0을 본격 대비해 나갈 때다.

(2025년 1월 7일 기고)

트럼프 2.0과 2025년 통화정책

트럼프 2.0 시대 통상·재정·이민정책 변화···인플레이션 재상승 압력

트럼프 2.0 정책 작동하는 2025년 중반까지 통화정책 신중 기조 전망

중립금리 향방 주시···정책결정자에 인식 지평 넓히는 종합 통찰력 긴요

　도널드 트럼프 미국 대통령 당선인을 영국 일간지 파이낸셜타임스가 올해의 인물(Person of the Year)로 선정했다. 미국 현대 정치사에서 가장 극적인 복귀를 이룬 사례로 평가했다. 파이낸셜타임스는 8년 전 2016년에도 대선에 당선된 트럼프를 그해의 인물로 선정한 바 있다. 조 바이든이 대통령에 취임하던 2021년 1월 20일 트럼프는 자택이 있는 플로리다 팜비치로 돌아가기 위해 에어포스 원에 탑승했다. 당시 대부분의 사람들은 이를 그의 마지막 장면이라고 생각했고 앤드류스 공군 기지에 나타나 그를 배웅한 사람은 거의 없었다. 그러나 역대급 대선 드라마를 쓰며 2025년 1월 20일 트럼프는 다시 백악관으로 들어간다. 트럼프 2.0 시대를 여는 것이다.

　트럼프 2.0은 통상정책, 재정정책, 이민정책 등의 큰 변화를 예고하고 있다. 트럼프가 공언한 대로 대규모 관세부과, 감세, 이민 제한 등이 이루어지면 수요, 공급 면에서 인플레이션을 끌어 올릴 것이다. 바이든 행정부에서 유권자들이 겪었던 높은 인플레이션이 올해 트럼프 대선 승리의 원동력이었는

데 트럼프 2.0이 그동안의 중앙은행 정책 대응으로 낮아진 인플레이션을 다시 높이게 되는 역설이 초래될 수도 있다. 인플레이션 재상승 압력은 2025년 통화정책에 큰 영향을 끼치는 요소다.

제롬 파월 미 연방준비제도(연준) 의장은 차기 트럼프 행정부가 무엇을 할지에 대하여 짐작하지도, 추측하지도, 가정하지도 않는다고 말했다. 파월은 트럼프의 수사(修辭, rhetoric)가 아닌 실제로 수행하는 정책을 보고 나서야 그 영향을 평가할 수 있다는 신중한 입장이다. 다만 트럼프가 계획하고 있는 정책을 경제전망에 반영하고 있다는 점은 인정했다. 트럼프의 정책이 인플레이션을 높이는 압력을 가하는 방식으로 시행될 경우 금리 인하 폭 또는 속도를 줄이거나 늦추는 등 통화정책을 제약적으로 수행하게 되는 시나리오를 생각할 수 있겠지만 그 시기와 접근방법을 현시점에서 예단하기란 쉽지 않다. 세계금융시장과 정책결정자들의 지대한 관심사라 할 트럼프 2.0과 2025년 통화정책을 몇 가지 포인트로 짚어 본다.

2025년 들어 연준의 첫 연방공개시장위원회(FOMC) 회의는 트럼프가 취임한 직후인 1월 28~29일 열린다. 이때까지 FOMC는 소비자물가지수(CPI)와 개인소비지출(PCE) 인플레이션에 대한 추가 데이터 한 달 분과 추가 고용지표를 받아볼 수 있을 것이다. 트럼프의 정책 프로그램이 어떻게 추진될 것인지에 대한 추가 정보는 취임 첫날 있을 행정명령 외에는 아직 확정되지 않을 개연성이 있고 의회의 승인이 필요한 정책은 여전히 모호할 수 있다. 이 경우 연준이 정책금리에 별다른 변화를 주지 않는 등 신중한 기조를 견지할 가능성을 예상해 볼 수 있을 것이다.

그다음에 열리는 FOMC 회의는 2025년 3월 18~19일이다. 이 시점까지도 트럼프 2.0은 전체적으로 정책이 형성되는 과정 중에 있을 개연성이 있다. 일부 시행에 들어간 정책들이 꽤 있다고 하더라도 시장에서의 가격 효과(price effects)가 아직 명확하게 나타나지 않았을 수 있다. 연준이 통화정책 변화에 여전히 신중한 자세를 취할 가능성을 배제하기 어려울 것이다.

이렇게 볼 때 트럼프 2.0 정책의 실체적인 모습이 갖춰지고 효과가 작동하기 시작하는 2025년 중반 즈음부터 연준의 통화정책 기조가 더 명확해질 것으로 예상할 수 있다. 이는 2025년 통화정책 여건의 불확실성이 그 어느 때보다 클 것이란 얘기다. 높은 불확실성 속에서도 염두에 두거나 간직해야 할 키워드는 무엇일까. 다소 원칙론적인 입장에서 두 가지를 조명해 보고자 한다.

첫째, 중립금리(neutral/natural rate of interest)의 향방이다. 중립금리는 인플레이션과 경제성장을 부추기지도 둔화시키지도 않는 균형 상태에서의 금리라고 할 수 있다. 흔히 R-스타(R-star, R*)로 표현한다. 바다의 항해자가 밤하늘 별(star)을 보며 항해하듯 시장경제의 항해자가 찾기 위하여 노력하는 이상적인 수준의 금리로 비유할 수 있다. 대체로 현재 정책금리는 중립금리보다 높은 수준에 있는 것으로 평가되지만 얼마나 높은지는 정확히 알기 어려운 것이 현실이다. 그러한 가운데에도 정책금리가 중립금리에 예전보다 더 가까워진 것으로 판단되고 있기 때문에 중앙은행이 2025년 통화정책 운용에 훨씬 더 신중해야 한다는 점은 분명하다고 할 수 있다.

아울러 트럼프 2.0의 재정정책과 이민정책 등이 본격화될 경우 기존의 중립금리 수준 자체에도 일부 변화의 여건이 생길 수 있다. 국제통화기금(IMF)은 재정정책, 인구구조 변화, 생산성 변화 등이 저축과 투자 간의 균형에 영향을 미침으로써 중립금리를 변화시킬 수 있음을 최근 연구한 바 있다. 중립금리는 짙은 안개 낀 바다를 항해하는 중앙은행에 밤하늘의 별과 같은 존재다. 그래서 중립금리, R-스타를 찾는 노력의 중요성을 불확실성 속의 2025년 통화정책이 새삼 일깨워 준다.

둘째, 의문을 품는 정신(questioning spirit)의 중요성이다. 파월이 금년 8월 잭슨홀 미팅에서 지난 수년간의 통화정책을 회고하고 일부 판단 오류를 인정하면서 강조한 말이다. 최근까지도 각국 중앙은행이 맞서 분투해온 인플레이션의 제어가 완전히 끝난 것이 아니며 향후 트럼프 2.0이 어떻게 전개되고 인플레이션에 어떤 영향을 끼칠지 불확실성이 상존하는 2025년이다. 새로운 인플레이션 위협이 다시 다가올 수 있고 이에 따라 정책금리의 미래 경로 또한 불확실해질 수 있다. 불과 4개월 전 잭슨홀에서 정책금리 인하로 여정의 방향을 분명하게 틀었지만 이제 트럼프 2.0은 통화정책의 다기화(divergence)도 고려해야 할 형국이다. 돌이켜 보면 연준이 2021~2022년 인플레이션 급등은 일시적일 뿐이라고 단정하는 실수를 한 이후 지나치게 데이터에 의존하려는 성향을 보인 측면이 있다.

경로가 불확실할 때 데이터에 의존하면서 조금 느리게 가는 편이 안전할 수는 있다. 그렇지만 중앙은행의 과도한 데이터 의존성이 심화할 경우 신호와 소음이 혼재된 최신 데이터의 일시적 바람이 부는 방향으로 통화정책이 치우칠 수 있고 이는 경제의 불확실성을 키울 우려도 있음을 경계해야 한다. 데이터 의존적 분석 및 정책 판단에도 한계가 있음을 유의하며 인식의 지평을 넓히는 종합 통찰력을 발휘하는 노력과 그러한 역량의 제고가 2025년을 맞이하는 각국 중앙은행 정책결정자들에게 특히 긴요하다고 하겠다.

(2024년 12월 27일 기고)

트럼프, '루스벨트 편지' 아닌
'애덤 스미스' 읽을 때

트럼프에 파월 해임 법적 권한 없음 말해주는 '루스벨트 편지'

대규모 관세 등 인플레 재점화…중앙은행에 무거운 짐 우려

트럼프에 긴요한 덕목, 애덤 스미스 국부론과 도덕감정론 철학

대공황(Great Depression) 당시 프랭클린 루스벨트 미국 대통령은 위기 극복을 위해 뉴딜정책을 추진했다. 윌리엄 험프리 연방거래위원회(Federal Trade Commission) 의장은 비협조적이었다. 연방거래위원회는 독립된 독점 규제기관이었다. 루스벨트는 험프리 의장을 물러나게 하려고 한 통의 편지를 보냈다.

'귀하의 마음과 나의 마음은 연방거래위원회의 정책이나 행정에서 서로 맞지 않는다고 느끼며 솔직히 (귀하가 사임해) 내가 완전한 확신을 갖는 것이 국민을 위한 최선이라고 생각하오(I do not feel that your mind and my mind go along together on either the policies or the administering of the Federal Trade Commission, and frankly, I think it is best for the people of the country that I should have a full confidence).'

대통령의 압박 편지에도 불구하고 험프리 의장은 사임을 거절했다. 그러

나 루스벨트는 험프리를 해임했다. 법정 다툼까지 간 끝에 미 최고법원인 연방대법원은 법률이 정한 사유가 아니면 의장을 해임할 수 없다고 1935년 판결했다. 연방거래위원회법은 의장이 무능력하거나 직무태만, 업무배임 등의 경우에만 임기 도중에 해임할 수 있도록 했다. 루스벨트는 이 해임 사유가 아닌 연방거래위원회의 정책 방향을 바꾸기 위해 의장을 해임하고자 한 것이다. 연방대법원은 법률이 규정한 해임 사유는 대통령의 해임 권한에 대한 합헌적 제한이라고 판단했다. (Humphrey's Executor v. United States, 295 U.S. 602)

미국에서 독립적 행정기관(independent administrative agency)의 개념은 이 판례에 의해 형성되었다. 독립적 행정기관의 가장 근본적인 특징은 대통령이 동 기관의 장을 해임하는 데는 타당한 사유(good cause)가 요구된다는 것이다. 중앙은행인 연방준비제도(연준)는 독립적 행정기관이다. 제롬 파월 연준 의장은 도널드 트럼프의 이번 대선 승리 이후 열린 연방공개시장위원회(FOMC) 정례회 기자회견에서 트럼프가 사임을 요구해도 물러나지 않을 것이며 대통령의 연준 의장 해임은 법적으로 허용되지 않는다고 말했다.

'루스벨트의 편지'는 그 법적 배경을 만들었다. 트럼프가 줄곧 맹비난하며 해임하겠다고 위협해온 파월에게 '루스벨트의 편지'를 쓴다고 하더라도 험프리와 마찬가지로 법적으로 해임할 수 없는 것이다. 정치적 요인을 고려하지 않고 중앙은행에 부여된 책무에 충실하겠다는 파월의 의연한 자세는 중앙은행가로의 진정한 면모를 잘 보여준다. 90여년 전 '루스벨트의 편지'는 지금 트럼프에게 파월을 해임할 법적 권한이 없음을 새삼 말해준다.

중앙은행의 판단을 존중해온 바이든 행정부와는 달리 트럼프 행정부에서 대통령과 중앙은행 간의 갈등이 우려되는 가운데 트럼프의 공언대로 대규모의 관세, 줄어든 이민, 글로벌 무역 긴장 등이 현실화한다면 미국, 유럽, 중국을 포함한 세계 인플레이션을 끌어올릴 가능성이 크다. 이러한 예측 시나리오를 국제통화기금(IMF)이 제시했다. 코로나19 팬데믹 이후 글로벌 공급망 교란으로 인해 2021년 초 2% 물가목표에 가까웠던 미국 인플레이션이 2022년 7%대로 급격히 상승했던 트라우마가 아직 남아 있는데 다른 요인에 의한 인플레이션 경계감이 촉발되는 국면이다.

인플레이션이 재점화된다면 중앙은행에 힘겨운 시간이 닥칠 것이다. 팬데믹 이후 높아졌던 인플레이션에 대한 대중의 반감이 트럼프 대선 승리의 원동력이었는데 트럼프가 이를 되돌리는 역설을 배제할 수 없게 된다. 트럼프의 대선 승리가 대규모 관세 정책 등으로 인플레이션을 일으키고 팬데믹을 막 헤쳐나온 중앙은행에 다시금 무거운 짐을 부과하게 될 수 있는 것이다.

그렇다면 지금 대선 승리에 한껏 도취하여 과다확신에 빠져 있을 트럼프에게 앞으로 필요한 덕목은 무엇일까. 파월에게 사임 압박을 가하는 '루스벨트의 편지'가 아니라 국정 최고책임자에게 필요한 통찰력을 갖추기 위해 '애덤 스미스를 읽는 것'에서 찾아야 할 것으로 본다.

애덤 스미스는 1776년 집필한 국부론(An Inquiry into the Nature and Causes of the Wealth of Nations)에서 '보이지 않는 손(invisible hand)'을 언급하며 수요와 공급이 스스로 조절되는 시장의 가격 메커니즘과 자유무역을 지지했다. 아울러 1759년 집필한 도덕감정론(The Theory of Moral Sentiments)에서 공감할 수 있는 룰과 질서를 강조했다. '보이지 않는 손'이 작동하기 위해서는 사회와 시장의 또 다른 작동원리인 공감의 룰이 전제되어야 함을 말했다.

트럼프는 과도한 정부 간섭과 규제, 높은 세금에 대한 혐오감을 드러냈다.

애덤 스미스와의 접점이 일부 있다. 그렇지만 애덤 스미스가 지지한 자유무역에 대해서는 확실하게 거부감을 천명했다. 도덕감정론이 지향하는 공감의 룰, 나아가 신뢰와 법치주의와는 한참 거리가 있다. 자신을 둘러싸고 있는 많은 사법 리스크를 부정해온 트럼프가 취임 이후에 법 앞의 평등과 법치주의를 스스로 받아들일 가능성은 거의 기대하기 어려울 것이다. 행정, 입법, 사법을 장악했다고 여길 것이기에 더욱 그러할 것이다.

애덤 스미스는 국부론에서 정부는 세수를 초과하여 지출하는 재정적자(deficits)를 일으키고 이를 국가부채(debt)로 메꾸며 다시 화폐 가치의 절하(debasement)를 통해 국가부채를 상환하려 한다는 속성을 설파했다. 애덤 스미스 이래 재정정책과 통화정책은 본질과 속성 면에서 긴밀한 상호연계작용의 특질을 띠는 가운데 정치적, 정책적으로 상호독립적 프레임으로 이루어지는 당위성을 지니고 있다. 재정정책과 통화정책을 독립적으로 운영하면서도 국가전략 면에서 균형적으로 바라보는 안목이 국정 최고책임자인 대통령에게 필요하다. 통화정책과 중앙은행의 본질을 꿰뚫어 보는 애덤 스미스의 통찰력을 국부론에서 읽을 수 있다.

애덤 스미스의 국부론과 도덕감정론이 시사하는 철학은 21세기에도 여전히 많은 국가 지도자들에게 그리고 트럼프에게도 긴요한 덕목이다. 자유무역과 법의 지배, 그리고 중앙은행에 대한 올바른 이해가 특히 부족한 트럼프는 지금 애덤 스미스를 읽어야 할 때다.

(2024년 11월 14일 기고)

이성보다 감정···파토스가 지배한 美대선

美대선, 트럼프 파시즘보다 식료품 가격서 느끼는 파토스가 좌우

파토스가 지배하는 선거, 통합보다 분열, 존중보다 경멸 부추겨

밀물·썰물처럼 흐르는 역사 진보···아리스토텔레스 수사학 성찰의 시기

미국 대선을 지배한 것은 파토스(pathos), 감정이었다. 아리스토텔레스가 수사학(修辭學, rhetoric)에서 말한 설득의 3원칙인 에토스(ethos, 신뢰), 로고스(logos, 이성), 파토스 중에서 파토스가 유권자들을 지배했다. 정치 양극화(polarization)의 수준을 넘어서는 적대감(hostility)이 선거 과정에서 줄곧 힘을 발휘했다. 미 대선 레이스는 유권자들에게 감정의 롤러코스터와 같았다. 감정으로 좌우되고 감정으로 가득한 과정이었다.

신뢰와 이성을 갖춘 오바마주의(Obamaism)는 감정을 앞세운 트럼프주의(Trumpism)에 의해 압도되었음을 선거 결과는 말해준다. 우려된 트럼프의 파시즘보다 높아진 식료품 가격이 유권자들에게 느껴지는 파토스에 어필했다. '미국을 다시 위대하게 만든다(Make America Great Again)'는 선거 슬로건은 그것을 실현할 수 있는 정책의 타당성에 대한 치열한 사회적 고민 없이 그 자체로 사람들의 감정에 직접적으로 꽂혔다. 파토스가 미국 현대 정치를 지배하고 로고스와 에토스는 기껏해야 보조적인 역할을 하는 듯하다.

이처럼 파토스가 지배하는 선거에서는 찬성보다는 반대를, 통합보다는 분열을, 존중보다는 경멸을 부추기는 전략이 더 효과적이기 마련이다. 고대 아테네에서 클레온이 페리클레스를 비방한 이후로 정치인들은 종종 상대방을 폄하하는 파토스 전략을 써왔다. 하지만 이런 방식으로 선거 승리만을 도모하려는 정치인들의 약품은 남용하면 독이 될 수 있다. 파토스가 지배한 선거결과가 발표될 때면 사람들이 느끼는 스트레스는 매우 크다. 그 스트레스는 미래에 대해 불현듯 밀려오는 두려움과도 연결되어 있다. 이와 관련 최근 미국 심리학회는 국가의 미래에 대한 두려움이 성인의 77%에게 가장 심각한 스트레스의 원인이 되고 있다고 밝힌 바 있다. 이번 미 대선이 주는 스트레스 또한 만만치 않을 듯하다.

파토스는 정치인들뿐만 아니라 유권자들 간에도 상대방을 적대적으로 바라보게 만든다. 트럼프 지지자들을 비이성적이고 인종 차별적이며 성 차별적이라며 반대편 지지자들이 비판하려고 할 수 있다. 양측 유권자들이 도널드 트럼프와 카멀라 해리스 두 대선 후보에 대해서 열광하지는 않더라도 반대편에 대해서는 격분하고 그들이 선거에서 이기지 못하도록 안간힘을 쓸 수 있다. 영국의 경우 노동당이 노동당에 대한 사랑보다는 보수당에 대한 적대감으로 정치 현실을 바라보며 접근하려고 할 수 있다. 이와 같은 행태는 공감하지 않는 반대편 사람들에 대한 강한 거부이지만 그렇다고 정치적 철학을 공유하는 사람들 간의 내부 연대에 토대를 두고 있는 것은 아니다. 다분히 감정에서 비롯된 파토스다.

여론조사기관 퓨 리서치센터의 최근 조사에 따르면 이처럼 반대편에 대해 사람들이 갖는 부정적인 감정은 더욱 강해지고 있다. 다른 정당의 지지자들이 편협하고 부정직하며 부도덕하다고 믿는 미국인들이 늘어나고 있다. 유권자들의 파토스가 심화되고 있는 것이다. 정치인들뿐 아니라 유권자들의 행태가 심각하게 변화하고 있는 이러한 흐름은 선거에도 영향을 끼칠 수밖에 없다.

파토스와 로고스는 따로 분리되어 움직인다기보다는 혼재되어 있다고 보는 것이 현실적이다. 영국의 유럽연합(EU) 탈퇴를 결정한 브렉시트(Brexit) 국민투표는 이성과 감정의 경계선이 깔끔하게 정렬되지 않는 생생한 사례로 평가될 수 있다. 이성적인 잔류주의자들(Remainers)과 감정적인 브렉시트주의자들(Brexiters) 간 논쟁 중 실시된 국민투표에서 브렉시트가 막상 승리했을 때 영국이 EU를 떠나기를 원하지 않았던 많은 사람들은 눈물을 흘렸다. 이는 파토스와 로고스가 동전의 양면과도 같음을 보여준다. 선택할 수 있는 당위라기보다는 어쩔 수 없는 실존이다. 사람들이 이성적으로 행동하고 있다고 생각하는 순간에도 이성에는 다양한 감정이 함께 내재할 수 있다. 그래서 2,300년 전 아리스토텔레스는 수사학에 대한 설명에서 설득의 3원칙 로고스, 파토스, 에토스의 조화가 필요하다고 했다.

정치인에 대한 실망 내지 신뢰 저하는 에토스의 위기를 뜻한다. 에토스 위기는 다시 정치 시스템 자체에 대한 회의와 냉소를 초래하게 된다. 그렇지만 투표용지와 투표함에는 민주주의를 위한 정치 시스템이 작동하지 않는다는 메시지를 전달할 수 있는 경로가 없다. 이러한 유권자들은 선거제도가 애당초 제대로 설계되지 않았다고 생각할 것이다. 그러다가 문득 파토스에 영향받아 브렉시트에 투표하거나 트럼프에 투표하게 될 수도 있다. 선거의 한계이자 민주주의의 좌절일 수 있다. 민주주의가 무엇이어야 하고 지금 무엇을 가져다주어야 하며 미래에 어떤 방향으로 역할을 해야 하는지에 대한 유권자들의 열망과 기대에 미치지 못하는 선거제도와 정치 시스템이 현대 정치를 좌우하고 있는 형국이다.

늘 선거 결과가 발표되면 사람들이 느끼는 심각한 스트레스와 교차하는 복합적 감정에 어떻게 대처할 것인가가 중요해진다. 이번 미 대선에서 트럼프가 이겼다는 사실을 알고 실망하는 사람들이 있다면 어떻게 조언할 것인가.

'역사의 진보는 밀물과 썰물처럼 흐른다.'
'철학자처럼 생각하는 법이 필요하다.'
'아리스토텔레스의 수사학을 성찰하며 에토스, 파토스, 로고스의 조화로운 완성을 향하여 계속 나아가야 한다.'

(2024년 11월 7일 기고)

1.9 美대선 최종 승부, 파시즘인가 식품물가인가

美대선 최종 국면 트럼프 파시즘 부상⋯식품물가 등 경제 여전히 이슈

해리스, 바이든과 차별화 경제 청사진 미흡⋯유권자 복합 방정식 직면

오바마, 유권자에 울림 주는 메시지⋯오바마주의·트럼프주의 대결 양상

미국 대선 최종 국면에서 공화당 후보 도널드 트럼프 전 대통령의 파시즘(fascism)이 핵심 이슈로 부상했다. 국민적 신망이 있는 버락 오바마 전 대통령이 민주당 대선 캠프의 핵심 플레이어로 등장함에 따라 트럼프의 파시즘은 더욱 극명하게 부각되고 있다. 민주당 후보 카멀라 해리스 부통령에게는 그동안 오른 식품물가(food prices) 등 경제문제가 여전히 대선 승부에서 중요한 요소로 작용하고 있다. 미 대선의 최종 승부는 첨예한 논란이 되는 트럼프의 파시즘이 될 것인가. 아니면 파시즘에도 불구하고 유권자들의 일상생활에 밀접한 영향을 주는 식품물가가 될 것인가.

대선 최종 승부 무대에서 오바마의 역할이 돋보인다. 16년 전과 12년 전 대선에 출마해 승리했고 8년 전 백악관을 떠난 오바마가 이번 대선 무대에서 보여주고 있는 정치적 감각과 실력은 조금도 녹슬지 않았다는 평가다. 절제되고 강렬한 어법의 진정성과 호소력 있는 메시지는 유권자들의 마음을 움직이는 힘이 있다. 수천명의 유권자들이 오바마를 보기 위해 줄을 선 가운데

향수를 불러일으키는 16년 전 선거 셔츠를 입은 유권자들이 나타나는 등 이번 선거가 미국에서 한동안 사라진 듯한 희망을 심어주고 있는 분위기다. 오바마의 역할이 해리스를 돕는 지원 유세 이상임을 말해준다.

트럼프의 파시즘은 최근 민주당이 집중적으로 제기하는 이슈다. 지난주 조 바이든 대통령은 트럼프가 파시스트라고 믿는다고 말했다. 오바마는 트럼프가 히틀러 나치에 의한 유대인 대학살 홀로코스트(Holocaust)를 부인하는 극우 정치평론가 닉 푸엔테스를 2022년 11월 플로리다 마러라고 자택 만찬에 초대한 것을 언급했다. 홀로코스트 부인론자와 친밀한 사람과 대선에서 해리스가 싸우고 있다고 했다. 트럼프가 파시스트임을 우회적으로 표현한 것이다.

트럼프의 백악관 비서실장이었던 존 켈리는 뉴욕타임스 인터뷰에서 트럼프가 파시스트의 일반적인 정의에 부합하고 독재자의 접근방식을 확실하게 선호한다고 말했다. 켈리는 파시즘을 극우 권위주의적, 극단적 국가주의 정치 이념과 운동, 중앙집권적 독재, 군국주의, 반대 세력에 대한 강제적 억압 등으로 정의했다. 히틀러에 충성한 장군들과 같은 이들을 원한다는 트럼프의 말을 그가 비서실장 시절 들었다고 했다.

유럽의 파시즘에 대해 폭넓게 글을 써온 역사학자인 컬럼비아대 로버트 팩스턴은 트럼프 지지자들이 미 의회 의사당을 습격한 2021년 1월 6일 이전까지는 트럼프를 파시스트로 분류하기를 거부했다. 그러나 의사당 습격을 보고 나서는 트럼프가 파시스트가 아니라는 이전의 입장을 내려놓는다고 했다.

트럼프의 파시즘을 우려케 하는 정황 증거들은 곳곳에 있다. 공화당 지지자들은 과장이라고 주장하지만 트럼프가 낸시 펠로시 전 하원의장 등 민주당원을 포함한 내부의 적(enemy from within)을 향해 군대를 사용할 수 있다고 한 것은 분명히 파시스트적이다. 트럼프는 재임 중 시위를 진압하기 위해 실제로 군을 동원하려고 시도한 전력이 있다. 당시 합참의장 마크 밀리가 군 동원을 거부한 것으로 후일 알려졌다.

트럼프는 이번 대선에서 이기면 선거 개입과 기밀 자료 반출 혐의로 그를 기소한 법무부 특별검사 잭 스미스를 2초 이내에 해임하겠다고 말했다. 또 법무부, FBI, 국방부 관료들로 이루어진 이른바 '딥 스테이트(deep state)'와 전쟁을 벌일 것이라고 했다. 트럼프는 재임 중 2016년 대선 관련 러시아와의 공모 혐의를 수사하던 FBI 국장 제임스 코미를 해임했고 또한 수사를 위해 특별검사를 임명한 법무부 장관 제프 세션스를 해임했다.

유권자들은 최종 선택의 순간에 와 있다. 바이든 임기 중에 인플레이션이 급등한 이후 예전의 수준으로 돌아오지 않은 식료품 비용을 절감하기 위한 구체적이고 현실성 있는 정책을 기다려온 유권자들은 지금쯤 해리스에게 실망했을지도 모른다. 트럼프는 바이든 행정부의 인플레이션을 집중적으로 공략하고 있고 체감경제에 민감한 유권자들의 반응이 최근 여론조사로도 나타나고 있다.

해리스가 경제 이슈에서 유권자들의 마음을 사로잡지 못한 가운데 바이든 이전의 경제에 대한 향수를 자극하려는 공화당의 전략이 최종적으로 통할 것인가. 아니면 앞으로 4년 동안 민주주의와 법치주의에 큰 위협이 될 수 있는 트럼프의 파시즘에 대한 경계감이 크게 작용함으로써 해리스의 경제정책 능력에 대한 확신이 충분치 않다고 하더라도 해리스를 선택할 것인가.

지난주 CNN 타운홀에서 해리스는 자신의 행정부가 바이든 행정부의 연장선이 되지 않을 것이라고 했지만 자신이 어떻게 바이든과 다르게 행동할 것인지와 관련하여 명확한 경제 개선 청사진 등을 제시하지는 않았다.

이제 유권자들은 복합 방정식을 놓고 씨름하게 되었다. 실존과 일상, 규범과 가치 등이 복합적으로 엮인 방정식이다. 방정식을 푸는 해법이 무엇이 되느냐에 따라 미 대선의 최종 결과가 달라질 것이다. 파시즘, 식품물가, 그리고 무엇이 승부를 가를 것인가.

최종 선택을 앞둔 유권자들에게 울림을 주고 있는 오바마의 열정적이고 진정성 있는 메시지를 일부 인용해 본다. 이번 선거는 다양하고 세대를 포괄한 풀뿌리 변화를 지향하는 오바마주의(Obamaism)와 반격의 정치로 볼 수 있는 트럼프주의(Trumpism) 간의 최종 대결 양상이 될 수 있다.

'정치에서 좋은 경험칙은 히틀러와 같은 일을 하고 싶다고 말하지 않는 것이다.'

'누구에게 투표하느냐가 중요한 것은 그것이 우리가 가진 모든 문제를 바꿀 것이기 때문이 아니다. 어떤 대통령도 모든 문제를 해결할 수 없다. 우리는 하룻밤 사이에 빈곤을 근절하지 못할 것이다. 우리는 인종관계를 당장 바꾸지 못할 것이다. 우리는 역사 속에서 만들어졌고 변화에는 시간이 걸린다.'

'사람들이 상황을 바꾸려고 하는 이유는 알겠다. 그것을 이해하지만 이해할 수 없는 것은 트럼프가 당신에게 좋은 방향으로 상황을 바꿀 것으로 생각하는 이유가 무엇인가다.'

'트럼프는 최악의 충동에 호소하고 있다. 사람들이 가지고 있는 근본적인

편견을 이용하고 있으며 그것을 부추기고 있다.'

'트럼프 발언의 영향은 공격 표적이 된 사람들 또는 미국 정치에 의해서만 느껴지는 것이 아니다. 미국인들의 상호 소통과 이를 듣는 어린이들에게도 영향을 끼친다. 방호벽이 무너지기 시작하면 우리의 공적 담론뿐만 아니라 사적 담론의 분위기도 바뀐다. 어린이들은 파괴적인 방향으로 이를 흡수한다.'

(2024년 10월 28일 기고)

美금리인하가 대선에 미칠 영향

빅컷 금리인하, 대선 앞둔 빅 정치이슈
파월, 정치중립적 통화정책기조 견지
민주·공화 각자 유리한 쪽으로 해석
금리인하 효과는 대선 한참 뒤 현실화

미국이 4년 반 만에 금리인하를 단행했다. 조 바이든 행정부 들어 첫 금리인하다. 미 대선이 50일도 남지 않은 시점에서 정책금리를 0.5%포인트 내린 빅컷(big cut)이다. 미 연준은 추가 금리인하를 시사했다. 금리인하는 곧 다가오는 대선에 어떤 영향을 미칠 것인가.

민주, 공화 양당 대선 후보들은 연준의 금리인하 결정에 즉각 반응했다. 민주당 카멀라 해리스 부통령은 높은 물가로 인해 엄청난 피해를 입은 국민들에게 환영할 만한 소식이라고 평가했다. 공화당 도널드 트럼프 전 대통령은 빅컷을 할 정도면 경제가 매우 나쁘다는 것을 보여주는 것이며 선거 전에 금리를 내림으로써 중앙은행이 '정치를 하고 있다(playing politics)'라고 말했다. 대선 후보뿐 아니라 공화당 토미 튜버빌 상원의원은 이번 결정이 '뻔뻔스럽게 정치적(shamelessly political)'이며 중앙은행이 해리스에게 유리한 균형을 기울이려 하고 있다고 주장했다. 민주당의 엘리자베스 워런 등 3인의 상원의원은 연방공개시장위원회(FOMC) 정책 결정 직전 제롬 파월 연준 의장에게 정책금리 0.75%포인트 인하를 촉구하는 공동서한을 보냈다.

이처럼 빅컷 금리인하는 미 대선을 앞두고 빅 정치이슈가 되고 있다. 트럼프가 반대한 선거 전 금리인하를 단행한 파월은 공교롭게도 트럼프와 같은 공화당원이다. 트럼프가 2017년 연준 의장에 임명했고 바이든이 2021년 재임명했다. 민주당 버락 오바마 대통령 재임 중 연준 이사회에 합류했고 민주당 좌파와는 거리가 있을 법한 사모펀드 출신이다. 정파를 초월하는 경력의 중앙은행가로 볼 수 있다. 파월은 이번 선거가 자신이 연준에서 맞는 네 번째 대선이고 금리인하 결정을 포함하여 연준이 하는 모든 일은 정치와 무관함을 밝혔다. 연준은 어떤 정치인이나 정치적 인물도 섬기지 않으며 오로지 국민을 대신하여 물가안정과 최대고용 책무에 전념할 따름임을 강조했다.

중앙은행과 통화정책의 정치적 중립성에 대한 파월의 확고한 철학이 천명되는 가운데에도 경제가 11월 5일 대선 투표장으로 향하는 미국인에게 가장 중요한 이슈이기에 민주, 공화 양당이 금리인하를 정치적으로 각자 유리한 쪽으로 이용할 개연성을 배제할 수 없다. 해리스와 민주당은 금리인하가 코로나19 팬데믹으로 무너진 경제를 재건한 바이든 행정부의 최고 업적을 상징하는 신호로 내세울 수 있다. 반면 트럼프와 공화당은 금리인하는 경제가 약하다는 신호라고 계속 주장할 수도 있을 것이다. 그러한 선거전략을 펴는 와중에도 낮은 금리는 오랫동안 높은 물가와 생활비로 어려움을 겪어 온 유권자들에게 근본적으로 우호적 경제환경이라는 점을 양당 모두 부인하기 어려운 것이 현실이다.

이번 금리인하는 전 세계적 팬데믹, 대공황 이후 최대의 경제 위축, 40년 만에 최악의 인플레이션을 증폭시킨 심각한 공급 충격을 겪으며 헤쳐나온 격동의 시기를 일단락짓는다는 의미에서 파월에게 분수령이 되는 정책 결정이라 할 수 있겠다. 바이든은 정책이 중요한 순간에 도달했다며 연준이 이룬 성과를 평가했다. 2022년 약 7%로 정점을 찍은 인플레이션율은 현재 연준의 목표인 2%에 근접해 있다. 이처럼 인플레이션율이 둔화하고 있음에도 불구하고 파이낸셜타임스-미시간대의 최근 여론조사에 따르면 유권자 5명 중 4명이 물가에 대해 여전히 우려를 표명한 것으로 나타났다. 유권자의 경제 인식이 전환점에 왔는지 아직 확신하기 어려운 상황이다. 이번 금리인하 결정과 추가 금리인하 시사가 유권자의 인식에 어떤 영향을 줄 것인가.

일반적으로 통화정책은 시차를 두고 경제에 영향을 미친다. 미 세인트루이스 연준이 분석한 데이터에 따르면 높은 금리가 경제활동을 위축시키고 그에 따라 물가가 낮아지는 데는 최소 9개월이 걸리며 낮은 금리를 소비자들이 느끼기까지는 약 12개월이 걸린다. 통화정책의 파급 시차를 고려한다면 이제 시작한 금리인하의 효과가 경제활동에 광범위한 변화를 불러일으키려면 50일도 안 남은 대선이 지난 시점인 2025년까지 기다려야 할 수 있다. 선거일 전까지 고용, GDP 등에 금리인하가 크게 영향을 미치기에는 남아 있는 기간이 짧은 것이다. 일부 조사에 따르면 역사적으로 일부 유권자들은 선거일 몇 달 전에 이미 경제에 대한 마음을 정하기도 한다고 한다. 그렇다면 유권자들이 지난 4월, 5월, 6월에 경제에 대해 어떻게 느꼈는지도 고려사항이 된다. 아울러 7월에 바이든이 민주당 대선 후보에서 사퇴하고 해리스에게 횃불을 넘겼다는 주요 정치변수를 고려해야 한다. 후보 교체 이후 경제에 대한 일부 여론조사에서 해리스가 우위를 점하고 있는 것은 이들 유권자가 바이든이나 트럼프의 정책을 모두 지지하고 싶지 않기 때문일 수 있다는 분석이 있다. 해리스를 바이든만큼 물가와 경제에 어려움을 초래한 원인 제공자로 보고 있지 않다는 것이다. 바이든과 트럼프를 모두 싫어하는 유권자들의 향배가 관심사인 것이다.

공화당 조지 H.W. 부시 전 대통령은 1992년 대선에서 선거일 직전 3개월 동안 5.8%의 경제성장률을 기록했다. 하지만 고용상황은 어려워 실업률이 1992년 6월 7.8%라는 우려스러운 정점을 찍었다. 이는 민주당 빌 클린턴 전 대통령이 내세운 '문제는 경제야, 바보야(It's the economy, stupid)'라는 캐치 프레이즈와 함께 유권자들이 부시를 버리고 클린턴을 선출하게 한 원인으로 작용했다.

이번 대선에서도 경제 문제는 유권자들이 가장 중요시하는 요소다. 파월이 더 일찍 또는 더 늦게 금리인하에 들어가지 않은 것은 역설적으로 그가 천명해온 대로 통화정책에 정치적 고려를 하지 않고 오로지 국민경제를 위하고 있는 반증인가. 그렇다면 대선 이후에도 미국경제가 안정 속에 지속가능한 번영을 더욱 구가할 것을 가정해볼 수 있고 파월의 이번 금리인하 결정은 정책의 진정한 분수령을 이루는 성과로 평가될 수 있으리라 기대를 걸어본다. 미 금리인하와 대선을 바라보는 데 종합적 통찰력이 필요한 시점이다.

(2024년 9월 20일 기고)

1.11 美대선 앞서 바뀌는 행정부 규제정책 흐름

美대선 앞두고 행정부 규제정책 흐름 바꿀 판례 잇달아

차기 행정부 누가 맡든 정책 근본적 변화 불가피 예고

40여년 행정 적극주의가 신중주의로 전환하는 국면

카멀라 해리스 부통령을 대선 후보로 확정하는 미국 민주당 전당대회가 시카고에서 열리고 있던 지난달 20일 텍사스에서는 차기 미 행정부의 규제정책 흐름에 의미 있는 영향을 줄 수 있는 연방법원의 판결이 있었다. 독과점과 불공정거래를 규제하는 독립 행정기관(independent administrative agency)인 연방거래위원회(Federal Trade Commission, FTC, 한국의 공정거래위원회에 해당)가 근로자의 직장 이동을 쉽게 하여 고용시장을 더 자유로운 형태로 재편하기 위해 만든 룰이 위법하다고 판단했다.

FTC는 금년 4월 고용시장의 '비경쟁 계약(non-compete agreements)'을 금지하는 룰을 제정했다. 근로자가 현 직장을 떠난 후 특정 기간 또는 특정 지역에서 경쟁사에서 일하거나 경쟁 사업을 시작할 수 있는 자유를 제약하는 계약을 금지한 것이다. FTC는 미국 근로자의 20%인 약 3,000만 명이 비경쟁 계약의 제약을 받고 있다고 추산했다.

법원은 이 룰이 비합리적으로 광범위하여 자의적이고 변덕스러우며 FTC가 이 룰을 제정할 법적 권한이 없다고 판결했다. 특정한 해로운 비경쟁 계약을 타깃으로 하지 않고 사실상 모든 비경쟁 계약을 FTC가 금지한 것을 정당화할 수 없다는 것이다. 고용과 경제에 그처럼 중대한 영향을 미치는 권한과 재량을 의회가 FTC에 부여하지는 않았다는 의미다. FTC는 항소할 뜻을 밝혔다.

이에 앞서 6월 제5연방항소법원은 독립 행정기관인 미 증권거래위원회(SEC)의 사모펀드 투명성 강화를 위한 새로운 규제안이 SEC의 권한 범위를 넘어서는 것이라고 판단했다. SEC의 규제안은 분기별로 펀드 성과, 보수, 수수료 및 비용에 관한 보고서를 투자자에게 제공하고 일부 투자자에 대한 특혜성 거래조건을 금지하는 내용을 포함하고 있다. SEC는 7월중 재심리 기한을 넘겨 판결을 수용했고 연방대법원이 행정권 재량에 회의적이어서 상소는 마뜩지 않다.

대선을 앞두고 행정부의 규제정책 흐름을 바꿀 판례들은 여기에 그치지 않는다. 6월 연방대법원은 증권사기(securities fraud)에 대해 수정헌법 7조가 보장하는 민사소송의 배심재판(jury trial)에 회부하지 않고 SEC가 자체 행정심판(in-house adjudication) 절차를 거쳐 부과한 민사벌금(civil penalties)이 SEC의 법적 권한 범위를 넘어섰다고 판결했다. 특히 6월 연방대법원은 기념비적이라 할 '로퍼 브라이트(Loper Bright Enterprises v. Raimondo)' 판례를 통해 지난 40년간 지속되며 행정부의 법률 해석과 룰 제정 권한을 존중해온 행정법의 핵심 원리인 '쉐브론(Chevron)' 판례를 파기(overrule)했다. 사법부가 행정부의 행정권에 무조건적으로 존중을 부여하지는 않고 행정권을 감시할 수 있는 전통적인 역할을 중시할 필요가 있다고 보는 결정이다. 행정부에 대한 견제기능 강화에 큰 영향을 줄 것으로 예상되는 '로퍼 브라이트' 판례다.

행정부가 지난 40년간 누려오던 권한에 제동이 걸리는 일련의 최근 흐름을 읽게 된다. 이번 미 대선에서 누가 승리하든 차기 행정부의 규제정책 흐름에 근본적인 변화가 불가피함을 예고하는 흐름이다. 효율 위주의 행정권 행사에 균형 있는 규율과 법의 지배를 요구하며 행정법 지형의 일대 변환을 가져오는 시점에 와 있는 것으로 인식할 수 있다. 행정부가 그간 향유해온 적극주의에 대해 사법과 입법의 통제 여지를 넓히며 행정부의 조화적, 균형적 역할 제고 필요성을 환기시킴과 아울러 국민의 더 나은 삶을 위해 행정, 사법, 입법이 어떻게 작동할 것인가라는 법철학적 성찰의 모멘텀을 던지는 시대적 의미(contemporary significance)가 있다고 본다.

　인류 상호작용을 형성하는 게임의 룰인 제도는 일단 형성되면 상당 기간 안정성을 유지하려는 속성을 지닌다는 점에서 볼 때(historical institutionalism) 지난 40년을 지배해온 룰의 변화가 지금 시작되고 있음은 다시 새로운 경로의존성(path dependence)이 무엇일지를 생각하지 않을 수 없게 한다. 미 대선을 앞두고 민주, 공화 양당이 요란한 전당대회와 선거 캠페인에 몰두하고 있는 사이에도 정책과 긴밀한 제도변화는 담쟁이덩굴처럼 담을 오르며 그들이 맡을 차기 행정부의 정책 흐름을 앞서 바꾸는 데 영향을 미치고 있다. 대선에서 누가 승리하든 차기 행정부는 과거와 다른 제도변화에 직면하며 한 시대를 풍미한 행정 적극주의가 신중주의로 전환하는 국면과 마주하게 되는 것이다.

　기후위기, 인구위기, 불평등 위기, 지정학적 위기, 민주주의 위기 등 대전환기에 직면하는 도전 과제를 다루고자 하는 행정기관은 그들의 행동과 정책이 의회에서 명시적으로 승인되었고 상세한 비용-편익 분석(cost-benefit analysis)으로 정당화됨을 보여주는 입증책임을 지게 될 가능성이 높다. 미국을 중심으로 변화하고 있는 행정법의 최근 흐름은 향후 각 행정기관이 정통적 핵심 기능(orthodox core functions)에 집중하고 새로운 룰을 만드는 데 신중을 기하도록 하는 제도적 여건이 강화됨을 시사한다고 할 수 있다.

행정부의 자유재량과 전문성을 폭넓게 구가해온 시대는 지난 40여년의 자유주의 흐름과도 시기적으로 변화의 맥락을 함께 하는 측면이 있다. 헤겔의 변증법이 말하는 정·반·합의 역사발전 과정은 행정부를 바라보는 일련의 제도변화 흐름에도 적용될 수 있다고 한다면 행정부의 과제는 부단한 역량 제고에 있다고 본다.

플레이어인 행정부의 높은 역량이야말로 제도와의 상호작용을 통해 다시 새로운 제도변화를 가져오고 궁극적으로 경제적, 사회적 성과 증진을 이루는 데 기여할 수 있다. 글로벌 제도변화 흐름과 영향에 결코 무관하지 않은 한국의 행정부는 어떤 통찰력을 얻을 것인지 깊은 성찰이 필요한 시점이다.

(2024년 9월 2일 기고)

1.12 바이든 떠난 바이드노믹스의 향방

바이드노믹스 횃불·부담 짊어진 '카멀라노믹 바이드노믹스' 전망
기후변화·산업정책 기조 이어갈듯…경제인식 공감·현실간극 축소 긴요

조 바이든 미국 대통령의 민주당 대선 후보 사퇴로 미 대선이 새로운 국면으로 진입했다. 초미의 관심사는 바이든에게서 횃불(torch)을 넘겨받은 대선 주자 카멀라 해리스 부통령이 공화당 후보 도널드 트럼프 전 대통령을 이길 것인가. 후보가 바뀌어도 대선에서 승부를 가를 중요한 요소 중 하나는 여전히 경제라는 점에서 바이든이 떠난 바이드노믹스(Bidenomics)의 향방과 대선 영향이 어떠할지 주목된다.

그동안의 여론조사에서 적지 않은 미국인들이 경제에 관한 바이든의 업적을 전반적인 실제 경제지표의 모습과는 달리 낮게 평가해 왔고 특히 코로나 19 팬데믹 이후 높아졌던 인플레이션은 경제를 바라보는 유권자들의 비판적 정서에 크게 영향을 미쳤다. 바이든과 해리스는 지난 3년 반 동안 동일한 정책을 펼치고 동일한 성과를 홍보해 왔기에 그들 간에 경제적, 정책적 견해의 차이가 있다고 보기는 어렵고 내부적으로 차이가 있다 하더라도 그것을 명확히 구분하기는 쉽지 않다. 당분간 해리스는 바이드노믹스의 횃불과 부담을 함께 짊어지고 있다고 할 수 있다. 해리스에게 일단은 바이드노믹스에 토대

를 둔 유권자들의 판단이 적용될 것이고 그래서 '카멀라노믹(Kamalanomic) 바이드노믹스'라는 다소 복합적인 전망으로 전개될 수 있다.

이와 같은 형국에서 민주당에게 좋은 뉴스는 해리스에게 꽤 유리한 바람이 불고 있다는 것이다. 여론조사기관 블루프린트(Blueprint)의 조사에 따르면 유권자들은 부통령인 해리스를 대통령인 바이든만큼 인플레이션과 경제에 어려움을 초래한 원인 제공자로 비난하지 않고 있다는 것이다. 아울러 또 하나의 순풍은 바이든과 트럼프를 모두 싫어하는 그룹(double-haters)에서 불어오고 있다고 한다. 이들은 바이든에게는 실망을 느꼈지만 이제 설득을 통해 다시 지지 세력으로 돌아올 수 있는 정상적인 민주당원들이라는 것이다.

지난 3년 반 바이드노믹스의 핵심 정책 중 하나인 기후변화 대응은 어떻게 이어질 것인가. 2020년 대선에서 민주당의 승리에 결정적인 역할을 한 젊은 유권자들은 해리스가 석유산업에 기반을 둔 일부 경합주의 지지를 의식하여 기후변화 대응 정책을 완화하지 말아 줄 것을 최근 촉구했다. 해리스는 캘리포니아주 법무장관 시절 화석연료의 연소와 관련하여 석유회사 엑슨모빌에 대한 조사에 들어간 바 있고 상원의원 시절에는 민주당의 그린 뉴딜 법안을 지지했으며 바이든 행정부의 역사적인 녹색 보조금 정책을 앞장서 추진해 왔다. 기후변화 대응 정책의 오랜 옹호자로 평가받을 만한 인물이다. 기후단체들이 해리스 대선 후보를 환영하는 이유이기도 하다. 대선에서 젊은 유권자들의 투표율을 높이기 위해 노력하는 단체인 '내일의 유권자들(Voters of Tomorrow)'은 해리스의 기후변화 정책에 대해 매우 낙관하고 있으며 환경과 Z세대의 미래에 트럼프보다 더 큰 위험은 없다고 강조했다.

바이드노믹스의 산업정책(industrial policy)은 어떠한가. 바이든 후보 사퇴 이후 해리스 지지를 밝힌 빌 클린턴, 버락 오바마 전 대통령 재임 중 산업정책과는 차이가 있다. 기본적으로 국내외 시장 개방을 지지했던 전임 행정부와는 달리 바이든 행정부는 전략산업의 미국 내 생산을 촉진할 목적으로 정부가 보조금을 대대적으로 지원하는 '개입주의적(interventionist)' 산업정책을 추진해 왔다. 큰 정부로 향한 행보이며 인플레이션 감축법(Inflation Reduction Act)과 반도체법(CHIPS and Science Act)이 선봉대 역할을 해 왔다. 이 법률들은 배터리, 전기차, 반도체 등 신규 투자에 대해 세제 혜택 등 여러 방식으로 보조금을 지원한다. 바이든 떠난 바이드노믹스 내지 '카멜라노믹 바이드노믹스'의 산업정책은 과연 변화를 모색할 것인가.

현재로서는 산업정책의 다른 대안이 준비되거나 모색될 가능성은 매우 낮을 것으로 본다. 예컨대 민주당 내에서 클린턴, 오바마 행정부 시대의 정책 철학으로 돌아가려는 조직적인 압력에 해리스가 직면할 가능성은 거의 없을 것으로 보인다. 당초 급격히 부상하는 중국의 파워 등에 대처하기 위해 정책의 무게 중심을 개입주의로 전환한 바이드노믹스는 이미 대중과 여론, 그리고 의회에 강력한 이념적, 실천적 뿌리를 내리고 있다고 볼 수 있기 때문이다. 그래서 해리스는 바이드노믹스를 재편하기보다는 보완 내지 확충하는 것을 목표로 하는 것이 현실 적합성 있는 전략이 될 수 있을 것이다. 그동안 바이든과 함께 추진해 온 기후변화 대응과 산업정책의 기조를 이어갈 개연성이 높을 것이다.

해리스는 대선 캠페인을 시작하면서 경제와 정책에 관한 철학과 접근방법을 '번영할 자유(freedom to thrive)'로 표현했다. 이러한 슬로건에 부합하면서 진보 대 보수의 획일적 이분법 구도에서 자유로운 실용적인 번영의 정책을 추구해 나갈 필요가 있다. 유권자들이 높아진 생활물가와 씨름하고 있는 현실을 겸허하게 인정하며 경제 인식에 공감의 폭을 넓히되 인식과 현실의 간극을 줄여나가려는 노력 또한 긴요하리라 본다. 아울러 민주주의의 횃불을 밝히며 법의 지배와 보편적 가치에 대한 믿음을 모쪼록 세계시민들이 다시 확인할 수 있게 되는 가운데 앞으로 100일 진정한 의미의 미 대선 레이스가 펼쳐지길 기대한다.

(2024년 7월 29일 기고)

1.13 ‘민주주의 교정’ 필요 보여주는 美대선 드라마

| 요동하는 美대선, 비이성적 군집행동·집단사고 오류 국면
| 현대정치 어두운 그림자…‘양화 구축 악화’ 청산소 전락하나
| 비선출 현자그룹 역할 제도화 등 민주주의 교정 모색할 때

　미국 대선은 어떻게 흘러갈 것인가. 지난 3주간 대선 TV토론, 도널드 트럼프 전 대통령에 대한 총격, 조 바이든 대통령의 대선 후보 사퇴가 이어지면서 요동하는 미 대선 드라마의 종착역은 어디인가. 공화당과 민주당 양측 모두가 보여주고 있는 비정상적인 모습은 민주주의의 전형과는 거리가 멀다. 비이성적 군집행동(irrational herd behavior)이자 집단사고 오류(group-thinking bias)의 전형을 보는 듯한 국면의 미 대선 드라마다.

　과연 드라마의 다음 장면은 무엇일까. 공화당이 바라는 방향대로 흘러가는 것인가. 역설적이게도 공화당은 바이든의 후보 사퇴에 반대하고 있었다고 한다. 바이든이 선거에 끝까지 완주해야만 트럼프가 승리하는 데 유리하다고 본 것이다. 양당 모두에게 이번 대선이 난국(難局)일 수 있으며 미국 민주주의, 21세기 민주주의의 문제가 무엇인지를 복합적으로 시사하는 매우 착잡한 드라마가 아닐 수 없다.

윈스턴 처칠이 말했다는 '헛되게 총격을 받는 것처럼 기분을 돋우어 주는 일은 없다(Nothing in life is so exhilarating as to be shot at without result)'는 다소 우려스러운 정치인의 어록도 있지만 대선 후보가 제거 시도에서 살아남으면 지지자들의 결집 효과가 있을 수 있다. 총격 직후 열린 미 공화당 전당대회에서도 확인된 트럼프 지지자들의 모습일 것이다. 처칠의 말대로 고무된 그들은 트럼프를 마치 '그들만의 신'이 선택했다는 샤머니즘적 과다확신 오류(hubris bias)에마저 도취해 있는 듯하다. 21세기 세계 문명을 선도한다는 미국의 건전한 시민의식이라고 보기는 어렵다. 잘 알려진 대로 트럼프의 핵심 지지층은 믿을 수 없을 만큼 맹목적인 데다 트럼프가 많은 범죄 혐의로 기소되었음에도 불구하고 변함없이 그를 영웅시한다.

다른 한편에서 정치평론가들은 트럼프가 매우 양극화된 지지 기반의 인물인 만큼 절대로 트럼프를 지지하지 않는 수백만 명이 넘는 유권자들이 지지자로 바뀔 가능성은 매우 낮을 것으로 본다. 그래서 일부 민주당원들이 선거가 이제 끝났다고 한탄하는 것은 너무 성급하고 운명론적 모습이라는 것이다. 미국의 부동층 유권자 그룹은 작은 것으로 분석된다. 따라서 트럼프에 대한 총격 사실이 그가 2020년 대선 결과를 전복시키려는 시도가 없어졌다는 의미는 아니며 2021년 1월 6일 트럼프 지지자들이 의회 의사당을 습격한 사건을 언급할 필요가 없어졌다는 의미도 전혀 아니라는 것이다. 대다수 유권자들은 의회 의사당 습격과 그간 트럼프의 여러 행위들에 관해 마음을 이미 정했고 총격 사실이 그러한 판단을 바꾸게 하지는 않을 것이라고 본다는 것이다.

불과 3주 만에 대선 판도가 크게 흔들리는 작금의 상황을 볼 때 100일 넘게 남아 있는 대선 일정에서 앞으로도 어떤 요인들이 어떻게 요동하며 선거에 작용할지를 정확히 내다보기란 쉽지 않다. 그렇지만 비교적 확실하게 감지할 수 있는 것은 미국 정치와 현대 정치에 드리운 어두운 그림자라 할 수 있다.

인구 3억 3,000만이 넘는 핵심 선진국의 대선 라운드에 트럼프와 바이든보다 나은 후보 인물들이 왜 없겠는가. 정치의 필드를 선택하는 좋은 사람들의 절대 수가 적어지고 있는 정황증거는 없는 것인가. 그렇다면 경계해야 할 것은 정치가 다른 분야에서 그럴듯한 지위를 얻지 못했지만 그런 지위와 함께 대중의 관심을 끌기를 갈망하는 썩 좋지 않은 사람들을 위한 일종의 청산소(clearing house)로 전락하고 있을 위험성이다.

물론 정치인의 자질을 객관적으로 측정할 수 있는 확립된 조사방법론은 없으며 정치인의 자질이 과거보다 떨어지고 있음을 결정적으로 보여주는 지표도 없다. 또 높은 보편적 역량을 갖춘 사람이 정치의 영역에서 성공적으로 역할을 할 것이라는 일반적인 증거도 없다. 보다 중요한 요소는 정치권에 모여드는 사람들의 '더 나은 세계를 만들고자 하는 선량함(good faith)'이다. 선량한 사람들이 정치인의 역할을 선호하지 않게 되면 '악화가 양화를 구축(驅逐, drive out)'하는 그레셤의 법칙이 정치에도 작동하게 된다. 정치에 드리운 어두운 그림자가 아닐 수 없다. 정치를 선택하는 선량한 사람들이 적어지고 그에 따라 정치 거버넌스가 악화하면 국가가 제공하는 공공 이익과 사회 복리(social welfare)의 질 또한 떨어질 것이다. 그 결과 유권자들은 정치인들에게 혐오감, 적대감을 더 품게 되고 선량한 사람들은 정치인이 되기를 더 기피하는 악순환이 초래될 것이다. 현대 민주주의 교정이 필요한 이유다. 지금 요동하는 미 대선 드라마는 그 이유를 보여주는 생생한 사례다.

고대 그리스 철학자 아리스토텔레스는 기원전 4세기에 집필한 정치철학서 '정치학(Politics)'에서 대중의 의지가 아무런 제약도 받지 않는 제도로서의 민주주의에는 의문을 품었다. 이를 선동정치 또는 다수에 의한 폭정이라고 부를 수 있다. 오늘날 자유 민주주의를 지지하는 사람이라면 특정한 어느 날짜에 투표하는 것으로 표출되는 대중의 의지가 이후 만능의 전가보도와 같은 의사결정수단이 되는 제도는 민주주의가 아니라는 아리스토텔레스의 주장에 동의해야 할 것이다. 그러한 제도는 다수에 의한 폭정으로 향하는 길이며 국민투표제 독재주의에 가깝다고 할 수 있다.

다수에 의해 어떤 법률이나 정책이 채택되더라도 그것이 자유 민주주의 원리에 어긋날 경우 최고법원이 위헌 판결을 내려 무효화 하는 것과 같이 다수에 대해서도 적법한 헌법적 제약을 가하는 것은 반민주주의적인 것이 아니라 민주주의를 보호하기 위한 필수적 장치다. 다수에 의해 선출된 대리인(agent)에게 자유 민주주의 공동체의 모든 운명을 제약 없이 내맡기려는 오류를 반복하기보다는 선출되지 않은 현자그룹의 역할을 공식 제도화(formal institutionalization)하는 등 21세기 인류문명에 적합한 정치 거버넌스와 민주주의 교정을 진지하게 모색해야 할 때다.

(2024년 7월 22일 기고)

대선 토론 후 바이드노믹스의 정치경제적 해법은

| 美대선 4개월 앞두고 유권자 경제인식-현실 간극 커
| 사실(facts) 못지않게 감성(sentiments) 중요한 경제인식
| 국민 '합리적 사고와 행동양식' 제고 긴요…韓정치에 반면교사

지난주 미국 대선 TV토론에서 조 바이든 대통령은 때로 혼란스러워 보였고 의사소통에 어려움을 겪기도 했다. 도널드 트럼프 전 대통령은 종종 횡설수설하거나 진실이 아닌 말을 했다. 왜곡과 복수의 위험한 욕망을 드러내기도 했다. 두 후보 모두 유권자에게 실망과 우려를 안겨 준 것으로 평가된다.

대선까지 앞으로 4개월, 유권자는 어떤 판단으로 선택을 하게 될 것인가. 그동안의 여론조사들을 보면 경제가 최우선적 기준이 될 것이다. 다만 경제의 판단에서도 '아름다움은 바라보는 사람의 눈에 있다(Beauty is in the eyes of the beholder)'는 점이 고려해야 할 변수일 것이다.

최근 미 여론조사기관 해리스폴 조사에 따르면 유권자의 56%는 미국경제가 침체(recession)에 빠졌다고 생각하고 49%는 올해 주식시장이 하락했다고 여기며 49%는 실업률이 사상 최고 수준에 도달했다고 보았다. 그러나 미국의 실제 경제 데이터는 완전히 다른 모습을 말해준다. 일반적으로 경기 침체는 GDP로 측정되는 경제활동이 2분기 연속 감소하는 것으로 정의되는데 미국 GDP 지표는 강세를 나타냈고 주가지수가 최고점을 찍었으며 실업률은 50년 만에 최저수준이다.

　바이든 행정부의 야심 작품인 인플레이션 감축법(Inflation Reduction Act) 등에 힘입어 제조업 투자가 기록적인 비율로 급증하고 있다. 특히 놀라운 점은 인플레이션 감축법 관련 투자의 5분의 4가 민주당(상징색 파랑)을 지지하는 성향이 있는 청색주(blue states)가 아닌 공화당(상징색 빨강) 지지 성향이 있는 적색주(red states)에서 일어나고 있다는 것이다. 미국경제를 바라보는 인식과 현실의 큰 간극을 말해준다.

　네덜란드 중앙은행이 지난해 네덜란드의 2,400여 응답자를 대상으로 설문 조사방식으로 수행한 인플레이션 심리학에 관한 연구에 의하면 경제학자와는 달리 일반 소비자는 주유소 마당에 표시된 휘발유 가격과 같은 단순한 경험적 방법(heuristics)으로 인플레이션을 판단하는 경향이 있다. 아울러 물가의 연간 증가 또는 하락에 대한 백분율(percentage) 수치가 아닌 절대 가격수준에 인플레이션 판단의 중점을 두려고 한다. 바이든 행정부에서 절대 물가 수준은 유권자들이 예전 경험했던 수준보다 20%나 급등한 바 있다.

　네덜란드 중앙은행 연구에 의하면 네덜란드의 소비자 즉, 유권자는 물가안정 달성은 중앙은행만이 아닌 정부의 역할이라고 생각하며 물가가 크게 변동하면 모든 정부기관에 대한 신뢰가 떨어진다고 본다. 정부기관에 대한 신뢰는 일단 깨지면 로맨스 관계와 마찬가지로 회복하기가 매우 어렵다고 한다. 이러한 연구결과가 미국 유권자에게도 그대로 적용될 수 있는지를 확인할 수 있는 직접적 증거는 없다. 다만 인플레이션과 경제를 바라보는 인식에 있어서 사실(facts) 못지않게 감성(sentiments)이 중요함을 바이든 대선 캠프에 일깨워주는 측면이 있을 것이다.

예컨대 유권자에게 경기 침체란 경제에 관한 어떤 부정적 느낌과 연결되어 있을 수 있다. 경제전문가에게 의미하는 생산, 고용 등으로 측정되는 경제전반의 축소와 사뭇 다를 수 있다. 해리스폴 여론조사에서 유권자의 56%가 미국경제가 침체에 빠졌다고 믿는 이유를 설명해준다. 일부 경제용어를 경제전문가와 다르게 이해하고 있는 것이다. 경제를 바라보는 인식과 현실 사이의 차이는 이것으로 설명이 가능하다. 경제전문가는 인플레이션을 가격 '수준'이 아닌 가격 '오름폭'으로 규정한다. 지난해 폭등한 물가상승률이 올해들어 평탄해졌다면 경제전문가는 현재 인플레이션이 낮은 수준이라고 정의한다. 그러나 유권자는 가격이 얼마 전에 비해 여전히 높은 수준이기 때문에 높은 인플레이션이라며 불만을 터뜨린다. 본질적으로 이것이 지금 벌어지고 있는 상황이다.

인플레이션은 2022년 중반 매우 빠른 상승을 기록한 이후 대체로 둔화되고 있다. 물가가 여전히 높은 수준에 머물러 있으니 아직 문제가 완전히 해소된 것은 아니지만 중앙은행가와 경제학자는 상당한 개선이 이루어졌다고 본다. 그러나 물가가 코로나19 팬데믹 이전 수준으로 되돌아가길 기대하는 유권자는 인플레이션이 진정됐다고 생각하지 않는다. 여론조사는 이와 같은 유권자의 감성을 반영하고 있다.

어느 나라건 국민의 뜨거운 관심을 받는 월드컵 축구경기에서 좋은 성과를 내려면 경기를 뛰는 선수의 역량은 물론이고 축구를 둘러싼 생태계의 역량이 뒷받침되어야 한다. 역량 있는 선수를 선발하는 룰과 함께 축구 생태계의 합리적 역량도 높아져야 한다. 마찬가지로 한 나라가 보다 높은 경제적, 사회적 성과를 이루기 위해서는 정치인의 역량과 함께 국민의 합리적 사고와 행동양식이 제고될 필요가 있다. 이를 달성하는 방법의 하나는 교육 등을 통해 경제주체와 사회구성원의 역량을 높이는 것이다.

그렇다면 지금 바이든 캠프에게 필요한 전략은 무엇인가. 대선을 4개월 앞둔 중대한 시점이기에 대표 선수 교체 논의보다는 유권자의 경제를 바라보는 눈과 인식의 변화에 초점을 둘 필요가 있다. 경제전문가와 달리 유권자에게는 정치적 성향에 따라 경제에 대한 이해가 달라지는 개연성을 배제할 수 없을 것이다. 유권자에게 '경제학보다 경제(economy rather than economics)'에 대한 이해가 긴요한 이유다. 대선 토론 이후 더욱 바이드노믹스(Bidenomics)의 정치경제적 해법이 중요해지는 형국이며 그 해법의 하나는 유권자의 합리적 사고와 행동양식 함양을 위한 일련의 실천 전략이다.

아울러 지금의 미 대선 상황은 향후의 한국 대선에도 반면교사의 교훈을 준다는 점을 간과해서는 안될 것이다. 얇은 팬덤과 변덕스러운 포퓰리즘에 흔들리지 않는 정치 거버넌스의 재설계, 국민의 합리적 사고와 행동양식을 제고하는 인식의 변화, 그리고 이를 달성하기 위한 교육의 노력과 사회적 지혜의 중요성은 아무리 강조해도 지나치지 않다.

(2024년 7월 4일 기고)

美대선 승부 가를 변수···사법리스크냐 경제냐

> 5개월여 남은 美대선, 트럼프 사법리스크 불구 박빙 구도
> 바이든, 경제성과에도 불구하고 지지세는 탄력 못받아
> 사법리스크와 경제···韓정치·대선에도 반면교사 아닌지 주시

미국 대통령 선거가 5개월여 앞으로 다가온 가운데 조 바이든 대 도널드 트럼프 양대 후보 간 박빙의 구도를 보이고 있다. 트럼프와 바이든은 둘 다 40%를 조금 넘는 지지율을 나타내고 있으며 애리조나, 조지아, 미시간, 네바다, 노스캐롤라이나, 펜실베이니아, 위스콘신 7개 경합 주(swing states)에서 트럼프가 바이든을 약간 앞서고 있는 것으로 전해진다. 트럼프가 2021년 백악관을 떠날 당시 29%라는 기록적으로 낮은 지지율을 생각하면 놀라운 반전이다. 바이든의 지지율은 취임 이후 19%포인트까지 하락한 35%를 지난달 기록했다가 반등하고 있다.

미 대선은 국민 투표(national vote)로 결정되는 것이 아니므로 후보에 대한 지지율만으로는 대선 향방을 가늠하는 데 한계가 있다. 50개 주별 선거인단(Electoral College) 투표에서 한 표라도 많은 표를 얻은 후보가 그 주의 선거인단 전체를 가져가는 승자독식(winner-takes-all) 방식을 채택하고 있다. 총 선거인단 538명의 과반수인 270표를 얻은 후보가 대통령이 된다.

그렇다면 올해 미 대선을 결정할 이슈는 무엇인가. 최근 CNN 여론조사에 따르면 유권자의 65%가 다른 어떤 이슈보다도 경제가 아주 중요하다고 답했고 이는 2008년 10월 이후 최고 수준이다. 이와 관련하여 영국 일간지 파이낸셜타임스가 미시간대 로스 경영대학원과 함께 한 여론조사에 의하면 유권자의 41%가 경제에 대해 트럼프를 신뢰하고 있는 데 비해 바이든은 35%에 그쳤다. 초당파 싱크 탱크인 퓨 리서치 센터(Pew Research Center)가 실시한 최근 여론조사에 따르면 유권자의 59%가 트럼프의 윤리적 행동에 대해 확신하지 않는다고 답했다. CNN 여론조사에 의하면 트럼프를 지지하는 유권자의 24%는 전직 대통령이 유죄 판결을 받으면 지지를 재고(再考)할 수도 있다고 답했다. 유권자의 우선순위는 경제로 나타난 가운데 트럼프의 사법리스크가 변수로 작용하고 있음을 볼 수 있다.

국제통화기금(IMF)은 미국의 1인당 GDP가 2019~2024년 중 코로나19 팬데믹이 포함되어 있었음에도 불구하고 8.3% 증가할 것으로 예상했다. 이는 다른 어떤 선진국보다도 훨씬 높다. 영국의 경우 마이너스 0.2%다. 미국의 올해 1분기 실업률은 3.8%로 3년 전의 6.2%보다 크게 낮아졌다. 같은 기간 실질 개인소비는 9.8%, 실질 민간 비주택 고정투자는 14% 증가했다. 실질 제조 구조물 투자는 2022년 1분기부터 2024년까지 1분기까지 101% 증가했다. 주택착공호수는 지난 반세기 이래 최고 수준인 170만 호에 육박하고 있다. 이러한 경제지표의 배경에는 인플레이션 감축법(Inflation Reduction Act), 반도체법(CHIPS and Science Act) 등 세계의 관심을 끈 법률들도 자리하고 있다.

바이든이 재임 중 이룬 고무적인 경제성과에도 불구하고 유권자들은 왜 바이든에게 열광하지 않는 것일까. 바이든의 경제성과만큼 지지세가 왜 탄력을 받고 있지 않은 것일까. 바이든이 그동안 열정적으로 주도해 온 '큰 정부(big government)'에 대해 반대자들이 적지 않다는 추론을 할 수 있는 것인가.

그렇다면 '큰 정부'를 반대하는 자유주의자(libertarian)들이 트럼프를 지지한다는 추론도 할 수 있는 것인가. 확신하기 쉽지 않다.

유권자들의 일상에 많은 영향을 미치는 인플레이션을 살펴보자. 바이든 취임 이후 물가 수준은 거의 20% 상승했다. 특히 식료품 가격의 큰 폭 상승을 체감하고 있는 유권자들이 예전의 가격 수준을 잊는 데는 시간이 걸릴 수 있다. 경제에 대한 유권자들의 인식은 다분히 정치적이다. 상대 진영이 집권할 때는 경제의 나쁜 면을 보려는 성향이 있다. 최근 모기지 금리가 7%대로 다시 높아짐에 따라 기존주택을 중심으로 공급 부족이 계속되어 주택가격 상승세가 이어질 것이라는 우려가 여전하다. 지금 새 집을 구입한다는 것은 저렴한 고정 금리 모기지를 훨씬 더 비싼 모기지로 바꾸는 것을 의미하므로 집을 팔지 않으려 하기 때문이다. 현재의 경제가 몇 년 전보다는 나아졌음에도 불구하고 유권자들이 체감하는 경제를 바꿀 수 있는 시간은 이제 5개월여밖에 없다.

트럼프의 사법리스크에 대한 유권자들의 인식 또한 다분히 정치적인가. 트럼프의 법정 출석은 바이든에게 그의 경쟁자를 결함 있고 자기중심적이며 공직에 부적합한 사람으로 묘사할 수 있는 절호의 기회일 것이다. 초당파 정치분석가이자 쿡 정치보고서(Cook Political Report) 편집장인 에이미 월터는 법정 출두로 트럼프의 사법리스크가 전면에 등장하는 가운데 트럼프를 대선 후보이자 잠재적 대통령 판단기준으로 초점을 맞추게 되면 유권자들은 바이든에게 본격적으로 돌아오기 시작할 것이라고 말했다. 일부 정치평론가는 트럼프의 법적 문제가 예비선거에서 니키 헤일리 등을 지지했던 온건하고 전통적인 공화당원들을 신속히 또는 반사적으로 공화당 편에 돌아가게 하지는 않을 것이라고 본다. 트럼프는 법정의 피고인석에서 가끔 잠에 빠지는 모습을 보였고 무기력하게 허공을 응시하기도 했다. 바이든을 '졸린 조(Sleepy Joe)'라고 부르던 트럼프가 한낮에도 깨어 있으려고 애쓰는 아이러니를 보게 된다.

그러나 트럼프의 사법리스크가 그에 대한 지지를 의미 있게 약화시킬 것인지는 아직 확실하지 않다. 퀴니피악대 여론조사에 따르면 유권자의 60%가 트럼프의 혐의를 심각하다고 생각하는 반면 62%는 유죄 판결이 투표에 영향을 미치지 않을 것이라고 답했다. 재판을 통해 트럼프에 대해 몰랐던 것을 새로이 발견한다기보다는 양측 유권자들의 기존 믿음이 어떻게 강화되는지를 보게 될 개연성도 있을 것이라는 시각이 있다.

트럼프의 사법리스크가 바이든에게 열광하지 않는 유권자들의 마음을 남은 5개월여 기간에 바꿀 수 있을 것인가. 아울러 바이든의 경제성과와 경제의 아직 미흡한 부분 등이 유권자들에게 5개월여 동안 어떻게 재인식되고 평가될 것인가. 근본적으로 인기 없는 두 후보를 바라보는 유권자들의 실망감과 착잡함, 그리고 교차하는 양측의 상반된 감정 등을 여러 상황에 비추어 짐작할 수 있을 법하다.

사법리스크와 경제가 올해 미국의 정치 승부를 가르는 것일까. 공교롭게도 한국의 정치 상황 또한 이와 오버랩되는 측면이 있다. 미 대선이 다음 한국 대선의 미래를 비춰주는 거울 이미지(mirror image)가 되지 않기를 희망한다. 한국 정치와 대선에도 반면교사가 되는 대목은 없는지 미 정치와 대선을 주시하게 된다.

(2024년 5월 23일 기고)

1.16 美대선 승부…나이인가, 정치철학인가

바이든, 나이 많다는 비판 속에도 대선자금 기록적 수준 확보

나이 많은 美여야 정치지도자들…푸틴마저 바이든 나이 우려 일축

나이보다는 정치철학 중요…총선 40일 앞둔 韓에 반면교사 교훈

조 바이든 미국 대통령은 나이에 대한 우려가 적잖다. 그럼에도 대선자금을 금년 1월에만 4,200만 달러 이상 모금했다. 11월 선거를 앞둔 지금 1억 3,000만 달러의 자금을 확보했다. 기록적 수준이다. 바이든 캠프 측은 바이든이 모금한 현금이 미 대선 사이클 역사상 어떤 민주당 후보보다도 더 많다고 밝혔다. 이러한 바이든의 모금 능력은 그의 나이와 관련지어 대선 출마 적합성 조사를 진행하는 와중에 나온 것이다.

바이든이 부통령 시절 다룬 기밀 자료의 보관 과정 등을 조사한 특별검사의 최근 보고서는 81세의 대통령을 '기억력 나쁜 나이든 남성(elderly man with a poor memory)'으로 묘사한 바 있다. 뉴욕타임스 칼럼니스트 에즈라 클라인은 바이든이 그동안 이룬 입법적 성과에 찬사를 표현하면서도 나이에 대한 경각심을 환기하며 이번 대선에서 물러나기를 촉구하는 글을 최근 기고하기도 했다.

바이든보다 네 살 젊은 77세 도널드 트럼프의 금년 1월 모금 실적은 공개되지 않고 있으나 2023년 말 기준으로 공개된 보유 현금은 6,600만 달러였고 당시 바이든의 경우 1억 1,800만 달러였다. 이달 영국 일간지 파이낸셜타임스 분석에 따르면 2024년 현재 트럼프에 대한 기부자 수는 4년 전 대선 시점인 2019년에 비해 22만 4,000명 감소했다. 파이낸셜타임스는 2019년에 비해 트럼프 기부자가 감소한 것은 기부자 피로(donor fatigue)의 신호일 수 있다는 공화당 선거전략가의 분석도 인용했다. 트럼프는 이달 뉴욕맨해튼 지방법원으로부터 3억 5,500만 달러의 벌금 판결을 받는 등 여러 사법적 리스크에도 둘러싸여 있어 유권자들에게 피로감을 주고 있는 측면이 있다. 바이든뿐만 아니라 트럼프의 나이 역시 많다는 지적도 적지 않다. 6월에 트럼프는 78세가 된다.

현재 미국 상원의원 나이의 중간값은 65세다. 상원 다수당(민주당) 원내대표인 척 슈머는 73세다. 상원 소수당(공화당) 원내대표 미치 매코널은 82세다. 매코널의 공화당 동료 상원의원인 척 그래슬리는 90세이며 6년 임기가 만료되는 2028년 선거에도 재출마하기로 최근 선언했고 당선되면 101세까지 정치 활동을 계속할 수 있게 된다.

미국 좌파의 상원 기수(旗手)는 여전히 82세의 버니 샌더스다. 샌더스의 과거 경쟁자이자 한때 동맹자인 엘리자베스 워런 민주당 상원의원은 74세다. 미국 주요 정치지도자들의 면면을 보면 바이든이 현재 나이로 보아서 아주 특이하고 예외적인 인물(outlier)에 해당된다고 보기는 어려울 것이다.

미국 하원의원 나이의 중간값은 58세다. 현재 상하원 의원 중 7%만이 40세 미만이며 미국인 나이의 중간값은 38.9세다. 따라서 지금 눈에 띄는 것은 바이든의 나이가 아니라 미국 정계를 장악하고 있는 정치인들의 만만치 않은 오랜 정치 경륜, 그리고 미국 정치지도자들과 유권자들 사이에 보이는 전반적인 연령대 불일치 또는 그로 인한 세대 간극(generation divide) 개연성이라고 할 수 있겠다.

블라디미르 푸틴 러시아 대통령은 이달 국영 TV 인터뷰에서 바이든과 트럼프 중 하나를 선택하라는 질문에 더 경험이 많고 예측 가능하며 전형적인 (old-school) 정치인이라고 할 수 있는 바이든을 트럼프보다 더 선호한다고 말했다. 푸틴의 이 발언은 바이든이 우크라이나에 더 많은 전쟁 자금을 지원할 것을 미 의회에 촉구한 직후에 나온 것이라는 점에서 더욱 역설적이다. 푸틴은 바이든의 나이와 관련한 논란에 대해서는 선거 운동이 점점 악의적으로 되어가고 있다며 바이든이 공직에 적합하지 않다는 증거를 본 적이 없다고 말했다. 푸틴은 2021년 제네바에서 열렸던 바이든과의 가장 최근 회담을 이렇게 회상했다. '회담에서 그도 그의 노트를 보았고 솔직히 말해서 나도 나의 노트를 보았는데 그들(미 공화당)은 이미 바이든이 유능하지 않다고 말하고 있었다.'

이번 미 대선의 승부는 어디에서 결정될 것인가. 대선까지 아직 250일을 남겨둔 시점에서 계속되는 나이 논란에도 불구하고 대선자금 확보에서 앞서가는 바이든의 건재함, 친트럼프 성향일 법한 푸틴의 진정한 의도를 알기는 어려우나 나이 우려도 일축하며 몇 가지 이유로 바이든 지지를 표명한 점 등이 일단 눈길을 끈다.

과연 미 대선의 승부는 나이인가, 정치철학인가. 81세와 곧 78세가 되는 두 유력 후보 중 한 사람은 미국이 지향해온 전형적인 민주주의를 지지하고 다른 한 사람은 그렇지 않은 가운데 선택을 해야 한다면 어떻게 해야 하는가. 그리 어려운 문제는 아닐 터인데 현실은 그렇지 않아 보인다.

일부 여론조사 등에 따르면 미국의 밀레니얼 세대와 Z 세대는 전형적인 민주주의를 위해 열광하고 헌신했던 이전 세대 젊은이들의 모습과는 다소 차이가 있다고도 한다. 그들 MZ 세대는 미국의 전통적인 글로벌 군사 역할(global military role)에 대해 일응 의문을 제기할 태세이면서도 세계화(globalization)에는 매우 편안해하고 기후위기에 대해서 이전 세대보다 한층 더 걱정하고 있으며 다양성(diversity)을 환영하는 가운데 미국 예외주의(American exceptionalism)는 덜 신봉하려고 하는 등 복합적인 기질을 띤다고 한다. 미국 유권자들의 연령대는 정치지도자들에 비해 폭넓고 따라서 추구하는 가치 또한 그만큼 폭넓을 수 있음을 시사하고 있다. 이는 유권자들을 제대로 바라보는 정치지도자들의 정치철학이 지금 첨예한 논란 대상인 나이보다 훨씬 더 중요할 수 있음을 일깨워주는 대목이다.

250일 남은 미 대선의 향방을 지금 예단하기는 이르겠으나 현대 민주주의와 선거 시스템 등 여러 관점에서 성찰해야 할 과제와 교훈을 던지는 듯하다. 정치철학이 결여된 정치지도자들이 유권자인 대중에게 때로 있을 수 있는 편향(bias)에 오히려 편승하거나 조장하는 정치문화는 민주주의의 퇴행을 가져오는 요인으로서 철저히 배격되어야 할 것이다.

이는 총선을 40일 앞둔 우리에게도 반면교사의 교훈을 준다. 비단 나이뿐만 아니라 특정인, 특정세력과의 친소관계나 편향된 이념 등이 정치인 선택의 주된 요인이 되는 구도가 아닌 유권자들을 바라보는 진정한 정치철학에 토대를 두는 시스템이 긴요하다.

(2024년 2월 28일 기고)

최고법원·특별검사가 쓰는
美대선 드라마 향방은

美최고법원·특별검사, 트럼프·바이든 대선 레이스 동시 영향력 본격화
트럼프 대선 자격 법정 다툼, 바이든 기억력 문제 쟁점…유권자 존재 안보여
바이든·트럼프 정치 운명 못지않게 美정치 분열·양극화 치유하는 선택 긴요

미국 백악관과 연방대법원에서 지난 목요일 있었던, 금년 11월 대통령 선거와 관련한 두 이벤트가 나란히 이목을 끈다. 조 바이든 대통령이 직접 나선 본인의 지적 능력에 관한 긴급 기자회견, 그리고 도널드 트럼프의 대선 출마 자격 심리 재판 개시가 그것이다. 민주당과 공화당 두 유력 대선 후보의 선거 레이스에 큰 영향을 줄 수 있는 이슈들이다.

바이든은 긴급 기자회견에서 공화당원인 로버트 허 법무부 특별검사(special counsel)가 당일 발표한 바이든의 나쁜 기억력(poor memory)을 주장하는 보고서를 맹렬히 비난했다. 특검은 보고서를 통해 바이든이 오바마 행정부에서 부통령으로 재임했던 기간을 특검과의 인터뷰에서 제대로 기억해내지 못한 점, 바이든이 부통령 시절 다룬 아프가니스탄에서의 군사 및 외교 정책에 관한 기밀 자료가 델라웨어주 사저에서 발견되는 등 민감한 정보를 부주의하게 다룬 점 등을 지적했다.

345페이지 분량의 이 보고서는 이날 곧바로 미 의회에 제출되었다. 보고서는 문제되는 기밀 자료가 실수로 반출되었을 가능성이 있다고 결론지었고 전체적인 증거는 형사유죄판결의 법적 기준인 '합리적 의심의 여지가 없이 (beyond a reasonable doubt)' 바이든의 유죄를 입증하지는 못한다고 언급했다. 바이든은 기자회견에서 '내 기억력은 괜찮다(My memory is fine)'라며 특검 보고서를 반박했다.

한편 트럼프는 지난해 6월 별도로 임명된 잭 스미스 법무부 특별검사에 의해 대통령 시절 다룬 군사 정보와 전략 등이 포함된 기밀 자료를 플로리다주 사저에 불법 보관한 혐의로 기소되었고 재판에서 무죄를 주장한 바 있다.

같은 날 연방대법원은 콜로라도주 대법원이 내린 트럼프의 대선후보 자격 박탈 판결에 대한 최고법원으로서의 심리에 들어갔다. 첫 공판에서부터 트럼프 측과 콜로라도주 유권자 측은 치열한 구두 변론을 펼쳤다. 핵심 쟁점은 2021년 1월 6일 미 국회의사당 난입 사태와 관련하여 미 수정헌법 제14조 3항에 의거 트럼프의 대선 출마를 금지할 수 있느냐의 여부다.

트럼프 측 변호인은 수정헌법의 동 조항이 대통령직에 적용되는지 명시적으로 규정되어 있지 않으므로 트럼프와 같은 대선 출마자에게 적용되지 않으며 의회가 이 조항을 바탕으로 대선 후보자격 박탈에 관한 입법 권한을 가져야 한다는 취지의 주장을 폈다. 또한 콜로라도주 대법원 판결을 받아들일 경우 수천만 명의 잠재적인 유권자들로부터 투표권을 빼앗는 결과를 초래할 것이라고 변론했다.

콜로라도주 유권자 측 변호인은 미국 역사상 처음으로 나라의 수도가 폭력적인 공격을 받았고 그 공격은 현직 미 대통령이 평화적인 권력 이양을 방해하기 위해 선동했다는 주장을 폈다. 주 대법원의 결정이 국가 단위의 선거에 막대한 영향을 끼칠 것이라는 사무엘 알리토 대법관의 우려에 대해 섀넌 스티븐슨 콜로라도주 법무장관은 주의 결정을 실행에 옮기고 여기에 연방주의의 일부 혼란이 있을 수 있는 대목을 받아들일 필요가 있다고 변론했다.

콜로라도주의 결정은 유권자들의 선거권을 상당한 정도 박탈하는 효과가 있다는 브렛 캐버너 대법관의 지적에 대해 변호인은 트럼프는 자신에게 반대표를 던진 8,000만 유권자들의 선거권을 박탈하려 했고 헌법은 그에게 또 다른 기회를 부여할 것을 요구하지 않는다고 변론했다.

미 최고법원과 특별검사가 같은 날 공화, 민주 양당 대선 후보의 운명에 결정적 영향을 줄 수 있는 드라마를 쓰기 시작한 형국이다. 통상 드라마 작가는 작가의 의중이 있을 경우에도 드라마가 진행되는 동안 시청자와의 상호작용 속에서 드라마를 만들어 나갈 개연성이 있다. 대선 드라마에서의 시청자는 유권자라 할 수 있다. 그러면 지금 세계가 주시하고 있는 미 대선 드라마는 과연 어떻게 전개될 것인가. 최고법원과 특별검사가 쓰는 대로 흘러갈 것인가. 정작 유권자의 존재는 보이지 않은 채 작가만의 대선 드라마가 되는 것은 아닌가.

바이든의 기억력 문제는 특별검사의 이번 보고서가 아니어도 몇 차례 세간에 알려진 바 있다. 심지어 지난 목요일 긴급 기자회견 도중에도 중동지역 위기를 언급하면서 압델 파타 알시시 이집트 대통령을 멕시코 대통령으로 잘못 호칭했다. 하루 전인 수요일 뉴욕에서의 모금행사에서는 독일 총리 앙겔라 메르켈에 관한 스토리를 얘기하면서 헬무트 콜이라고 불렀다. 그 직전 주말 네바다 연설에서는 1981~1995년 재임한 프랑스 대통령 프랑수아 미테랑과 현 대통령 에마뉘엘 마크롱을 혼동했다. 로버트 허 특별검사가 의회에 제출한 바이든의 나쁜 기억력에 관한 보고서가 어떻게 다루어질지, 또 잭 스미스 특별검사가 기소한 트럼프의 기밀 자료 유출 혐의 재판이 어떻게 진행될지 등 앞으로 펼쳐질 대선 드라마를 일단 지켜볼 필요가 있겠다.

미 최고법원은 24년 전인 2000년 대선의 조지 부시 대 앨 고어 대결에서 승패의 키를 쥔 바 있다. 당시 최고법원의 보수 대 진보 구도는 5 대 4로서 현재의 6 대 3에 비해 균형을 이루고 있었음에도 공화당 부시에 기울어진 판결이 아니냐는 비판을 한동안 감수해야만 했다. 그러한 다소 불편한 기억으로 인해 이번에는 최고법원이 트럼프의 대선 출마자격 유무에 대해 명확한 결론을 내리지 않고 옆으로 한걸음 비켜서는 방법을 강구할 수도 있을 것이라는 일각의 추측도 있다. 그렇지만 만의 하나 최고법원이 빈 껍데기의 허울만 남는 듯한 결론을 내린다면 그 또한 사법부의 신뢰를 떨어뜨리는 요인이 될 수 있을 것이다.

민주주의를 실현함에 있어 법원과 의회의 결정보다 근본적으로 중요한 것은 유권자들의 평가일 터이다. 바이든과 트럼프의 정치적 운명 못지않게 긴요한 것은 미국 정치의 뿌리 깊은 분열과 양극화를 치유하는 선택일 터이고 미 대선 드라마에서 궁극적인 평가자이자 심판자는 시청자이자 유권자가 되어야 할 것이다. 그래서 그 드라마를 쓰는 진정한 작가는 최고법원도 특별검사도 아닌 결국 현명한 유권자들임을 확인하게 되는 극적인 드라마를 미 대선에서도 보고 싶다.

(2024년 2월 13일 기고)

법의 지배, 경제의 지배가 판가름할 美대선

美대선, 법원이 후보 자격 심리⋯24년 만에 키 쥐어

압도적 보수우위 美최고법원, 법리보다 이념 편향 흐를지 관심

최근 인플레 급락과 실질 가처분소득 증가, 유권자 영향 주목

이번 주 화요일 미 워싱턴 DC 연방항소법원은 도널드 트럼프가 2020년 대선 개입 혐의 기소에 대한 방패막이로 대통령 면책특권(presidential immunity)을 행사할 수 없다고 만장일치로 판결했다. 현직 대통령이 아닌 시민의 한 사람으로서 기소된 트럼프에게 그러한 면책특권이 없음을 밝혔다.

트럼프는 금년 11월 대선 레이스에서 공화당 후보 선두주자다. 또한 이번 주 목요일 미 연방대법원은 트럼프가 콜로라도주 예비 투표에서 퇴출될 수 있는지 여부를 결정하기 위한 심리의 구두 변론 절차에 들어가면서 대선 출마자격 유무에 대한 재판에 본격 돌입하게 되었다.

지난해 12월 콜로라도주 대법원이 트럼프 지지자들의 2021년 1월 6일 미국회의사당 난입 사태와 관련하여 미 수정헌법 제14조 3항(반란 가담 공직자의 공직 담임 금지)에 의거 트럼프의 대선 후보 자격을 박탈한 바 있고 트럼프 측이 이에 불복해 연방대법원의 최종 판단을 구한 데 따른 재판이다. 조지 부시

와 앨 고어가 접전을 벌인 2000년 대선에서 플로리다 재검표를 중단하고 부시의 승리를 확고히 한 지 24년 만에 다시 연방대법원이 대선을 좌우할 키를 쥐게 된 셈이다.

이와 같은 본격적인 사법절차 진행에 정치권은 다소 엇갈린 반응을 보인다. 텍사스 출신 테드 크루즈 공화당 상원의원은 트럼프를 지지하는 의원 177명과 함께 서명하면서 콜로라도주 대법원의 결정은 민주적 절차에 대한 심각한 위험이라고 주장했다. 반면에 같은 공화당 인사이지만 마이클 루티그 전 판사, 스튜어트 거슨 전 법무장관 대행 등은 콜로라도주 대법원 결정에 지지의 뜻을 표명했다. 이들은 트럼프가 권력 이양을 막기 위해 고의적으로 헌법을 어기려고 했다고 말했다. 민주당 바이든 행정부는 콜로라도주 대법원 결정을 공개적으로 지지할 경우 공정성을 해치고 선거에 개입한다는 비판을 받을 수 있음을 의식한 듯 이 문제에 대해 대체로 침묵을 지켜왔다.

미국에서 50여년간 유지되어온 여성의 헌법적 권리에 관한 '로 대 웨이드'(Roe v. Wade) 판례를 파기하는 등 그동안 보수 일색의 결정을 해온 연방대법원이 정치권의 극심한 양극화 구도에서 진행 중인 대선 판도를 가를 사건에서 어떤 결정을 내릴 것인가.

트럼프가 임명한 배럿, 캐버너, 고서치 세 대법관을 포함해 보수 대 진보 구도는 6 대 3이다. 1930년대 이후 최대의 압도적 보수 우위 구도다. 이번 사건의 복잡성과 정치적 파급력, 헌법적 선례 부족 등으로 인해 보수와 진보 진영으로 확연히 갈라져 있는 미 최고법원이 최고의 법리적 판단보다 이념적 편향에 치우친 결정으로 흐를 것인가의 여부가 첨예한 관심사다.

'로 대 웨이드' 파기 이후 미 사법부가 이념화, 정치화되고 있다는 비판이 일어온 터이기에 존 로버츠 대법원장을 비롯한 최고법원 구성원들에게 이번 사건은 까다롭고도 기념비적인 도전이 될 수밖에 없다. 진정한 법의 지배(rule of law)가 어떻게 작동하는지를 가늠할만한 시금석이 될 사건인 만큼 최고법원의 초당파적 결정을 기대하게 된다.

법의 지배와 함께 미 대선을 판가름할 또 하나의 요체는 시민의 일상과 밀접한 경제라고 할 수 있다. 선거는 유권자들이 느끼는 이른바 '경제적 행운(economic fortunes)'과도 상당한 관련성을 지닌다. 정치학자 크리스토퍼 아헨과 래리 바텔스는 공동 집필한 '현실주의자를 위한 민주주의(Democracy for Realists)'라는 저서에서 선거에서는 최근의 경제성과가 과거의 성과보다 훨씬 더 관련성이 크게 작용하는 것으로 분석했다. 유권자들은 대체로 짧은 기간의 최근 기억을 갖고 투표에 임하기 때문이라는 것이다. 유권자들이 선거 시점에 근접한 자신의 감정을 기준으로 투표하며 현직 대통령의 전체 임기 동안 느꼈던 감정은 잊어버리거나 무시하려는 경향이 있다는 것이다.

저자들은 1964~2016년 기간 중 있었던 미 대선을 분석한 결과 선거 직전 2분기 동안 1인당 실질 가처분소득이 증가하면 집권당 득표율이 올라가는 것을 관찰했다. 이런 관점에서 최근 미국 인플레이션 급락은 주목할 만하다. 2023년 하반기에 미국 물가는 연 2% 상승하여 2022년 상반기에 최고치를 나타냈던 연 7.7%보다 크게 낮아졌다. 인플레이션이 경기 침체 없이 하락했기 때문에 타이트한 노동 시장은 계속해서 견조한 실질 임금 증가를 가져올 수 있다. 실제 2023년 4분기에 1인당 실질 가처분소득은 연율 1.9% 늘어났다. 11월 대선 때까지 이런 경제 기조가 유지된다면 유권자들이 체감하는 경제적 행운이 선거에 어떤 영향을 미치는지를 가늠해 볼 수 있을 것이다.

실제 미 대통령 선거는 매우 복잡하고 다양한 대내외 요인 등에 의해 영향을 받을 것이기에 최종 선거 결과를 현 시점에서 예단하기는 매우 어렵지만 금년 선거에서는 특히 법의 지배가, 아울러 경제의 지배(rule of economy)가 선거를 판가름하는 중요한 요체가 될 수 있음을 부인하기는 어렵다. 미국 유권자들을 포함한 세계시민의 삶에 적지 않은 영향을 미치게 될 미 대선이 민주주의를 발전시키고 현실주의자가 체감하는 경제적 행운도 증진시키며 나아가 이상주의자가 추구할 수 있는 지속가능한 사회·경제적 성과를 제고하는 모멘텀이 되기를 기대한다.

(2024년 2월 8일 기고)

2부

통화정책·경제정책·국가 경영과 시장 조명하기

정부 인재 이탈 러시…장차관 역량에 문제 없나

> 행정부 인재 이탈 최근 급증…낮은 보수 우선적 원인
> 과도 입법 권력에 자부심 줄고 행정 적극주의에 제동
> 보수 체계 혁신, 융복합 교육훈련 확충…인센티브 긴요

　정부 인재 이탈이 심상치 않다. 금융 전문 행정기관인 금융위원회의 올해 1~8월 퇴직자는 최근 10년래 가장 많은 23명이다. 지난해 말 기준 금융위 전체 인원 325명의 7%에 해당한다. 5~6년 전 퇴직자의 3배가 넘는다. 금융위와 함께 금융규제감독권을 쥔 금융감독원의 올해 상반기 퇴직자는 29명. 14년래 최다 규모다. 산업통상 전문 행정기관인 산업통상자원부는 2021~2023년 중 32명. 올해 들어 9명이 민간기업으로 옮겼다. 이와 같은 퇴직 러시 행렬은 다른 행정기관들의 경우에도 별반 다르지 않다.

　안정성과 전문성 등 여러 면에서 선망의 대상으로 꼽히는 전문 행정기관들로부터 인재가 급격히 이탈하는 이유는 무엇일까. 가장 먼저 꼽히는 이유는 보수다. 단면적으로 비교하긴 쉽지 않으나 올해 공무원보수규정에 의하면 5급 사무관 3호봉 월급은 294만 800원이다. 통계청이 집계한 2022년 기준 직장인 세전 월평균 임금이 353만원, 대기업 직장인은 591만원이다. 인사혁신처가 전체 공직자 122만 1,746명을 대상으로 실시한 '2023년 공무원 총조

사'에 따르면 이직 사유로 낮은 보수를 지적한 응답자가 51.2%로 가장 많았다. 한국인사행정학회가 공직자 6,882명을 대상으로 한 설문조사에서도 보수가 업무 성과에 비추어 적정하지 않다는 응답이 54.7%였다.

민간에 비해 낮은 보수에도 불구하고 공직자가 공직에 머물도록 하는 유인의 하나는 사명감과 보람이라고 할 수 있다. 한국은 특히 행정부 주도로 경제정책을 추진하며 고도성장을 구가한 바 있다. 세계적으로도 지난 40여년은 행정부가 재량권과 전문성을 폭넓게 발휘한 행정부의 시대였다고 해도 과언이 아니다. 그렇지만 최근 들어 입법 권력이 점차 커지며 느껴지는 행정권의 상대적 위축은 공직에 대한 자부심과 보람을 예전만 못하게 만드는 요인이 되었을 수 있다. 예컨대 금융투자소득세와 같은 중요 금융조세정책의 향방이 전문 행정기관의 정책 타당성 분석에 기초하기보다는 특정 정치세력의 이해관계로 좌우되는 상황이라면 정책을 맡은 공직자로서 자괴감마저 들 수 있을 것이다. 이는 과도한 입법 권력이 과거 영광의 시기를 누렸던 행정부에 사기 저하와 패배 의식을 야기할 수 있는 한국적 현실을 말해준다.

현대 민주주의 국가에서 행정부의 위상은 사법부와 입법부의 위상과 연계하여 바라보는 것이 합당하다. 지난 40여년 동안 행정 적극주의가 풍미했을 때 사법 판단의 자제가 있었고 입법은 입법자의 의지보다는 후일 그 일을 수행하는 공인, 즉 행정부의 의지를 중시했다. 이른바 법현실주의(legal realism)의 시대사상이 지배했다.

헤겔의 변증법이 말하는 정·반·합 역사발전 과정은 행정부의 위상에도 적용되는 것인가. 올해 6월 미국 연방대법원은 기념비적인 '로퍼 브라이트(Loper Bright Enterprises v. Raimondo)' 판례를 통해 지난 40년간 행정부의 법률 해석과 룰 제정 권한을 존중한 '쉐브론(Chevron)' 판례를 파기했다. 사법부가 행정부의 행정권에 무조건적 존중을 부여하지는 않고 행정부를 견제하는 역할을 강화하고자 하는 결정이다. 행정부가 지난 40년간 누려오던 행정 적극주의에 제동을 걸며 행정권 행사에 균형 있는 규율과 법의 지배를 요구하는 흐름을 읽게 된다. 행정, 사법, 입법이 국민의 삶을 위해 어떻게 작동해야 하는가에 관한 법철학적 성찰의 전환점이 되고 있다.

그렇다면 이제 행정부의 과제는 무엇인가. 행정부의 위상에 관한 대전환 흐름을 직시하면서 이에 부합하는 행정부의 역량을 제고하는 데 있다고 본다. 행정부의 인재 이탈에 대한 해법도 여기에서 찾을 수 있을 것이다. 본질적으로 행정부는 3부(府) 중에서도 정책을 주도적으로 수립하고 실행하는 핵심 플레이어에 해당한다. 따라서 행정부의 높은 역량은 입법부, 사법부와의 상호작용을 통해 국가의 성과를 결정하는 핵심요소가 된다. 문명사적 대전환기에 직면하는 수많은 도전 과제를 주도적으로 다뤄야 하는 주체는 여전히 행정부다.

이러한 행정부가 지닌 최고의 자산은 무엇인가. 광범위한 풀의 인적자원이라 할 수 있다. 행정부의 역량은 곧 인적자원의 역량인 것이다. 과도한 입법 권력과 포퓰리즘에 흔들리지 않고 중립적 위치에서 국리민복(國利民福)을 위해 헌신할 수 있을 것으로 기대되는 행정부의 역량은 행정부가 지닌 인적자원의 역량에 비례해서 발휘된다. 그 역량을 함양하고 제고하는 인센티브가 긴요하다.

인센티브의 방향은 다양하고 창의적으로 펼쳐질 수 있다. 민간으로 진출하여 민간부문 발전에 기여해온 인재가 다시 공직으로 회귀하는 선순환이 이루어질 수 있을 정도로 보수 체계가 획기적으로 변화해야 한다. 보수 체계의 혁신이 가져오는 공익 증대가 투입 비용을 상회하게 하는 비용-편익 분석

(cost-benefit analysis)을 바탕으로 다각적인 인사행정 프레임워크와 인센티브가 새로이 강구될 필요가 있다. 수십년 전의 낡은 제도는 대전환기에 요구되는 행정부의 책무를 달성하는 데 충분하지 않다.

아울러 교육과 훈련을 통한 인적자원 역량 제고의 중요성은 아무리 강조해도 지나치지 않다. 행정부에서 쌓은 현장 실무에 학제적(interdisciplinary) 통찰력을 포괄하는 융복합 교육훈련 기회를 확충하는 인센티브가 요청된다. 과도한 입법 권력을 능가하는 행정부의 강력한 인적자원 역량이야말로 공직에 대한 자부심과 긍지를 근본적으로 드높이는 원동력을 창출하는 필요조건이다.

이러한 인센티브를 만드는 데에는 행정부를 이끄는 장차관들이 제대로 역할을 할 수 있어야 한다. 급증하고 있는 행정부 인재 이탈과 이어지는 행정부 위기 우려를 막기 위해서는 장차관들이 문제해결 역량과 의지를 갖추고 있어야 함은 당연하다. 힘들여 양성한 인적자원의 대거 이탈은 인적자원이 최고 자산인 행정부의 역량 약화로 이어질 수밖에 없다. 뒤에서 바라만 보고 있을 때가 아니다. 지금 시작되는 국정감사에서는 장차관들의 역량부터 먼저 살펴야 할 것이다.

(2024년 10월 7일 기고)

일본경제, 바뀌고 있나⋯정책과 시장 회고와 전망

일본경제, 무엇이 문제인가

　일본경제, 무엇이 문제인가. 필자는 2001년 한국은행-일본은행 연례 중앙은행간 협의회에서 통화정책에 관하여 발제한 것을 시작으로 2008년 글로벌 금융위기 이후 10여년에 걸친 경제협력개발기구(OECD) 활동을 통해 일본은행과 일본정부 정책당국자들로부터 일본의 주요 경제 이슈와 아울러 그들의 생각과 고민이 무엇인지 접할 기회가 적지 않았다. 그렇기에 일본경제의 과거와 현재, 그리고 전망에 자연스레 관심을 지녀 왔다고 할 수 있다. 일본경제, 무엇이 문제이며 시사점은 무엇인가. 이러한 그동안의 문제 인식과 시각을 가지고 본 기고에서는 일본경제가 오랜 침체와 디플레이션에서 탈출하여 새로운 변곡점을 지향하면서 바뀌고 있는지를 정책과 시장의 관점에서 돌아보며 전망과 시사점을 짚어보고자 한다.

장기 침체, 잃어버린 30년과 디플레이션

　세간에서 일본경제의 과거를 말할 때면 흔히 잃어버린 30년, 디플레이션 등의 단어를 먼저 떠올린다. 성장 동력을 잃은 채 장기간 침체한 일본경제를 묘사하는 표현에 다름 아닐 것이다. 디플레이션이란 물가가 지속적으로 하락하는 현상을 뜻한다. 물가가 지속적으로 오르는 인플레이션과 반대되는 개념이다. 일응 소비자 입장에서 물가가 계속 내리면 같은 돈으로 더 많이 살 수 있으니 좋은 것 아니냐 할 수도 있겠으나 그렇지는 않다. 디플레이션이 발생하면 사람들은 제품, 서비스 가격이 더 하락할 것으로 예상하고 소비와 지출을 줄이게 된다. 이에 따라 기업의 매출이 감소하면서 투자가 위축된다. 투자가 부진하면 기업의 고용이 감소하고 다시 소비가 위축된다. 소비 감소는 다시 기업의 수익성 악화 및 물가 하락으로 이어지는 악순환(vicious cycle)이 초래된다. 부동산 등 실물자산을 담보로 돈을 빌린 사람은 자산가치가 하락하면서 자산을 매각해도 빌린 돈을 갚지 못하게 되어 금융기관의 건전성도 악화한다.

세계경제사에서 디플레이션이 발생한 사례는 흔치 않다. 거슬러 올라가면 금본위제 시절이었던 1865년부터 1895년까지 물가가 47% 하락하고 대공황(Great Depression)의 충격으로 1929년부터 1933년까지 물가가 27% 하락한 미국의 사례가 있다. 장기적인 경기 침체로 1999년부터 2005년, 2009년부터 2012년에 걸쳐 각각 7년, 4년간 물가가 하락한 일본이 대표적인 근래의 사례로 꼽힌다. 일본은 부동산과 주식 가격도 크게 하락하면서 소비와 투자가 감소했고 디플레이션의 악순환으로 오랫동안 물가가 계속 하락했다. 디플레이션이 한창이던 2002년에는 가격이 하락한 품목이 전체 물가조사대상의 70%에 달했다.

▌디플레이션 탈출을 위한 아베노믹스, 그에 대한 평가는

일본경제가 이러한 디플레이션의 악순환에서 탈출하고 경제 활성화를 도모하기 위하여 일본의 전 총리 아베 신조가 2012년 취임 후 추진한 경제정책이 이른바 아베노믹스(Abenomics)다. 아베노믹스는 세 개의 화살로 불리는 통화 완화, 재정 확대, 구조 개혁을 주요 정책 축으로 한다. 2013년 1월 초 일본정부와 일본은행은 완화적 통화정책과 적극적 재정정책을 기반으로 하는 공동성명을 발표했다. 주요 내용은 디플레이션 조기 탈출과 물가안정 하에서의 지속적 경제성장 실현을 위해 일본정부와 일본은행은 정책연계를 강화하고 일체가 되어 대응하며, 일본은행은 소비자물가 상승률 2%를 가능한 한 조기에 실현하는 것을 목표로 통화 완화를 추진하고, 일본정부는 기동적인 거시경제정책 운영에 노력하는 동시에 경제구조 변혁을 도모하며 지속가능한 재정구조 확립을 추진한다는 것이다. 혹자는 아베노믹스가 표방한 세 개의 화살에 대해 후일 평가하기를 아베(ABE)의 이름을 따서 각각 A학점, B학점, E학점으로 비유하기도 했다. 첫 번째 화살은 마이너스 금리와 양적, 질적 완화로 대표되는 통화정책이다.

시계추를 세월이 10년 이상 흐른 2024년으로 옮겨 보자. 일본은행은 2024년 7월 금융정책결정회의에서 정책금리를 글로벌 금융위기 이후 최고 수준인 0.25%로 인상했다. 앞서 3월에는 17년 만에 처음으로 금리를 인상하여 마이너스 금리에서 벗어났다. 우에다 가즈오 일본은행 총재는 추가 금리 인상을 시사했다. 주요국이 금리인하에 들어간 시점에 유독 일본만이 금리 인상 페달을 밟은 것이다. 7월 금융정책결정회의를 앞두고 기시다 후미오 총리, 모테기 도시미쓰 자민당 간사장 등 정부 여당 고위 인사들이 금리인상을 압박했다. 금리를 올려 엔저를 바로잡아야 한다는 정치권 압박이 정책결정 직전 집중되었다.

일본 정치권의 금리인상 압박과 일본은행의 금리인상 페달은 역사의 파노라마를 되돌려 아베노믹스를 떠올리게 하는 역사의 역설이 아닐 수 없다. 한 시대를 풍미한 아베노믹스가 첫 번째로 쏜 화살을 반대 방향으로 되돌리겠다는 압박이 정치권의 금리인상 요구였고 이는 역설적으로 첫 번째 화살이 A학점이 아니었음을 보여준 셈이다. 아베노믹스 이후 엔저 효과에 안주함에 따라 혁신을 위한 유인이 저하되고 성장 동력을 잃은 채 장기간 침체한 일본 경제의 자화상에 대한 반성을 드러낸 것과 같다. 잃어버린 30년, 그리고 일본정부 스스로 아직 탈출했다고 확신하지 못하는 디플레이션의 연장선에서 일본경제를 조명하게 된 계기가 7월 금리인상이었다.

▌디플레이션 탈출, 아직 확신하지 못하는 이유

일본정부는 물가 상황이 버블 붕괴 이전 수준에 다가서는 상승세를 보이고 기대 인플레이션이 변화하는 전향적 움직임이 있다고 평가하면서도 명목임금 상승률이 물가상승률을 하회하여 실질임금이 마이너스가 지속되는 점 등을 들어 디플레이션 탈출 여부 판단에 대하여 신중한 자세를 취하고 있다. 2013년 12월 이후 현재까지 일본경제가 디플레이션 상황은 아니지만 디플레이션에서 탈출했다고 보기는 어려운 상태로 판단하고 있다. 여기서 디플레이션 탈출의 의미는 경제가 디플레이션에서 벗어나 디플레이션으로 되돌아갈 가능성이 없는 상황이라고 할 수 있다.

2000년 이후 소비자물가가 일정 기간 플러스를 지속한 기간은 2007년 하반기부터 2008년 말, 2013년 하반기부터 2015년 초, 2017년 초부터 2020년 초까지 세 차례 있었다. 그러나 모두 수입물가 상승이 에너지와 식량 등에 파급되어 발생한 비용상승형 인플레이션으로 외부 충격 소멸 이후 재차 디플레이션 상황으로 회귀한 바 있다.

▎일부 경제지표 동향만으로 디플레이션 탈출 선언 어려워

디플레이션 탈출 여부 판단을 위해 고려하는 경제지표들이 큰 틀에서는 디플레이션 탈출을 향한 진척을 보여주는 면이 있으나 일부 경제지표 동향만으로 디플레이션 탈출을 선언하기는 무리라 할 수 있다. 디플레이션 탈출 판단을 위해 소비자물가, GDP디플레이터 등 물가 기조와 GDP갭, 단위노동비용 등 거시적 물가변동요인을 종합적으로 고려하되 특정 지표가 일정한 기준을 충족하면 디플레이션에서 벗어났다는 일의적인 기준을 제시하기는 어렵다. 신중한 검토가 필요한 것이다.

국민경제의 수요와 공급 간 괴리 정도를 나타내는 GDP갭이 마이너스를 축소하거나 플러스 상황에 있는 경우 경기회복 국면으로 판단할 수 있고 물가에 상승 압력을 줄 수 있다. 코로나19 팬데믹으로 GDP갭은 큰 폭의 마이너스를 기록한 이후 그 폭을 축소하면서 최근 들어 제로에 근접하고 있다. 다만 소비, 설비투자 등 민간수요가 부진한 가운데 실질임금이 마이너스 상태를 지속하고 있어 수요 측면의 회복세는 다소 미진한 실정이다.

단위노동비용 증가율이 플러스일 경우 근로자의 생산성 증가분 이상으로 임금이 상승하는 것을 나타내며 기업이 이익률 유지를 위해 판매가격 전가에 나설 유인이 커지게 된다. 2023년 이후 단위노동비용 증가율은 대체로 제로 수준에서 움직이고 있다. 이는 근로자의 명목임금 증가가 실질 노동생산성 증가율을 추세적으로 상회하지 않는다는 것으로 노동비용 측면에서의 물가상승 압력이 명확하게 높아지고 있다고 하기는 어려운 상황이다.

▍경제 전반 동향과 전망, 다양하고 종합적 각도에서 살필 필요

일본정부는 임금인상의 지속성, 판매가격 전가의 진전, 여러 품목으로의 물가 상승세 확산, 기대 인플레이션 수준 상승 등 경제 전반의 동향을 다양하고 종합적인 각도에서 살피면서 디플레이션 탈출 여부에 관해 판단해 나갈 것으로 보인다.

먼저 임금인상 여건을 보면 기업실적의 큰 폭 개선, 일손 부족 심화, 물가 상승 지속 등 임금인상의 지속성이 확보될 가능성이 있을 것으로 평가된다. 임금 결정 요소로 기업실적이 가장 중시되는 가운데 일손 부족 대응이나 물가 동향에 대한 인식이 버블 경제기 이후 최고 수준에 이르고 있다. 다만 물가상승에 미치지 못하는 명목임금 상승으로 실질임금이 1년 반 이상에 걸쳐 마이너스인 점은 해결해야 할 과제다. 미국, 영국, 독일 등 다른 선진국의 경우에도 최근 물가 급등기에 실질임금 감소 국면이 있었으나 물가상승이 정점에서 둔화하기 시작하며 실질임금이 플러스로 전환된 반면 일본은 마이너스 상태가 이어졌다.

일본기업들이 원재료비 상승을 판매가격으로 전가하는 비율은 과거보다 높아지고 있다. 일본은 미국에 비해 중간재 가격 상승이 최종 수요재 가격 상승에 미치는 영향이 크게 낮고 수입물가 상승은 중간재 가격에 직접적으로 영향을 미치나 최종 수요재로의 가격 전가는 중간 수요 단계별로 영향이 줄어든다. 그렇지만 과거와 비교하면 제조업과 비제조업 모두 가격전가 비율이 크게 높아졌으며 디플레이션에 빠지기 이전인 1980년대 수준에 근접하고 있다. 다만 원재료비의 가격 전가에 비해 인건비의 가격 전가는 여전히 낮은 수준이고 인건비 비중이 높은 서비스 부문의 임금인상은 완만한 수준에 그치고 있다. 서비스 품목 중 인건비 비중이 높은 품목의 가격 상승률은 인건비 비중이 낮은 품목에 비해 현저하게 낮다. 일본정부는 이를 고려하여 2023년 11월 노무비의 적절한 가격 전가를 위한 교섭 지침을 공표하고 수주기업 및 발주기업의 가격교섭 환경 개선을 위한 여건 조성을 위해 노력하고 있다. 동 교섭 지침은 가격교섭 시 발주기업의 경영층 관여, 수주기업과의 정기적 협의 실시, 최저임금 상승률 또는 춘투교섭 타결액 등을 참조할 것을 요구하고 있다.

재화 가격 상승에 이어 서비스 부문으로의 물가 상승세도 점차 확산하고 있는 것으로 평가된다. 디플레이션 이전인 1980년대에 비해 여전히 제한적이기는 하지만 최근 외식이나 서비스의 물가상승에 대한 기여가 현저하게 나타나고 있다. 품목별 상승률을 보면 1984년, 2018년, 2023년 모두 전년 대비 상승률이 0%인 품목의 비중이 가장 높은 것은 동일하나 2023년은 동 비중이 가장 낮으며 서비스의 경우 전년 대비 상승률 2%의 비중이 가장 높았던 1984년에는 미치지 못하지만 2018년에 비해 2023년은 가격 상승 품목 비중이 높아졌다.

기업과 가계의 기대 인플레이션에도 예전과 다른 변화가 보이며 기대 인플레이션의 안착 가능성이 나타나고 있는 것으로 평가된다. 일본은행 단기경제관측조사(단칸, 短觀)의 기업 물가전망을 보면 1년, 3년, 5년 후 예상 물가상승률이 모두 2% 이상으로 단기(1년) 전망뿐 아니라 중기 전망도 2% 수준에서 안정되고 있다. 기업의 판매가격 전망도 1년, 3년, 5년 후 모두 상승할 것으로 나타나고 있다. 다만 3년, 5년 후 전망은 1% 내외의 낮은 수준에 머물고 있는데 이는 기업의 가격 책정 행태에 있어 아직 디플레이션 마인드가 잔존하고 있을 가능성을 시사한다. 가계의 1년 후 예상 물가상승률은 최근 들어 3% 중후반대로 크게 높아진 것으로 추정된다.

종합적으로 살펴볼 때 30여년 만의 높은 임금인상, 과거와는 다른 판매가격 전가에의 적극성, 1980년대 모습에 근접하는 물가상승의 확산, 기대 인플레이션의 변화 등 여러 측면에서 이전과는 다른 전향적인 물가상승 움직임이 나타나고 있는 것으로 평가될 수 있다. 향후 실질임금의 플러스 전환, 가계의 구매력 향상 및 서비스 부문에서의 인건비 가격 전가, 추가 임금인상 등 임금과 물가의 선순환 구조를 확립하는 것이 긴요한 과제가 될 것으로 보인다.

▌ 한·일 1인당 국민소득 역전, 일본경제 오랜 침체 비춰주는 '거울 이미지'

　한국의 1인당 국민소득이 지난해 사상 처음으로 일본을 앞섰다. 이제 인구 5,000만 명 이상 국가 중 한국보다 1인당 국민소득이 많은 나라는 미국, 독일, 영국, 프랑스, 이탈리아 등 5개국이다. 일본경제가 아베노믹스의 유산 속에서도 아베노믹스에서 벗어나려는 움직임이 혼재되고 있는 가운데 한국과 일본의 1인당 국민소득이 역전된 것은 무엇을 말해주는 것일까. 그동안 한국경제가 열심히 해온 성공적 측면도 있겠으나 다른 한편으로는 잃어버린 30년과 디플레이션으로 표현되는 일본경제의 오랜 침체를 비춰주는 거울 이미지(mirror image)는 아닌가. 아베노믹스의 첫 번째 화살에 안주한 나머지 세 번째 화살에 소홀했음은 첫 번째 화살을 거둬들이려 중앙은행에 압박을 가하는 정치권의 행태에서도 역설적이고 복합적으로 드러나고 있는 형국이다. 아베노믹스의 실패를 말해주는 금리인상 압박이 아니라 구조 개혁과 혁신을 위한 노력에 박차를 가해야 할 당위가 오히려 큰 것이 아닌지 정치와 정책의 성찰이 필요한 시점이다.

┃ 한국경제에 주는 '반면교사' 교훈은

　　아베노믹스 이후 혁신을 위한 유인이 저하되고 장기 침체를 겪어온 일본 경제의 문제는 한국경제에도 반면교사의 교훈을 준다. 한국은행의 최근 연구 논문에 따르면 한국경제는 생산성의 큰 폭 향상 등 획기적인 변화가 없을 경우 2040년대에 마이너스 성장 국면으로 진입할 가능성이 있는 것으로 전망되었다. 혁신을 통해 경제성장을 이루려는 노력이 긴요한 시점인 것이다. 어떤 노력이 필요할 것인가. 한은 논문의 제언을 인용해 본다. 먼저 혁신창업가를 육성하기 위한 사회 및 교육 여건을 조성해야 한다. 다원적 기회로의 유연한 사회구조 변화를 통해 실패 리스크를 줄여주고 혁신 활동을 장려하는 여건을 만들 필요가 있다. 또 후속 혁신 파급력, 범용성, 독창성 등 혁신의 질과 밀접한 관계를 갖는 기초연구를 강화해야 한다. 아울러 혁신기술 평가에 전문성을 갖춘 혁신금융기능을 개선해야 한다.

　　이와 같은 제언에 더하여 필자는 정치의 혁신 또한 긴요함을 언급하고 싶다. 당파성이 아닌 생산성을 높이는 정치혁신이 필수적으로 이루어져야 한다. 사회, 교육, 연구, 금융, 정치의 혁신이 총체적으로 올바른 방향으로 나아갈 때 지속가능한 경제번영을 이룰 수 있다. 일본경제를 돌아보며 총체적 혁신의 중요성을 다시 생각한다.

(2024년 10월 11일 기고)

대전환의 시대 정책 패러다임의 성찰

통화·재정·금융 조화적 성찰과 연계적 접근 모색 통찰력 긴요
대전환기 책무…부단한 역량 제고, 치열한 정책 패러다임 성찰

1.8 미터 거리에서 퍼팅을 성공시킬 확률은 얼마일까. PGA 골퍼들에게 물었더니 75~85%로 예상한다고 답했는데 실제 퍼팅에 성공한 확률은 55%였다. 이런 모습을 과다확신 오류(hubris bias)라고 한다. 프로 골퍼들에게만 이런 오류가 있는 것일까. 영국 일간지 파이낸셜타임스는 미국 항공기 제작사 보잉의 B737 맥스 기종이 두 차례나 연속 대형 추락 사고를 겪은 요인으로 보잉 엔지니어들의 과다확신 오류를 꼽았다. 세계 최고 수준이라는 보잉 엔지니어들이 그들의 전문성에 대한 지나친 확신으로 숨은 위험을 제대로 못 본 데서 사고가 초래되었다는 것이다.

전문성에 대한 내부의 믿음뿐만 아니라 외부의 믿음도 강한 만큼, 전문가 그룹이 과다확신 오류에 빠질 개연성은 오히려 높을 수 있다. 세계 최고 수준 이코노미스트들이 포진하고 있는 것으로 평가받는 미 연준의 제롬 파월 의장마저도 2021년 8월 잭슨홀 미팅에서 높아지고 있는 인플레이션은 일시적일 뿐이라고 단언하다가 뒤늦게 자이언트 스텝, 빅 스텝 등을 밟으며 급격한 금리인상 퍼레이드를 이어간 바 있다.

연준 통화정책 결정자들이 강력한 긴축으로 선회하면서도 금리 상승에 따른 리스크에 노출된 실리콘밸리은행의 뱅크런 위험성을 2023년 3월 파산하기 직전인 2월까지도 인지하지 못하고 있었다는 토로는 인간 능력과 판단의 한계를 보여준다.

벤 버냉키 전 연준 의장은 중앙은행 이코노미스트들이 기술적 모델링과 데이터 수집 기술 등에 상당한 진전을 이루었지만 불확실성과 추측 작업이 아직 연준에서의 의사결정을 특징짓는다고 말한 바 있다. 앨런 그린스펀 전 연준 의장은 불확실성은 비상한 시기에만 나타나는 것이 아니라 대안정기(great moderation)를 포함한 평온한 시기에도 상존한다고 했다. 제롬 파월 의장은 좋은 결정은 좋은 데이터를 요구하지만 가지고 있는 데이터는 원하는 만큼 좋지 않다고 고백한 바 있다.

중앙은행 정책 결정의 기본 근간이 되는 경제 전망은 백미러를 통해 도로를 보면서 앞으로 달리는 것에 비유되기도 한다. 과거의 데이터가 미래의 경로에 대한 신뢰할 만한 가이드가 될 가능성은 있으나 경제가 구조적으로 변화를 겪을 때는 경제동학이 바뀔 수 있고 전망 실패가 초래될 수 있다. 코로나19 팬데믹 이후 복합적으로 전개된 패러다임 변화기의 바람직한 덕목은 과다확신이 아닌 겸손이다. 빠르게 변화하는 세계는 필연적으로 불완전성과 불확정성을 내포하게 마련임을 겸허히 인식해야 한다. 퍼팅 샷에 겸손한 프로 골퍼의 자세는 변화에 대응하는 정책결정자에게 필요한 자세이기도 하다.

돌이켜 보면 1980년대 중반 이후 낮은 인플레이션과 견실한 경제성장을 구가한 대안정기에 중앙은행들이 수행한 성공적인 통화정책 스토리는 상당 부분 행운과 함께 만들어진 측면이 있음을 부인하기 어렵다. 당시 글로벌 경제는 사회주의 경제 체제에 있던 개도국의 시장경제 시스템 진입, 정보기술의 급속한 발전, 안정적인 지정학적 환경 등 우호적인 공급요인의 혜택을 누리고 있었다. 2008년 글로벌 금융위기 이후 이어진 낮은 금리와 과다하지 않은 국가부채는 통화정책이 재정정책과의 상호작용에 제약받지 않고 수행될 수 있는 여건을 만들었다. 정치와 재정의 영역에서 풀어야 할 역할을 중앙은행이 과도하게 떠맡도록 요구받지 않았다. 그야말로 통화지배(monetary dominance)의 시대였다.

대안정기를 지나며 인플레이션 기대는 안정적이었고 글로벌 금융위기 이후에는 전반적인 물가가 떨어질 것이라는 디플레이션 우려마저도 제기되었다. 그러나 팬데믹 이후 초래된 급격한 인플레이션은 디플레이션을 걱정할 시기는 지나갔음을 깨닫게 했다. 팬데믹 이후 각국이 위기 극복을 위해 노력해 오는 과정에서 정부 지출은 급격히 증가했다. 확대된 재정정책에 수반되는 국가부채 누적은 재정지배(fiscal dominance)의 가능성을 높였다. 재정지배 국면에서는 통화와 재정 정책당국이 나란히 나아가지 못하고 상반된 입장에 설 수 있다.

글로벌 금융위기와 팬데믹에 대응하며 금리인하 등 전통적인 통화정책이 한계에 이르렀을 때 비전통적인 양적 완화로 방향을 틀었다. 그래서 민간으로부터 위험자산을 대규모로 매입함으로써 신용 스프레드의 하락이 신용공급과 실물경제 활동을 촉진할 것으로 기대했다. 이러한 양적 완화 프로그램은 중앙은행이 역사상 유례없는 최종 시장조성자라는 역할까지 수행할 수 있도록 했다. 민간자산의 대규모 매입은 중앙은행 대차대조표의 확장을 가져왔다. 그리고 대차대조표 확장은 위기가 끝났을 때도 원래 수준으로 축소되지 않았다. 대차대조표의 급격한 축소가 경제에 타격을 초래할 것으로 우려되었기 때문이다. 중앙은행 대차대조표를 상당 기간 크게 유지하려는 의지는 민간부채의 누적을 가져왔고 민간부문은 중앙은행이 제공하는 유동성에 계속 의존할 것으로 기대하게 되었다. 금융지배(financial dominance)의 상황이라 할 수 있다.

통화지배 시대를 지나고 재정지배와 금융지배 형국과 함께 높은 불안정성이 이어지는 가운데 국가와 지역 간 경제적 장벽이 높아지는 이른바 분절화(fragmentation)는 40여년을 지배했던 세계화(globalization)와 자유주의(liberalism) 흐름에도 변화를 가져올 수 있다. 이와 같은 국면은 정책의 역할을 총수요 관리에 중점을 둔 과거 모델에서 탈바꿈하여 기조적 변화를 모색해 나가야 할 당위성을 키우게 된다.

중앙은행이 직면하고 있는 결정적인 문제 또한 인플레이션이 수요 사이클에 의해서만 형성되는 것이 아니고 중앙은행의 일상적인 통제 영역 밖에 있는 공급요인에서 크게 비롯된다는 것이다. 전쟁으로 초래되는 지정학적 충격의 그림자 또한 총수요 관리의 빛을 가리고 있다고 보아야 한다. 표준적 모델링에 입각한 거시경제정책적 총수요 관리가 세계화 시대의 안정적이었던 정책 환경에서 잘 작동했다고 하더라도 작금의 높은 불안정성 국면에서는 총수요 관리와 함께 공급 측면에 대응하는 역량이 조화롭게 발휘되어야 한다. 이러한 역량은 지정학적 위험에 대처하는 균형 있는 외교 및 군사 정책, 안정적이고 지속가능하며 효과적인 공급망 구조 재편, 화석연료 사용에 따른 기후위기는 물론 에너지 문제 해결을 도모하는 탄소 포집, 저장, 전환, 활용 등 과학기술 시스템 구축, 디지털 대전환 흐름에 선제적으로 부응하는 산업·기술·연구의 혁신 등 광범위한 영역에서 포괄적으로 작동할 수 있다.

재정지배와 금융지배 국면, 그리고 높고 긴 불안정성의 시대에 즈음하여 통화, 재정, 금융을 제도와 운영의 관점에서 상호 조화적으로 성찰하며 포괄적이고 연계적인 접근방법을 어떻게 모색해 나가야 할지에 대한 통찰력이 정책결정자들에게 긴요하다. 대전환의 시대 정책결정자일수록 정책 프레임워크와 그 기저에 흐르는 지적, 경험적 접근방법에 대한 포괄적 안목이 중요해진다.

프리드리히 하이에크는 우리가 할 수 있는 최선은 단독으로 또는 그룹으로 취약한 결정을 하게 되지 않도록 어떤 제도가 인간 능력과 판단의 한계 문제에 가장 잘 대처할 수 있는지 확인하는 것이라고 했다. 정책기구(apparatus)에 대한 포괄적인 리뷰가 필요하다. 이 리뷰는 정책결정과정, 시대에 뒤떨어진 정책 프레임워크와 목표 설정, 정책결정기구 구성원의 인식 다양성(cognitive diversity) 결여, 취약한 책임성 등을 포괄하여야 한다. 통화지배의 시대와 대안정기를 비롯한 평화로운 패러다임에서 유효했던 거버넌스의 한계는 꾸준히 노정되어 왔으며 정책 역량이 다소 충분치 않은 가운데도 성공할 수 있었던 시대 환경이 있었음을 겸허히 인정할 필요가 있다.

애덤 스미스는 국부론에서 제도가 다르면 결과도 달라진다는 것이 오랫동안 인식된 통찰력이라고 지적했다. 이론과 실무의 많은 측면에서 제도가 문제가 된다는 것을 헤아리고 있음에도 불구하고 정책을 바라봄에 있어서 이 기본적인 통찰력을 간과하려는 경향이 있다. 정책결정자들은 이론 모델에서 가정하는 완벽한 입안자가 아니라 제도의 제약에 종속되어 인센티브에 반응하는 배우들이고 그 제도와 인센티브가 정책의 선택과 결과를 만들며 동일한 플레이어들을 다른 게임에 투입하면 다른 결과를 가져온다는 점을 잊는 경향이 있다. 낮고 안정적인 인플레이션, 지속가능하고 포용적인 성장, 장기적 경제번영, 사회 복리(social welfare), 진정한 금융안정 등을 이루기 위해서는 유관 정책당국의 포괄적이고 고도로 조화적인 접근방법이 필요하며 이를 견인할 수 있는 인센티브의 설계가 긴요하다. 그러한 인센티브는 어떻게 설계되어야 하는가. 한 방향은 거버넌스의 개혁에서 단초를 모색할 수 있다. 통화, 재정, 금융이 상호작용하는 정책의 여명지대(zone of twilight)에서 제도와 인센티브의 설계, 그리고 거버넌스의 개혁이라는 관점에서 그 해법을 찾을 수 있다.

'더없는 행복은 대전환의 시대에 살아있는 것이고 이 시대에 열정과 열망이 있음은 바로 천국이다.' 영국의 시인 윌리엄 워즈워스가 1789년 프랑스 혁명을 바라보는 감격을 표현한 시다. 이 시를 패러프레이즈 해본다. '더없는 행복은 대전환의 시대에 중앙은행가로 살아있는 것이고 이 시대에 더 나은 세계를 만들어가려는 열정과 열망이 있음은 바로 천국이다.' 과거 영광의 시기와 시련의 시기를 지나며 중앙은행가에게 오랜 기간 축적되어 온 경험과 통찰력은 이제 대전환의 시대를 헤쳐 나갈 수 있게 하는 힘이 될 터이다. 또한 그 힘을 더 북돋우는 원동력은 더 나은 세계를 만들어가려는 중앙은행가의 열정과 열망일 터이다. 그렇기에 대전환의 시대를 항해해 나가는 중앙은행가의 존재, 그리고 책무는 소중하다.

중앙은행가의 책무는 무엇인가. 인간에게 본연적인 과다확신 오류와 인식의 한계를 극복하려는 부단한 역량 제고 노력, 그리고 대전환의 시대에 긴요한 정책 패러다임에 대한 치열한 성찰이라 본다. 감당하기 결코 쉽지 않은 책무다. 영광과 시련을 헤쳐 오며 통찰력을 갖춘 오랜 항해자로서의 중앙은행가는 이 시대의 소중한 사회적 자산임을 새삼 생각하게 되는 이유다.

(2024년 9월 23일 기고)

잭슨홀 미팅과 제롬 파월의 진화

중앙은행가의 진화 보여준 잭슨홀 미팅 파월 발언
파월, 과거 실수 인정하며 '겸손', '의문 품는 정신' 강조
대전환기 헤쳐 나갈 중앙은행가 경험·통찰력 가치 소중

중앙은행이 진화하는 생물체(evolving creature)와 같은 존재라면 중앙은행가 역시 부단히 진화하는 존재여야 한다. 제롬 파월 미국 연방준비제도(연준) 의장의 8월 23일 잭슨홀 미팅 발언은 이전 수년간의 잭슨홀 발언들에 비해 진화하는 면모를 보여주고 있는 것으로 평가할 수 있을까.

파월 의장은 3년 전 2021년 8월 잭슨홀에서 인플레이션 압력이 일시적일 뿐이라고 단언했다가 2022년 8월에는 정반대로 경제에 다가올 고통을 강조하며 강력한 통화긴축 메시지를 던져 세계 금융시장에 큰 동요를 일으켰다. 양 극단을 오간 후 2023년 8월 잭슨홀에서는 인플레이션이 아직 높은 가운데 통화정책이 너무 적거나 너무 많게 긴축으로 갈 경우의 양방향 리스크를 경계하는 모습으로 여백을 남겼다.

금년 8월 잭슨홀에서는 이제 정책을 조정할 때가 왔다며 23년래 가장 높은 수준에 있는 정책금리를 인하하겠다는 신호를 보냈다. 미 대선 6주 전인

9월 중순에 열리는 연방공개시장위원회(FOMC) 회의에서 도널드 트럼프 전 대통령이 반대하는 금리인하에 들어갈 준비가 되었음을 시사한 것이다.

아울러 지난 수년간의 정책을 회고하며 일부 판단 오류도 인정했다. 2021년 인플레이션 초기 판단에서 인플레이션 급등이 일시적이며 정책 대응할 필요 없이 꽤 빠르게 지나갈 것으로 보았던 실수가 있었음을 토로했다. 다만 이는 연준을 포함하여 대다수 주류 경제학자들이 '일시적(Transitory)'이라는 이름을 가진 배에 함께 탑승한 실수였음을 부연했다. 'Transitory'호는 주류 경제학자들로 붐비는 좋은 배였다고 했다(The good ship Transitory was a crowded one, with most mainstream analysts ... on board). 파월의 역설적 비유다. 1970년대 이후 어떤 시기와도 달랐던 인플레이션 급등의 원인을 과열되고 일시적으로 왜곡된 수요와 제약된 공급 간의 비정상적인 충돌로 분석하며 러시아의 우크라이나 침공으로 에너지와 상품 가격이 급등하는 공급 충격이 있었음을 언급했다.

파월 의장은 이번 잭슨홀 마무리 발언에서 팬데믹 기간 중 분명하게 드러난 지식의 한계는 '겸손(humility)'을 요구한다고 했다. 또 과거로부터 교훈을 배우고 이를 현재의 과제에 유연하게 적용하는 데 초점을 둔 '의문을 품는 정신(questioning spirit)'을 요구한다고 했다. 이전의 잭슨홀 발언들과 다소 결을 달리하며 정책결정자로서의 경험, 고뇌와 성찰이 엿보이는 자세다.

팬데믹 이후의 특별한 기간으로부터 배울 것이 많이 있다는 파월의 발언에서 '겸손'과 함께 '의문을 품는 정신'을 지향하는 중앙은행가의 진화하는 모습을 기대하고 싶다. 다시 1년 후 잭슨홀 미팅에서는 어떤 발언이 나올 것이며 또 이번 잭슨홀 미팅은 어떻게 회고하게 될까. 몇 가지 포인트를 짚어본다.

먼저 금리를 올리는 상향 여정에서 얻은 교훈을 금리를 내리는 하향 여정에서도 유연하게 적용하는 '의문을 품는 정신'의 중요성이다. 전쟁 등에 따른 공급 압박 인플레이션에 금리인상으로만 대응하려 했다는 가학적 통화주의(sado-monetarism)라는 비판에도 자이언트 스텝, 빅 스텝을 밟는 급격한 금리인상 퍼레이드 속에 지난해 실리콘밸리은행 등이 연달아 파산하는 금융시스템 동요의 파열음이 있었다. 정치와 재정의 영역에서 풀어야 할 문제를 통화정책에 모두 담을 수 없음은 금번 하향 여정에서도 의문을 품고 성찰해야 할 과제가 된다. 예컨대 금리인하와 밀접한 주택가격을 안정시키는 데에는 충분한 주택을 지어 시장에 공급토록 하는 정부의 역할이 더욱 필요할 수 있다.

다음으로 미 대선 이후의 통화정책이다. 카멀라 해리스 부통령과 트럼프 중 누가 당선되느냐에 따라 통화정책 수행 여건은 크게 달라질 수 있다. 양 후보 모두 재정정책은 느슨할 가능성이 있는 가운데 트럼프의 경우 관세 확대 부과에 따른 인플레이션 유발 및 이주 노동자 대규모 추방에 따른 특정 부문 생산 감소 및 물가 상승의 스태그플레이션 초래가 우려된다. 최악의 경우 이번 잭슨홀에서 파월이 말한 일방향적 금리인하 메시지가 내년 잭슨홀에서 혼란스러워진다. 연준의 통화정책 방향이 선거 이후 자칫 흔들릴 수 있다는 정치경제적 현실은 선거를 앞둔 시점에도 간과되어서는 안될 것이다. 통화정책이 직면하는 정치경제적 리스크는 양방향일 수 있음을 경계하며 정치 상황에 흔들리지 않는 중립적 중앙은행가 입장을 지켜야 할 것이다.

아울러 이번 잭슨홀에서 파월도 역설법으로 토로했듯 데이터 의존적 주류 경제학 분석의 한계에 유의해야 한다. 소음과 신호가 섞여 있으며 상충적이고 불안정한 데이터 분석에 모든 것을 걸고 통화정책의 정치·경제·사회적 복합성을 커버해 나가기는 어렵다. 이른바 주류 경제학자들이 '그들로만 붐비는 배'에 함께 타고서 인플레이션은 일시적이라며 실수를 저질렀던 집단사고 오류는 일시적이어야 한다. 파월은 좋은 결정은 좋은 데이터를 요구하지만 가지고 있는 데이터는 원하는 만큼 좋지 않다고 고백한 바 있다. 인간 행동과 심리 흐름을 읽어내기 위한 분석을 넘어서는 통찰력이 정책결정자에게 필요하다.

패러다임 대변화기의 바람직한 덕목은 파월이 잭슨홀에서 말한 대로 과다 확신이 아닌 '겸손'이다. '겸손'과 '의문을 품는 정신'을 지닌 중앙은행가의 역할이 긴요하다. 그리고 대전환기를 헤쳐 나가는 중앙은행가의 경험과 통찰력이 더욱 절실하다. 잭슨홀 미팅에서 점차 진화하는 면모가 엿보이는 파월의 모습은 중앙은행가의 경험과 통찰력이 하루아침에 만들어질 수 있는 것이 아님을 말해주고 있다.

영광의 시기와 시련의 시기를 지나며 중앙은행가에게 오랜 기간 축적되어 온 경험과 통찰력은 이 시대의 소중한 가치이자 사회적 자산임을 새삼 생각하게 된다. 불가피하게 다가오는 복합적 도전에 대응해 나갈 진화하는 중앙은행, 그리고 이를 감당할 수 있는 진화하는 중앙은행가(evolving central banker)의 역량을 미국, 그리고 한국에도 기대한다.

(2024년 8월 26일 기고)

아베노믹스 실패 말해주는 일본 금리인상

| 엔저 대응 위해 日정치권 금리인상 압박
| 日銀, 정책금리 금융위기 후 최고인 0.25%로 인상
| 시장 '서프라이즈 정책결정'…아베노믹스 역설
| 정치경제 통찰력 갖춘 정치인·정책결정자 아쉬워

주요국이 금리인하를 시작했거나 저울질하고 있는 시점에 유독 금리인상 페달을 밟고 있는 나라가 있다. 일본이다. 일본은행은 7월 마지막 날 열린 금융정책결정회의에서 7 대 2 다수결로 정책금리를 글로벌 금융위기 이후 최고 수준인 0.25%로 인상했다. 이에 앞서 3월에는 17년 만에 처음으로 금리를 인상함으로써 마이너스 금리에서 벗어났다. 우에다 가즈오 일본은행 총재는 향후 추가 금리인상 여지를 남겨두었다.

이번 금융정책결정회의를 앞두고는 일본 정부와 여당 고위 인사들이 연달아 금리인상을 압박했다. 독립성을 지닌 중앙은행에 대한 이례적 요구다. 기시다 후미오 총리는 7월 19일 통화정책 정상화가 디플레이션에서 성장형 경제로의 이행을 뒷받침할 것이라며 금리인상을 촉구했다. 모테기 도시미쓰 자민당 간사장은 7월 22일 과도한 엔저는 일본경제에 마이너스가 분명하며 단계적 금리인상 검토를 포함하여 통화정책 정상화 방침을 명확하게 내세울 필요가 있다고 말했다. 고노 다로 디지털장관은 7월 17일 엔화의 가치를 높이고 에너지, 식료품 비용을 낮추기 위해 정책금리를 인상하라고 일본은행에 요구했다. 금리를 올려 엔저를 바로잡아야 한다는 정치권 압박이 7월 정책결정 직전에 집중된 것이다.

결과적으로 금리인상은 시장이 주로 예상한 시점인 10월보다 앞당겨 이루어졌다. 최근 블룸버그의 시장참가자 서베이에 따르면 10월 금리인상 가능성이 가장 높은 것으로 조사되었다. 그 이유로는 10월이 자민당 총재 선거 이후인 데다 2분기 GDP 속보치 발표 이후여서 개인 소비를 포함한 실물 경기의 개선 정도, 춘투 임금협상 결과의 전체 기업 파급 여부 등을 확인할 수 있는 시점이라는 점을 들었다.

금번 일본 정치권의 금리인상 압박, 그리고 이어서 시장의 예상보다 빠르게 이루어진 일본은행의 금리인상 페달은 문득 역사의 파노라마를 뒤로 돌려 아베노믹스(Abenomics)를 떠올리게 하며 동시에 역사의 역설을 말해주는 듯하다. 일본 전 총리 아베 신조가 2012년 취임 후 추진한 경제정책이 아베노믹스다. 아베노믹스는 세 개의 화살로 불리는 통화 완화, 재정 확대, 구조개혁을 주요 정책 축으로 한다. 당시에 혹자는 아베노믹스가 표방한 세 개의 화살에 대해 평가하기를 아베(ABE)의 이름을 따서 각각 A학점, B학점, E학점으로 비유하기도 했다. 첫 번째 화살은 마이너스 금리와 양적, 질적 완화로 대표되는 통화정책이다.

한 시대를 풍미한 아베노믹스가 첫 번째로 쏜 화살을 정반대 방향으로 되돌리겠다는 압박이 바로 정치권의 이번 금리인상 요구다. 역설적으로 첫 번째 화살이 A학점이 아니었음을 만천하에 드러낸 형국이다. 아베노믹스 이후 엔저 효과에 안주함에 따라 혁신을 위한 유인이 저하되고 성장 동력을 잃은

채 장기간 침체한 일본경제의 자화상에 대한 자체 반성을 드러낸 것에 다름 아닌 것이다. 잃어버린 30년, 그리고 일본 정부 스스로 아직 탈출했다고 확신하지 못한 상태인 디플레이션의 연장선상에서 일본경제를 조명하게 되는 계기가 금번 금리인상이다.

일본 정부는 최근의 물가 상황이 버블 붕괴 이전인 1980년대 수준에 다가서는 상승세를 보이고 기대 인플레이션이 변화하는 전향적 움직임이 나타난다고 평가하면서도 명목임금 상승률이 물가상승률을 하회하여 실질 임금이 마이너스가 지속되는 점 등을 들어 디플레이션 탈출 여부에 대한 판단에 대해서는 신중한 자세를 견지하고 있다. 기시다 총리도 디플레이션 탈출의 길은 여전히 중도에 있다고 발언한 바 있다. 시장참가자들이 7월보다는 10월 금리인상을 전망한 배경의 하나다. 한편 미국이 금리인하에 나선 이후에도 당분간 지속될 것으로 보이는 미·일 간 금리 차이는 기조적으로 엔화의 강세 반전을 제약하는 요소가 된다. 일본 금리정책의 딜레마를 구성하는 현실적 여건들이다.

이는 상당 부분 기시다 총리가 물려받은 아베노믹스, 즉 전임 행정부의 유산(legacy)에도 기인할 터이다. 엔저 효과에 취해 있는 동안 가장 중요한 세 번째 화살, 즉 구조 개혁은 충분히 진행되지 못했다. 기시다 총리가 일본은행에 금리인상을 촉구하면서도 행정부의 관련 정책에 대한 평가나 언급은 없었다. 엔화가 강세가 되기를 원하고 있지만 일본은행의 금리정책이 그 충분조건은 아닐 수 있다. 3월 마이너스 금리에서 벗어나는 통화정책의 전환 이후에도 엔저 현상은 오히려 심화된 점에서도 이를 추론할 수 있다. 기시다 총리에게 정치인이자 행정가로서의 정치경제적 안목이 2% 부족함을 보여주는 대목이다.

시장참가자들이 일본은행의 7월 금리인상을 '서프라이즈'로 평가하고 있는 가운데 우에다 일본은행 총재는 정치권의 금번 금리인상 압박에 대해서는 논평을 하지는 않은 채 정부와 평소에 긴밀하게 정보를 교환하고 경제 및 물가 정세에 대한 기본적 인식을 공유하고 있음을 언급했다. 금리인상에 반대의견을 낸 두 명의 정책위원들은 추후 법인기업 통계 등을 확인하고 판단할 필요성, 임금 상승 확산에 의한 경제상황 개선을 데이터 기반으로 확인할 필요성 등을 반대 논거로 각각 제시했다.

　　일본은행 금융정책결정회의와 마찬가지로 7월 마지막 날 열린 미 연준 연방공개시장위원회는 시장의 예상대로 정책금리를 동결하며 향후 인하 가능성을 시사했다. 너무 빨리 움직이면 인플레이션 목표로의 진전을 저해하고 너무 오래 기다리면 회복을 위험에 빠뜨릴 수 있음을 토로했다. 제롬 파월 연준 의장은 금리인하 시점을 결정함에 있어 11월 대선 등 정치적인 고려는 하지 않는다는 점을 재차 강조했다. 최근 공화당 대선 후보 도널드 트럼프 전 대통령은 대선 전까지 연준이 금리를 인하하지 말라는 압박을 가한 바 있다.

　　7월말 미·일 통화정책 결정이 보여준 일련의 과정에서 '통화정책은 정치적 과정이다(Monetary policy is a political process)'라고 정치경제학을 강의하며 필자에게 말했던 1993년 노벨경제학상 수상자 더글러스 노스의 '복합적 함의'를 새삼 떠올려 보게 된다. 정치경제를 바라보는 안목과 통찰력을 지닌 정치인과 정책결정자가 일본에도, 미국에도, 한국에도 늘 아쉽다.

(2024년 8월 1일 기고)

2.6 생활물가 상승과 어려워진 민생 해법은

팬데믹 이후 식료품 가격 등 韓생활물가 16% 상승
美대선 승부에도 핵심변수…원인 진단은 구조적·다원적
민생 해법 긴요…농업생산성, 공급채널, 거래비용 살펴야

일반 경제학자와 당국은 물가상승률(inflation)을 중심으로 물가를 말하지만 일반 국민은 물가수준(price level)에 의존하는 패턴을 보인다. 4개월여 앞으로 다가온 미국 대통령 선거에서도 물가는 빅이슈인데, 바이든 취임 이후 물가수준은 약 20% 상승했다. 식료품 가격의 큰 폭 상승을 체감하고 있는 미국 유권자들이 예전 가격 수준을 잊는 데까지는 시간이 걸릴 것이다. 얼마 남지 않은 대선에도 영향을 끼칠 큰 변수다. CNN 여론조사에 따르면 유권자의 65%가 이번 미 대선에서 경제가 아주 중요하다고 답했고 물가수준은 그 중 핵심 이슈로 꼽는다.

한국은 물가 상황이 어떠한가. 지난달 소비자물가 상승률이 2.7%까지 낮아지는 등 인플레이션이 둔화하고 있지만 그동안의 누적된 물가 상승으로 물가수준은 크게 높아져 있기에 국민들이 피부로 느끼는 체감물가는 높다. 특히 식료품, 의류 등 필수소비재의 가격 수준이 높아 서민의 생활비(cost of living) 부담이 크다. 코로나19 팬데믹 이후 지난달까지의 누적 소비자물

가 상승률이 14%에 달하며 체감물가를 반영하는 생활물가의 누적 상승률은 16%를 상회하고 있는 점이 이를 방증한다.

한국의 물가를 심층 분석한 이번 달 한국은행 논문에 의하면 식료품, 의류, 주거 등 의식주 비용이 OECD 국가 평균보다 크게 높으며 이는 1990년대 이후 심화되었다. 특히 식료품 가격의 경우 1990년 OECD 국가 평균의 1.2배 수준에서 최근 1.5배 이상으로 높아졌다. 식료품 가격이 빠르게 상승한 것은 주로 과일, 채소 등 농산물 가격이 오른 데 기인했다.

한은 논문은 국내 농업의 낮은 생산성, 개방도, 거래비용(transaction costs) 등을 그 이유로 들었다. 여러 국내외 연구도 국가 간의 가격 격차가 주로 생산성 차이, 무역장벽, 거래비용 등에 기인하는 것으로 분석한다. 생산성이 높아지면 동일한 생산을 위해 필요한 투입량이 줄어 생산비용이 낮아지고 개방도가 높아지면 공급이 늘어나 가격 경쟁이 촉진되면서 물가의 하방 압력이 커질 수 있다.

농경지 부족, 영농 규모의 영세성 등으로 국내 농업의 생산성이 낮아 생산단가가 높고 일부 과일, 채소의 경우 수입을 통한 공급이 주요국에 비해 제한적인 데다 농산물의 유통비용도 상승하고 있는 데 기인한 것으로 평가했다. 경작지 면적 1ha(헥타르) 미만 경작농 비중은 한국이 31%로 세계에서 가장 높다. 영농 규모가 영세한 데다 노동생산성이 OECD 국가 중 하위권인 27위다.

더욱이 농가 고령화가 심화되는 가운데 집중호우 등 이상기후에 따라 최근 작황이 부진했다. 미국 등 주요 농업 수출국과의 지리적 거리 등으로 유통 기간이 짧은 신선 식품의 수입이 쉽지 않은 데다 운송비용도 높아 수입을 통한 과일, 채소의 공급에도 제약을 받고 있다. 영세한 생산 농가에 비해 도소

매업체의 농산물시장 지배력이 확대됨에 따라 농산물 유통비용률(유통비용/소비자가격)이 1999년 39%에서 최근에는 50%로 높아졌다.

물가수준의 상승, 특히 생활물가의 상승은 일반 국민과 서민의 삶에 직접적이고 심대한 타격을 준다는 점에서 해법 마련이 긴요하다. 4개월여 남은 미 대선의 승부에서도 핵심 변수가 되는 이유다. 한은 논문이 언급하듯이 현상의 진단은 구조적이며 다원적 요인에 초점이 있다. 그렇다면 그 해법 또한 일률적(one-size-fits-all) 접근방식이 아닌 구조적이며 다원적 접근방법일 수밖에 없다.

먼저 농업 생산성의 제고다. 정보통신기술(ICT)을 활용하여 농작물을 최적의 상태로 관리함으로써 품질을 높이고 생산량을 늘리는 첨단 영농방식인 스마트팜 조성 등이 한 예다. 좁은 경지면적, 농가 고령화, 기후위기 등으로 한계에 봉착하고 있는 국내 농업 생산성을 자동화, 규모화 등으로 돌파하고자 하는 노력의 일환이다.

농산물 공급 채널의 다양성을 제고하는 방안도 고려해 볼 수 있다. 국내 농산물 시장은 곡물의 경우 이미 상당히 개방된 것으로 평가되고 있고 채소의 경우에는 저장성이 낮은 점이 추가 개방의 효과를 제약할 수 있다. 수입 과일 가격은 국산에 비해 대체로 변동성이 낮아 국내 유통 과일의 다양성이 제고될 경우 과일 가격 변동성이 낮아지는 효과를 기대할 수도 있을 것이다. 다만 수입이 과도할 경우 국내 생산기반이 약화되면서 국산 과일의 생산 감소로 이어질 가능성에도 유의하여야 하며 농가 손실을 방지하고 식량 안보를 확고히 하는 정책에도 만전을 기해야 한다. 과일 수입 개방 확대가 과일 가격을 하락시킬 수 있으면서도 개방도가 일정 수준을 넘을 경우에는 오히려 과일 가격을 높일 수 있다는 최근 연구 분석도 있음을 고려할 필요가 있겠다.

다음으로 거래비용 이슈다. 영세한 국내 농가는 가격 협상력이 약해 공급 충격이 발생하더라도 유통업자가 제시하는 가격을 받아들일 수밖에 없는 구조인 반면 유통업자의 경우 저장시설 등을 활용하여 신축적으로 대응할 수 있어 재고 및 공급 조절을 통한 시장지배력이 큰 것으로 볼 수 있다. 농산물 유통구조의 효율화와 유통채널의 다양화 모색이 필요함을 시사하는 대목이다.

1993년 노벨경제학상 수상자 더글러스 노스에 의하면 거래비용은 시장경제에서 발생하는 제반 코스트를 포괄하는 개념이다. 거래에 수반되는 코스트는 물론 정보 수집 및 탐색에 투입되는 시간에 대한 코스트를 포함한다. 또한 거래비용은 제반 규제의 코스트와 감독, 조정, 모니터링 및 협상의 코스트 등을 포함하는 광범위한 내용이다. 노스는 거래비용을 줄이는 효과적 제도설계와 정책운영의 필요성을 강조했다.

국내 농업의 거래비용 이슈에도 새삼 다원적 시사점을 준다. 높아진 생활물가와 어려워진 민생에 대한 궁극적 해법의 하나는 우리 경제와 사회의 관련 거래비용을 줄이는 것으로 볼 수 있다. 겉으로 민생을 표방하고는 있지만 고비용과 비효율의 패턴을 강화하고 있는 제22대 국회의 여야 정치권 또한 그 타깃에 포함됨은 당연하다.

(2024년 6월 28일 기고)

2.7　금리인하 가늠할 사회적 지혜

> 한은 국제컨퍼런스, 금리인하 가늠 중립금리(R-스타) 본격 논의
> 정확히 찾는 건 신의 영역이나 사회적 지혜 모으는 의미 큰 시점

　금리인하는 초미의 시장 관심사다. 한국은행이 정책금리를 연3.50%로 11회 연속 동결하며 상반기 통화정책방향 결정을 위한 금통위 회의를 마무리함에 따라 금리인하 기대는 하반기 통화정책으로 넘어갔다. 미 연준이 금리 동결 기조를 이어오고 있는 가운데 유럽중앙은행이 이달 0.25%포인트 정책금리 인하에 나섬으로써 향후 금리인하 가능성이 큰 관심사가 되고 있다.

　중앙은행들의 금리인하 결정과 밀접한 관련성이 있는 중립금리(neutral/natural rate of interest) 변화를 주제로 한 2024년 한국은행 국제컨퍼런스가 때마침 지난주 열렸다. 중립금리는 인플레이션과 경제성장을 부추기지도 둔화시키지도 않는 균형 상태의 금리라고 할 수 있다. 이코노미스트들은 흔히 R-스타(R-star, R*)로 표현한다. 바다의 항해자가 밤하늘 별(star)을 보며 항해하듯 시장경제의 항해자가 찾으려 노력하는 이상적 금리로도 비유할 수 있다. 중립금리는 정책금리 결정의 중요한 준거가 된다는 점에서 그 수준의 변화는 중앙은행과 시장의 지대한 관심사다.

특히 코로나19 팬데믹 이후 높은 인플레이션에 대응하여 중앙은행들이 긴축적 통화정책을 수행함에 따라 실질금리가 상승하면서 중립금리가 구조적으로 상승하고 있는 것인지 아니면 팬데믹 이전의 낮은 수준으로 회귀할 것인지에 대한 관심이 높아지고 있다.

금번 한은 국제컨퍼런스에서 토마스 요르단 스위스 중앙은행 총재는 기조연설을 통해 중립금리인 R-스타가 상승하고 있는지 판단하기는 아직 이르며 이는 낮은 잠재성장률, 기대수명 증가 등 R-스타를 낮추는 요인과 저축률 하락, 대규모 재정적자, 신기술 발전에 의한 생산성 향상, 기후위기 대응에 따른 대규모 투자 등 R-스타를 높이는 요인이 혼재되어 있기 때문이라고 보았다. 또한 R-스타는 관측이 불가능하고 추정상의 불확실성이 내재하므로 필요한 것은 정책에 활용할 수 있는 신뢰할만한 R-스타를 도출하는 것이며 이를 위해서는 R-스타의 구조적인 변화 요인을 잘 이해하는 것이 중요함을 강조했다. R-스타가 과소 또는 과대 추정되었을 가능성을 열어두고 다양한 시나리오 하에서 강건한 통화정책 전략을 추구하는 것이 바람직할 것으로 평가했다.

금번 국제컨퍼런스에서 발표된 한은 연구논문에 의하면 R-스타는 팬데믹 이전 지속적으로 하락하는 모습을 보이다가 팬데믹 이후 하락세가 멈추고 소폭 상승한 것으로 추정되었다. 다만 추정치의 불확실성이 높다는 점을 감안할 때 상승 전환 여부는 향후 데이터가 충분히 쌓인 후 재평가해 볼 필요가 있을 것으로 내다보았다. 아울러 R-스타의 향방을 논의함에 있어 인구구조 변화, 재정정책, 기후위기 대응, 인공지능 관련 생산성 변화 및 잠재성장 제고 등 다양한 사회경제적, 구조적 요인들이 고려되어야 할 것으로 평가했다.

R-스타에 영향을 미치는 재정정책과 관련하여 루드비히 슈트라움 하버드

대 교수는 소득 불평등도가 높을수록 재정정책 여력이 증가할 수 있을 것으로 분석했다. 소득 불평등이 심화할 경우 국채 보유 비중이 높은 고소득층의 국채 수요는 더 늘게 되고 이에 따라 국채금리가 하락할 것이기 때문이다. 그렇다면 소득 불평등 심화는 재정정책 여력을 증가시켜 R-스타의 하락 요인으로 작용할 수 있다. 저축과 투자 간의 균형에 영향을 미치는 여러 요인들이 중립금리를 변화시키는 일련의 메커니즘으로 볼 수 있다.

통화정책의 핵심인 정책금리 결정의 준거가 되는 중립금리 R-스타가 지니는 복합적 포괄성과 사회경제적, 구조적 속성을 말해주는 논의들이다. R-스타를 현 시점에서 정확히 찾는다는 것은 거의 신의 영역인 이유이기도 하다.

정치학자 제임스 스콧의 '국가처럼 보기(Seeing Like a State)'라는 저서 등이 이 시대 통화정책에도 시사하는 대목이 있을 법하다. 저서에서 국가는 국가가 감독하는 사회를 합리화하기 위해 의도적으로 노력한다고 주장한다. 자유주의(liberalism) 관점에서 보면 통화와 통화정책에 관한 현대학문은 국가처럼 보이려는 심리의 완벽한 예라는 것이다. 이 패러다임은 규범적으로 자유 민주주의 및 자율 거버넌스와 양립하기 어렵고 그 대안은 시민처럼 보이는 패러다임이라고 한다. 정책결정자들이 가지고 있다고 종종 간주하는 인식 · 지식의 우월성에 정책 성패와 공동체 운명을 의존하려는 사회심리를 갈파하는 듯하다.

인간에게 숙명적인 인식 · 지식의 한계 문제 지배(knowledge problem dominance)에 중앙은행가 역시 자유롭지 않다. 향후 각국 중앙은행의 금리인하를 가늠할 중립금리 R-스타는 영화 '카이로의 붉은 장미(The Purple Rose of Cairo)'와 같이 실존하는 장미가 아닌 전설 속에서 전해오는 장미이며 그야말로 이상적 존재다. 영화에서처럼 전설 속의 장미를 찾으러 모험을 떠나는 도정에 '국가처럼 보이는 것'과 '시민처럼 보이는 것' 패러다임 중 어느 편이 우월한지를 판단하는 것은 쉽지 않고 이 또한 신의 영역에 가까울 것이다.

다만 정책결정 거버넌스에서 사회적 지혜를 모으는 과정을 강화하는 노력은 인식·지식의 한계 문제 지배를 받는 이 시대 정책결정자들에게 긴요한 덕목이라 할 수 있다. 금리인하를 가늠할 R-스타를 정확히 찾는 것은 신의 영역이나 이를 본격 논의한 한은 국제컨퍼런스가 그러한 노력의 일환이 되어 정책 성공으로 이어지길 기대한다.

(2024년 6월 7일 기고)

2.8 혁신으로 경제성장 이루려면

韓경제 생산성 큰 향상 없으면 2040년대 역성장 전망
혁신 양보다 질…기초연구·혁신자금·혁신창업가 긴요

혁신이란 무엇인가. 연구개발(R&D) 등을 통해 지식을 축적하고 새로운 아이디어를 실현하여 경제적 가치를 창출하는 일련의 활동으로 볼 수 있다. 혁신은 기술진보와 창조적 파괴(creative destruction)를 통해 경제성장을 이끄는 중요한 원동력이 된다. 한국은행 경제연구원이 이번 달 발표한 논문 '혁신과 경제성장 – 우리나라 기업의 혁신활동 분석 및 평가'에 따르면 우리나라 기업의 R&D 지출 규모는 GDP 대비 4.1%로 세계 2위다. 미국 특허청에 출원한 특허 건수는 세계 4위다. 미국은 전 세계 기업이 경쟁하는 시장이기에 미국에의 특허출원건수는 글로벌 경쟁력을 지니는 혁신실적을 측정하는 지표로 쓰인다.

기업별로 보면 삼성전자와 LG전자의 미국 특허출원건수가 세계 1, 2위를 각각 차지하고 있다. 이처럼 괄목할만한 혁신활동에도 불구하고 기업의 생산성 증가율은 2001~2010년 연평균 6.1%에서 글로벌 금융위기 이후 2011~2020년에는 0.5%로 크게 낮아졌다. 기업의 생산성 증가세가 둔화하면서 경제의 성장동력은 정체되고 있는 것으로 나타났다. 향후 한국경제는 생산성의 큰 폭 향상 등 획기적인 변화가 없을 경우 2040년대에 마이너스 성장국면으로 진입할 가능성이 있는 것으로 전망되었다.

 양적인 혁신활동지표가 호조인 데 비해 생산성은 부진한 이유가 무엇일까. 질적인 혁신활동에 문제가 있다는 추론이 가능하다. 한은 논문이 이를 뒷받침해준다. 한국이 미국에 출원한 특허건수 가운데 대기업이 차지하는 비중은 95%에 달하여 대기업이 양적 혁신을 주도하고 있지만 대표적인 질적 혁신지표인 특허 피인용건수(출원 후 5년 이내 기준)를 보면 대기업과 중소기업 간 큰 차이가 없는 것으로 나타났다. 특허 피인용건수는 후속 혁신에 대한 파급력과 중요도를 보여주기 때문에 혁신의 질을 나타내는 지표로 널리 활용되고 있다. 특허 피인용건수가 높은 기업일수록 지식자본스톡이 늘어나 기업 밸류 또한 상승할 가능성이 있다. 2011~2015년 중 한국의 특허 건당 피인용건수는 1.4건에 그쳐 미국 5.0건, 네덜란드 3.7건, 스위스 2.8건에 비해 크게 낮은 상황이다.

 대기업의 적극적인 R&D 투자에도 불구하고 혁신의 질이 미흡한 것은 글로벌 금융위기 이후 생산성 증가세가 둔화했음을 시사한다. 기업의 질적 혁신 부족은 2010년대 들어 R&D 지출에서 기초연구 지출 비중이 축소된 데도 기인한다. 글로벌 금융위기 이후 단기성과 추구성향 강화 등으로 제품 상용화를 위한 응용연구에 집중하면서 기초연구 비중을 줄인 때문이다.

 중소기업 상황을 보면 2010년대 들어 R&D 지출 증가폭이 축소되었으며 특히 종업원 수 300명 미만 기업의 경우 감소세를 나타냈다. 중소기업에의 혁신자금 공급이 어려워지면서 R&D 지출에 영향을 끼친 것으로 조사되었다. 이는 2010년대 들어 벤처캐피탈에 대한 기업 접근성이 낮아진 점을 반영한다. 한국의 벤처캐피탈 투자규모는 GDP 대비 0.16%로 OECD 회원국 중

5위지만 세계경제포럼이 산출하는 '벤처캐피탈 접근성 지표(venture capital availability)'는 글로벌 금융위기 이후 크게 하락하여 OECD 회원국 중 24위다. 혁신잠재력을 갖춘 신생기업의 진입이 줄어들면서 중소기업이 빠르게 고령화되고 있는 것으로 나타났다. 중소기업 중 설립 후 8년 내에 미국 특허를 출원한 신생기업의 비중은 2010년대 들어 감소세를 지속하여 10%를 하회하고 있다. 이에 따라 중소기업의 업력은 2001년 1.6세에서 2020년 12.5세로 높아졌다. 혁신역량을 갖추어 생산성 제고 속도가 빠른 신생기업의 진입이 감소한 점이 2010년대 이후 중소기업의 생산성 정체로 이어졌다.

혁신잠재력이 있는 신생기업 진입이 줄어든 것은 창조적 파괴를 주도할 수 있는 혁신창업가가 제대로 육성되지 못한 탓이다. 미국의 경우 혁신창업가가 끊임없이 양성되고 이들이 1990년대 이후 창업한 아마존, 구글, 테슬라 등이 시가총액 10위권 기업으로 성장하여 고부가가치와 양질의 일자리를 창출하고 있다. 반면 우리나라의 시가총액 상위기업은 1990년대 이전 설립된 제조업 대기업이 대부분이다. 미국 혁신창업가는 대체로 학창시절 인지능력이 우수하며 틀에 얽매이기를 싫어하는 이단아(maverick) 기질이 강했던 것으로 분석된다. 우리나라의 경우 이러한 '똑똑한 이단아'가 교육환경이나 사회여건으로 인해 혁신창업가로 육성되지 못한 것으로 평가된다. OECD는 우리나라 청년이 전문직, 대기업, 공공부문 등의 일자리에 안착하기 위해 치열하게 경쟁하는 현상을 황금티켓증후군(golden ticket syndrome)으로 표현했다. 이러한 현상의 원인으로 사회경력 초반의 성과가 인생 전체 소득수준, 고용안정성 등을 결정하는 단일기회방식으로 사회구조가 형성된 점을 지목했다.

그렇다면 이렇게 직면하고 있는 현실적 문제들을 직시하면서도 혁신을 통해 경제성장을 이루려면 어떻게 해야 할 것인가. 한은 논문의 통찰력 있는 제언을 일부 인용해 본다.

혁신창업가를 육성하기 위한 사회 및 교육 여건을 조성해야 한다. 다원기회로의 유연한 사회구조 변화를 통해 실패 리스크를 줄여주고 혁신활동을 장려하는 여건을 만들 필요가 있다. 혁신을 이끌어갈 수 있는 과학·기술·공학·수학(Science·Technology·Engineering·Mathematics, STEM) 인재를 양성하기 위해 STEM 직업에 대한 경험 확대와 같은 교육여건 확충이 긴요하다.

후속 혁신 파급력, 범용성, 독창성 등 혁신의 질과 밀접한 관계를 갖는 기초연구를 강화해야 한다. 대기업의 경우 내부기초연구에 대한 인센티브 제공 방안을 강구해 볼 수 있다. 내부기초연구 수행 역량이 부족한 중소기업에는 산학협력 확대, 혁신클러스터 활성화 등 기초연구 성과를 흡수·활용할 수 있는 여건을 제공해야 한다. 아울러 대학의 기초연구에 대한 지원 강화가 필요하다.

혁신기술 평가에 전문성을 갖춘 벤처캐피탈의 혁신자금 공급기능을 개선해야 한다. 혁신역량을 갖춘 중소기업이 자금을 효율적으로 조달할 수 있도록 벤처캐피탈에 대한 접근성을 높여야 한다. 투자자금 중간 회수가 원활하도록 기업인수합병(M&A) 시장을 활성화함으로써 혁신 투자유인을 늘릴 필요가 있다.

이와 같은 제언에 더하여 정치의 혁신 또한 긴요하다. '당파성'이 아닌 '생산성'을 높이는 정치혁신이 필수적으로 이루어져야 한다. 제22대 국회가 30일 시작됐다. 혁신과 경제성장을 바라보는 통찰력을 갖추기 위해 정치인들이 본격적으로 공부하고 초당적으로 노력해야 할 때다. '사회, 교육, 연구, 금융, 정치의 혁신'이 총체적으로 올바른 방향으로 나아갈 때 지속가능한 경제성장을 이룰 수 있다. 혁신의 중요성을 다시 조명한다.

(2024년 5월 30일 기고)

2.9 '한강의 기적' 끝나지 않으려면

> 여당 총선 참패한 가운데 외신 '한강의 기적 끝나가나'
> 무형자산 중심 경제금융 혁신, 지식·교육 혁신 긴요
> '당파성'이 아니라 '생산성' 높이는 정치 혁신 필수

한국은행 경제연구원이 작년 말 발표한 논문 '한국경제 80년(1970-2050) 및 미래 성장전략'에 따르면 한국의 경제성장률은 1970~2022년 연평균 6.4%였다. 이를 10년 단위로 분석해 보면 1970년대 8.7%에서 1980년대에 9.5%로 최고치를 달성한 이후 10년마다 2~2.5%포인트씩 하락하여 2010년 대에는 2.9%로 둔화되었다. 코로나19 팬데믹 위기를 겪은 2020~2022년 중에는 성장률이 2.1%로 더욱 낮아졌다. 총요소생산성(Total Factor Productivity, TFP; 노동과 자본의 직접적 기여분을 제외한 나머지 생산의 효율성을 나타내는 것으로 한 경제의 효율성과 성장잠재력을 나타내는 지표)을 기준으로 향후 30년을 전망해 보면 2020년대 2.1%, 2030년대 0.6%, 2040년대에는 -0.1% 성장률을 기록하며 초 저성장 시대를 맞게 될 것으로 보인다.

때마침 이번 주 영국 일간지 파이낸셜타임스는 위 한은 논문 등을 인용하면서 한국경제가 이룬 '한강의 기적'이 이제 끝나가고 있지는 않은지 우려를 나타냈다. 파이낸셜타임스는 한국의 구조개혁 성과가 미미하다는 점을 지적

했다. 사교육비 지출 과다와 교육문제, 연금·주택·의료 개혁의 정체 등과 함께 대기업에 대한 경제 의존도를 줄이고 서울을 국제금융의 허브로 만들겠다는 계획도 거의 진전이 없다고 했다. 이번 4월 총선에서 여소야대 정국이 펼쳐지면서 향후 성장 모델의 돌파구를 만들어나가기가 더욱 어려워지게 된 것으로 보았다. 집권 여당이 총선에서 패배하고 정책 추진 동력이 시험대에 서 있는 와중에 나온 해외 언론의 쓴소리가 무겁게 다가온다.

한국이 값싼 에너지와 노동력에 의존하는 낡은 경제성장 모델의 기둥은 이미 삐걱거리고 있었다고 보는 관점을 부정하기는 어렵다. 한국 제조업체에 사실상 막대한 산업 보조금을 제공하는 국영 에너지 독점 기업인 한전의 누적 부채는 1,500억 달러에 달할 정도이고 OECD 회원국 중에서 한국보다 노동생산성이 낮은 나라는 그리스, 칠레, 멕시코, 콜롬비아인 점 등도 그러한 현실을 말해준다. 낡아 보이는 성장 모델에서 탈피하기 위해서는 구조개혁의 추진이 필요하다. 하지만 정부는 좌파 야당이 장악한 입법부와 인기 없는 보수 행정부로 양분되어 있고 2027년 차기 대선까지 3년의 교착상태가 이어질 가능성마저 배제할 수 없는 것이 문제다.

이런 가운데 지난주 삼성전자는 인공지능 관련 반도체 수요를 충족시키고자 미국 텍사스에 450억 달러를 투자한다고 발표했고 SK하이닉스는 인디애나에 HBM 반도체 생산기지를 건설하고 있다. 한국 용인에는 SK와 삼성이 참여하는 4,700억 달러 규모의 반도체 메가 클러스터 공사가 정부 지원 하에 추진되고 있다. 인간 언어를 이해하고 생성하도록 훈련된 인공지능인 거대언어모델(Large Language Model, LLM)에 필요한 D램 반도체를 포함하여 향후 수요 급증이 예상되는 데에 따른 투자다.

한국 반도체 제조사들이 최첨단 분야에서 기술 우위를 유지하고 인공지능의 미래 수요에 대처하기 위해서는 국내외 투자가 필요하다. 다만 제조업과 대기업 위주의 전통적인 한국경제 성장 모델을 개혁하고자 하는 모멘텀은 당장 기대하기 어려워 보인다. 용인 반도체 클러스터 프로젝트는 2019년 발표되었으나 현장 물 공급 등 문제로 인해 수년간 지연된 바 있다. 2027년 첫 번째 클러스터가 완성되어도 자격을 갖춘 노동력의 부족에 직면하게 될 것으로 우려되는 데다 재생 에너지의 충분한 공급이 어렵고 새로운 원자력 발전소 건설에 대한 여야 초당적인 합의가 없다면 클러스터에 전력이 어떻게 공급될지도 불확실한 실정이다.

그렇다면 당장 이렇게 직면하고 있는 여러 현실적 한계와 문제를 직시하면서도 한국경제 80년을 바라보는 성장전략은 무엇일까. 외신의 우려대로 '한강의 기적'이 끝나는 것을 막으려면 어떻게 해야 할 것인가.

서두에 언급한 한은 논문의 통찰력 있는 제언을 일부 인용해 본다. 인공지능을 포함한 미래 성장동력 확충과 디지털 대전환 및 기후위기 대응 탈탄소 에너지 전략 추진이다. 향후에도 주도산업은 지속적으로 변화할 것이므로 새로운 성장의 기회를 포착하고 선제적으로 대응하는 전략이 긴요하다. 4차 산업혁명 진전과 함께 경제와 산업 패러다임이 데이터, 네트워크, 브랜드 가치 등 무형자산 중심으로 전환하면서 무형자산 투자의 중요성에 대한 인식이 빠르게 확산되고 지식과 아이디어가 성장의 주요 동력이 되고 있다.

실제 S&P500 기업 시장가치의 90%가 무형자산으로 이루어져 있다는 조사가 있다. 무형자산 중심 경제로의 이행은 선택이 아니라 생존과 성장의 필수조건이 된 것이다. 이와 관련 무형자산 중심 경제로의 이행을 촉진하는 방향으로 금융의 혁신이 이루어질 필요가 있다.

오늘날 지식은 경제성장과 사회발전 및 일자리 창출의 추동력이자 세계시장 경쟁력의 원천이다. 아울러 세계는 인공지능, 클라우드, 빅데이터, 사물인터넷 등이 말하듯 디지털 대전환 흐름이 가속화되고 있다. 변화하는 현실 속의 다양한 전문 분야를 중심으로 전문 역량에 대한 수요가 늘고 있어 교육이 이에 빠르게 대응해야 한다는 요구가 크다. 교육의 혁신은 우리 경제가 앞으로 생산성 중심의 디지털 경제로 전환하기 위한 핵심과제다. 이와 관련한 혁신 제고를 위해 서비스업, 중소기업, 대학 등의 연구역량 확충, 대학교육의 재원확보 및 고학력 수요에의 신속하고 유연한 대응 모색 등이 필요하다.

이와 같은 제언에 더하여 정치의 혁신이 긴요하다. '한강의 기적'이 끝나지 않으려면 '당파성'이 아닌 '생산성'을 높이는 정치 혁신이 필수적으로 이루어져야 한다. 좌우 극한적 이념 대결에 사로잡힌 기계적인 다수결 지상주의는 민주주의의 본질을 파괴하는 지름길이다. 그러한 정치는 다원성과 창의성이 요구되는 21세기 대전환의 시대를 사는 시민의 삶과 복리(welfare)를 위기로 몰아넣고 지속가능한 경제발전을 막는 걸림돌일 뿐이다. '한강의 기적'을 넘어 한국경제 80년을 조망하고 내다보는 통찰력을 갖추기 위하여 정치인들이 더 공부하고 성찰하며 노력해야 할 때다.

(2024년 4월 25일 기고)

총선 후 통화정책 전환기 국면…인플레이션·지속가능성장 균형·조율 이뤄야
차기 금통위원, '예술가처럼 초연, 오염되지 않되 정치인처럼 세상 가까워야'

미국 연방준비제도(연준)는 지난주 연방공개시장위원회(FOMC) 정례회의를 열고 통화정책 방향을 의결했다. 정책금리를 동결한 가운데 금년도 경제성장률과 근원 인플레이션 전망을 상향 조정하면서도 연준의 대차대조표 축소 속도를 가까운 시일에 완화할 것이며 금리인하를 어느 시점에서 신중하게 결정할 것임을 시사했다. 인플레이션 대응을 위해 연준이 시행해온 양적긴축(Quantitative Tightening, QT)의 속도를 조절하고 향후 금리인하 시기를 저울질할 것임을 예상케 하는 대목이다.

평판 있는 중앙은행이 성장과 인플레이션 전망을 높이면서도 정책 기조를 비둘기파(완화적 통화정책 선호)적으로 잡는 건 흔히 볼 수 없는 일이다. 제롬 파월 연준 의장은 전망의 상향 조정에도 불구하고 인플레이션 스토리는 '본질적으로 동일하다(essentially the same)'고 말함으로써 중앙은행의 정책 기조를 정당화했다. 이러한 통화정책 신호에 반응하여 시장은 주식과 금 가격을 기록적인 수준으로 끌어올렸다. 올해 1~2월 예상보다 높은 인플레이션을 기록했음에도 불구하고 금리인하 시기에 대한 시장참가자들의 확신이 커짐에

따라 채권 가격이 상승했다.

연준의 이번 정책 결정이 있기 하루 전 일본은행은 금융정책결정회의에서 17년 만에 처음으로 금리를 인상함으로써 마이너스 금리에서 벗어났다. 그러나 동시에 완화적인 통화정책을 지속하겠다는 신호를 강하게 보낸 비둘기파적 태도로 정책결정회의를 마무리했다. 일본은행은 명목 금리를 마이너스에서 플러스 영역으로 전환한 마지막 중앙은행이 되었고 예상보다 높은 인플레이션 속에서도 비둘기파적인 포장과 함께 금리인상이 이루어짐에 따라 일본 엔화 가치는 32년 만에 최저치에 근접하게 되었다.

지난주 비둘기파적 중앙은행들의 정책 결정 행렬은 여기서 그치지 않았다. 연준 FOMC 회의 바로 다음 날에는 스위스 중앙은행이 예상치 않은 금리인하 결정을 내림으로써 스위스 프랑화 가치를 약 1% 떨어뜨렸다.

지난주 이러한 일련의 통화정책 결정들은 엄격한 인플레이션 목표에서 유연성을 띠려는 움직임의 표현으로 볼 수 있을 것인가. 팬데믹 위기 이후 한동안의 통화정책 기조가 지금 전환기에 들어서고 있는 것인가.

중앙은행들의 통화정책 결정은 기본적으로 국가별 경제 상황에 대한 인식과 판단의 산물이다. 상호 관련성을 띨 수는 있지만 상호 조정되는 것은 아니다. 그렇지만 각국이 공통적으로 직면하는 거시경제적 패러다임 변화에는 시선을 두지 않을 수 없을 것이다. 예컨대 글로벌 경제의 공급 메커니즘이 이전보다 덜 유연하게 또는 필요한 수준보다 덜 유연하게 작동하고 있다면 그 신호를 무시할 수 없을 것이다. 그 배경과 원인은 다양할 수 있다. 전쟁으로 초래되는 지정학적(geopolitical) 충격, 경제 영역을 넘는 군사안보전략, 기술 · 투자 · 교역 패권전쟁, 디지털 대전환과 기후위기, 정치 양극화와 이념 대결에 따른 거버넌스 비효율 등 구조적 요인을 망라한다.

그래서 공급 요인 관점에서 인플레이션이 빠르게 2% 목표로 다시 내려가는 것을 당분간 쉽게 기대하기 어려울지도 모른다. 이와 관련하여 경제·사회적 복리(welfare)와 금융안정 등에 불필요한 코스트를 지불하지 않으면서도 2% 인플레이션 목표를 유지하기가 쉽지 않을 수도 있다.

따라서 전환기 중앙은행 정책결정자일수록 통화정책 프레임워크와 그 기저에 흐르는 지적, 경험적 접근방법에 대한 포괄적 성찰이 필요하다. 이런 맥락에서 볼 때 생성형 인공지능(generative artificial intelligence) 관련 노동구조 변화, 그에 상응하는 교육기술훈련, 생명과학·그린에너지 주도 신성장 엔진, 공급 메커니즘 유연성 촉진을 위한 재정·산업·과학기술·교육정책 등에 대한 광범위한 통찰력 또한 필요 역량이라 할 수 있겠다.

인간 본연의 한계인 인식·지식의 한계 문제 지배(knowledge problem dominance)에 대해서는 중앙은행 정책결정자를 포함하여 어느 누구도 자유롭지 않다. 그렇지만 대전환의 시대에 중앙은행 정책결정자에게 필요한 덕목은 그 한계를 극복하고자 하는 열정(passion)과 열망(desire)일 터이다. '더없는 행복은 대전환의 시대에 살아있는 것이고 이 시대에 열정과 열망이 있음은 바로 천국이다.' 영국의 시인 윌리엄 워즈워스가 1789년 프랑스 혁명을 바라보는 감격을 표현한 시다.

4·10일 총선이 불과 10여일, 코앞으로 다가온 가운데 선거 열흘 후에는 대통령이 임명하는 한국은행 금융통화위원 두 명의 4년 임기가 동시에 만료된다. 앞으로 20일 후 전환기의 중앙은행 정책결정자에게 긴요한 역량과 덕목을 갖춘 인물이 금통위원에 임명되어야 함은 물론이다. 워즈워스가 말한

대전환의 시대에 필요한 열정과 열망에 더하여 100년 전 1924년 케인스가 스승 마셜에게 헌정한 에세이에서도 이 시대 중앙은행가에게 바람직한 덕목을 찾을 수 있다. '예술가처럼 초연하고 오염되지 않되 정치인처럼 세상과 가까워야 한다.'

총선 이후 다가올 수 있는 통화정책의 전환기 국면일수록 초연하고 오염되지 않은 예술가이자 세상과도 가까운 정치인과 같이 인플레이션과 지속가능한 성장 궤도에 이상적이며 현실에 토대를 둔 균형과 조율을 이루길 바라는 마음 간절하다. 공급 메커니즘 및 패러다임 변화의 시대에 중앙은행에 요청되는 정책 프레임워크를 통찰력 있게 성찰하며 포괄적 경험과 역량을 갖춘, 그리고 열정과 열망을 지닌 진정한 중앙은행가 금통위원을 기대한다.

(2024년 3월 29일 기고)

2.11 경고음 커진 기후위기…전담부서 만든 한국은행

2024년 1월 지구 최고기온 기록…파리기후협약 임계치 대비 1.5도 돌파

기후위기 비용에도 다수 세계시민 행동 의지…이에 부응하는 정책 아쉬워

한은 기후위기조직 신설…정치이념에 흔들리지 않는 이니셔티브 기대

2024년 1월은 역사상 가장 더운 1월로 기록되었다. 올해 1월 지구 평균 기온은 섭씨 13.14도로 산업화 이전 1850~1900년 1월 수준(pre-industrial level)보다 1.66도 높았다. 1월 해수면 온도 역시 사상 최고치인 섭씨 20.97도였고 2월 4일은 새로운 최고치인 21.12도를 기록했다. 2023년 2월부터 2024년 1월까지 12개월간 지구 평균 기온은 산업화 이전 수준보다 1.52도 높은 섭씨 15.02도로 역대 최고치였다. 2015년 파리기후협약(Paris Climate Accord)에서 정한 임계치(threshold) 1.5도를 최초로 돌파한 것이다. 브뤼셀에 본부를 둔 기후관측기관 코페르니쿠스 기후변화서비스(Copernicus Climate Change Service)가 이번 달에 발표한 데이터다.

이와 관련 지난해 5월 세계기상기구(World Meteorological Organization)는 2027년까지 적어도 12개월은 사상 처음으로 지구 평균 기온이 산업화 이전 수준보다 1.5도 이상 높아질 확률이 66%라고 예측한 바 있다. 우려했던 방향으로 현실화되는 기후위기를 알리는 경고등이 금년 들어 본격적으로 켜지고 있는 것이다.

이와 같은 지구 온난화는 과거에는 보기 어려웠던 기상 이변을 초래하

고 있다. 예를 들어 미국 버지니아주는 대규모 자연재해로 유명한 지역이 아니었는데도 최근 들어서는 강풍과 홍수로 타격을 받고 있다. 지난해 버지니아주를 강타한 시속 240km의 초강력 토네이도는 주택 100여 채를 파손시키는 등 막대한 피해를 야기했다. 이러한 자연재해로 인한 위험 가격 조정(repricing of risk)은 주택 보험료의 대폭 인상으로 나타나고 있다. 기후위기로 인한 주택 보험료 인상은 가입자에게 사실상의 '탄소가격'(de facto 'carbon price')에 해당한다. 버지니아주 소재 단독 주택에 거주하는 미 해군장교 마이클 헤프너의 경우 주택 보험료가 연간 1,200달러 정도였는데 금년에는 2,000~3,200달러로 크게 오른 보험료 견적서를 받았다고 했다. 기후위기 비용 청구서가 버지니아주의 보험 가입자에게 제시되고 있는 사례다. 자연재해로 인한 보험료 급등은 관련 주택 소유자들이 앞으로 보험 감당능력 위기(insurance affordability crisis)에 내몰릴 수도 있음을 시사한다. 국제결제은행(BIS)은 최근 보고서에서 보험료 급등으로 보험에 가입할 수 없는 주택이 확산될 가능성이 있으며 이 경우 주택담보대출 확보에 어려움이 야기되고 은행의 신용위험마저 높아질 수 있음을 경고했다. 정책당국도 점차 이 문제에 관심을 보이고 있다. 미 재무부는 심상치 않은 보험료 동향 등을 주시하며 기후위기가 가계금융(household finance)에 미치는 영향을 평가하기 위한 데이터 분석에 착수했다.

이처럼 기후위기 비용이 개인에게 청구되고 있는 형국에서도 기후위기에 맞서 싸우기 위해 매달 가계소득(household income)의 1%를 기부할 의향이 있는 사람은 과연 몇 명이나 될까. 이번 달 발표된 독일 괴테대 피터 앙드레 등 유럽 경제학자 4인의 연구에 따르면 놀랍게도 세계 인구의 69%다. 125개국 13만 명을 대상으로 인터뷰한 분석에서 나온 결과다. 분석 대상자들 스스로는 43%일 것이라고 평균적으로 생각했다는데 실제는 훨씬 높은 수치다. 89%는 정부가 기후위기 대응을 위해 더 증강된 조치를 취할 것을 요구했고

86%는 기후 친화적인 사회 규범(social norms)을 지지했다.

이러한 고무적 증거에도 불구하고 지금 세계는 사실상 다원적 무지(pluralistic ignorance) 상태와 다름없다는 현실이 실로 안타깝다. 세계시민이 동료 시민의 행동 의지를 과소평가하고 있는 것이다. 세계시민의 절대 다수는 기후위기에 맞서 싸우고 싶어 하지만 스스로는 자신이 소수라고 생각한다. 이처럼 서로 다른 이들이 무임승차하고 있다고 여기면 사회 전체적으로 그만큼 공익을 위해 행동할 가능성이 줄어들게 됨은 자명한 이치다.

그러면 이제 어떻게 해야 하는가. 무엇보다 행동의 이니셔티브를 만드는 정책 동력이 긴요한 시점이다. 특히 팬데믹 이후에는 점증하는 불평등과 포퓰리즘이 '녹색에 대한 반발(green backlash)'마저 불러일으키고 있기에 기후위기에 대응하는 정책 동력은 시험대에 서 있다. 세계 인구의 약 절반이 선거를 치르는 슈퍼 선거의 해인 금년 정치 상황에서는 더욱 그러하다. 6월로 예정된 유럽연합(EU) 선거를 앞두고 유권자들의 압력이 거세지자 브뤼셀에서 베를린에 이르기까지 정치지도자들은 농장과 가정 난방의 탄소배출 감축 조치를 완화하기 시작했다. 미 대선에는 그동안 기후위기 대응을 반대해 왔고 파리기후협약마저 탈퇴한 바 있는 도널드 트럼프가 공화당 유력 후보로 나선 상황이다. 영국 유권자들은 탄소배출 순제로(net-zero) 목표를 반복적으로 약화시켜온 보수당 정부와 이번 달 280억 파운드 규모 녹색지출계획을 삭감한 야당 노동당과 동시에 마주하고 있다.

각국이 하루속히 이러한 당파적, 정치적 이념의 굴레에서 벗어나야 할 때다. 기후위기에 맞서 행동하고 기여하고자 하는 절대 다수 세계시민의 기대와 열망에 부응하여 과학적이고 실용적인 정책의 추동력을 만들어 나가야 한다.

이창용 한국은행 총재는 금년 들어 조직개편을 통해 기후위기 대응 전담 부서인 '지속가능성장실'을 총재 직속으로 신설하고 이번 달 업무에 들어갔다. 한은에서 흔치 않은 총재 직속 조직으로서 중차대한 기후위기 이슈에 임하는 이 총재의 결연한 의지가 읽힌다. 중립적 중앙은행이 편향된 정치이념에 흔들리지 않으며 보다 넓고 균형 있는 시각에서 기후위기에 대응하는 정책을 추진하고 조사연구 등을 수행함으로써 국민경제의 지속가능한 발전에 기여할 수 있는 이정표가 되리라 믿는다.

지금 임계치를 넘어서며 기후위기의 본격적 경고등이 켜진 상황임에도 각국의 정책 동력은 정치적 변수와 이해관계에 따라 흔들리며 시험대에 서 있는 국면이다. 그렇지만 인간의 정치적 행동 성향과 관계없이 이 순간에도 기후위기는 우려되는 예측 시나리오에 가깝게 한발 한발 다가오고 있다. 이러한 시기에 정치이념에서 독립적인 중앙은행이 기후위기 이슈에 본격적으로 역량을 발휘함으로써 국민과 세계시민이 더 나은 삶과 미래를 영위할 수 있는 세상을 만들어 갈 수 있다. 금융경제와 인류의 삶에 심대하고 근원적인 상호 영향을 미치는 글로벌 이슈이자 정책 과제인 기후위기 대응에 이니셔티브를 지니며 현실과 미래 흐름을 읽는 선구자(avant-garde)의 통찰력으로 중앙은행 적극주의(central bank activism)를 발휘하는 확신과 헌신이 한은에 필요하다.

(2024년 2월 19일 기고)

2.12 '카이로의 붉은 장미'와 금리의 향방

통화정책 숨고르기…중립금리(R-스타), 금리향방 안내 항해자 별
'카이로의 붉은 장미' 비유 이상적 존재…정확히 찾는 건 신의 영역
美연준, IMF 등 중립금리 추정 노력…이상 추구 현실주의자 성찰 필요

뉴욕 출신 영화감독 우디 앨런의 1985년 작품 '카이로의 붉은 장미(The Purple Rose of Cairo)'는 영화 속의 영화로 짜여져 있고 현실과 가상 간의 경계를 넘나드는 스토리다. 영화 관람이 삶에서 의미가 큰 영화 속 주인공 세실리아는 똑같은 제목의 영화 속 영화인 '카이로의 붉은 장미'를 관람한다. 영화 속 영화의 주인공 고고학자 톰 백스터는 고대 이집트의 전설로 여겨지는 이상적 존재 '카이로의 붉은 장미'를 찾으러 모험을 떠난다. 세실리아가 영화를 관람하는 도중 톰 백스터가 스크린 밖으로 나와 세실리아에게 다가오게 되고 급기야는 세실리아와 함께 스크린 속의 세계로 들어가기까지 한다. 종국에는 세실리아가 스크린의 세계에서 나와 다시 현실 세계의 영화관에서 영화를 관람하는 데서 삶의 의미를 찾는 장면으로 스토리가 마무리된다.

주요국 통화정책이 그동안의 금리인상 일변도로 이어진 사이클에서 점차 벗어나 이제 숨을 고르며 앞으로의 방향을 모색하려는 움직임이 감지되는 가운데 향후 금리가 어느 수준으로 향할지를 내다보기 위해 많은 이들이 애

쓰고 있는 시점이다. 크게 소용돌이를 치며 선회한 바 있는 미국 장기 국채 금리의 높은 변동성은 금리의 향방에 대한 시장참가자들의 신경이 그만큼 날카로워져 있음을 보여준다고 할 수 있다.

중앙은행 또한 안개 없는 청명한 시야에서 금리의 방향타를 쥐고 있다고 말하기는 어려울 것이다. 제롬 파월 미 연준 의장은 구름이 낀 하늘 아래에서 별(star)을 보며 항해하고 있다는 비유를 했다. 여기서 별이란 어떤 존재일까. 시장경제의 항해자 모두가 찾으려고 노력하는 이상적인 수준의 금리를 별에 비유한 것으로 볼 수 있다. 이코노미스트들은 이를 중립금리(neutral/natural rate of interest) 또는 R-스타(R-star, R*)로 표현한다. 코로나19 팬데믹과 같은 일시적인 충격이 일단 물러간 지금의 상황에서 경제를 과도히 띄우지도 누르지도 않는 금리를 말한다. 인플레이션과 경제성장을 부추기지도 둔화시키지도 않는 균형 상태에서의 금리라고 할 수 있다.

그러나 이는 현실 세계에서 실제 형성되어 관찰될 수 있는 금리가 아니며 사람들이 찾기 위하여 노력하는 이상적 금리이다. '카이로의 붉은 장미'와 같이 실존하는 장미가 아닌 전설 속에서 전해오는 장미이며 그야말로 이상적 존재인 것이다. 그래서 R-스타를 정확히 찾는다는 것은 거의 신의 영역에 가깝다고도 할 수 있을 것이다. 영화 '카이로의 붉은 장미'에서 보듯 현실 세계가 아닌 가상 세계에 해당하는 영화 속 영화와 같은 영역에 있는 존재라고도 하겠다.

현실 속의 금리는 실존하며 관찰 가능하지만 중립금리인 R-스타는 가상의 관념 속에서 경제적 가정들과 모델 속에서 존재하고 있어 관찰할 수도 없으며 찾으려고 추정할 수 있을 뿐이다. 영화에서 주인공 세실리아가 현실과 가상의 세계를 오가며 이상적인 그 무엇을 찾으려 노력하는 과정은 이상적 존재인 중립금리를 찾으러 현실과 가상을 넘나드는 시장과 중앙은행의 노력에도 비유된다고 볼 수 있을 법하다.

주인공이 종국에는 다시 현실로 돌아와서 예의 그 모습과 자세로 영화 속 영화 스크린을 주시하는 마지막 장면은 쉽지 않은 과제임에도 단념하지 않고 계속해서 중립금리를 찾으며 모색하고자 하는 이 시대 현실주의자 이코노미스트의 고뇌와도 일맥상통하는 듯하다.

뉴욕 연준의 존 윌리엄스 총재는 지난 20여년간 중립금리를 추정하는 데 힘써온 전문가로 알려져 있다. 그는 코로나19 팬데믹 기간 동안 중단했던 중립금리 추정 작업을 최근 다시 계속하면서 팬데믹 이전에 비해 중립금리가 높아졌다는 증거를 찾지는 못했지만 향후 움직임을 확실히 단언하기는 어려움을 토로했다.

리치몬드 연준은 중립금리가 글로벌 금융위기 이전인 2007년 4월 약 2.2%에서 2010년 4월 약 0.8%로 하락했다가 2023년 4월에는 중간값 기준 2.3%(다만 하한은 1.4%이며 상한은 3.6%)로 추정되었다고 했다. 리치몬드 연준의 이러한 최근 추정에 대해서는 금요일 저녁에 피자가 오후 6시에서 11시 사이 언젠가 도착한다는 안내와 다름없는 유용성을 지닌다는 논평도 있을 정도로 중립금리 추정이 쉽지 않음을 보여주는 측면이 있다.

최근 국제통화기금(IMF)은 이론적 접근방법에 보다 중점을 두면서 장기적으로 인구구조 변화, 생산성 변화, 재정정책 등이 저축과 투자 간의 균형에 영향을 미침으로써 중립금리를 변화시킬 수 있음을 언급했다. 장기간에 걸친 비교분석의 한 예로서 1975~1979년과 2015~2019년 사이에 인구구조 변화와 미약한 생산성 향상이 미국의 중립금리를 각각 0.5%포인트, 1.23%포인트 하락시킨 것으로 추정했다.

'카이로의 붉은 장미'에서 영화의 주인공이 이상적인 무엇을 찾기 위해 영화 속 영화로 들어가고 나오며 현실과 가상 간의 경계를 넘나드는 스토리는 신의 영역에 가까운 중립금리를 찾으러 추정 모델과 이론을 개발하며 이를 현실 세계에 접목하기 위해 시공을 넘나드는 듯 연구에 매진하는 이코노미스트의 모습을 비유적으로 말해주는 듯하다.

각국이 당면하고 있는 기후위기 대응, 4차 산업혁명, 생산성 변화, 인구구조 변화, 재정 동학(fiscal dynamics), 지정학적 위험 등 다양한 요소들이 시장경제와 금리 등에 영향을 미치며 상호작용하고 있다. 이러한 가운데 새로운 중립금리, 새로운 R-스타를 탐구하고 발견하며 이에 따라 합리적인 행동을 모색하고 조율해 나가는 과정은 구름 낀 밤하늘의 별을 보며 항해하는 시장경제의 항해자들에게 주어진 과제이자 책무라 하겠다.

'카이로의 붉은 장미' 마지막 장면에서도 비유적으로 보듯이 이상을 추구하는 현실주의자 이코노미스트의 성찰과 노력이 계속 필요하고 그 의미 또한 크다.

(2023년 12월 11일 기고)

2.13 기후위기에 중앙은행 적극주의가 필요한 이유

화석연료에 흔들리는 통화정책…포말 집중하다 보면 심해 흐름 놓쳐

기후위기 대응 재정정책 확대…정부 적극주의에 중앙은행 역할 주목

물가·성장·금융안정에 기후위기 영향…중앙은행 책무와도 무관치 않아

기후위기는 인류의 삶과 긴밀한 이슈가 되고 있다. 한국경제발전학회가 지난 16일 주최한 추계 정책 세미나는 지속가능 경제를 위한 기후위기 대응을 다루었고 필자는 기후위기와 중앙은행의 역할에 관해 발제하였다. 일응 기후위기와 중앙은행이 무슨 관련성이 있느냐고 의문을 제기하는 이들도 있을 수 있겠다. 필자가 3년 전 맡았던 어느 대학원 과정 강의에서 '기후위기와 금융'이라는 주제를 강의계획서에 포함했을 때 기후위기와 금융의 관련성 여부에 대해 질문했던 학생이 있었다. 이 질문은 역설적으로 교육 현장에서 이 주제를 다룰 만한 가치가 있음을 직감하게 했다. 기후위기가 금융에 여러 영향을 미치고 있음은 경제주체들에게 점차 인식되고 있다. 언론에 글을 싣는 목적의 하나는 교육 효과와 함께 경제주체들의 인식을 선제적으로 넓히는 데 도움을 주는 측면도 있다. 금번 학회 논의를 계기로 기후위기와 중앙은행에 대해 짚어보자.

화석연료에 기반한 원유 등 에너지 가격의 높은 변동성은 최근 각국 통화정책의 주요 고려사항이었다. 미 연준이 지난해 중반 이후 네 차례 연속 단행

한 0.75%포인트, '자이언트 스텝' 정책금리 인상 배경의 하나도 에너지 가격이었다. 인플레이션이 중앙은행의 통제영역 밖에 있는 전쟁 발발과 에너지위기 등 공급 압박 요인에서 크게 비롯되었는데도 미국 등 주요국 중앙은행이 금리 인상으로만 돌파하려 했다는 가학적 통화주의(sado-monetarism)라는 비판도 제기되었다. 이 과정에서 금리의 급상승에 따른 리스크에 노출된 실리콘밸리은행이 금년 3월 파산했다. 자이언트 스텝을 밟았던 연준 통화정책결정자들이 금년 2월까지도 뱅크런 위험성을 알지 못했다는 토로는 인간 능력과 판단의 한계, 그리고 화석연료 에너지에 흔들린 통화정책이 미국 은행위기 원인의 하나일 수 있음을 보여주는 귀결이기도 하다.

유가 변동성 등 포말에 집중하다 보면 화석연료가 초래하는 기후위기 대응과 탄소 배출 에너지 사용을 줄여야 하는 심해 흐름을 간과하기 쉽다. 석유증산을 위해 중동으로 뛰는 바이든 미 대통령과 이를 외면하는 빈 살만 사우디 총리의 모습이 극명하게 대비되며 화석 에너지의 위력이 건재함을 과시했다. 하지만 기후위기 대응과 에너지 문제 해결의 근본 해법은 결국 과학기술이 될 수밖에 없다. 탄소 포집, 저장, 전환, 활용 등 혁신적 과학기술의 힘과 기후위기에 대응하는 핵심 상품 및 기술을 공급하는 생태계 창출 등이 그 원동력이다. 그렇기에 미국, 유럽 등 주요국은 보조금을 앞세우며 적극적인 산업정책을 통해 이를 지원하고 있다. 기후위기 대응이 재정정책의 핵심으로 부상하며 정부 적극주의(activism)가 본격 전개되는 국면이다.

이러한 국면에서 중앙은행의 역할은 어떠해야 하나. 중앙은행의 업무는 일반적으로 인플레이션을 통제하고 경제 사이클을 다루며 금융시스템을 관리하는 일이지만 최근에는 온실가스 배출에 따른 기후변화가 초래하는 문제로부터 지구를 구하는 일에도 역할을 해야 한다는 압력에 직면하고 있다. 기후위기가 물가, 성장 등 거시경제적 목표와 금융안정에 영향을 미친다는 점에서 중앙은행의 전통적 책무와도 무관하지 않다. 금융안정, 금융규제 측면의 공감대가 중앙은행 커뮤니티에서 형성되고 있는 가운데 재정정책에 견줄 수 있는 핵심 포인트인 통화정책 측면에서는 상반된 견해가 노정되는 상황이다.

크리스틴 라가르드 유럽중앙은행(ECB) 총재는 기후변화가 ECB의 임무수행에 필수적인(mission-critical) 우선순위가 되어야 함을 선언했다. 이러한 움직임에 대해 짙은 비판적 시각이 있다. 중앙은행에게는 탄소 배출을 줄이라는 법적 책무가 부여되어 있지 않으며 기후변화가 경제에 영향을 미치는 것은 사실이지만 이렇게 접근한다면 중앙은행의 책무는 거의 무한대가 될 수 있다는 우려다. 대표적으로 제롬 파월 미 연준 의장의 견해가 비판적이다. 중앙은행은 기후정책 결정자가 아니며 동 정책 결정은 선출된 권력이 해야 할 일이라고 주장한다. 명확한 입법 없이 기후변화 대응을 위해 중앙은행이 통화정책 수단을 동원하는 것은 적절하지 않다는 것이다. 탄소 배출 세계 2위 국가인 미국 중앙은행 총재의 견해이자 세계 중앙은행계 리더의 견해인만큼 가벼이 넘기기 어렵다.

핵심 쟁점은 중앙은행의 법적 책무 여부다. 아직 기후위기 관련 중앙은행의 법적 책무에 대한 토의가 공식적으로 이루어진 적은 없다. 본질적으로 중앙은행법에 관한 해석과 법인식, 법철학의 문제다. 더 살펴보도록 하자. 중앙은행의 법적 위상은 넓은 의미의 독립적 행정기관(independent administrative agency)이라는 것이 현대 행정법상 설득력 있는 견해다. 주요국 중앙은행법이 기후위기 대응을 명시적으로 규정하고 있는지 대체로 명확하지는 않은 가운데 의회가 명시적이지 않더라도 암묵적으로 행정기관에 입법적 위임을 한 것으로 볼 경우 논란의 여지가 있다. 이에 관련되는 판례 이론이 40여년 전에 나와 있으며 여러 케이스에서 인용되어 왔다. 1984년 미 연방대법원은 석유회사 쉐브론(Chevron) 관련 판례를 통해 입법 의도가 명확하다면 논란이 없지만 특정 이슈에 관한 법률적 의미가 분명하지 않거나 법률이 이슈에 관하여 침묵할 경우 당해 행정기관의 해석이 합리적(reasonable)이거나 허용가능(permissible)하다는 전제하에 사법부는 당해 행정기관의 해석을 존중할 필요가 있음을 밝혔다. '쉐브론 테스트'로 일컫는다. 의회가 법률을 제정할 때 모든 정책 이슈를 해결하지는 않고 할 수도 없으며 많은 정책 이슈는 개방된 형태로 남겨두게 된다. 후일 제기된 정책 이슈를 입법 당시 의회가 명확히 해결하지 않았을 경우 당해 정책을 담당하는 기관이 해결해야 할 수 있다. '쉐브론 테스트'에 의한다면 기후위기 등과 같이 중앙은행 책무의 해석에 관해 모호하거나 침묵하는 대목이 있는 중앙은행법에 대해서는 독립적 전문 행정기관인 중앙은행의 법해석이 합리적이거나 허용가능하다면 중앙은행에 법해석권을 위임한 것으로 볼 여지가 있다.

생태학적 시각에서 보면 중앙은행을 둘러싼 환경적 요소들이 중앙은행 시스템의 생태계를 형성하고 있는 가운데 법률의 변경이 없더라도 생태계의 환경 변화에 따라 실제 중앙은행 시스템은 다양한 모습으로 변화할 수 있다. 법률이 생태계의 변화를 따라가는 데는 한계가 있다는 점에서 중앙은행법의 논리적 정합성보다는 중앙은행이 기후위기 등 경제가 직면하고 있는 문제를 얼마나 효율적으로 해결하느냐는 관점에서 중앙은행법을 바라볼 필요도 있다. 법현실주의(legal realism, 법은 입법자가 입법 시에 확정하는 것이라기보다는 후일 그 책무를 담당하는 공인이 사회적 목표 달성을 위해 행하는 것이라는 법인식)의 관점에서는 중앙은행법 자체보다 사회가 당면한 현실 속에서 중앙은행에 무엇을 요구하는지에 관한 중앙은행 스스로의 가치판단이 중요하게 된다.

이와 같은 법철학적 성찰은 통화정책에 대한 성찰로 이어질 필요가 있다. 화석연료 에너지의 변동성에 흔들리며 포말에 집중했던 통화정책이 성공적이었다는 확신은 대체로 부족하다. 화석 에너지의 오랜 굴레에서 벗어나며 그 핵심인 기후위기를 정조준하려는 노력에 대한 확신 또한 부족하다. 향후 통화정책이 기후위기를 정조준해야 할 개연성에 대한 치열한 고민과 성찰이 있어야 할 것이다. 기후위기의 외부효과를 감안할 때 시장실패 내지 비효율을 교정하는 역할을 통화정책 면에서도 깊이 성찰해야 할 것이다. 녹색 채권을 매입하며 기후위기 관련 조사연구를 강화하고 기후변화센터를 설립한 유럽중앙은행의 적극주의는 시사하는 바 있다. 포말과 심해 흐름을 함께 살피는 선구자(avant-garde)의 통찰력을 지니고 기후위기에 중앙은행 적극주의를 조화롭게 발휘하는 확신이 필요하다.

(2023년 11월 17일 기고)

통화지배, 재정지배, 금융지배의 함의와 과제

통화지배의 시대 구가한 중앙은행, 비전통적 통화정책 전개

우호적 환경 급변하며 재정지배와 금융지배 상황에 직면

일시적 영광 향유 이후 다가온 도전에 대처할 역량 확신 어려워

인식·지식 한계와 인센티브 문제 극복할 제도변화와 정책운영 필요

통화·재정·금융 거버넌스 포괄·연계 개혁 모색할 때

백악관 경제자문위원회(Council of Economic Advisers, CEA) 위원장을 역임한 찰스 슐츠는 1992년 집필한 저서 '대통령에 대한 메모(Memos to the President)'에서 통화를 창출하고 세금을 부과하며 군대를 결성하는 권한을 한 국가의 주권을 정의하는 3대 요소로 설명했다. 통화와 재정과 전쟁이 동시에 상호작용하며 정책에 복합적 영향을 미쳐온 작금의 대내외 여건을 돌아볼 때 30년 전 그 저서에서 말한 국가 주권의 3대 요소는 오늘날 각 정책당국이 동시에 직면하고 고려해야 하는 정책 주권의 3대 요소에도 해당한다.

1980년대 중반부터 20여년간 견조한 성장과 낮은 인플레이션이 지속된 이른바 대안정기(great moderation)에 통화정책 결정자들은 일을 비교적 쉽게 할 수 있었다. 그 시기에 독립된 중앙은행들이 수행한 성공적인 통화정책의 스토리는 상당 부분 행운과 함께 만들어진 상황에 힘입은 것이었음을 부

인할 수 없다. 당시 글로벌 경제는 우호적인 공급요인들로부터 혜택을 입고 있었다. 사회주의 체제에 있었던 개도국 경제의 글로벌 시장경제 시스템으로의 진입, 정보기술(IT)의 급속한 발전, 안정적인 지정학적 환경 등이 그것들이다. 이러한 요인들은 낮은 인플레이션과 비교적 높은 성장이 공존할 수 있도록 하는 데 도움을 주었다. 2008년 글로벌 금융위기 이후 이어진 낮은 금리와 심각하지 않은 국가부채는 중앙은행이 통화정책과 재정정책과의 상호작용에 구애받지 않고, 즉 재정정책과 독립적으로 통화정책을 수행할 수 있는 여건을 만들었다. 예컨대 중앙은행이 금리를 결정함에 있어 높은 금리가 국가부채를 증가시키고 디폴트 위험을 높일 수 있을지의 여부에 대해 걱정하지 않아도 되는 상황이었다. 당시 중앙은행의 업무는 최근 코로나19 팬데믹 이후 극명하게 마주한 공공보건위기, 러시아의 우크라이나 침공, 주요국 패권 경쟁 등에서 나타난 바와 같이 정치와 재정의 영역에서 풀어야 할 문제와 역할을 과도하게 떠맡도록 요구받지 않았다. 그야말로 통화지배(monetary dominance)의 시대였다.

평화로운 통화지배의 시대를 경험하며 중앙은행의 법적(de jure) 및 실질적(de facto) 독립성이 널리 받아들여졌을 즈음에 중앙은행은 비전통적 통화정책을 전개하기 시작했다. 비전통적 통화정책으로부터의 전환이 필요할 때 쉽게 방향을 되돌릴 수 있을 것이라는 낙관적인 가정과 예상이 있었다. 그러나 세계는 변했고 자애로운 공급요인들을 형성했던 환경이 여러 방면에서 공격을 받았다. 전쟁 등으로 높아진 지정학적 위험, 부상하는 포퓰리즘과 정치 양극화, 코로나19 팬데믹 등이 글로벌 공급망을 교란했다. 중앙은행은 상당 기간 거의 신경을 쓰지 않고 있었던 인플레이션과 성장 간의 상충에 다시 직면했고 이는 통화정책의 전환을 매우 어렵게 만들었다. 대안정기를 지나며 인플레이션 기대는 안정적이었고 글로벌 금융위기 이후에는 전반적인 물가가 떨어질 것이라는 디플레이션 우려마저도 제기되었다. 그러나 코로나19 팬데믹 이후 초래된 급격한 인플레이션은 중앙은행으로 하여금 디플레이션을 걱정할 시기는 확실히 지나갔음을 깨닫도록 했다. 인플레이션 기대에 대한 전통적 통화정책 접근방법을 변경하도록 하는 원인을 제공한 글로벌 금융위기의 교훈을 과다하게 학습하여 행동으로 옮겼던 측면이 있었음을 오히려 깨닫는 과정을 지나오게 되었다.

통화지배의 시대를 경험하면서 일부 중앙은행은 금리를 미래의 상당한 기간 동안 낮게 유지하겠다는 포워드 가이던스(forward guidance), 즉 사전적 정책방향 제시와 같은 장기적인 정책 약속을 하는 것을 대수롭지 않게 여겼다. 그러한 정책 약속이 장기적 인플레이션에 큰 영향력을 가져오지 않을 것 같았기 때문이다. 그러나 그러한 약속은 중앙은행이 미래에 그것을 지킬 수 없을 경우 인플레이션 기대를 훼손시킬 수 있다. 더욱이 디플레이션 가능성에 대한 우려는 중앙은행이 다소 의도적으로 긴축을 지연시키는 방향으로의 데이터 의존적 정책을 채택하도록 하는 여건으로도 작용했다. 인플레이션이 데이터에 의해 명백하게 현실화할 때까지 행동을 취하지 않고 기다리게 된 것이다. 2021년 8월 잭슨홀 미팅에서 높아지고 있는 인플레이션은 일시적인 것이라고 한 제롬 파월 미 연준 의장의 발언은 그 단적인 예라 하겠다. 그러한 파월 의장마저도 좋은 결정은 좋은 데이터를 요구하지만 갖고 있는 데이터는 원하는 만큼 좋지 않다고 2019년 고백한 바 있다. 정책결정자들에게 숙명적인 인식·지식의 한계 문제(knowledge problem)를 말해주는 대목이 아닐 수 없다.

코로나19 팬데믹 이후 각국이 위기 극복을 위해 노력해 오는 과정에서 정부 지출은 급격히 증가했다. 팬데믹은 통화정책만이 항상 인플레이션을 통제하는 것은 아님을 보여주었다. 재정정책도 인플레이션에 많은 영향을 미치고 역할을 한다. 더욱 중요한 것은 확대된 재정정책에 수반되는 국가부채의 누적이 재정지배(fiscal dominance)의 가능성마저 높이고 있다는 점이다. 글로벌 금융위기 이후의 낮은 국가부채와 경기부양의 필요성은 통화당국과 재정당국이 나란히 협력하고 힘을 합쳐서 행동할 수 있도록 하는 여건을 허용했다. 반면에 지금의 재정지배 가능성의 형국은 양 정책당국이 서로 상반되는 입장에서 맞붙게 하는 여건마저도 우려되도록 할 수 있다. 중앙은행이 인플레이션 억제를 위해 높은 금리의 유지를 도모하더라도 정부는 높은 이자비용을 싫어할 뿐만 아니라 나아가 민간투자가들이 적극 매입하려 하지 않는 정부 증권을 중앙은행이 매입함으로써, 즉 국가부채를 화폐화(monetization)함으로써 협력해 주기를 선호할 수 있다. 이 경우 재정지배 하에서 재정적자가 통화정책에 민감하게 반응하지 않게 될 수 있을 것이다. 국가부채의 화폐화 선호에 중앙은행이 응하지 않을 경우 통화정책에 제대로 반응하기 위해서는 정부는 지출을 줄이거나 세금을 인상하거나 또는 두 가지를 함께 함으로써 이른바 재정 건전화를 도모해야 할 것이다.

15년 전의 글로벌 금융위기 이후 중앙은행은 낮은 총수요와 금융 불안정이라는 두 가지 문제에 직면하여 무엇이든지 다 하겠다는 자세를 취했다. 금리인하 등 전통적인 통화정책을 통한 경기 부양이 한계에 이르렀을 때 비전통적인 양적 완화로 방향을 틀었다. 그래서 민간으로부터 위험자산을 대규모로 매입함으로써 신용 스프레드의 하락이 신용공급과 실물경제 활동을 촉진시킬 것으로 기대했다. 이러한 양적 완화 프로그램은 시장에서 아무도 사지 않는 증권을 매입함으로써 중앙은행이 역사상 유례없는 최종 시장조성자(market maker of last resort)라는 획기적인 역할까지도 수행할 수 있도록 했다. 민간자산의 대규모 매입은 중앙은행 대차대조표의 확장을 가져왔다. 그리고 그 대차대조표 확장은 위기가 끝났을 때도 원래의 상태로 축소되지 않았다. 대차대조표의 급격한 축소가 경제에 타격을 초래할 것으로 우려되었기 때문이다. 이처럼 대규모 중앙은행 대차대조표를 유지하려는 의지는 민간부채의 누적을 가져왔다. 민간부문은 중앙은행이 제공하는 유동성에 계속 의존하게 되었고 저금리 환경에도 한층 익숙하게 되었다. 금융시장 참가자들은 자산가격이 지나치게 낮은 수준으로 떨어지면 중앙은행이 항상 개입에 나설 것으로 기대하게 되었다. 민간부문이 중앙은행에 매우 의존적인 상태가 되었기 때문에 중앙은행 대차대조표 축소가 가져올 수 있는 반작용 효과는 그동안 양적 완화가 제공해온 부양 효과보다 현저하게 큰 비대칭적인 가시성으로 다가오게 되었다. 금융지배(financial dominance)의 상황에 처하게 된 것이다. 중앙은행이 인플레이션에 맞서 금리를 높이게 된 작금의 환경에서 민간부채의 누적과 민간부문의 중앙은행 유동성에 대한 높은 의존은 통화정책이 금융시장의 불안정에 관한 우려로 인해 거시경제정책적으로 필요한 행동을 하는 데 제약을 받게 되는 금융지배 상황을 만들게 된다. 최근의 미국 은행 위기가 바로 그러한 금융지배 상황의 반면교사와 같은 환경의 예를 시사해 주었다. 그러한 환경에서는 통화긴축의 강도가 금융부문을 뒤흔들 수 있으며 더 나아가 매우 조그마한 시장의 동요에도 경제시스템 전체가 위험에 처하게 되는 결과를 초래할 수 있다.

중앙은행이 정부의 재정지출 편의를 봐주며 배려하는 재정지배와 중앙은행이 금융시장의 부득이한 상황을 따르는 금융지배 국면은 과거 중앙은행의 행동을 포함한 역사의 유산이라 할 수 있다. 오랜 기간 지속되었던 낮은 금리와 높은 유동성은 자산가격 상승과 관련 레버리지를 촉발시켰다. 정부와 민간부문 양쪽의 레버리지를 높였다. 민간부문은 가계와 기업 모두 레버리지가 높아졌고 중앙은행의 지속적인 유동성 공급에 더욱 의존적이게 되었다. 높은 자산가격, 높은 레버리지, 높은 중앙은행 유동성 의존은 중앙은행이 재정지배와 금융지배에 직면할 수 있는 여건을 제공했다.

통화지배의 시대를 지나고 재정지배와 금융지배의 국면을 맞고 있는 즈음의 정책은 어떻게 수행해 나가야 하는가. 제도와 운영의 관점에서 생각해 볼 수 있다. 먼저 인센티브의 문제를 생각해 본다. 애덤 스미스는 1776년 집필한 국부론에서 제도가 다르면 결과도 달라진다는 것이 오랫동안 인식된 통찰력이라고 지적하며 한 예로서 스코틀랜드 대학교수들이 잉글랜드 대학교수들보다 학생들을 가르치는 데 더 열성적인 이유는 제도의 차이라고 보았다. 스코틀랜드에서는 학생들이 교수에게 직접 수업료를 지불하는데 이는 교수가 수업을 준비하는 강한 인센티브를 부여하고 잉글랜드에서는 담당 강좌의 학생 출석과 무관하게 급여를 지급하므로 교수들이 수업을 준비할 인센티브가 거의 없다는 것이다. 즉 교육 제도의 차이가 교육 결과의 차이를 가져온다고 설명한다. 잉글랜드 대학들이 학생 수업료 모델에 보상 제도를 채택했다면 지루한 교수들이 보다 효과적인 강의자가 되도록 촉진하는 다른 인센티브 체계를 제공했을 것이다. 유사하게 잉글랜드에서 스코틀랜드 대학으로 이동하는 교수는 행동을 바꾸게 하는 제도변화에 의해 유인되었을 것이다.

이론과 실무의 많은 측면에서 제도가 문제가 된다는 것을 헤아리고 있음에도 불구하고 정책을 바라봄에 있어서는 이 기본적인 통찰력을 간과하려는 경향이 있다. 정책결정자들은 이론 모델에서 가정하는 완벽한 입안자가 아니라 제도의 제약에 종속되어 인센티브에 반응하는 배우들이고 그 제도와 인센티브가 정책의 선택과 결과를 만들며 동일한 플레이어들을 다른 게임에 투입시키면 다른 결과를 가져온다는 것을 잊는 경향이 있다. 제도는 게임의 룰이고 이는 정책당국의 인센티브에 영향을 미친다. 정책 규범에 제도적 인센티브를 포함시키는 데 종종 실패한 것은 정책결정자들이 애덤 스미스 예의 고등교육에서 게임의 플레이어들이라는 사실에 기인한다. 배우들이 그들의 행동을 합리화하고 그들의 행동에 미치는 제도의 영향을 간과하려는 유혹이 있는 것이다.

하나의 제도인 중앙은행이 정책결정자들에 대한 인센티브를 형성하고 그들의 행동에 영향을 미칠 수 있다. 예컨대 이코노미스트들이 학계에서 중앙은행으로 이동할 때 이러한 제도적 영향에 기인하여 견해와 행동을 변경하도록 유인될 개연성이 있다. 특히 최적 정책이 무엇인지 불확정적일 때 정책결정자는 그러한 제도의 영향을 받을 수 있다. 아서 번스가 1970년 연준 의장에 임명되었고 제자 밀턴 프리드먼은 그의 취임을 찬양했지만 스승이 이전의 신념과 불일치하는 통화정책 경로를 추구하고 그에 대한 책임을 거부하는 것을 보는 데 오랜 시간이 걸리지 않았다. 중앙은행들이 은행들에 해온 도덕적 설득(moral suasion)과 같은 행태를 스승과 같은 분이 연준 의장이 된 후 답습하는 것을 보고 실망했다. 앨런 그린스펀 의장도 통화정책 결정자가 되자 종전 견해를 변경했다. 자리에 오기 전 그는 인플레이션은 연준에 의한 부채수용에 의해 주로 야기된다고 주장하고 철두철미하게 구제금융에 반대했다. 그러나 의장에 임명되자 이와 상충되는 행동들을 펼쳤다. '그린스펀 풋', 즉 시장이 침체하면 연준이 유동성을 공급한다는 약속은 유명하다. 재임 중 민간금융업자들에 대한 타격을 완화하기 위해 구제금융을 포함하여 전통적, 비전통적 통화정책 수단을 혼합하여 사용하는 것을 지지했다. 벤 버냉키 의장은 임명 전 연준의 재량적인 행동에 비판적인 견해를 보였고 인플레이션 타게팅을 명시적으로 수행하는 중앙은행의 옹호자였다. 그러나 글로벌 금융위기 시 연준의 재량적인 역할을 지지하며 크게 확대했고 인플레이션 타게팅 도입을 모색하는 위원회를 주재했음에도 불구하고 공식적인 정책으로는 시행하지 않았다. 번스, 그린스펀, 버냉키의 케이스들은 중앙은행 업무에 있어 정책결정자들의 덕행에 기대기보다는 그들이 마주하는 현실과 정치적 인센티브에 더 주의를 기울일 필요가 있음을 시사해 준다.

정책결정자들에게 안정적 목적함수가 있다고 가정하는 것은 현실적이지 않으며 숙명적인 인식 · 지식의 한계 문제와 인센티브 문제(incentive problem)

에 초점을 둘 필요가 있다. 낮고 안정적인 인플레이션, 견고하고 포용적인 성장, 장기적 경제번영, 사회복리, 진정한 금융안정 등을 이루기 위해서는 유관 정책당국의 포괄적이고 고도로 조정적인 접근방법이 필요하며 이를 유인하는 인센티브의 설계가 긴요하다. 인센티브 설계의 한 방향은 거버넌스의 개혁에서 단초를 모색할 수 있다. 영향을 미치려 하는 경제주체들에 견주어 정책결정자들이 더 가지고 있다고 종종 간주하는 덕행·자비·박애와 인식·지식의 우월성에 정책의 성패와 공동체의 운명을 의존하려는 사회심리가 계속 있다. 본질적인 인센티브 문제를 다루는 데 실패하고 대신에 정책의 기술적, 일상적 측면들에 초점을 맞추고 있는 것이 상당한 현실이다. 정책의 기술적, 일상적 측면들은 인식·지식의 한계 문제에 늘 직면할 수밖에 없다. 밀턴 프리드먼은 500명 이상의 이코노미스트를 고용하고 있는 연준이 독립적이고 객관적인 리서치를 하고 있다고 보기 어렵고 자체 검열과 함께 덜 논쟁적인 기술적 내용으로 치우쳐 있는 점 등을 지적했다. 금융사에 조예가 깊은 배리 아이켄그린은 연준의 순응주의, 집단사고, 인지 부조화 경향 등을 지적했다. 조직내 정보 생산과 보급 및 의사결정은 구성원들이 상호작용하는 제도에 의해 상당 부분 규율된다.

정책기구(apparatus)에 대한 포괄적인 리뷰가 필요하다. 이 리뷰는 정책결정과정, 시대에 뒤떨어진 정책 프레임워크와 목표 설정, 정책결정기구 구성원의 인식 다양성(cognitive diversity) 결여, 취약한 책임성 등을 포괄하여야 한다. 아울러 하이에크가 말한 대로 정책기구의 공공선택에 관한 인식의 속성에 주의를 기울임으로써 정책결정자들이 그들의 목표를 어떻게 수립하게 되고, 정책이 수행될 때 그러한 목표들을 달성하는 데 어떻게 성공하거나 실패하게 되고, 정책결정자의 합리적 선택 판단이 미래에 어떻게 전개되는지 등을 가늠하는 목표와 수단 간의 피드백 과정을 더 잘 이해할 수 있다. 무엇을 알 수 있는가와 알고 있는 것이 어떻게 펼쳐지는가는 정책에서 중요하다.

인식의 이슈는 인센티브 이슈와 함께 통찰력 있게 살펴야 한다. 덜 이상적인 인식 및 인센티브에도 불구하고 잘 작동하는 시스템을 강건하다고 하고 반면에 인식과 인센티브에 관한 이상적인 가정을 할 때만 잘 작동하는 시스템은 취약하다고 한다. 이러한 근본적 고려가 정책결정자들이 공공 이익에서 이탈하지 않도록 정책기구를 강건하게 하는 시스템의 디자인에 포함되어야 한다.

통화지배의 시대와 대안정기를 비롯한 평화로운 패러다임에서 유효했던 거버넌스의 한계가 꾸준히 노정되어 왔다. 과거 일시적으로 누렸던 정책 성공의 영광은 상당 부분 행운에 힘입은 것임을 전적으로 부인해서는 안 될 것이다. 정책 역량이 다소 충분치 않은 가운데도 성공할 수 있었던 시대 환경이 있었음을 겸허히 인정할 필요가 있다. 인식·지식의 한계는 인간에게 본연적인 것으로 부단한 역량 제고 노력이 더 필요하지만 직면하고 있는 문명사적 패러다임 대전환기의 정책에 있어 단기간에 성공의 충분조건 수준이 되기는 어렵다. 중·단기적으로 정책기구의 제도변화, 특히 거버넌스의 인센티브 구조 문제에도 초점을 두는 제도변화와 이에 부응하는 정책운영을 통해 경제적 성과를 제고해 나갈 수 있다. 현대적 자유 민주주의와 헌법 원리, 법의 지배(rule of law)를 중시하는 통화, 재정, 금융 거버넌스의 포괄적, 연계적 개혁을 모색할 수 있다. 진화하고 있는 정책 환경과 패러다임에 상응하는 전문화된 분권화(expertized decentralization) 거버넌스의 설계는 그 출발선에서 고려해볼 수 있다.

(2023년 10월 12일 기고)

2.15 미국 국채금리 급등에서 읽어야 할 다섯 가지

긴축적 금융 상황 표식인가

연준 '높은 금리 장기화' 메시지 효과인가

재정 건전성 및 재정 거버넌스 중요성 환기

중동 위험과 공급 측면 대처의 긴요함

중립금리에 관한 재성찰

미국 국채 금리가 급등세를 보이고 있다. 10년 만기 국채 금리가 이번 달 5%를 돌파한 것은 글로벌 금융위기 직전인 2007년 이후 16년 만에 처음이다.

글로벌 채권 금리의 벤치마크 역할을 하는 미국 장기 국채 금리의 급등이 초래하는 파장은 광범위하다. 세계 금융시장과 자산가격, 실물경제 등 금융경제 전반에 영향을 준다. 장기 국채 금리에 연동된 모기지와 회사채 금리가 덩달아 움직이고 주식평가 또한 달라질 수 있다. 경기회복을 늦추는 등 실물경제에도 부정적 영향을 끼칠 수 있다. 장기 국채를 보유한 금융기관과 투자자들에게도 손실 위협을 가져올 수 있다.

이런 가운데 이번 주에 열리는 연방공개시장위원회(FOMC) 정례회의에서 미 연준이 어떤 통화정책 결정을 할지에 대해서도 시장의 관심이 쏠린다. 미 국채 금리 급등에서 어떤 것들을 읽어야 할까. 다섯 가지 포인트로 생각해 보자.

첫째, 금번 국채 금리 급등이 그간 연준의 정책금리 인상 사이클 속에서 긴축적인 금융 상황이 꽤 진전되었음을 보여주는 표식(mark)과 같은 현상인지 여부다. 10년 만기 미 국채 금리는 지난 2년 간 3%포인트 이상 올랐다. 특히 이번 달 중순 이후에는 4%대 중반에서 빠르게 상승하여 단숨에 5%를 돌파하는 등 급등했다. 이러한 높은 변동성은 시장을 놀라게 하여 장기 국채의 매각을 가속화하고 매수세를 위축시키게 된다. 게다가 연준이 시행해온 양적긴축(quantitative tightening, QT)이 시중 유동성을 줄이며 국채 수요를 감소시키고 있는 상황이다. 그간 긴축적 금융 상황이 진전되었다면 이는 국채 시장의 유동성을 압박하거나 시험대에 오르게 하는 요인으로 작용할 수 있다. 그 결과로 국채 금리 급등이 초래된 것일 수 있다.

둘째, 연준이 지난달 정책금리를 동결하면서도 시사한 '높은 금리 장기화(higher-for-longer interest rates)' 메시지가 시장에서 받아들여지고 있을 가능성이다. 그래서 시장이 먼저 움직였을 수 있다는 시나리오다. 그 결과 국채 금리가 급등했다고 할 경우 이번 주에 열리는 FOMC 회의에서 정책금리의 향방이 어떻게 결정될지 더욱 귀추가 주목된다. 예사롭지 않은 시장의 움직임과 함께 경제지표 등을 살피며 정책 기조를 어떻게 이어갈지가 초미의 관심사다. 통화정책에서 행동(action, 정책금리 인상) 없이도 오묘한(delphic) 커뮤니케이션만으로 장기시장금리를 이미 움직이고 있다고 볼 수 있을 것인가. 어떠한 결정을 내리던 제롬 파월 연준 의장은 적어도 시장 혼란을 야기하는 커뮤니케이션만큼은 피하도록 노력해야 할 것이다.

셋째, 장기 국채 금리 급등은 재정 건전성과 재정 거버넌스의 중요성을 새삼 환기시켜 준다. 팬데믹 이후 위기 극복, 기후변화 대응 그린 에너지 전환

등 정부 역할이 커지면서 늘어난 재정지출 수요에 따른 재정적자 확대와 높은 국가부채는 국채 발행을 늘리고 국채 금리를 끌어올리며 재정 건전성 우려를 높이는 요인이다. 이번 달 미 하원의장 해임 및 선출 과정에서도 극명히 드러난 정치 양극화에 따른 정치적 혼란, 반복되는 재정 거버넌스의 파행 등은 재정 관리의 불확실성을 높이고 재정정책의 신뢰성을 떨어뜨리며 장기 국채 기간 프리미엄을 높여 그 금리를 상승시키는 악순환을 초래하게 된다.

넷째, 이스라엘-팔레스타인 전쟁이 고조시키는 지정학적 위험으로 인한 불확실성과 공급 요인 인플레이션, 그리고 공급 측면에 대처하는 정부 역량의 긴요함이다. 중앙은행이 직면하고 있는 결정적인 문제는 인플레이션이 더이상 수요 사이클에 의해서만 형성되는 것이 아니고 중앙은행의 일상적인 통제 영역 밖에 있는 공급 요인에서 크게 비롯된다는 것이다. 지금 중동에서 전개되는 지정학적 위험의 그림자 또한 중앙은행의 빛을 가리고 있다고 봐야 한다. 이와 함께 장기 국채 금리도 급등한 면이 있다. 공급 측면에서의 대처 역량은 균형 있는 외교 및 군사 정책, 공급망 구조재편 등 광범위한 영역에서 정부 적극주의(government activism)와 함께 조화롭게 발휘되어야 한다.

다섯째, 중립금리(neutral/natural rate of interest)에 관한 재성찰이다. 중립금리는 인플레이션과 경제성장을 부추기지도 둔화시키지도 않는 균형 상태에서의 금리라고 할 수 있다. 경제학자들은 흔히 R-스타(R-star, R*)로 표현한다. 예컨대 생산성 증대 등으로 잠재성장률이 높아진다면 중립금리 또한 높아질 수 있다. 나아가 향후의 경제 전망을 보다 밝게 바라보는 시장 인식이 있다면 장기 국채 금리의 상승으로 반영되어 나타날 수도 있다. 미국경제의 구조적 변화 등으로 중립금리가 높아질 경우 시장은 상대적으로 높은 금리 수준에서도 미국경제의 지속가능한 성장을 기대할 수 있게 된다. 이를 장기 국채 금리가 반영하여 움직일 수 있을 것으로 가정해보는 시나리오다.

존 윌리엄스 뉴욕 연준 총재는 오랜 기간 중립금리를 추정해온 인물이다. 데이터가 불안정한 팬데믹 기간 중단했던 중립금리 추정 작업을 그는 최근 다시 시작했다. 지난 5월 추정에서는 팬데믹 이전에 비해 중립금리가 높아졌다는 증거를 찾지는 못했지만 앞으로의 움직임을 확실하게 단언하기는 어려움을 토로했다. 기후위기 대응, 4차 산업혁명, 생산성, 인구구조, 재정 동학(fiscal dynamics), 지정학적 위험 등 다양한 요소가 상호작용하고 있는 가운데 새로운 중립금리를 탐구하고 대응해 나가는 과정은 시장과 중앙은행에 주어진 과제라 하겠다.

(2023년 10월 30일 기고)

'높고 긴 불안정성' 시대…정부 적극주의로 돌파할 때

이스라엘-팔레스타인戰, 美정치 양극화…세계경제 불안정성 확대

외교, 군사, 공급망, 기후위기 등 공급 측면 대처 정부 적극주의 필요

정치 양극화, '높고 긴 불안정성' 원천…그 해결책도 가로막아

중동을 다시 분쟁과 위기의 도가니로 몰아넣고 있는 이스라엘-팔레스타인 전쟁이 그동안 이어진 러시아-우크라이나 전쟁에 더하여 글로벌 지정학적 위험과 불안정성을 크게 높이고 있다. 지난주 모로코 마라케시에서 열린 국제통화기금(IMF) 및 세계은행 연차총회에서 다루어진 가장 최신의 경제전망과 거시경제정책도 이러한 외부 충격 가세로 흔들리는 형국이다. 우크라이나 지원 문제 등 지정학적 위험과 당파적 이해가 맞물려 큰 파장을 일으킨 공화당 소속 케빈 매카시 하원의장의 전례 없는 해임 사태에서 극명하고 총체적으로 드러난 바 있는 미국 정치의 양극화 양상, 그리고 여기서 파생될 수 있는 혼돈과 심지어 고립주의(isolationism)로의 회귀 우려 또한 향후 세계경제에 불안정성을 크게 키우는 요소가 될 수 있다.

제롬 파월 미 연준 의장이 지난달 정책금리를 동결하면서도 시사적으로 전달한 '높은 금리 장기화(higher-for-longer interest rates)' 메시지를 빌린다면 세계는 지금 '높은 불안정성 장기화(higher-for-longer instability)', 또는 '높고 긴 불안정성'의 시대에 직면하고 있다고 해도 과언이 아닐 것이다. 이러한

가운데 미·중 패권경쟁의 격화를 위시하여 국가나 지역 간에 경제적 장벽이 높아지는 분절화(fragmentation)는 근 40년을 지배했던 세계화(globalization) 내지 자유주의(liberalism) 흐름에도 일대 변화를 가져오고 있다.

이와 같은 형국은 정부의 역할을 총수요 관리에 중점을 둔 과거 모델에서 탈바꿈하여 기조적으로 변화를 모색해 나가야 할 당위성을 키운다. 표준적 모델링에 입각한 거시경제정책 등 총수요 관리가 세계화 시대의 안정적이었던 정책 환경에서 잘 작동했다고 하더라도 지금의 높은 불안정성 국면에서는 총수요 관리와 함께 공급 측면에 적극적으로 대처하는 정부 적극주의(government activism)가 절실해진 것이다.

이러한 정부 적극주의는 중동과 우크라이나의 지정학적 위험에 대처하는 균형 있는 외교 및 군사 정책, 안정적이고 지속가능하며 효과적인 공급망 구조재편, 화석연료 사용에 따른 기후위기는 물론 에너지 문제 해결을 도모하는 탄소 포집, 저장, 전환, 활용 등 과학기술 시스템의 구축, 디지털 대전환의 흐름에 선제적으로 부응하는 산업·기술·연구의 혁신 등 광범위한 영역에서 포괄적으로 작동할 수 있다.

공급 측면에서 정부가 적극적 역할을 하는 데 따르는 역기능은 올바르지 않은 결정과 선택을 할 경우 비효율성 내지 정부실패가 야기될 수 있다는 것이다. 반면 정부의 적극적 역할이 불안정성을 줄이고 예측 가능성을 높이는 데 기여할 수 있는 점은 순기능이 될 수 있다. 역기능을 최소화하고 순기능을 확대하는 정책의 입안과 시행이 필요하다고 하겠다.

바이든 행정부가 도입하여 글로벌 차원에서 상당한 성과를 거두며 시행되고 있는 미국의 인플레이션 감축법(Inflation Reduction Act) 등은 기후위기에 대응하며 첨단 핵심 상품과 기술 등을 공급하는 시장과 생태계가 창조될 수 있도록 정부가 신뢰성 있게 약속하는 방식으로 적극주의 정책을 펴고 있는 실례로 볼 수 있다.

정부 적극주의로 가는 데 있어서 정치 양극화는 큰 걸림돌이다. 비효율성이라는 정부 적극주의의 역기능을 초래할 수 있는 위험 요소가 되기 때문이다. 현재 미 공화당원 유권자의 80% 이상이 도널드 트럼프 전 대통령, 론 디샌티스 플로리다 주지사 등 우크라이나 지원 중단을 주장하는 후보들을 지지하는 것으로 조사되고 있다. 미 대선에서 고립주의자를 선택지에 놓게 될 가능성도 배제하기 어려운 상황이다. 고립주의는 반드시 중립을 의미하는 것은 아니라는 점을 경계해야 한다. 공화당은 차기 하원의장 후보로도 친트럼프 강경파를 미는 등 미국 정치 양극화의 현주소를 보여주고 있다. 매카시 전 하원의장은 지난달 방미 중이던 젤렌스키 우크라이나 대통령의 의회 연설 요청까지 당 입장 등을 고려해 거절했음에도 우크라이나 지원 문제를 구실로 결국 해임되었다. 정치 양극화는 균형 있는 정부 적극주의를 막을 뿐 아니라 추진 시에도 비효율성 우려가 크다는 점에서 자칫 선출직 권력이 '높고 긴 불안정성'의 원천이자 그 해결책도 가로막는 위기의 원천이 될 수 있다.

양극화로 치닫는 정치는 반면교사로 우리에게도 교훈을 준다. 미 대선과 우리의 총선 등 선출직 권력을 뽑는 정치 일정도 점차 다가오고 있다. 유권자의 현명한 선택과 함께 선출직 권력의 취약성을 교정하는 인센티브 구조의 설계가 긴요하다. 자유 민주주의 룰에 입각한 국가 거버넌스의 개혁을 모색하려는 성찰이 요구된다. 그 과정에서 사회공동체의 지적 자산과 경험을 제도화(institutional memory)하는 노력이 필요하다. 사회적 지혜 축적과 두터운 사회정신적 자본은 '높고 긴 불안정성'의 시대를 헤쳐나가는 데 중요하기 때문이다.

(2023년 10월 17일 기고)

2.17 부채지배의 시대…통화금융정책 여명지대에 해법 있다

가계·기업·정부 부채증가, 이에 기인한 금융·재정지배는 통화정책에 큰 짐
대안정기 통화지배는 일시적 영광…당면 도전 대처할 정책 역량 재구축해야

가계부채와 기업부채가 전례 없는 경계 수준으로 증가하고 있다. 더불어 국가부채도 큰 폭 늘어나고 있다. 3대 경제주체인 가계, 기업, 정부가 동시에 부채지배의 난국에 직면한 상태다. 하지만 그 진단과 해법을 놓고 통화당국과 금융당국 간에 상당한 이견이 표출되고 있다. 가계부채와 기업부채로 이루어진 민간부채 증가에 기인하는 금융지배(financial dominance), 그리고 국가부채 증가에 기인하는 재정지배(fiscal dominance)가 동시에 전개되는 양상이 가시화하고 있으므로 정책당국의 올바른 통찰력과 행동철학이 어느 때보다 절실한 시점이다.

과다한 민간부채에 허덕이는 금융시장 상황으로 중앙은행이 거시경제정책적 행동을 취하는 데 제약을 받을 수 있는 금융지배, 국가부채 누적으로 중앙은행이 정부의 재정지출 편의를 봐주게 되는 재정지배는 통화정책에 큰 짐일 수밖에 없다.

돌이켜 보면 1980년대 중반 이후 상당 기간 낮은 인플레이션과 견실한 경

제성장을 구가한 이른바 대안정기(great moderation)에 정책결정자들은 일을 비교적 수월하게 할 수 있었다. 당시 적지 않은 행운과 함께 만들어진 글로벌 경제의 우호적인 공급 요인 등이 성공적인 통화정책 스토리를 쓰는 데 도움을 주었음을 부인하기 어렵다.

2008년 글로벌 금융위기 이후 이어진 낮은 금리와 과하지 않은 국가부채는 중앙은행이 금융시장, 재정정책과의 상호동학 등에 크게 신경 쓰지 않고 통화정책을 수행할 수 있는 여건을 제공했다. 예컨대 중앙은행이 정책 결정에 있어 금리상승이 국가부채를 증가시키거나 디폴트 위험을 높일 위험성에 대해 우려하지 않아도 되었다. 비전통적 양적 완화 프로그램과 중앙은행 대차대조표 확대 등과 같은 획기적인 정책을 통해 총수요를 진작시킴과 아울러 금융안정을 도모하고자 했다. 그야말로 통화지배(monetary dominance)의 시대였다고 해도 과언이 아니다.

대안정기 이후 구가한 통화지배의 시대는 일시적 영광이었다고 할 수 있겠다. 그동안 세계는 바뀌었고 자애로운 공급요인들을 형성했던 여건도 크게 흔들렸다. 코로나19 팬데믹, 러시아의 우크라이나 침공 등 높아진 지정학적 위험, 심화하는 포퓰리즘과 정치 양극화 등이 글로벌 공급망을 교란했다. 정치와 재정의 영역에서 풀려야 할 문제가 통화정책을 압박했다. 제반 환경이 급변하면서 어느새 통화지배의 시대는 가고 감당하기 쉽지 않은 금융지배와 재정지배의 상황에 와 있다.

그렇지만 당면한 도전을 해결할 수 있는 정책 역량에 대한 확신은 아직 충분하지 않다. 과거 누렸던 성공의 영광은 상당 부분 행운에 힘입은 것이며 정책 역량이 완전하지 않은 가운데서도 성공할 수 있었던 시대 환경이 있었음을 겸허하게 인정하고 역량 재구축에 나설 필요가 있다.

그렇다면 정책 역량의 재구축은 어떻게 해나가야 하는가. 제도와 운영의 관점에서 생각해 본다. 먼저 통화정책, 금융정책 등 결정자들에게 일원적이고 안정적인 목적함수가 있다고 가정하는 것은 현실적이지 않다. 이들에게 숙명적인 인식·지식의 한계 문제(knowledge problem)와 아울러 인센티브 문제(incentive problem)에 초점을 둘 필요가 있다. 통화지배 시대가 아닌 현재의 부채지배 문제를 바라보는 정책의 기술적, 일상적 측면은 상존하는 인식·지식의 한계 문제에 필연적으로 마주침으로써 당국 간 상호 이견과 논쟁의 대상으로 흐르기 쉽다. 이론과 실무의 많은 부분에서 제도가 문제임을 헤아리고 있으면서도 정책을 바라볼 때는 이 기본적인 통찰력을 간과하는 경우가 많다. 정책결정자는 이론 모델에서 가정하는 완벽한 입안자가 아니라 제도에 종속되어 때로는 정치적 인센티브 등에도 반응하는 배우이고 플레이어이며 그 제도와 인센티브가 정책의 선택과 결과에 영향을 주게 됨을 종종 잊는 경향이 있다.

당면한 부채지배 문제는 특정 정책당국만의 일원적 목표함수로 다뤄질 수 있는 사안의 범위를 벗어난다. 낮고 안정적인 인플레이션, 견고하고 포용적이며 지속가능한 경제성장, 사회 복리(social welfare), 진정한 금융안정 등 복합 정책 목표와 상호 긴밀하게 연계되어 있기 때문이다. 따라서 정책의 성공을 이루기 위해서는 유관 정책당국의 포괄적이고 고도로 조화적인 접근방법이 필요하며 이를 견인할 수 있는 인센티브의 설계가 긴요하다.

인센티브 설계의 한 방향은 거버넌스의 개혁에서도 그 단초를 모색할 수 있다. 통화정책, 금융정책 등이 상호작용하는 정책의 여명지대(zone of twilight)에서 제도와 인센티브의 설계, 그리고 거버넌스의 개혁이라는 관점에서 그 해법을 찾을 수 있다.

정책기구(apparatus)에 대한 포괄적인 성찰이 필요하다. 하이에크가 말한 대로 정책기구의 공공선택이 어떻게 이루어지는가에 주의를 기울이고 목표와 수단 간 피드백 과정을 통찰력 있게 살핌으로써 시스템의 강건성을 높이는 방안을 강구할 수 있다.

평화로운 통화지배 시대에 유효했던 거버넌스의 한계는 그동안 꾸준히 노정되어 왔다. 진화하는 정책 환경과 패러다임에 상응하는 전문화된 독립적 분권화(expertized independent decentralization) 거버넌스의 설계를 그 성찰의 출발선에서 고려해 볼 때다.

(2023년 10월 5일 기고)

2.18 ‘큰 정부의 시대’, 국가부채 공존의 해법은

큰 정부-높은 국가부채, 상당 기간 공존 우려

재정지배 가능성 국면…低국가부채형 통화·재정정책 공조 어려운 측면

재정 프레임워크, 조세제도, 재정 거버넌스 등 패러다임 개혁 필요

팬데믹 이후 위기 극복 과정에서 정부의 역할이 커지면서 이른바 ‘큰 정부의 시대(era of big government)’ 도래가 가시화한 가운데 급격히 증가한 정부 지출은 국가부채의 누적으로 이어지고 있다. 통화정책의 인플레이션 대응 과정에서 2010년대에 익숙했던 저금리 시대는 지나고 금리 상승에 따라 국가부채 이자도 높아진 상황으로 재정 부담이 가중되고 있다.

이러한 국가부채 증가는 제롬 파월 연준 의장이 한때 인플레이션에 기대했던 것처럼 ‘일시적인 것’이라고 기대해도 될까.

때마침 미 버클리대 배리 아이켄그린과 IMF 세르칸 아르슬라날프는 연구 논문(Living with High Public Debt)을 발표하고 누적되고 있는 국가부채가 예측 가능한 미래에 크게 줄어들지는 않을 것이며 경제, 금융, 정치 등에 여러 과제를 던질 것이라고 내다보았다. 앞으로 높은 국가부채와 함께 살아가야 하는 ‘국가부채와의 공존’을 새로운 현실로 받아들여야 할 것이라고 경고

했다. 설상가상으로 지금의 저성장과 심화되는 정치 양극화는 재정 건전화로 향하는 여정을 더 길고도 어렵게 만들 수 있을 것이다.

현실이 이러하다면 이제 어떤 전략을 강구해야 하는 것일까. 최선의 전략은 과연 무엇인가. 그대로 두고 상황을 더 악화시키지 않으면 되는 것인가.

우선 근본적인 전략으로 경제성장률을 끌어올리고 그에 비례하여 조세수입도 늘어나게 할 수 있으면 바람직할 터인데 단기간 내에 기대하기는 쉽지 않은 시나리오일 것이다. 미시적, 제도적, 정책적 접근방법 등 다각적인 전략이 모색되어야 할 시점이다.

1980년대에 미국의 레이거노믹스와 영국의 대처리즘이 선도한 이후 많은 나라들을 지배한 정치적 사상은 적게 일하고 적게 세금을 걷는 작은 정부였다. 그러나 코로나19 팬데믹, 기후위기에 대응한 그린 에너지로의 전환, 고조된 지정학적 긴장 등 최근의 달라진 사회·정치·경제 여건은 정부의 역할 확대에 힘을 실어 주었다.

미국의 경우 현 바이든 행정부의 경제 개입은 1930년대 대공황 이후 유례없는 수준으로 확대된 상태다. 정부 지출을 늘리고 정부가 민간의 경제활동에 적극적으로 간여하는 재정 적극주의(fiscal activism)가 풍미하는 가운데 국가부채의 누적은 중앙은행이 정부의 재정지출 편의를 봐주며 배려하는 재정지배(fiscal dominance)의 가능성마저 높이고 있다.

15년 전 글로벌 금융위기 이후 낮은 국가부채 상황의 경기부양 필요성은 통화당국과 재정당국이 나란히 협력하며 힘을 합쳐서 행동할 수 있는 여건을 허용했다면 지금의 재정지배 가능성 국면은 양 정책당국이 상반되는 입장에서 서로 맞붙게 하는 여건마저도 우려하게 한다.

그동안의 확대 재정정책이 상당한 원인을 제공한 인플레이션 억제를 위해 중앙은행이 금리를 당분간 높게 유지하고자 하더라도 정부는 높은 국채이자 비용을 좋아하지 않을 뿐 아니라 더 나아가 국가부채의 화폐화(monetization) 까지도 선호할 수 있다.

일찍이 애덤 스미스는 1776년 집필한 국부론을 통해 정부는 세수를 초과하여 지출하는 '재정적자(deficits)'를 일으키고 이를 '국가부채(debt)'로 메꾸며 다시 '화폐 가치의 절하(debasement)'를 통해 국가부채를 상환하려 한다는 속성을 설파한 바 있다.

이렇게 되면 재정지배 하에서 재정적자는 통화정책에 민감하게 반응하지 않게 될 개연성이 높다. 국가부채의 화폐화 선호에 중앙은행이 응해주지 않을 경우, 재정적자 정부가 통화정책에 제대로 반응하기 위해서는 지출을 줄이거나 세금을 인상하거나 두 가지를 함께 함으로써 재정 건전화를 도모해야 할 것이다.

이와 같은 복합적인 여건 전개와 가능성을 고려하면서 국가부채 문제를 바라볼 때 어떤 방향의 전략이 필요할 것인가.

우선 재정정책(fiscal policy) 자체에 대한 성찰이 있어야 할 것이다. 저성장으로 조세수입을 단기간 내에 크게 늘리기 어렵다는 것이 현실이라면 지출 예산 측면에서 신뢰할 만한 재정 프레임워크가 먼저 마련될 필요가 있다고 하겠다. 중기에 걸친 GDP 대비 국가부채 비율 안정화 룰 등이 하나의 예라 할 수 있다. 그러한 룰이 없을 경우 채권시장의 재정 건전성에 대한 경계심리로 리스크 프리미엄 상승 편향이 야기되고 국채의 매각 수요가 높아져 이자 비용이 상승하는 등 재정 부담이 가중되는 악순환이 초래될 수 있다.

재정정책의 신뢰 제고를 위한 재정준칙의 중요성을 새삼 일깨워준다. 중기적 관점의 물가안정목표제 운용이 통화정책의 신뢰성을 높여 왔듯이 현대 재정정책에서도 룰에 기반을 두는 메커니즘은 의미가 크다.

다음으로 조세제도의 개혁을 고려해볼 만하다. 재정지출 수요는 앞으로도 계속 확대될 가능성이 크다. 1989년 베를린 장벽 붕괴 이후 한동안 국방비 수요는 감소했다. NATO 31개 회원국 중 GDP 대비 2%의 국방비 지출 목표를 충족시킨 국가는 2021년 말까지 절반도 되지 않았다. 그러나 러시아의 우크라이나 침공, 서방과 중국 간의 긴장 고조 등으로 각국은 지금 군비 확대를 서두르고 있다.

인구구조 변화 또한 의료, 연금 등 재정지출 확대를 예고한다. OECD 국가들의 20~64세 대비 65세 이상 인구 비율은 2023년 33%, 2027년 36%, 2050년 52%로 높아질 것으로 전망된다.

바이든 행정부의 야심 찬 작품 인플레이션 감축법 등 시행에 따른 보조금 재정지출 수요도 봇물처럼 터지고 있다. 높아만 가는 재정지출 수요에 비해 기존 세제에서 세금이 더 걷힐 여지는 크지 않다. OECD 국가들의 GDP 대비 조세부담률은 1965년 25%, 1988년 33%, 2021년 34%로 납세자들이 이미 충분한 수준으로 세금을 납부하고 있다. 여기서 세율을 더 올리는 데는 한계가 있고 정치적 공감대를 형성하기도 쉽지 않은 실정이다. 돌파구는 미시적 제도개혁이 될 수밖에 없다.

역사를 돌아보면 17세기에 석탄세를 새로이 만들어 도입한 바 있다. 20세기에 만든 세제를 21세기 4차 산업혁명 시대에 그대로 운용하고 있는 부분이 적지 않다고 봐야 한다. 20세기형 전통적 근로에 부과되어온 세제가 로봇, 인공지능 등이 투입되는 21세기형 최첨단 근로에도 동일하게 적용되는 시스템은 들여다볼 여지가 있을 것이다. 제도개혁을 통해 조세수입의 지평을 넓히거나 구조를 재편하는 전략이 모색될 수 있다.

재정 거버넌스의 중요성은 아무리 강조해도 지나치지 않다. 큰 정부의 재정정책 의존도가 커질수록 거시경제정책이 정치화될 개연성이 더욱 높아진다. 각국의 정치 양극화가 심화되고 있는 현실에서 전문역량은 부족한 반면 당파성은 과도하게 높은 선출직 정치인들에게 국민의 삶과 운명을 모두 맡기는 것은 현대적 자유 민주주의와 헌법 원리, 법의 지배(rule of law)에도 배치된다. 진화하고 있는 재정정책 환경과 문명사적 대전환기 패러다임에 상응하는 전문화된 분권화(expertized decentralization) 거버넌스의 설계를 그 출발선에서 고려해볼 때다.

(2023년 9월 15일 기고)

2.19 '기회의 땅' 중동, 한국경제 돌파구 되나

기후·에너지 위기…'중동 저탄소 미래와 韓경제' 국제기구·언론 집중조명
중동, 亞경제접점 확대…韓이 주요 파트너, 韓경쟁력·중동자원 결합 기대
디지털 대전환·미래산업전략·문화 콘텐츠 등 産學政융합…韓경제 돌파구

美워싱턴 D.C.에서 매년 상하반기 한 차례씩 열리는 국제통화기금(IMF)과 세계은행(World Bank) 연례회의의 금년 상반기 핵심 의제에 색다르면서도 역설적인 주제가 포함되었다.

'중동지역의 저탄소 미래와 디지털 전환'으로, 종전 회의에서 볼 수 없었던 주제여서 눈길을 끌었을 뿐 아니라 IMF의 변신이 본격화되는 신호탄으로도 비쳤다. 이전 회의들은 1944년 창설 이후 IMF의 오랜 주특기인 전형적 거시경제정책을 주로 다뤘다.

해당 주제는 중동이 광대한 석유자원을 보유한 에너지 패권국이자 글로벌 에너지 공급망의 핵심 플레이어이자 기후위기 대응 및 저탄소 미래를 위해 긴요한 탈석유 전략의 핵심 주체라는 상충적 위치에 있음을 보여주는, 역설적 함의를 내포하는 주제라고도 할 수 있다.

이러한 최근 국제기구 논의가 여러모로 의미심장한 시사점을 준 가운데 8월 30일 국회에서 열린 '기회의 땅 중동, 한국경제 돌파구 되나'라는 주제의 시의성 높은 포럼이 눈길을 끈다. AP, 로이터, AFP와 더불어 세계 4대 통신사이며 AP와 더불어 미국 양대 통신사인 UPI의 한국 매체인 UPI뉴스 창간 5주년을 기념하는 경제포럼이었다.

IMF 회의가 세계경제 대전환기 흐름 관점에서 보편적 논의를 제기했다면 금번 경제포럼은 한걸음 더 나아가 글로벌 패러다임과 함께 한국경제 발전을 위한 새로운 돌파구 모색이라는 관점에서 실천적 이슈에 논의의 초점을 두었다고 할 수 있다.

코로나19 팬데믹과 러시아의 우크라이나 침공 등 글로벌 공공보건 및 지정학적 위기로 초래된 공급망·에너지 위기는 중동이 최근 국제정치경제적 파워를 갖게 된 요인으로 볼 수 있다. 에너지 시장 안정을 위해 미국을 위시한 서방국이 중동과의 협력 관계 강화에 나서는 가운데 중동도 스스로 지속가능한 미래성장을 위해 석유 의존도를 줄여나가기 위한 중기전략의 시동을 본격 전개하는 국면에 와있다.

즉 양측의 이해관계가 부합하는 접점이 강화, 형성되고 있는 것이다. 지난 수십년 동안에도 미국과 중동은 안보 및 경제 면에서 상호 협력 관계에 있었다. 아랍에미리트(UAE)는 1991년 걸프전 이후 미국이 주도하는 모든 군사작전에 합류해 왔다. 사우디아라비아와 UAE는 미국의 군사 하드웨어 구매에 적극적인 지출을 해왔고 미국의 각종 자산에도 많은 투자를 해왔다. UAE의 아부다비 투자 펀드는 투자자금의 40% 이상을 미국 시장에서 운용하고 있다. 6,500억 달러에 달하는 사우디아라비아 국부펀드 포트폴리오의 상당 부분은 운송네트워크회사 우버, 전기차회사 루시드 등을 포함한 유수 미국 기업들에 투자되고 있다.

중동은 미국뿐만 아니라 아시아 시장과도 경제적 연결 접점을 넓혀 나가고 있다. 미국의 셰일 오일이 등장한 이후 지난 15년간 중동으로부터의 미국 원유 수입은 감소해 왔고 반면 인도와 일본이 중요한 원유 수입국으로 부상했다. 그러한 가운데서도 중동과 아시아의 경제협력 관계는 원유 거래에만 머물러 있지 않고 인공지능, 에너지, 생명과학 등을 포함한 신기술 첨단산업 분야로 확대되고 있다. 중동의 석유 의존적 경제구조를 다원화하고 향후 10년, 20년 뻗어 나갈 수 있는 자체 성장 역량을 확충해 나가기 위한 발전전략으로 풀이된다.

이와 같은 국제 역학과 흐름 전개 속에서 중동-한국 간에 최근 대규모로 이루어진 투자 양해각서(MOU) 체결은 중동이 화석연료에 의존하는 경제모델이 지속가능하지 않다는 인식에 토대를 두고 탈석유전략을 본격 추진함에 있어 한국이 주요 파트너의 하나임을 명확히 보여주는 대목이다. 이를 반영하여 투자 MOU는 탄소중립 신에너지, 디지털, 바이오, 스마트시티 등 첨단산업 및 프로젝트에 집중되고 동 MOU의 성공에는 기술 초(超)격차 확보가 관건이다.

이는 연구개발(R&D) 집약적인 한국의 기업, 과학계 등과의 파트너십 촉진 유인이 된다고 하겠다. 한국은 전자, 반도체, 자동차 등은 물론 인공지능, 차세대 이동통신, 사물인터넷 등 첨단 디지털 정보통신기술(ICT) 분야에서 세계적 경쟁력을 갖추고 있다. 아울러 글로벌 무대에서 각광받는 K-컬처 등 문화 콘텐츠에 이르기까지 폭넓은 산업 경쟁력을 인정받고 있다. 한국이 지닌 최고 수준의 경쟁력과 중동의 풍부한 자원을 결합하는 것은 높은 경제적 성과를 창출할 수 있는 필요조건의 하나가 된다.

한편 비교법제사 면에서 중동의 계약법, 민법을 비롯한 주요 거래법의 원리와 시스템이 로마법의 전통을 면면히 계수하고 있다는 점에서 한국과 중동 간 비즈니스와 투자 활성화의 법제도적 접점도 형성되어 있어 고무적이다.

한국이 중동 투자와 경제협력에서 강점을 발휘할 분야는 많다. 당면한 기후위기와 에너지 문제를 동시에 해결하는 탄소 포집, 저장, 전환, 활용(carbon capture, storage, conversion, and utilization)과 수소대량생산 등 친환경 에너지 프로젝트, 수소자동차와 자율주행 및 도심 항공 등 스마트 모빌리티 프로젝트, 차세대 이동통신 등 첨단미래도시 인프라 프로젝트, 해수 담수화 등 물시스템 개발과 연계한 스마트농업 프로젝트, K-컬처 확산과 벤치마킹 및 문화 콘텐츠 교류 프로젝트 등을 망라한다.

여기에는 산업계의 노력과 과학계의 연구, 이를 지원·촉진하는 정부와 입법부의 역할이 긴요하다. 산학정(産學政)의 융합을 도모해야 한다. 디지털 대전환, 미래산업전략, 문화 콘텐츠, 법제도 등 부문에서 한국이 지닌 선진적 강점을 중동의 지속가능한 저탄소 미래 건설에 십분 발휘할 수 있도록 하는 적극적인 이니셔티브가 요청된다.

세계경제의 복합위기 속에서도 투자와 협력의 파트너십 기회는 부단히 탐색 가능하며 1970년대 오일 쇼크 이후 반세기 만에 다가온 최대의 기회이자 문명사적 대전환기의 기회를 말해주고 있는 '기회의 땅' 중동에서 한국경제의 돌파구를 만드는 지혜와 역량을 발휘할 때다.

(2023년 9월 1일 기고)

잭슨홀 미팅과 여백의 정책

> 제롬 파월의 잭슨홀 미팅 발언, 격변기 지나 여백의 정책 시사하나
> 통화정책 프레임워크 성찰과 지적 모델·제도 업데이트·재충전 시점
> 인식·지식의 한계는 숙명…과다확신보다 필요 덕목 역량 제고해야

　제롬 파월 미국 연방준비제도(연준) 의장의 8월 25일 잭슨홀 미팅 발언은 이전 두 해 잭슨홀 발언에 비해 신중하고 여백이 있어 보인다. 인플레이션이 아직 높은 가운데 통화정책이 너무 적거나 너무 많게 긴축으로 갈 경우의 양방향 리스크와 경제에 미치는 영향을 경계했다.

　1년 전 잭슨홀에서 한쪽 방향으로 쏠린 예상을 넘는 강력한 통화긴축 메시지를 던져 세계 금융시장이 크게 동요했던 기억에 비해 확연한 차이가 있다. 2년 전 잭슨홀에서는 이와 정반대로 인플레이션 압력이 일시적일 뿐이라고 단언했던 모습과도 크게 대비된다.

　지난 2년간 양극단을 오갔다가 균형을 찾아가는 듯한 발언은 통화정책이 그만큼 격변기를 지나왔음을 말해준다. 아울러 정책결정자들이 본연적으로 직면하는 인식·지식의 한계도 말해주는 듯하다.

정책결정자들은 임박한 정책을 알리는 시그널을 줄 수도 있고 즉각적인 정책을 명확히 시사하기보다 경제 상황에 대한 견해를 밝히는 방법으로 시그널을 줄 수도 있다. 파월 의장의 금번 잭슨홀 발언이 후자에 가까운 커뮤니케이션이라면 이전 두 차례의 발언은 전자에 가까운 커뮤니케이션이었다고 하겠다.

1년 전 인플레이션을 잡기 위한 금리 인상에 수반할 것으로 강조했던 고통은 견실한 성장과 높은 고용을 보여주는 총량지표 측면에서 실현되지 않았고 2년 전 일시적이라고 단언했던 인플레이션은 이후 상당 기간 크게 치솟았다. 두 차례에 걸친 전자의 커뮤니케이션이 과다확신 오류(hubris bias)의 반향을 보인 것이라면 후자의 커뮤니케이션 방식을 취한 금번 잭슨홀 발언은 인식·지식의 한계에 대한 겸허한 성찰과 함께 여백의 정책을 시사하고 있는 것인가.

브라운대 가우티 에거슨과 브루킹스연구소 도널드 콘(연준 부의장 역임)이 때마침 발표한 연구 논문(The Inflation Surge of the 2020s: The Role of Monetary Policy)은 연준의 통화정책 전략에 대한 시의성 있는 평가와 제언을 담고 있어 눈길을 끈다. 연준은 3년 전인 2020년 8월 새로이 도입한 통화정책 프레임워크로 정책을 운영해 왔다. 이 프레임워크는 2012년 제정 이후 유지된 종전 프레임워크에서 물가 다음에 있던 고용목표를 순서를 바꾸어 맨 앞으로 위치시켰다. 그리고 완전고용이 광범위하고 포용적인 목표임을 강조했다.

아울러 정책 결정을 위한 평가 기준을 종전 완전고용으로부터의 편차(deviations)에서 부족(shortfalls)으로 변경했다. 이는 완전고용을 넘어서더라도 지나친 물가상승으로 이어지지 않는 한 긴축적 정책 대응을 자제할 것을 시사한 것이다.

또 기존의 대칭적 물가목표제에서 유연한 형태의 신축적 평균물가목표제 (Flexible Average Inflation Targeting)로 변경했다. 저자들은 논문에서 이 프레임워크가 인플레이션 상승 편향을 유발하여 이후 인플레이션 급등기에 연준의 정책 대응을 지연시키는 한 원인으로 작용한 것으로 보았다. 물가목표수준을 하회하는 저물가 시대에 유효한 프레임워크의 정책 대응이 2020년 이후 전개된 경제 상황에는 부적합했다고 판단했다.

설상가상으로 최대고용 수준이 달성될 때까지 금리를 제로 수준에서 올리지 않겠다고 선언한 연준의 포워드 가이던스(forward guidance), 즉 사전적 정책방향 제시는 이 프레임워크에 내재된 인플레이션 편향을 증폭시켰다고 보았다. 연준이 좀더 빨리 움직였다면 인플레이션이 그렇게 크게 높아지지 않았을 것이고 이후 금리를 보다 점진적으로 인상할 수 있었을 것으로 평가했다.

향후 통화정책 프레임워크는 인플레이션 경로에 대한 다양한 시나리오 검토, 비대칭적 정책 대응에 따른 비용·편익 분석 등이 필요하다고 제언했다. 포워드 가이던스가 금리 기대의 유효성을 다소 떨어뜨리더라도 좋은 정책 결정에 필수적인 민첩성과 신축성을 높일 것을 권고했다.

잭슨홀 미팅과 브라운대·브루킹스연구소 논문이 함축적으로 시사하는 바는 무엇일까. 통화정책 프레임워크와 근본적으로 그 기저에 흐르는 지적, 경험적 접근방법에 대한 깊은 성찰이 필요한 시기에 와 있다는 점일 것이다. 지적 모델을 돌아보며 통화정책 프레임워크를 업데이트하고 재충전할 때가 된 것이다.

거시경제 전망은 백미러를 통해 보면서 앞으로 달리는 것에 비유되기도 한다. 과거가 미래에 대한 신뢰할만한 가이드가 되는 경향이 있으나 경제가 구조적 변동을 겪을 때는 경제동학이 바뀔 수 있고 전망 실패가 초래될 수 있다. 벤 버냉키 연준 의장은 통화이론·정책 부문에서 일하는 중앙은행 이코노미스트들이 집합적으로 기술적 모델링과 데이터 수집 기술 등에 상당한 진전을 이루었지만 불확실성과 추측 작업이 아직 연준에서의 의사결정을 특징짓는다고 토로한 바 있다. 앨런 그린스펀 연준 의장은 불확실성은 비상한 시기에만 나타나는 것이 아니라 대안정기(great moderation)를 포함한 평온한 시기에도 상존한다고 말했다.

제롬 파월 의장은 좋은 결정은 좋은 데이터를 요구하지만 갖고 있는 데이터는 원하는 만큼 좋지 않다고 고백한 바 있다. 이러한 맥락에서의 성찰은 정책결정과정, 정책 프레임워크와 목표 설정, 정책결정기구 구성원의 인식 다양성(cognitive diversity) 문제 등을 포괄할 수 있어야 한다.

최근 통화정책의 유례없는 역사를 쓰면서도 중앙은행의 제도적 토대에 관한 근본적 질문들을 간과한 측면이 없지 않다. 하이에크는 우리가 할 수 있는 최선은 단독으로 또는 그룹으로 취약한 결정을 하게 되지 않도록 어떤 제도가 인식·지식의 한계 문제에 가장 잘 대처할 수 있는지 확인하는 것이라고 했다.

코로나19 팬데믹 이후 2021~2022년 중 16회의 연방공개시장위원회(FOMC) 회의에서 행사된 총 174개 표결권 중 반대표는 2개에 불과했다. 갑작스런 정책 선회 등으로 중앙은행의 신뢰성을 훼손하고 정책 유효성을 흔든 경험 등은 집단사고의 위험을 깨닫게 한다. 과도한 컨센서스를 유도하는 의사결정과정이 다수의견에 효과적으로 이의제기할 수 있는 충분한 여백을 허용하는지 여부 등을 살펴볼 필요가 있다.

　　정책 재량과 정책 판단의 폭이 큰 제도적 환경일수록 필요한 덕목은 과다 확신보다 역량 제고가 되어야 한다. 다가올 수년, 수십년의 불가피하게 복잡하고 진화하는 도전들에 대응해 나가는 노력과 개혁, 그리고 이를 가능케 하는 넓은 시야를 지닌 여백의 정책을 더 준비할 시점이다.

(2023년 8월 29일 기고)

캠프 데이비드 이후 '작은 야드와 높은 펜스'의 정치경제학

캠프 데이비드 정상회담, '작은 야드·높은 펜스' 행정명령 궤적
美국가안보 중시 경제정책 전환…현실 속 조화 구현의 지혜 필요
국제정치경제적 역학관계 제대로 읽고 국익 위해 역량 발휘할 때

캠프 데이비드 한미일 정상회담에서 3국 정상은 안보·경제·기술 3국 협력에 합의했다. 배경으로 '갈수록 커지는 중국의 힘'이라는 미 CNN 분석 등이 이목을 끈 가운데 정상회담 수일 전 바이든 대통령이 발표한 미국 기업의 중국 투자를 제한하는 행정명령(executive order)이 같은 궤적에서 조명된다. 반도체, 양자컴퓨터, 인공지능 등 국가안보에 민감한 3개 전략부문에 대한 미국 기업의 중국 투자를 제한하는 행정명령이다.

백악관과 미 행정부는 내년 시행될 이 명령이 자유로운 투자와 교역을 막고자 하는 것은 아니며 '작은 야드와 높은 펜스(small yard and high fence)'로 표현되는, 즉 집중된 타깃을 강도 높게 겨냥한 전략적 정책임을 강조하고 있다. 경제정책에 있어 일종의 정밀 타격(surgical strike)인 셈이다.

미국의 첨예한 국가안보를 위협할 수 있는 중국의 군사력 현대화와 군비 증강에 미국 자본과 기술이 제공될 이유가 없다는 것이 행정명령의 핵심 논

거였다. 중국에 대한 기존 수출통제를 확대하고 중국의 미국 기술 취득을 제한하며 중국 핵심 전략부문에 대한 미국의 투자를 제한하는 것이다.

마이크 파일 백악관 국가안보 부보좌관은 돈보다 기술이 초점이라고 설명했다. 투자금액은 이미 급감하고 있지만 미국의 주요 벤처캐피털과 사모펀드 등이 투자와 수반하여 특허, 데이터, 소프트웨어, 주요 지적재산권 등 무형자산들을 중국으로 이전하는 것을 막으려는 의도다.

문제는 파일 부보좌관도 우려하는 대로 일반적인 목적의 범용 기술과 안보 목적의 기술을 어떻게 구별하느냐는 것이다. 여러 목적에 광범위하게 쓰이는 인공지능이 단적인 예다. 인공지능 부문의 경우 가령 최근에 뜨고 있는 K-팝 밴드의 목소리를 흉내내는 음악을 생성하는 범용 기술 개발을 생각해 볼 수 있겠는데 이러한 기술의 이전까지 차단되어서는 곤란할 것이다.

그래서 앞으로 수개월 동안 백악관과 행정부는 '작은 야드와 높은 펜스'를 어떻게 구현할 수 있을 것인가에 대해 각계의 코멘트와 의견수렴 절차 등을 공식적으로 밟는다. 공화, 민주 양당에 국가안보와 관련한 경제정책 이슈에 엄격한 성향을 지닌 마르코 루비오 상원의원, 로사 들로로 하원의원 등이 포진되어 있어 미 의회도 9월 가을 회기가 다가오면 행정명령의 핵심 이슈 등에 대해 본격적인 토의에 나설 것으로 예상된다. 대선을 앞둔 정치 일정도 이어지고 있기에 양당의 강경론자들이 경쟁적으로 목소리를 높일 수 있는 여건이다.

반면 투자업계에서는 규제의 강도와 범위를 낮추기 위한 대정부 로비에 적극 나설 태세다. 정치권과 업계의 입장에 간극이 큰 가운데 백악관과 행정부가 수개월 내에 정밀 타격이 가능한 룰을 만들어 나갈 수 있을지 귀추가 주목된다.

아울러 우려되는 것은 미국이 취하는 일련의 접근방법이 중국으로 하여금 다른 대체 교역국들과의 경제협력 관계를 탐색하도록 압박할 개연성이다. 이와 같은 여러 복합적 상호작용에 대한 면밀한 인식 없이 국가안보를 내세우는 경제정책 전환을 확장해 나갈 경우 자칫 '큰 야드와 낮은 펜스'를 만들 위험성도 없지 않다.

미국은 동맹국들이 미국의 접근방법을 지지할 것이라는 기대를 표명해 왔다. 6월 영국과 대서양 선언(Atlantic Declaration)을 발표하고 경제안보를 양국간 파트너십의 핵심에 두기로 합의한 바 있다. 기술과 경제, 국가 안보가 어느 때보다 상호 얽혀 있는 가운데 중국과 같은 새로운 도전에 직면해 있음을 강조했다. 금번 캠프 데이비드 정상회담 또한 동맹국인 한국과 일본이 미국의 접근방법을 지지하도록 하는 데 영향을 미칠 것으로 보아야 한다.

미 공화당 또는 보수주의자가 항상 무역에서 자유방임(laissez-faire)을 옹호한 것은 아니었다. 레이건 미 대통령은 작은 정부를 표방하면서도 무역에 있어서는 자유방임을 배격했다. 1985년 행한 연설에서 이렇게 말했다. '자유무역은 정의상 공정무역이다(Free trade is, by definition, fair trade).' 자유무역을 신봉했지만 미국의 경제적 이익을 침해하지 않는 한도 내에서 신봉했다고 할 수 있다.

이후 20여년간 자유무역은 언제나 어디서나 완전무결하게 선한 것이라는 생각에 의문을 품는 것이 금기시되었다가 트럼프 행정부 들어서 중국과 무역전쟁에 돌입하며 바뀌었다. 지금 바이든 행정부는 국가안보를 무역과 경제 정책 관점에서 바라볼 뜻을 확고히 하고 있다. 이는 이번 달 발표한 행정명령과 이어진 캠프 데이비드 정상회담에서 이루어진 한미일 3국 안보·경제·기술 협력 합의에서도 여실히 드러나고 있다 하겠다.

디커플링이 아닌 디리스킹에 무게 중심을 두고자 하는 미국으로서는 국가안보 중시 경제정책 목표의 성공 여부는 복합적으로 전개되고 있는 현실 속에서 균형 감각을 가지고 그 목표를 어떻게 조화적으로 구현하느냐에 달려 있다고 할 수 있다. 이상과 현실을 조화시키는 지혜가 필요한 것이다.

미국의 경제정책 전환 흐름과 국제정치경제적 역학관계를 제대로 읽으며 우리 경제에 미치는 영향을 면밀히 점검해 나갈 필요가 있다. 캠프 데이비드 정상회담 이후 심화되어 갈 동맹국 협력의 틀과 미중 패권전쟁의 복합적 환경 변화 속에서 실질적 이익을 얻을 수 있도록 외교역량을 적극 발휘해 나가야 할 때다. 각국은 고도의 정치경제적 수읽기에 이미 들어가고 있기에 우리 정치인들과 정책결정자들도 국익을 위해 더욱 지혜롭게 역할을 수행해 나갈 것으로 믿는다.

(2023년 8월 22일 기고)

보조금 전쟁과 승자의 기회

'큰 정부 선봉대' 美인플레이션 감축법·반도체법, 2천여억 달러 투자 창출

교차하는 시각의 주요국 보조금 전쟁…韓, 승자 되는 기회로 활용해야

기업·정부, 소통하며 전략 판단…강대국 이해관계 속 실리적 접근 필요

작은 정부 옹호자였던 레이건 미국 대통령은 가장 무시무시한 아홉 개의 단어가 있는데 그것은 'I'm from the government and I'm here to help (나는 정부에서 왔고 돕기 위해 여기 있다)'라고 했다. 큰 정부의 역설적인 속성과 역할을 표현하려 했던 말이라 하겠다. 레이건 대통령이 정부의 대규모 경제 개입을 배격하는 이른바 '레이거노믹스'를 외친지 40여년이 지난 지금 바이든 행정부는 전략산업의 미국 내 생산을 촉진할 목적으로 정부가 보조금 (subsidy)을 대대적으로 지원하는 산업정책(industrial policy)을 추진하고 있다. 레이건 행정부가 표방했던 작은 정부가 아닌 큰 정부로 가는 행보다.

큰 정부로 가는 길에는 인플레이션 감축법(Inflation Reduction Act)과 반도체법(CHIPS and Science Act)이 선봉대 역할을 하고 있다. 이 법률들은 배터리, 전기차, 반도체 등 신규 투자에 대해 세제 혜택 등 여러 방식으로 보조금을 지원한다. 보조금은 정부가 경제주체들에게 등가의 보상을 받지 않고 자원을 이전하는 행위이며 세제 혜택, 무상공여, 유리한 조건의 금융지원 등 다양한

형태로 이루어진다.

　미 연방정부의 이러한 이니셔티브에 이어 실제 투자가 집행되는 지역이 어디냐에 따라 첨예한 이익이 걸려 있는 주정부들도 투자 유치에 적극 나서고 있다. 25개 주가 넘는 투자 후보지역을 놓고 고심하던 노르웨이 배터리 회사 프라이어의 26억 달러 규모 투자를 조지아주가 3억 5,800만 달러에 달하는 각종 인센티브 등 보조금을 제시하여 유치하는 데 성공했다. 조지아주는 현대차의 첫 번째 미국 전기차 공장에도 자동차 부문 사상 최대인 18억 달러의 보조금을 제시했다. 뉴욕주는 환경친화적 반도체 프로젝트에 100억 달러의 보조금을 제공하는 프로그램을 만들었다. 오클라호마주는 6억 9,800만 달러의 보조금 프로그램을 만든 지 4주 만에 일본 배터리 회사 파나소닉의 투자를 경쟁 후보지역인 캔자스주를 누르고 유치했다.

　미 연방정부와 주정부들이 합세하여 보조금을 동원하면서 펼치는 경쟁적인 투자 유치 열기가 작열하는 7월의 태양처럼 뜨겁다. 영국 일간지 파이낸셜타임스의 조사에 의하면 지난해 8월 인플레이션 감축법과 반도체법이 제정된 이후 금년 7월 현재까지 미 전역의 신규 투자 유치 실적이 2,000억 달러를 상회하는 것으로 파악되고 있다. 이에 따라 창출될 일자리는 8만 5,000여 개로 추정된다. 삼성, SK, LG, 현대 등 한국의 주요 대기업들도 이 투자 대열에 합류하고 있다.

　보조금을 앞세운 미국의 적극적 산업정책에 대응하여 유럽도 움직이고 있다. EU의 '그린딜 산업계획(Green Deal Industrial Plan)'은 인플레이션 감축법에 대응하기 위한 유럽의 친환경 산업전략이다. 이 전략은 미국의 보조금 공세로 EU 회원국이 차별적 불이익을 받지 않도록 그동안 엄격히 통제해온 국별 보조금 지원 제한을 완화했다. 또 회원국의 보조금 지원 확대 과정에서 우려되는 EU 통합 근간인 단일시장 와해를 방지하기 위해 EU 공동기금을 조성하는 방안도 포함하고 있다. 동 전략의 일환으로 EU는 금년 3월 '한시적 위기 및 전환 프레임워크(Temporary Crisis and Transition Framework)'를 채택하여 탄소중립 산업으로의 전환에 필요한 보조금 지원을 허용했다.

이에 힘입어 5월 독일은 미국에 투자를 고려 중이던 스웨덴의 배터리 제조사 노스볼트에 보조금 지원을 약속하고 투자를 유치하는 데 성공했다. 반도체 제조사 인텔은 보조금을 당초 약속한 68억 유로에서 99억 유로로 올려줄 것을 독일 정부에 투자 조건으로 요구하여 관철시켰다. 미국-유럽 간 보조금 전쟁 속에서 기업들이 보조금 쇼핑에까지 나서고 있는 형국이 펼쳐지고 있다. 이러한 가운데 미국에 비해 유럽의 보조금이 규모나 신속성 면에서 뒤떨어진다는 평가도 나오고 있다.

이와 같은 양상의 보조금 전쟁을 어떻게 바라봐야 할 것인가. 보조금은 가격과 생산원가의 괴리 원인이 되어 시장을 왜곡하고 지대 추구를 조장함으로써 기업 혁신을 저해할 수 있다고도 비판받는다. 그래서 국가안보나 시장실패 방지, 코로나19 백신 제조 등과 같은 공공정책 목적에 주로 지원된 것이 사실이다. 미국이 선도하는 보조금 전쟁은 지난 수십년간 IMF 등 브레튼우즈 체제를 중심으로 보조금 축소를 설파해온 미국의 과거 행보와도 상충된다. 또 미국과 유럽이 경쟁적으로 동원하는 대규모 보조금을 통한 산업정책은 소규모 경제 국가들의 재정 능력으로는 감당하기 어려울 것이다.

이러한 가운데 한국도 미국 반도체법 등에 영향받아 금년 5월부터 이른바 'K-칩스법(K-Chips Act)'을 시행하면서 반도체 투자에 대한 보조금을 더 늘릴 수 있도록 했다. 즉 한국 기업들이 국내 투자를 확대할 인센티브를 강화한 것이다.

국제경제 패러다임의 복합적 변혁기일수록 기업과 정부의 긴밀한 소통과 전략적 상황 판단이 긴요하다. 교차하는 시각과 논란 속에서도 작금에 전개되고 있는 보조금 전쟁에는 많은 승자가 나타날 수 있다. 그 승자가 되는 기회를 잘 포착해야 한다.

보조금 전쟁의 기저에는 여전히 과학기술 경쟁이 핵심적 이슈로 자리한다. 그런 점에서 첨단산업에 비교우위를 지닌 한국 기업들이 주요국의 투자유치 경쟁을 도약의 기회로 활용할 수 있다. 연구개발(R&D)과 제조역량을 강화하고 이를 뒷받침하는 인적자원 양성에 박차를 가해야 한다. 강대국의 첨예한 이해관계 사이에서도 선택을 받을 수 있도록 하는 실리적 접근이 필요하다. 정부는 기업의 활동을 뒷받침할 수 있도록 산업정책 관련 외교역량을 더 확충하고 특히 민간이 커버하기 어려운 영역에서 국익에 부합하는 정책적 노력을 기울여야 한다.

(2023년 7월 26일 기고)

중앙은행 금리 결정과 페널티 킥의 공통점

> 연준 금리동결 결정, 커뮤니케이션 혼란 초래
> 골키퍼와 중앙은행에 깔린 심리학적 공통분모
> 미국 법제의 개별주의, 연준 통화정책에 영향

미국의 정책금리 인상 드라이브가 멈췄다. 연방준비제도(연준)는 6월 연방공개시장위원회(FOMC) 정례회의에서 금리동결을 결정했다. 15개월에 걸친 10회 연속 금리인상 일변도에서 처음으로 궤적을 수정하는 듯한 움직임을 보인 것이다.

금리인상이 끝난 것은 아니다. 제롬 파월 연준 의장은 6월 통화정책 결정이 향후 인상 가능성을 남겨둔 매파적 멈춤(hawkish pause)임을 시사했다. FOMC 멤버들도 점도표(dot plot)를 통해서 금년중 0.50%포인트 추가인상을 전망했다.

시장참가자들은 다소 혼란스러워 보이는 이러한 커뮤니케이션을 충분히 확신하지는 못하는 분위기다. 건너뛰기(skip)라는 미묘한 뉘앙스의 표현도 회자되었다. 인상(hike), 멈춤(pause), 인상(hike)의 시리즈도 가정하면서 추가적인 데이터와 금융경제 상황 등을 살펴봐야 되는 것인가.

통화정책은 행동할 것이냐(action, 금리 인상 또는 인하), 행동하지 않을 것이냐(inaction, 금리동결)를 선택해 나가는 과정으로 볼 수 있다. 연준은 6월 FOMC에서 후자를 선택했고 시장 확신이 다소 부족한 커뮤니케이션의 여진 속에서 7월 FOMC 결정은 어떤 선택이 될지에 다시 관심이 쏠린다.

중앙은행의 정책 결정은 축구의 페널티 킥에 비유된다. 페널티 킥에서 키커가 볼을 어느 쪽 방향으로 차는지를 스포츠 전문가들이 조사해 보니 왼쪽이 32%, 오른쪽이 32%, 가운데가 29% 정도였다는 분석이 있다. 그런데 골키퍼는 94%가 좌우로 몸을 날렸다고 한다. 키커의 볼은 64%만 좌우로 갔는데 골키퍼는 94%가 좌우로 몸을 날렸다는 것을 어떻게 이해해야 할까.

주인(principal)-대리인(agent) 관점에서 설명할 수 있을 것이다. 여기서 주인은 감독, 구단주, 관중이고 대리인은 선수, 골키퍼로 볼 수 있다. 주인을 의식할 수밖에 없는 대리인인 골키퍼는 가운데에 가만히 서 있지만 말고 좌우로 몸을 날려야 한다는 심리적 압박감을 느끼고 있다는 것이다.

국민인 주인으로부터 통화정책 권한을 위임받은 대리인인 중앙은행의 정책 결정에도 심리학적 접근이 필요하다. 심리적 압박에도 불구하고 골키퍼가 상황에 따라서는 몸을 날리지 않는 inaction의 판단과 결정이 필요하듯이 중앙은행도 행동하지 않는 판단과 결정이 필요할 때가 있을 수 있다. 페널티 킥에서도, 통화정책에서도 inaction이 훌륭한 결정이 될 수 있는 것이다. 골키퍼와 중앙은행에 심리학적 공통분모가 있을 법하다.

중앙은행의 본질은 제도와 사람이다. 제도의 틀(institutional framework)에서 움직이는 사람의 심리를 이해하는 것이 중요하다. 커뮤니케이션 제도 면에서 미 연준은 유럽중앙은행(ECB)의 집합주의(collectivist approach)에 대비되는 개별주의(individualistic approach)를 채택하고 있다. 미국과 유럽 간에는 중앙은행뿐만 아니라 사법부의 경우도 마찬가지의 대비를 보인다.

유럽중앙은행과 유럽최고법원(European Court of Justice)은 정책과 판결 과정에서 내부적으로 의견 불일치(dissent)가 있더라도 이를 외부에 그대로 드러내지 않고 합의에 의해 도출한 최종 결정 결과만을 발표한다. 반면 미 연준과 연방대법원(US Supreme Court)은 최종 결정에 이르는 과정에서의 의견 불일치 내용, 불일치 의견자의 신원과 논거 등을 기록하고 발표한다. 법적(de jure) 책임성과 함께 실질적(de facto) 책임성을 중시하는 미국 제도의 단면이다.

통화정책 결정 시마다 FOMC 멤버들이 점도표를 통해 외부에 공개하는 금리 전망 또한 이와 같은 미국의 개별주의 제도 및 제도운영이라는 맥락에서 이해하고 조명할 필요가 있다. 아울러 중앙은행 커뮤니케이션의 실질적 책임성이 점차 신축적, 확장적으로 운용되고 있고 통화정책이 점증하는 불확실성 하에서 커뮤니케이션을 핵심적 정책수행 메커니즘으로 삼고 있음을 보여주는 대목으로도 생각할 수 있다.

미국 모델의 개별주의와 유럽 모델의 집합주의는 투명성, 책임성, 독립성, 민주주의 원칙 등의 관점에서 각기 장단점이 있어 어느 쪽이 최적 모델이라고 말하기는 어렵다. 그렇지만 각국의 통화정책을 바라봄에 있어 제도의 특성을 고려하는 것은 중요하다. 미국의 비교법제적 특성이 연준의 통화정책에 영향을 주고 있는 것이다.

연준의 6월 통화정책 결정에서 본 다소 혼란스러운 커뮤니케이션과 시장 반응은 제도와 제도 아래에서 움직이는 플레이어(정책결정자 및 시장참가자)들의 상호작용을 보여주는 장면이다. 연준의 6월 커뮤니케이션이 7월과 이후의 통화정책에 action의 형태로 나타날지, inaction의 형태로 나타날지는 제도와 플레이어의 상호작용 흐름, 그리고 중앙은행 심리학의 관점에서도 파악되어야 할 필요가 있다.

페널티 킥 장면에서 골대 앞에 서있는 골키퍼의 심정으로 중앙은행 정책 결정자들이 action과 inaction의 선택 사이에서 좋은 스코어를 달성하는 플레이어가 되기를 기대한다.

(2023년 6월 19일 기고)

디폴트 넘긴 미국,
이제 국가부채발 인플레가 걱정

> 디폴트 위기 넘기자 국가부채 증가 뒤따라
> 확대재정은 인플레이션 초래…긴축 통화정책과 상충
> 국가부채 증가는 금융부문에도 리스크 요인
> 금융 패권국일수록 재정운영 실질적 룰 중요

　미국 디폴트 위기는 지나갔다. 연방정부 부채한도 법안이 치열한 여야 힘겨루기 끝에 미국 상하원을 통과했고, 조 바이든 대통령이 서명하는 것으로 입법 절차가 종결됐다.

　이제 문제는 국가부채다. 미 재무부는 바닥난 국고를 채우기 위해 1조 달러가 넘는 국채 발행에 곧 나설 것이다. 디폴트 위기를 넘기자 바로 국가부채 증가가 뒤따르는 국면이다.

　'재정적자는 문제가 되지 않는다(Deficits don't matter).' 역설적이게도 재정지출에 보수적인 정당인 공화당의 딕 체니 전 부통령이 20여년 전 주창했던 슬로건이다. 그는 1980년대 레이건 행정부 시절 국가부채가 세 배로 늘었지만 미국경제는 호황을 구가했고 국채 금리도 크게 떨어졌음을 그 증거로 인용했다.

과연 그런가. 지난 20년 동안에도 미국 국가부채는 다시 두 배로 늘어났지만 사실 국채 금리는 20년 전보다 낮은 수준이다. 금번 미국 부채한도를 둘러싼 일대 소동에도 개의치 않고 시장은 기꺼이 추가 발행되는 국채를 매입할 태세다. 정부는 개인과는 달리 영속적인 경제주체라고 여겨 부채가 계속 확대되어 다음 세대로 넘어가도 크게 개의치 않으려는 분위기다.

그러나 IMF의 지난달 연구보고서에 의하면 1970~2021년 중 139개국의 재정정책과 인플레이션 간의 관계를 분석한 결과 확장적 재정정책 충격이 인플레이션율을 높이는 것으로 나타났다. 아울러 높은 국가부채 등으로 재정여력이 제한적일 경우 인플레이션율은 더 높아지는 것으로 나타났다. 반면 물가안정목표제, 재정준칙 등과 같은 제도적 요인은 재정충격의 인플레이션 압력을 완화하는 데 효과적인 것으로 분석되었다.

BIS는 최근 연구보고서에서 국가부채 위기가 금융부문 부실의 원인으로 작용하는 것으로 보았다. 예를 들면 국채 발행 증가에 따른 국채가격 하락과 위험프리미엄 증대는 은행의 대차대조표를 악화시킬 수 있다. 금융부문 부실은 세수 감소와 국가부채 누증을 초래하는 등 국가부채와 금융위기 간 상호 악순환이 유발될 가능성도 있는 것으로 분석되었다. 동 보고서는 금융위기가 정부부문으로 전파될 가능성을 차단하기 위해서는 충분한 재정여력 확보가 긴요함을 강조하고 있다.

이번 달 서울에서 열린 한국은행 국제컨퍼런스에서 나라야나 코철러코타 전 미국 미니애폴리스 연방준비은행 총재가 '미국의 인플레이션: 진단과 처방(US Inflation: Diagnosis and Treatment)'이라는 주제로 기조연설을 했다.

최근의 높은 인플레이션은 팬데믹과 러시아의 우크라이나 침공에 따른 공급요인 등에 주로 기인한 것으로 평가하고 인플레이션을 완화하기 위해서는 긴축적 통화정책에만 의존하기보다는 긴축적 재정정책이 동반될 필요가 있다고 조언했다. 금리가 높아진 상황에서 미국의 국채 발행 증가는 가계의 국채이자 수익을 증대시켜 오히려 미래 수요를 자극하고 인플레이션을 상승시킬 가능성이 있다는 것이다.

미국의 디폴트는 발생하지 않았지만 확대재정이 초래하는 인플레이션 위험성, 늘어나는 국가부채가 금융부문에 미치는 부정적 영향 등을 지적하고 있다는 점에서 국제기구들의 연구와 중앙은행가의 조언은 시사하는 바가 있다.

글로벌 금융위기 이후 이어진 초저금리 시기에는 높은 국가부채가 별반 문제가 되지 않았지만 지금은 금리가 급격하게 상승한 데다 부채 총량도 늘어나 있다. 부채한도 확대와 함께 국채 발행에 따른 정부의 이자 부담도 커질 수밖에 없어 향후 상당 기간 재정여력을 제약할 수 있는 형국이다.

통화정책 운용에서 물가안정목표제라는 룰이 중앙은행에 나침반 역할을 해주듯 재정정책 운영에도 재정준칙과 같은 룰에 기반을 두는 메커니즘은 의미가 있다. 특히 지금처럼 인플레이션과 은행 위기가 공존하는 미국과 같은 상황에서 재정정책의 올바른 역할은 더욱 중요하다. 확대재정은 연준의 긴축 통화정책과 상충되면서 인플레이션 억제 노력을 꺾을 것이다.

긴축 통화정책과 긴축 재정정책이 동반되어야 한다는 코철러코타 전 미니애폴리스 연준 총재의 조언은 경청할 만하다. 실리콘밸리은행 등 파산 이후 아직 은행 위기의 영향을 받고 있는 시점에서 봇물처럼 터지는 국채 발행 물량이 국채 금리 상승과 국채 가격 하락을 초래하여 은행들의 대차대조표에 주름살을 더하고 추가적인 예금이탈로도 이어질 우려가 있다.

국가부채 증가가 금융부문에 리스크 요인으로 작용할 수 있는 것이다. 결코 미국의 디폴트는 없다는 재정패권(fiscal supremacy)의 기저에는 금융패권(financial supremacy)이 자리하고 있다. 금융 패권의 원천인 기축통화이자 준비통화 미 달러화의 위상은 미국의 경제력, 금융시장의 깊이와 폭, 제도의 선진성과 법의 지배(rule of law) 등에 의해 뒷받침되고 있다.

지금의 인플레이션과 은행 위기는 달러화에 대한 위험 요인이기도 하다. 금융·재정 패권국일수록 재정운영의 실질적 룰이 중요함을 인식할 필요가 있다. 더욱이 팬데믹 이후 전개되는 패러다임 대전환의 시대에 필요한 재정수요에 부응하기 위해 각국은 미래 세대의 부담을 줄여주면서도 재정여력을 확충해 나가야 할 당위를 안고 있다.

'룰 대 재량'은 거시경제정책 운용의 근본적 관심사였고 재정준칙이라는 법률적 룰을 입법부가 부여하더라도 실질적 운용의 룰인 재량의 영역은 늘 중요하다.

(2023년 6월 9일 기고)

미국 디폴트는 결코 없다지만
과다 국채 발행은 어쩔 건가

> 이번에도 발생하지 않은 미국 디폴트
> 수정헌법 14조 발동 자제…입법적 해결
> 부채한도 문제에선 자유로워졌다지만
> 과다 국채 발행 문제까지 해소되진 않아

미국의 디폴트는 역시 발생하지 않는다. 부채 한도 협상을 놓고 수개월 간 치열한 각축을 벌여왔던 여야가 디폴트 시점이 임박한 지난 주말 합의에 이르렀다.

합의된 법안은 하원 운영위원회를 찬성 7, 반대 6으로 가까스로 통과한 뒤 5월 31일 하원 본회의 표결에서 찬성 314, 반대 117로 의결되었다. 하원보다 합의 법안에 대한 반대파가 적고 민주당 의석이 많은 상원에서 의결이 이뤄지면 곧 입법 절차가 마무리된다.

그동안 조 바이든 대통령과 민주당 의원들은 미국 수정헌법 14조 (Fourteenth Amendment to the US Constitution)를 발동하겠다는 의지를 드러내며 공화당을 압박했다. 케빈 매카시 하원의장과 공화당 의원들도 이에 맞서며 팽팽하게 대립각을 세웠다. 결국 양측은 현재 약 31조 4,000억 달러로 설정되어 있는 부채한도 적용을 2025년 1월 1일까지 유예하되 2024~2025 회계년도 예산지출을 일부 제한적으로 운영토록 하는 타협안에 합의했다.

미국의 부채한도가 첨예한 이슈가 된 것은 이번이 처음이 아니다. 과거에도 부채한도 협상 때마다 정치적 갈등이 일었고 수정헌법 14조가 전가의 보도처럼 등장하곤 했다. 그렇지만 미국이 디폴트된 적은 없었다. 수정헌법 14조가 발동된 적도 없었다. 남북전쟁 이후 남부 주들의 전쟁부채 상환 거부를 우려하여 1868년 만든 수정헌법 14조 4항은 '미국 정부 부채의 정당성은 의심의 여지가 없다(The validity of the public debt of the United States shall not be questioned)'라고 규정하고 있다. 정부 부채의 정당성과 유효성에 의심의 여지가 없다면 그 부채에 인위적인 상한선을 정하는 것은 수정헌법 14조에 저촉된다는 논리가 나올 법하게 된다. 이번 부채한도 협상 과정에서도 논리 공방이 치열했다.

수정헌법 14조를 둘러싼 해석과 관련하여 로렌스 트라이브 하버드대 로스쿨 교수는 의회가 1917년 이후 100년 넘게 설정해온 부채한도에 얽매이지 않고 바이든 대통령은 국가 채무가 제대로 이행되도록 명령할 수 있으며 이는 대통령의 권한이라기보다는 의무임을 강조했다. 티머시 가이트너 전 재무장관은 부채한도는 위헌 소지가 있고 이로 인해 미국 정부의 채무 이행 의무가 방해받는다면 그 한도는 무효라고 주장했다. 반면 마이클 맥코넬 전 연방판사는 수정헌법 14조의 문맥을 억지로 갖다 붙여 대통령의 권한을 부풀리는 것은 위험한 난센스라며 반대의견을 밝혔다.

수정헌법 14조로 디폴트 문제를 돌파하려면 헌법적 논쟁이 불가피함을 엿볼 수 있는 대목이다. 수정헌법 14조가 실제 발동되고 최종적으로 미국 연방대법원의 헌법적 판단을 받아봐야 결론이 나는 사안인 것이다. 그래서 수정헌법 14조는 마치 판도라의 상자와도 같은 존재인데, 아직 뚜껑이 열린 적은 없다. 수정헌법 14조가 실제 발동된 적이 없다.

이번 부채한도 협상에서 디폴트의 공을 사법부로 넘기지 않고 대신에 합의 법안을 만들었고 이번 주는 바로 그 법안을 처리하는 입법부의 시간이 되고 있다.

사법부 판단에 맡기든 입법부 결정에 맡기든 앞으로도 언제든 재현될 가능성이 있는 미국 디폴트 이슈의 본질은 경제적 문제다. 수정헌법 14조가 실제 발동되어 연방대법원이 이를 수용할 경우에도 법적으로 부채한도 문제에서 자유로워질 수 있겠으나 과다 국채 발행 등이 초래하는 경제적 문제에서 자유로워지는 것은 아니다.

이번 입법부 결정으로 2025년 1월 1일까지 부채한도를 당분간 늘릴 수는 있겠으나 미국 국채 발행 확대가 가져오는 파급 영향 등에서 비롯되는 재정준칙의 필요성이 사라지는 것은 아니다.

'미국은 결코 디폴트되지 않는다(The United States never defaults).' 필자가 미국 로스쿨에서 수강했던 파산법 수업시간에 담당 교수였던 배리 셔머 연방파산법원 판사가 했던 말이 문득 떠오른다. 당시 수정헌법 14조보다는 기축통화국으로서의 재정 패권(fiscal supremacy)을 과시하는 팍스 아메리카나의 자신감으로 비쳤다.

미국은 디폴트되지 않을 것임을 이번에도 스스로 결정했다. 그렇지만 근본적인 재정준칙의 문제, 국제금융시장 등 글로벌 파급 영향은 다른 차원의 과제로 남는다.

통화정책 등 측면의 고려는 어떠해야 할까. 지금 한미 양국의 통화정책 기조는 '신중한 긴축'(cautious tightening)으로 읽힌다. 물가상승률이 둔화하고는 있지만 물가목표를 상회하는 수준에서 전망의 불확실성이 여전한 상황이다.

팬데믹, 글로벌 봉쇄, 디지털 전환, 공급망 재편 등 패러다임 대전환기와 위기 정책 대응과 경제 재개 등 복합적 환경을 지나는 중이다. 그동안의 금리인상 경로와 효과를 감안하면서도 앞으로의 정책 여건을 살피고 평가해야 할 시점이다.

부채한도 합의 이후 미국의 재정정책과 금융시장 상황 등이 인플레이션 억제 등 한미 양국의 통화정책 여건에 어떻게 작용할지도 면밀히 판단해야 한다. 적절한 재정·통화정책과 함께 경제와 사회의 지속가능한 발전을 위해 긴요한 제도와 제도운영 면의 구조개혁 추진 노력도 강화되어야 함은 물론이다.

(2023년 6월 1일 기고)

2.26 흔들리는 미국 은행, 진화해야 할 중앙은행

> 미국 은행들 위기 우려, 5월 연준 금리정책 결정에 반영
> 금리만으로 거시경제 목표와 금융안정 목표 달성은 무리
> 은행업 환경 변화 맞춰 중앙은행에 새옷 입히는 변화 필요

미국 연방준비제도(연준)가 5월 연방공개시장위원회(FOMC) 정례회의에서 정책금리를 0.25%포인트 인상했다. 코로나19 팬데믹 이후 과도하게 완화했던 통화정책을 2022년중 급격히 긴축으로 선회한 와중에 금년 3월 이후 발생한 은행 위기(banking crisis)에 대한 우려와 아직 충분히 진정되지 않은 인플레이션 상황 등을 종합적으로 고심하여 내린 정책 결정으로 이해된다.

3월중 실리콘밸리은행에 이어 시그니처은행, 5월 들어 퍼스트리퍼블릭은행까지 최근 불과 두달 사이에 합산 자산규모 5,400억 달러에 달하는 3개 은행들이 연달아 무너지면서 미국 은행시스템에 대한 안팎의 우려가 상당하다. 미국 은행권의 예금이 3월에만 4,700억 달러 줄어든 이후 4월에도 감소세가 지속되었다.

자산규모 27위 이하 중소형 은행들의 예금 감소폭이 더 컸다. 은행 대출도 3월중 중소형 은행들을 중심으로 320억 달러 축소되었다가 4월 들어 일부 회복되었다. 은행 수익성은 대형 은행들의 1분기 순이자마진이 전년 동기 대비

21.2% 증가한 반면 중소형 은행들은 8.6% 감소하는 양극화 양상을 보였다.

실리콘밸리은행, 퍼스트리퍼블릭은행 등 대형 은행들이 위기를 촉발했지만 그 타격이 중소형 은행들로까지 확산된 형국이다. 경제주체들에게 신뢰의 상징과도 같은 존재인 은행이, 금융 선진국인 미국에서 흔들리고 있는 것이다.

금번 은행 위기는 왜 초래된 것일까. 통화정책에 일부 비판이 간다. 물가안정 등 거시경제적 목표와 금융안정 목표를 금리라는 하나의 정책수단으로 달성하려는 것은 무리라는 것이다. 인간이 만든 다른 모든 제도와 마찬가지로 제도의 산물인 중앙은행은 완전하지 않다. 높은 인플레이션과의 싸움에 지난해 자이언트 스텝(0.75%포인트 금리인상)과 빅 스텝(0.5%포인트 금리인상)을 밟으며 긴축을 주도했던 연준 통화정책 결정자들이 금년 2월까지도 금리상승에 따른 리스크에 노출된 실리콘밸리은행의 뱅크런 위험성을 인지하지 못하고 있었다는 토로는 어쩌면 인간 능력과 판단의 한계를 보여주는 귀결처럼 보인다.

다음으로 금융감독정책의 실패를 꼽을 수 있다. 연준은 최근 발표한 실리콘밸리은행에 대한 감독 및 규제 점검 보고서를 통해 동 은행의 이사회와 경영진이 리스크 관리에 실패했으며 금융감독당국의 정책과 규제시스템에도 문제가 있었음을 지적하고 있다. 2022년 이후 금년 초 급격한 금리 상승과 은행의 편중된 사업모델 부진이 겹치면서 높아진 리스크에 대한 관리를 제대로 하지 못했고 감독당국도 이를 포착하여 필요한 조치를 적시에 취하는 데 미흡했으며 2018~2019년의 규제 완화 법률과 관련 정책 변화 등이 면밀하고 효과적인 감독을 막았다는 것이다.

입법부와 유관기관들이 움직이고 있다. 우선 5월 말까지 미 의회는 금번 은행 위기의 경과 및 대응 등과 관련하여 유관 규제당국들에 대한 청문회를 개최한다. 7월 초에 연준은 중소형 은행들에 대한 규제안 초안을 준비하여 발표할 예정이다. 이후 10월까지 각계의 의견수렴 기간을 거친 다음 내년 초 즈음에는 새로운 규제안을 완성하려는 일정이 예상되고 있다.

간과해서는 안될 부분은 은행업을 둘러싼 최근의 환경 변화이다. 금번 은행 위기 전개 과정에서 우리 일상과 삶의 모든 영역을 이미 지배하고 있는 소셜 미디어와 디지털의 위력을 실감했다. 이들은 지금 금융에 있어서도 가히 게임 체인저라 할 수 있다. 이번 뱅크런의 속도가 과거에 보았던 모습들과는 확연히 달랐다는 제롬 파월 연준 의장의 탄식, 실리콘밸리은행이 파산한 3월 10일 오전까지 1천억 달러가 추가로 빠져나갈 상황이었다는 마이클 바 연준 부의장의 의회 발언 등은 SNS와 모바일 뱅킹의 결합이 가져오는 가공할만한 위력을 말해준다.

금번 은행 위기를 계기로 실체적으로 드러난 은행업의 환경 변화가 중앙은행에 던지는 시사점은 어떤 것일까. 중앙은행은 환경 변화에 대응하여 진화해온 생물체와도 같은 존재이다. 지난 글로벌 금융위기와 코로나 위기 극복 과정을 포함하여 300년의 중앙은행사는 끊임없는 진화의 역사였다.

디지털 대전환의 시대 중앙은행에 새로운 옷을 입히는 진화가 더욱 필요함을 금번 은행 위기는 새삼 일깨워 준다. 시간 제약 없이 경각을 다투는 뱅크런에 대응하여 24시간 주 7일 가동될 수 있는 새로운 중앙은행 긴급 유동성 지원 제도 도입, 새로운 게임 체인저가 될 수 있는 중앙은행 디지털화폐 제도 설계, 소셜 미디어에 대한 체계적이고 면밀한 모니터링 시스템 구축 등 여러 제도변화 가능성을 열어놓고 사회적 지혜를 모으는 노력이 필요하다.

(2023년 5월 8일 기고)

IMF의 변신, 이제 인간을 바라보나

달라진 2023년 춘계 국제통화기금·세계은행 회의

여러 대전환기 정책 과제 다루며 지평 과감히 넓혀

숫자와 모델 중심 도그마에서 탈피하는 변신 노력

인간의 삶 들여다보는 데 인색했던 과거 모습 벗나

　최근 벚꽃 활짝 핀 미국 워싱턴 D.C.에서 국제통화기금(IMF)과 세계은행(World Bank) 2023년 춘계회의가 열렸다. 봄바람에 흩날리는 벚꽃처럼 아름답고 눈부신 성과를 보여줬다고 평하기는 어렵겠지만 제법 의미 있는 논의들이 있었다.

　전형적인 거시경제정책만이 아니라 코로나19 팬데믹 이후 인류가 직면한 대전환기의 정책 과제들이 다수 포함되었다. IMF의 주특기인 거시경제 분야에만 안주하지 않고 과감하게 지평을 넓혀 변화를 모색하는 개척자의 모습이었다.

　이번 회의 의제는 중동지역의 저탄소 미래와 디지털 전환, 여성의 경제력 향상을 위한 법적 과제와 여성 기업가 육성, 인공지능 딜레마, 암호자산의 미래, 중앙은행 디지털화폐, 교육과 인적자본 투자, 디지털 격차 해소, 보건정책, 사회안전과 금융포용, 포용적이고 지속가능한 공급망 구축 등 대전환기 글로벌 정책 이슈를 망라했다.

인간을 중시하고 더 나은 세계를 만들며 지속가능한 인류의 미래를 설계하는 데 이바지하고자 하는 열망이 느껴진다. 선진국과 개도국을 막론하고 공통적으로 인식하는 문제와 위기를 열거하는 데 머물지 않고 그 해법을 모색하는 노력도 감지된다.

돌이켜 보면 1944년 창설된 이후 IMF는 주로 기술적이고 비정치적인 거시경제분석과 정책 처방에 주력했다. 그래서 경제를 마치 기계처럼 다룬다는 평가마저 받았던 터였다.

한국을 포함해 동아시아를 강타한 1997년 외환위기 당시 IMF가 취했던 혹독한 처방을 반추해 보면 실감나는 평가다. 당시 IMF는 구제금융의 대가로 고강도 긴축프로그램을 가차 없이 집행했고 그 과정에서 이를 감당해야 하는 사람들의 고통은 크게 고려하지 않았다. 거시경제 프레임워크(정책 판단과 결정의 틀)를 강조하며 그 안에서 실제 숨쉬는 인간을 들여다보는 데는 인색했다. 계량적 목표 달성을 기계적으로 추구하는 테크노크라트의 전형이었다.

그러던 IMF가 기후변화, 여성의 권리, 보건과 같은 이슈를 다루기 시작한 것은 비교적 최근의 일이다. 과거 수십년을 지배해 왔던 신자유주의(neoliberalism) 철학에 대한 반작용의 도도한 시대 흐름을 반영한 것일까. 시장의 본질은 추상적인 숫자와 계량적인 모델이 아니며 인간과 사회가 체화된 것임을 IMF 이제는 인식하게 된 것일까.

이번 2023년 춘계회의는 IMF의 변신이 본격화했음을 말해주는 신호탄일지 모른다. 국제기구라는 우월적 지위를 누리며 기술적 거시경제 프레임워크에 갇혀 있던 과거 모습에서 탈바꿈할지 주목된다.

이번 회의를 기점으로 오랜 기간 IMF를 지칭하던 '구조조정의 대명사', '저승사자' 등과 같은 별명은 조만간 사라질지 모르겠다. 팬데믹 이후 세상의 관점과 철학은 달라졌고 대전환기 흐름에 IMF도 예외일 수 없음을 이번 회의가 보여주는 듯하다.

무엇보다 숫자와 모델로 표현되는 경직적인 도그마에 더 이상 안주하지 않고 인간을 바라보며 중시하는 변신을 도모하려는 의지가 이번 회의에서 읽힌다. 이는 지금의 대전환기에 국제기구가 추구해야 할 책무와도 부합하는 대목이다. 국제기구도 오랜 관성에서 벗어나 진화해야 산다.

추경호 경제부총리, 이창용 한국은행 총재도 이번 회의에 참석했다. 한국의 높아진 경제 위상과 국력에 걸맞게 그들의 발언 하나하나에 국제적 관심이 쏠리는 모습이었다.

국내 정책 또한 글로벌 흐름에서 피드백을 얻고 다시 피드백을 주는 상호작용 과정에서 발전하고 진화한다. 한국의 국제 위상으로 볼 때 글로벌 이슈를 단순히 따라가는 것으로는 부족하다. 이젠 선도하는 역할이 요구되고, 그러한 역할이 국익에도 부합함은 두말할 나위가 없다.

정부와 중앙은행이 대전환기 글로벌 변화 흐름을 통찰력 있게 직시하며 정책의 업그레이드로 연결시키는 역량을 발휘할 때다. 벚꽃과 함께 한 2023년 IMF 춘계회의가 나라 안팎으로 대전환기에 적합한 정책을 활짝 꽃피우는 촉매제가 되길 바란다.

(2023년 4월 21일 기고)

2.28 한은 총재와 금감원장의 금리 엇박자···
구성의 오류이자 범주의 오류

> 금감원장 주도 상생금융, 정책금리 인상기에도 은행 금리 하락 초래
> 통화정책·금융정책 간 '구성의 오류'···부분은 맞지만 전체는 안 맞아
> 상생금융·포용금융, 금융시스템 재설계에 관한 입법 통해 추진해야
> 국민 삶과 밀접한 금융 이슈일수록 제도변화의 정통적 접근방법 필요

이창용 한국은행 총재와 이복현 금융감독원장의 금리 엇박자 논란이 언론을 통해 보도되며 세간의 이목을 끌고 있다. 중앙은행 총재와 금융감독기관 장이 금리를 두고 충돌하는 것처럼 비칠 수도 있는, 국내뿐 아니라 해외에서 도 좀체 보기 어려운 이례적인 일이다.

지난주 있었던 추경호 경제부총리 겸 기획재정부 장관, 이창용 총재, 김주 현 금융위원장, 이복현 원장 4인 비공개 간담회에서였다. 이 총재가 이 자리 에서 금융당국의 미시적 금리개입을 비판하는 듯한 발언을 했다는 것이다. 양측이 즉각 부인하며 진화에 나섰지만 뒷맛이 개운치 않다.

이복현 금감원장은 그동안 이른바 '상생금융' 정책을 주도하며 은행권 대 출금리 인하를 요청해 왔다. 이 원장의 이런 노력으로 은행 대출금리는 중앙 은행이 정책금리를 지속적으로 인상해 왔음에도 불구하고 오히려 낮아지는 상황이다. 통화정책의 핵심 파급경로가 제대로 작동하지 않는 모습이다.

그래서 금융권에서는 한은의 긴축 통화정책과 금융당국의 상생금융 정책이 엇박자를 내고 있다는 지적도 있었던 것이 사실이다. 양측이 이러한 엇박자 논란을 애써 해명하고 있지만 차제에 문제의 본질을 살펴볼 필요가 있다.

중앙은행과 금융당국이 각자의 정책 관점에서 바라본다면 양측이 제기할 수 있는 통화정책과 금융정책의 논리는 타당할 수 있다. 다만 논리학에서 말하는 구성의 오류(fallacy of composition)를 피하기는 어려울 것이다. 즉 부분적으로는 맞지만 전체적으로는 맞지 않는 상황이 초래될 수 있는 것이다.

인플레이션 대응에 초점을 두어온 긴축 통화정책의 관점에서는 정책금리 인상에 맞추어 시장금리 상승과 함께 은행 대출금리도 올라가야 하는 것이 타당하다. 이를 인위적으로 억누르는 금융정책은 통화정책과 상충될 수 있다. 반면 코로나19 팬데믹 이후 금융부문 리스크와 취약성 등을 중시하는 금융정책의 관점에서는 상생금융 노력에 의한 은행 대출금리 인하가 타당한 목표의 하나로 간주될 수 있다. 긴축 통화정책은 이 목표와 상충될 수 있다. 각자 부분적으로는 타당하지만 전체적으로 보면 타당하지 않은 구성의 오류를 보여주고 있다.

구성의 오류와 함께 영국의 철학자 길버트 라일이 그의 저서 '마음의 개념 (The Concept of Mind)'에서 말한 범주의 오류(category mistake)를 떠올리지 않을 수 없다. 상생금융이라는 팬데믹 이후 제기되고 있는 사회적 관심사 내지 과제가 과연 통화정책 또는 금융정책 당국자들만이 모여서 해결할 수 있는 범주에 속하는가 하는 문제를 성찰해 볼 필요가 있는 것이다.

팬데믹 이후 인간을 중시하는 지속가능한 세계를 만들어 나가는 것은 각국이 추구하는 가치이며 사회적 과제다. 불평등과 양극화, 취약그룹의 문제를 살펴야 하는데, 상생금융 또한 그 일환일 것이다. 특히 입법부가 제도변화를 모색하면서 여기에 관심을 기울여야 한다. 상생금융과 포용금융(inclusive finance)은 통화정책과 금융정책뿐만 아니라 금융시스템 재설계에 관한 입법을 통해 더욱 효과적으로 추진될 수 있는 범주에 해당할 수 있다. 금감원장이 은행을 돌며 행동으로 독려하는 역할도 의미가 있겠지만 국민의 삶과 밀접한 금융 이슈일수록 제도변화의 범주에서 정통적 접근방법으로 다루며 추진할 필요가 있겠다. 일상적이고 미시적인 금융감독기능으로 모든 것을 커버하려는 데서 초래되는 범주의 오류를 경계해야 한다.

1993년 노벨경제학상 수상자이며 필자가 미 워싱턴대에서 지도를 받았던 법·제도경제학자 더글러스 노스의 말을 인용해 본다. '제도는 게임의 룰이며 제도 아래에서 움직이는 플레이어는 정책을 운영하고 룰과 상호작용한다. 플레이어가 룰과 상호작용하는 가운데 룰의 변화를 가져올 수 있고 룰의 변화는 게임의 결과, 즉 경제적 성과에도 영향을 미치게 된다.'

플레이어에 해당하는 4인의 정책당국자들이 플레이어들끼리의 상호작용뿐만 아니라 룰과의 상호작용에도 적극 나서기를 기대한다. 때마침 그 4인중에는 입법부의 일원인 추경호 경제부총리도 포함되어 있다. 룰을 만드는 입법부의 권한은 국민으로부터 위임받은 것이다. 플레이어들이 국민에게 다가가는 노력이 정책의 성공을 위해 근본적으로 중요한 이유이다.

(2023년 4월 17일 기고)

2.29 지난 1년 연준 따라간 이창용의 통화정책, 이제 독자성 강화할 때

> 이창용 총재, 세계적 금리 인상기에 주요국 통화정책 보조 맞춰
> 팬데믹 이후 정책 흐름 주도한 연준에 대한 평가 말하기는 일러
> 한은, 총체적 정책 여건 판단 강화와 연준으로부터의 독립 '과제'
> 중앙은행 총재의 경제철학 펼치며 국민에게 다가가는 노력 필요

이창용 한국은행 총재가 취임하고 1년이 지났다. 오늘 다시 한국은행의 통화정책 결정이 있었다. 정책금리를 연3.5%로 현 수준을 유지하는 결정이었다. 최선의 결정이었으리라 생각하지만 통화정책 평가는 상당한 시차를 두고 내려지게 마련이다. 그래서 정책결정자는 늘 고뇌하고 성찰할 수밖에 없다. 경제 안정을 최종적으로 책임지는 중앙은행가(central banker)의 숙명일 것이다.

이 총재의 지난 1년은 세계적 금리인상기였다. 미국 중앙은행인 연방준비제도(연준)의 금리인상에 주요국 통화정책이 보조를 함께 한 시기였다. 높은 인플레이션에 맞서는 정책 대응이었다. 실로 오랜만에 부각된, 인플레이션 파이터로서의 전통적 중앙은행 역할이 아닐 수 없다. 코로나19 팬데믹 이전 낮은 물가상승이 이어졌던 20여년 대안정기(great moderation)에는 아예 볼 수 없었던 모습이다.

미 연준은 물가안정과 최대고용을 통화정책의 양대 목표로 하는 이원적 책무(dual mandate)를 미 의회로부터 부여받고 있다. 안정과 성장을 동시에 고려해야 하는, 정밀한 균형이 필요한 책무를 지닌 것이다. 이러한 미 연준이기에 아주 급격하게 긴축 통화정책으로 방향을 트는 모습은 낯설었다. 과거 예술에 가까운 품격 있는 정책운영 패러다임과는 상당한 거리가 있어 보였다.

그렇지만 연준은 팬데믹 이후 세계 통화정책의 흐름을 주도하는 위치에 있었다. 그리고 통화정책의 성격상 평가는 상당한 시일이 흐른 후에 이루어질 수밖에 없을 것이다.

모두가 같은 방향으로 달려야 할 때는 오히려 고민을 덜 해도 되는 측면이 있다. 지난 1년이 연준의 통화정책 흐름과 보조를 맞추는 시기였다고 한다면 향후는 어떠한 시기가 될 것인가.

한국은행의 통화정책 패러다임은 1990년대 말 한국은행법 개정과 함께 새로이 도입했던 물가안정목표제에 기본 토대를 두고 있다. 필자는 당시 이 제도 정착 실무자로 참여했다. 미 연준이 부여받은 이원적 책무와는 달리 한국은행의 법적 책무는 물가안정을 최우선 목표로 한다.

그렇다고 한국은행 통화정책이 물가목표만을 경직적으로 추구하는 모델인 것은 아니다. 신축적 물가안정목표제와 함께 이른바 총체적 접근방식(look-at-everything approach)을 지향해 왔다. 물가안정을 중시하면서도 성장과 금융안정 등 제반 경제 상황을 균형 있고 종합적으로 판단하며 지속가능한 국민경제 발전을 도모해 왔다.

이러한 맥락에서 총체적 정책 여건 판단을 더욱 강화해 나감과 더불어 점차 연준으로부터의 독립을 모색해 나가는 독자성 제고 노력이 향후 통화정책 결정자의 중요 과제일 것이다. 연준으로부터 독립하기 어려웠던 지난 1년과는 달라질 수 있는 여건을 주시하며 한국은행의 정통적 통화정책 운영 패러다임을 견지해 나가는 노력이 한층 더 필요하다고 하겠다. 팬데믹 이후 통화정책이 우리 국민의 삶과 일상에 미치는 영향은 더욱 긴밀해지고 있다. 이를 총체적으로 살피는 균형 있는 통찰력을 중앙은행 총재에게 국민은 기대하고 있다.

한 나라의 경제적 성과는 통화정책과 경제정책뿐 아니라 경제주체들의 인식과 행동양식에 크게 달려 있다고 볼 수 있다. 정책의 유효성 또한 경제주체들의 인식과 행동양식의 토대 위에서 작동한다. 국민에 대한 책임성(accountability)이라는 관점에서 중앙은행 총재의 올바른 경제철학을 경제주체들에게 적극적으로 펼쳐나가는 것은 바람직하며 훌륭한 덕목으로 평가받을 수 있다.

학계와 국제기구, 정부와 중앙은행을 모두 섭렵한 경제학자이자 중앙은행 총재는 각국을 둘러 봐도 흔치 않다. 이러한 중앙은행 총재의 식견과 경륜은 소중한 사회적 자산이다. 그래서 이창용 총재가 앞으로 중앙은행가로서의 경제철학을 본격적으로 펼치며 국민에게 더욱 다가가길 기대한다.

통화정책 결정 직후의 정례 기자간담회뿐만 아니라 평소의 대외강연, 기고 등도 국민에게 다가가는 효과적인 접근방법이 될 수 있다. 중앙은행 총재의 그러한 노력은 경제주체들의 인식을 변화시키고 그 인식의 변화는 다시 행동양식의 변화를 가져옴으로써 궁극적으로 경제적 성과를 제고하는 데 기여할 것이다.

취임 1년을 맞는 이창용 총재가 다시 1년 후에 통화정책의 성공은 물론이고 보다 넓은 차원에서 경제적 성과를 제고하는 데 큰 성취를 이루는 중앙은행 총재로 국내외적인 평가를 받을 수 있길 기대해 본다.

(2023년 4월 11일 기고)

(2.30)   # 세계경제 올바른 길로 이끌고 있나…
            # 시험대 오른 제롬 파월

연준 통화정책 성공적이라는 증거 보이지 않아
패러다임 대전환기, 통화정책 목표 재성찰해야
중앙은행가, 통찰력과 인간에 대한 이해 요구돼
파월의 성패, 팬데믹 이후 지구촌 시민 삶에 직결

제롬 파월의 영향력은 막강하다. 미국 중앙은행 연방준비제도(연준) 의장으로 세계경제를 쥐락펴락한다. 코로나19 팬데믹 이후 위기 극복을 위한 통화정책 최선봉에 그가 있었다.

세계경제를 옳은 길로 이끌었는지는 알 수 없다. 연준의 통화정책이 성공적이었다는 명백한 증거는 아직 보이지 않는다. 파월의 정책 역량은 다시 시험대에 오른 형국이다.

애초 전망부터 어긋났다. 파월 의장이 한때 일시적이라고 애써 주장했던 인플레이션은 1970년대만큼이나 심각해졌다. 이후에야 통화정책을 급격한 긴축으로 바꿨지만 아직 인플레이션은 충분한 수준까지 진정되지 않았다. 리스크 또한 잠재되어 있다.

그런 와중에 실리콘밸리은행(SVB) 등 금융 중추인 은행이 파산했다. 국제 금융시스템이 동요하고, 시장이 혼란에 빠졌다. 연준과 파월 의장의 총체적 역량과 리더십에 대한 회의가 고개를 들었다.

그동안 유수 오피니언 리더들은 파월에게 1980년대 폴 볼커 연준 의장처럼 경기침체도 감수하는 인플레이션 파이터가 되기를 조언했다. 2012년 드라기 유럽중앙은행 총재의 '뭐든지 하겠다'는 결기의 정책 대응도 강조했다. 지난해 8월 파월 의장이 잭슨홀 미팅에서 발신한, 예상을 뛰어넘는 긴축 메시지는 이러한 조언들을 충실히 따르겠다는 강력한 의지의 표현이었다.

노련한 항해자는 해면의 포말을 보되 심해의 흐름을 직시하며 위기의 파고를 넘고 결국 성공적인 항해를 이끈다. 통화정책은 거함(巨艦)이다. 노련한 함장은 급격히 방향을 선회하지 않는다. 포말과 심해 흐름을 살피며 선제적으로 점차 조금씩 방향을 튼다.

특히 팬데믹 이후 전개되는 패러다임 대전환기의 정책에서 거함을 지휘하는 정책결정자가 포말만을 보며 과거의 특수했던 정책 패턴을 과도하게 반복해야 할 당위성은 없다.

1980년대의 급격한 긴축 통화정책이 중남미 외채위기를 초래했음을 보더라도 과감한 항로 변경은 값비싼 비용을 치를 수 있다는 점도 유념해야 한다. 실리콘밸리은행 파산 등 금융시스템 동요는 그런 흐름에서 파열돼 떨어져 나간 조각일 것이다.

전쟁 등에 따른 공급 압박 인플레이션에 미국이 금리인상으로만 대응하려 했다는, 이른바 가학적 통화주의(sado-monetarism)라는 비판도 있다. 정치의 영역에서 풀어야 할 일부 문제를 통화정책에 모두 담을 수는 없음을 말하려는 비판일 것이다.

팬데믹 이후 세계는 문명사적 대전환기를 맞았다. 글로벌 공공보건과 인간의 안전을 중시하는, 지속가능한 세계를 만들어 나가고자 하는 열망은 그 대전환기 시대정신일 터다.

이에 지속가능한 경제적 번영과 안전한 사회를 이뤄나갈 수 있는 정책은 더욱 긴요해졌다. 팬데믹 이후 인류의 삶과 한층 더 밀접해진 통화정책도 목표와 패러다임에 대한 재성찰이 필요하다. 정치 영역에서 바이든 대통령의 리더십이 주목받듯이 경제 영역에서 파월 의장의 리더십을 전 세계가 주시하고 있다.

통화정책이 특정 도그마에 기계적으로 사로잡히거나 과거를 답습해서는 안되는 상황임을 인식해야 한다. 포말과 심해의 흐름을 함께 읽는 통찰력, 그리고 인간에 대한 진지한 이해가 중앙은행가에게 요구되는 시점이다.

대전환기의 세계경제를 이끄는 위치에 있는 제롬 파월 연준 의장이 그러한 역량을 발휘해 이 시대의 선구자적 중앙은행가(avant-garde central banker)로 평가받기를 바란다. 그의 성패에 팬데믹 이후 지구촌 시민의 삶이 달려있기 때문이다.

(2023년 4월 5일 기고)

**잭슨홀 미팅 이후 통화정책 커뮤니케이션은
어떻게 진화해야 하나**

경제 상황, 복합적 도전과 높은 인플레이션에 직면한 대변동기
과다확신의 오류 경계하고 커뮤니케이션의 진화 필요
중앙은행과 금융시장, 동반자 관계로서 파트너십 형성
이해·배려·존중 맥락에서 '포워드 가이던스' 재조명해야

제롬 파월 미국 연방준비제도(연준) 의장의 8월 26일 잭슨홀 미팅 발언이 세계 금융시장에 큰 파장을 일으킨 가운데 중앙은행의 통화정책 커뮤니케이션이 새삼 주목받고 있다. 9월 이후의 통화정책 방향을 가늠하기 위해 세계가 이 연례 경제모임에 귀를 곤두세웠던 터라 미국 중앙은행 총재의 예상을 뛰어넘는 한쪽 방향으로 쏠린 강력한 긴축 메시지에 금융시장이 크게 반응하지 않았다면 오히려 이상할 것이다.

파월 의장의 금번 발언은 1년 전 잭슨홀 미팅에서 인플레이션 압력은 일시적일 뿐이라고 단언했던 본인의 발언과도 확실한 대척점을 보인 가운데 폴볼커 미 연준 의장의 '경기침체도 감수하는 인플레이션 파이터', 마리오 드라기 유럽중앙은행 총재의 '뭐든지 하겠다'(whatever it takes) 등의 메시지를 다시 떠올리게 한다. 단정적 시그널로 받아들여지는 일련의 메시지 또는 커뮤니케이션으로 인식되기 때문이다.

사실 과거의 통화정책은 명확한 커뮤니케이션과 다소 거리가 있었다. 영국 중앙은행 총재를 역임한 몬태규 노먼 경의 모토는 '설명하지도 사과하지도 말라'였다. 1987년 미국 언론인 윌리엄 그라이더가 연방준비제도를 심층 분석한 책의 제목이 '사원(寺院)의 비밀(Secrets of the Temple)'이었다. 중앙은행이 외부에 감춰진 존재라는 함축적 표현이었다. 금융시장에서 인기가 높았던 앨런 그린스펀 연준 의장은 모호한 화법으로 특히 유명했다. '내 말이 분명하게 이해되었다면 그것은 나의 의도를 잘못 이해한 것이다'라고 말했을 정도다. 그린스펀 의장으로 인해 건설적 모호성(constructive ambiguity)이라는 전문용어까지 만들어졌다.

중앙은행이 통화정책 방향에 대해 명시적으로 시그널을 전달하는 포워드 가이던스(forward guidance), 즉 사전적 정책방향 제시라고 하는 통화정책 커뮤니케이션 방식이 도입된 것은 비교적 최근이다. 1990년대 이후 금융 자유화와 혁신의 진전으로 금융시장이 비약적으로 발전하면서 점차 중앙은행과 금융시장은 선도자-추종자 관계가 아닌 동반자 관계로서 파트너십을 형성하게 된다. 파트너십 관계에서는 상대가 무엇을 하고 있는지, 상대의 진정한 의도가 무엇인지 정확히 알 필요가 있고 서로간의 정보 비대칭이 축소되어야 한다. 그래서 투명성이 중시되고 글로벌 금융위기 이후에는 중앙은행이 자신의 정책방향을 공개하는 투명성의 가장 높은 단계라고도 할 수 있는 포워드 가이던스까지 오게 된 것이다.

지난 20여년의 경제 상황이 낮고 안정적인 인플레이션 등의 시대로 표현되는 대안정기(great moderation)였다 한다면 작금의 제반 여건은 과거와 크게 대비되고 있는 대변동기(great volatility)로 볼 수 있는 측면이 있다. 코로나19 팬데믹 이후 러시아의 우크라이나 침공 등 지정학적(geopolitical) 리스크와 세계화의 일부 후퇴(deglobalization) 조짐 등 복합적인 도전과 위기에 둘러싸인 가운데 공급요인 등이 혼재되어 높은 인플레이션에 직면하고 있는 지금과 같은 대변동기의 통화정책 커뮤니케이션은 어떠해야 할까.

먼저 과다확신 오류(hubris bias)를 경계해야 한다고 본다. 정책결정자가 알고 있는 부분도 있지만 알기 쉽지 않은 부분도 적지 않아 불확실성과 변동성이 매우 높은 상황에서 필요한 덕목은 과다확신보다는 겸손(humility)이다. 과감한 행동이 가져온 과거의 성공 경험뿐만 아니라 실패의 교훈도 함께 돌아보아야 한다. 포워드 가이던스는 중앙은행이 미래 통화정책 방향에 대한 정보를 투명하게 제시함으로써 경제주체들의 기대를 정책이 의도한 대로 형성하려고 하는 전략이다. 중앙은행이 미래 경제 상황에 대한 전망과 합리적 확신을 바탕으로 정책 방향을 매우 투명하게 제시하는 커뮤니케이션 전략인 것이다. 과다확신에 의한 과다 포워드 가이던스의 위험성은 늘 경계해야 한다.

저명한 사회심리학자 에리히 프롬이 '사랑의 기술(The Art of Loving)'이라는 저서에서 파트너십 관계의 핵심요소는 서로의 심리에 대한 이해와 배려와 존중이라는 점을 강조한 바 있다. 포워드 가이던스는 중앙은행과 금융시장 간의 파트너십 관계를 전제로 하는 커뮤니케이션 전략이다. 중앙은행과 금융시장이 동반자로서 파트너십을 형성하는 현대 금융시장에서 통화정책의 유효성을 높이는 전략의 하나로 볼 수 있다.

위기 때일수록 좋은 파트너십을 만들어 나가기 위해서는 서로의 미세한 심리를 이해하고 배려하고 존중하는 자세가 중요해지게 된다. 그래서 겸손이 필요한 대변동기의 파트너십 형성에는 포워드 가이던스의 전략도 재조명되어야 할 당위성이 있음을 인식할 필요가 있다. 중앙은행이 끊임없이 진화하는 생물체이듯 통화정책 커뮤니케이션도 진화하는 전략으로 부단히 발전해야 한다. 에리히 프롬이 말한 서로의 심리에 대한 이해와 배려와 존중이라는 맥락에서 대변동기의 포워드 가이던스 전략을 바라볼 필요가 있다. 통화정책의 사회심리학적 어프로치가 보다 필요한 시기이다. 이는 정책의 성공을 위해서도 긴요하다.

다시 1년 후 잭슨홀 미팅에서 금년 8월 잭슨홀 발언을 돌아볼 때 즈음에는 통화정책 커뮤니케이션이 한층 진화해 있고 정책의 성공도 이루고 있으리라 기대해 본다.

(2022년 9월 5일 기고)

한미 금리역전, '해면 포말' 아닌
'심해 흐름' 직시해야

> 돈은 수익 낮은 데서 높은 데로 흐르는 게 자본원리
> 그렇다고 금리 역전되면 자본 유출은 당연한 것인가
> 과거 한미 금리역전 때 외국인 국내채권 순매수
> 국가간 자금이동, 금리, 환율로만 결정되는 게 아니다
> 총체적 상황 판단과 관리가 더욱 중요

돈에 대한 이자(interest), 그 이자율, 금리는 지금 첨예한 주목 대상이다. 인플레이션 대응에 적극 나선 미국 중앙은행이 이른바 자이언트 스텝, 즉 0.75%포인트 금리인상을 6월에 이어 7월에도 연달아 단행했고 이에 미국 정책금리가 한국보다 높아지는 금리역전 상태가 됨에 따라 더욱 그렇게 되었다.

앞으로 금리 움직임은 어떻게 될 것인가. 8월과 9월, 또 그 이후의 통화정책 결정에서 한미 중앙은행이 금리를 어떻게 조정해 나가느냐에 따라 영향을 받을 것이다. 양국 정책금리 움직임에 따른 내외금리 차이가 다시 주목을 받는 상황이 되었다.

국가 간에 금리 차이가 있으면 돈의 흐름에 영향이 미칠 수밖에 없다. 폭

포수가 위에서 아래로 떨어지는 것이 자연의 원리이듯 돈의 흐름은 수익이 낮은 곳에서 높은 곳을 찾아 움직이고 이는 자본의 원리이다. 자유로운 금융거래와 자본이동이 가능한 글로벌 경제환경에서 돈이 국경을 넘어 높은 수익이 있는 곳으로 가려는 속성은 자연스러운 것이다.

이렇듯 금리는 매우 민감한 존재다. 고대 그리스 철학자 아리스토텔레스는 돈에 대한 이자 지급은 정당하지 않다고 반대했고 중세 유럽에서는 이자를 받지 말라는 성경 구절에 따라 이자를 금지했던 적이 있었다.

돈에 대한 이자의 정당성에 대해서는 역사적으로 논란이 많았다. 그러다가 16세기에 와서 종교개혁가 장 칼뱅이 이자 금지에 반대하고 나섰으며 비슷한 시기 영국에서는 이자가 합법화되었다. 근대 이후 산업혁명을 통해 대량생산이 이루어지고 돈을 빌리려는 사람들이 늘어나면서 금융산업이 발전했고 이자는 보편화되었다. 과거 논란이 되고 의문시되었던 이자, 이자율, 금리는 오늘날 자본주의를 움직이는 핵심적 가격변수라 부르고 있다.

그렇다면 이 핵심적 가격변수가 이제 모든 것을 지배하는 존재가 된 것인가. 그래서 국가 간 금리역전이 있으면 자본 유출은 당연히 일어나는 것인가.

우리나라의 최근 예를 보면 2010년부터 2015년까지 한국금리가 미국금리보다 높았고 외국인은 한국에서 발행한 채권을 순매수했다. 2017년과 2018년에는 한국금리가 미국금리보다 낮아지는 금리역전 현상이 나타났는데도 외국인이 국내 채권을 순매수했다. 즉 금리의 높낮이에 따라서 돈이 움직이는 기본원리가 항상 적용되지는 않았다. 글로벌 투자에는 금리 말고도 고려할 다른 요소들이 있다는 것이다. 그 다른 요소들은 무엇인가.

미국 연방대법원의 1937년 판례(First Nat. Bank & Trust Co. of Bridgeport, Conn. v. Beach)에서 비롯된 총체적 상황 판단(totality of the circumstances test) 이론이 있다. 어느 하나 또는 특정 요소에만 의존하지 않고 모든 정보와 상황을 총체적으로 고려하여 결정을 내려야 한다는 이론이다. 의사결정에 있어 경직적인 체크리스트(inflexible checklist)가 아닌 균형 있는 접근방법(balancing approach)의 중요성을 강조한 이론이라고 설명할 수 있다. 이 판례이론이 경제 문제에도 적용되는 바가 있다. 금리만이 아닌 총체적 상황 판단이 중요하다.

국가 간 자금이 이동할 때는 금리나 환율 등과 같은 가격변수뿐만 아니라 투자대상국 경제에 대한 총체적인 판단 또한 중요한 고려 요소가 된다. 국제금융의 흐름을 주도하는 투자 주체들은 늘 투자대상국의 유동성, 신용위험, 그리고 중장기 경제여건의 안정성 등을 총체적으로 들여다본다고 할 수 있다.

그래서 외국인이 내외금리가 역전되었을 때에도 우리나라에 투자를 많이 한다는 것은 우리의 대외신인도에 영향을 끼치는 경제의 기초체력, 이른바 기초경제여건(fundamental) 등이 국제금융시장으로부터 양호한 평가를 받고 있다는 신호로 볼 수 있다. 신뢰하고 투자할 수 있는 나라임을 뜻한다.

기초경제여건 등이 취약할 경우에는 자국 금리가 해외 금리보다 높더라도 투자자금이 빠져나갈 수 있다. 금리가 높은 일부 신흥국에 투자자금이 몰리지 않는 사례에서 이를 확인할 수 있다. 글로벌 투자 결정에 있어 총체적 상황 판단의 중요성을 보여주는 대목이다.

지금의 대내외 경제 및 정치 여건 등을 돌아볼 때 해면에 일어나는 포말을 보되 심해의 흐름을 중시해야 하는 시기이다. 금리, 환율 등 가격변수의 움직임에 주도면밀하게 대응하고 적시성 있게 정책을 수행하되 우리 경제의 기초경제여건을 견실하게 다지는 가운데 대전환기 미래전략산업 육성의 스퍼트(spurt)를 통해 경제 강국으로의 도약을 확고히 하며 각 부문 제도와 제도 운영 면에서도 구조개혁 추진의 고삐를 당기는 등 총체적 상황 판단과 관리에 만전을 기하는 노력의 긴요함을 인식해야 할 때다.

러시아의 우크라이나 침공 등 지정학적(geopolitical) 요인에서 비롯된 공급 압박 인플레이션 대응에 미국 등 주요국이 금리인상으로만 모든 것을 풀어 나가려고 한다는 일각의 비판은 가학적(加虐的) 통화주의(sado-monetarism)라는 과장된 표현으로 들려오기도 한다.

여기에서 초래될 수도 있는 일시적인 내외금리 차이 등 가격변수의 급격한 움직임을 해면의 포말에 비유한다면 총체적 상황 판단과 관리는 심해의 흐름을 함께 직시하는 균형 있는 행동철학의 가치와 중요성을 시사해 주고 있음을 8월의 바다를 보며 생각해 본다.

(2022년 8월 16일 기고)

위기 대응 정책결정자에게
프로 골퍼의 자세가 필요한 이유

> 작금의 인플레이션·자원 전쟁 상황, 1970년대와 닮아
>
> 정책결정자, 정책에 수반되는 경제·사회적 비용 살펴야
>
> 본질보다 이미지, 데이터에만 의존하는 의사결정은 위험
>
> 과다확신 오류 경계하고 겸손한 자세로 통찰력 간구해야

1.8 미터 거리에서 퍼팅을 성공시킬 확률은 얼마나 될까. PGA 골퍼들을 대상으로 물었더니 75~85%로 예상한다고 답했는데 실제 퍼팅에 성공한 확률은 55%였다. 이런 모습을 과다확신 오류(hubris bias, overconfidence bias)라고 한다. 프로 골퍼들에게만 이런 오류가 있을까.

미국 항공기 제작사 보잉의 B737 맥스 기종이 두 차례나 연속해서 대형 추락 사고를 겪은 것은 최고 수준의 보잉 엔지니어들이 그들의 전문성에 대한 지나친 확신으로 숨은 위험을 제대로 못 본 데서도 기인했다는 영국 일간지 파이낸셜타임스 분석이 있었다. 전문성에 대한 내부의 믿음뿐만 아니라 외부의 믿음도 강하게 마련인 전문가 그룹에서 이러한 과다확신 오류에 빠질 개연성이 오히려 높을 수 있다.

미국의 작가 데이비드 포스터 월리스는 내가 이 우주의 절대적 중심이며

가장 중요한 사람이라는 잘못된 믿음이 누구나 의식 속에 태생적으로 새겨져 있다고 보았다. 인간의 이런 본연적 속성이 전문가 그룹에서 증폭될 수 있는 위험성은 정책결정자들도 유념해야 할 대목이다.

지금 세계경제가 직면하고 있는 예상치 못한 높은 인플레이션, 원유 등 핵심적인 자원 생산지역에서 벌어지는 전쟁, 경제성장의 둔화, 긴축적 통화정책에 대한 두려움 등과 같은 상황은 1970년대에 겪었던 세계경제의 주된 특징과도 닮은 측면이 있다.

당시 미국의 강도 높은 긴축 통화정책으로 인플레이션은 1980년대에 들어 급속하게 진정되었다. 반면 강력한 통화 긴축의 여파는 경기침체와 함께 국제금리 급등 등으로 대외채무가 과다한 중남미 국가들의 외채위기를 초래하는 요인으로도 작용했다.

신속하고 과감하게 행동하는 데서 수반될 수 있는 경제적, 사회적 비용 등을 살필 수 있어야 한다. 과거가 그대로 반복되지는 않겠지만 지난 성공의 좋은 경험은 살리되 실수였다고 보이는 부분은 피해야 하고 이런 관점에서 볼 때 위기 대응에는 지나친 낙관도, 패닉도 바람직하지 않다고 하겠다. 양 극단에서 과다확신 오류 등에 빠질 수 있는 위험성을 경계해야 한다.

1970년대 석유파동은 각국 정치인들에게 에너지 패권의 중요성을 각인시켰고 50여년이 흐른 2022년에도 그러한 인식은 여전히 유효하다. 조 바이든 미국 대통령이 다가오는 11월 중간선거를 수개월 앞둔 시점에 정치적으로 최근 가깝지 않았던 사우디아라비아를 원유 공급 촉진 등을 위해 방문하려는 이유도 바로 이 맥락이다. 아울러 지금 직면하고 있는 에너지, 식량 등 공급요인 인플레이션이 상당 부분 정치의 영역에서 풀어나가야 할 문제에서도 비롯되고 있음을 시사한다.

한편 러시아의 우크라이나 침공으로 야기된 원유, 가스 등 에너지 위기가 석탄과 같은 가장 전통적인 화석연료로 회귀하려는 각국의 수요를 이미 늘리고 있다. 이에 따라 그동안 기울여온 국제적인 기후변화 위기 대응 노력마저 정체되거나 후퇴할 우려 또한 현실 속에 잠재되어 있다. 정치 영역과 경제 영역 등이 한층 더 상호복합적으로 엮임으로써 그 해법 모색에도 융합적 접근과 노력이 긴요하다.

이코노미스트이건 정치인이건 특정 전문가 그룹이 모든 것을 전적으로 맡아서 풀어나가기가 점차 어려워지는 현실에서는 정책결정자가 아무리 뛰어난 이라도 과다확신 오류를 더욱 경계해야 할 당위성이 있다. 코로나19 팬데믹 이후 복합적으로 전개되는 패러다임 대변화기의 바람직한 덕목은 과다확신이 아닌 겸손이다. 변화하며 진화하는 세계는 필연적으로 불완전성과 불확정성을 내포하게 마련임을 겸허히 인식해야 한다. 지금과 같은 복합 위기 상황을 헤쳐나감에 있어 과다확신 오류에 빠지지 않도록 노력하는 자세가 중요하다. 퍼팅 샷에 겸손한 프로 골퍼의 자세는 위기에 대응하는 정책결정자에게 필요한 자세이기도 하다.

그렇다면 인간에게 태생적이고 본연적인 속성이며 고도의 전문가 그룹이나 엘리트 그룹에서도 볼 수 있는 과다확신 오류를 어떻게 극복할 수 있을 것인가.

우선 스스로 완전하지 않음을 인식하고, 역량 제고를 위해 끊임없이 노력하는 것이 중요하다. 단견적 접근에서 벗어나 넓은 안목과 통찰력을 갖출 수 있도록 힘써야 한다.

포스트모더니즘(postmodernism)의 관점에서 현대인은 미디어 등 환경요인의 영향을 받는 가운데 현상의 근본과 본질보다 겉으로 나타나는 이미지에 의해 좌우되는 경우가 적지 않다. 프랑스 사회학자 장 보드리야르는 현대인, 특히 정치인은 이미지의 포로(prisoners of image)라고 했다. 그만큼 단선적인 또 표면적인 행동 유인이 작용할 수 있다.

여기에 데이터에 의존하는(data-dependent) 의사결정이 현대적 정책 수행에서 일상화되고 있다. 데이터가 나오면 움직인다는 것이다. 물론 데이터가 중요하다. 하지만 데이터에 지나치게 의존하려는 성향이라면 유의해야 한다. 제한된 설명력을 갖는 데이터에의 과다한 의존이나 기계적 의존일 경우 과다확신 오류 등을 초래할 위험성이 적잖다. 데이터에는 신호(signal)와 소음(noise)이 함께 섞인다.

이것을 구분할 수 있어야 하지만 쉽지는 않다. 그래서 인식의 지평을 넓혀야 한다. 긴 호흡의 예측과 때로는 직관이 필요하며 통찰력과 지혜를 끊임없이 간구하는 자세가 필요하다.

위기 시에 사람들의 심리는 마치 양 극단을 오가는 '청룡열차'와도 같이 변화의 진폭이 크다. 이럴 때일수록 정책결정자는 눈앞에 겉으로 드러나는 현상만을 보는 데 그쳐서는 안된다. 위기의 바다를 항해하는 정책결정자는 해면의 포말을 보되 심해의 흐름을 직시해야 한다. 그리고 인간(humanity)을 함께 이해해야 한다.

(2022년 7월 7일 기고)

2.34 인플레이션과 팬데믹 이후 중앙은행 대차대조표

> 저물가 기억 생생한데 이젠 모두 인플레이션을 걱정하는 상황
> 모든 사람이 인플레이션 들여다볼 때 누군가는 다른 것도 봐야
> 그래야 군집행동을 완화하고 집단사고 오류 피할 수 있어

지금 모두가 인플레이션을 말한다. 조 바이든 미국 대통령이 중앙은행인 연방준비제도(연준)의 인플레이션 대응 노력을 지지한다는 입장을 공개적으로 밝혔다. 중앙은행의 통화정책 방향에 대해 대통령이 직접 언급을 자제하는 관행에 비추어 다소 이례적이다.

최근 취임한 한국의 대통령도 인플레이션과 정책 대응의 중요성을 줄곧 강조한다. 각국 중앙은행 총재들과 정책결정자들의 발언이 이어지고 이에 질세라 오피니언 리더들의 관련 칼럼이 언론을 장식한다. 남대문시장의 상인들과 주부들도 인플레이션을 말하고 반려견들까지 인플레이션이라는 말이 귀에 익을 지경이다.

얼마 전까지만 해도 모두가 저물가를 걱정했던 기억이 생생한데 이렇게 상황이 완전히 바뀌면서 다들 인플레이션 파이터가 되고 있다는 느낌이다.

밀턴 프리드먼이 말한 대로 '인플레이션은 언제나 그리고 어디에서나 통화적인 현상(Inflation is always and everywhere a monetary phenomenon)'이라고 본다면 지금의 인플레이션이 이른바 공급요인이나 수요요인 그 무엇에서 주로 비롯되었든 중앙은행의 적합한 통화정책으로 결국은 잡힐 것이다.

다만 모든 사람이 인플레이션을 들여다보고 있을 때 일부 정책결정자들은 다른 것을 함께 들여다볼 수 있어야 만의 하나 정책의 군집행동(herd behavior)을 완화하고 지나친 집단사고(group thinking)의 오류를 피할 수 있을 것 같다.

1980년대 미 연준 의장 볼커 류의 '경기침체를 감수하는' 인플레이션 파이터, 2012년 유럽중앙은행(ECB) 총재 드라기 류의 '뭐든지 하겠다'는 방식('whatever it takes' approach) 등의 정책 대응을 코로나19 팬데믹 이후 전개되는 패러다임 대전환기의 정책에서 과도히 반복해야 할 당위성은 없을 것이다. 정책의 궁극적인 목표는 인류와 국민에게 더 나은 삶을 위한 세계를 만들어 주는 지혜로운 역할과 방법을 찾고 거기에 기여하는 데 있다.

금번 팬데믹 위기 극복 과정에서도 지난 글로벌 금융위기 때와 마찬가지로 중앙은행의 대차대조표(Balance Sheet)는 큰 관심 대상이 되었다. 자산매입 프로그램(Asset Purchase Program)이 시행되면서 중앙은행 대차대조표의 자산 규모가 확대되었기 때문이다. 위기에 발 빠르게 움직였던 미 연준의 대차대조표를 보면 현재의 자산 규모 약 9조 달러는 팬데믹 이전의 두 배 수준이고 글로벌 금융위기 이전에 비하면 9배로 늘어났다.

위기에 대응하는 과정에서 중앙은행 대차대조표가 크게 늘어난 것이 사실이다. 그렇다면 팬데믹 이후 중앙은행 대차대조표는 다시 축소되어야 할 것인가. 미 연준은 이미 금리인상과 아울러 양적 긴축(quantitative tightening), 즉 대차대조표 축소를 통해 인플레이션 대응에 적극 나서는 정책을 밝히고 시행에 들어가는 단계다.

중앙은행 대차대조표 확대 이슈는 중앙은행의 진화하는 역할 변화와 관련해서 바라보아야 할 필요가 있는 사안으로 본다. 글로벌 금융위기와 팬데믹 위기뿐만 아니라 기후변화 위기, 불평등이 가져오는 위기 등 인류의 삶과 관련되는 문제들을 해결하는 데 중앙은행의 대차대조표를 바라보는 경제 및 사회적 관심이 지속되어 왔다.

팬데믹 위기 이전인 2019년 유럽중앙은행은 기후변화 대응이 중앙은행 책무 수행에 필수적인(mission-critical) 우선순위가 되어야 함을 선언하였다. 환경오염 유발자가 발행한 채권매입을 줄이고 반대로 환경친화적인 기업이 발행한 채권매입은 확대하는 이른바 녹색 금융(green finance) 등을 중앙은행이 적극 추진하는 정책을 말하는 것이다.

글로벌 금융위기 이후 불평등과 양극화 완화를 위한 금융포용(financial inclusion)이 중앙은행과 정부의 새로운 책무로 각국에서 인식되고 여러 형태의 정책으로 펼쳐져 오고 있다. 인류의 삶에 관련되는 더 나은 세계를 만들어 가려는 여러 이슈에 중앙은행이 등판하는 움직임이 이어진 가운데 코로나19라는 전대미문의 글로벌 공공보건위기 해결에도 중앙은행이 역할을 하게 되었다. 이는 선택의 문제가 아니었고 숙명처럼 주어진 사회적 책무의 하나라고 하겠다.

역사상 최고 수준으로 늘어난 미 연준 대차대조표의 자산 9조 달러는 세계 최대 자산운용사 블랙록의 자산 규모 정도에 해당한다. 중앙은행의 대차대조표가 과거에 비해 크지만 절대적으로 크다 하기는 어려운 측면이 있다. 중앙은행 대차대조표 문제는 진화하는 중앙은행 역할의 관점에서 조명되고 인식될 필요가 있다.

특히 팬데믹 이후 대전환의 시대를 헤쳐 나아감에 있어서 중앙은행 대차대조표의 규모 그 자체 못지않게 구성요소를 어떻게 만들어 나가느냐 하는 측면을 보다 관심 있게 바라볼 필요가 있다. 비선출직인 중앙은행가에게 그러한 책무가 부여되어 있느냐 하는 질문은 있을 수 없다.

국민이 선출한 대통령에 의해 임명된 중앙은행 총재의, 국민에 대한 책임성(accountability)이 정당하게 존중될 필요가 있음은 명백하다. 당면한 인플레이션 대응을 포함하여 팬데믹 이후를 준비하는 정책의 수행에 있어 국민에 대한 책임성을 바탕으로 한 중앙은행의 전문성과 경험 및 특수성이 적극 발현되어야 한다(central bank activism).

광범위한 정책 수단을 가지고 있는 정부 또한 시야를 넓히고 창의성과 적극성을 발휘하여 팬데믹 이후 더 나은 세계를 만드는 데 기여해야 하겠다.

(2022년 5월 31일 기고)

중앙은행 총재의 조건

▌ 예술가처럼 초연하되 정치인처럼 세상과 가까워야

코로나19 팬데믹 위기 속에서 러시아의 우크라이나 침공으로 인한 신냉전(post-post cold war)의 위기가 더해지는 그야말로 위기의 시대를 지나고 있는 지금, 한 나라를 운영하는 데 가장 필수적인 요소를 두 가지만 말하라고 한다면 필자는 국민을 외세로부터 보호할 국방력, 그리고 경제안정을 최종적으로 책임지는 중앙은행을 꼽고 싶다.

위기의 시대, 또 변혁의 시대일수록 중앙은행에 기대하는 역할과 책무가 막중한 만큼 중앙은행의 장이 갖추어야 할 역량 내지 중앙은행 총재의 조건이 무엇일지가 세간의 관심 대상이 되는 것은 당연하다.

미국의 작가 윌 로저스는 태초 이래 인류의 세 가지 위대한 발명품으로 불, 바퀴, 그리고 중앙은행을 꼽기도 했는데 현대적 의미의 중앙은행은 의회가 제정한 법률에 의해 독립기관이 됨으로써 역할을 하기 시작하였다.

중앙은행의 법적 위상은 광의의 독립적 행정기관(independent administrative agency)이라는 것이 현대 행정법상 설득력 있는 견해의 하나로 인식되고 있고 여기서 행정기관이라 함은 입법부와 사법부를 제외한 정부 소속 기관을 지칭한다. 중앙은행은 그 장의 임명을 대통령이 하지만 대통령의 직접 지휘를 받는 내각(cabinet)과는 달리 업무의 독립성이 철저히 보장되어야 하는 기관이다.

중앙은행의 모범으로 인정받는 미 연준의 독립성은 제롬 파월 현 의장과 도널드 트럼프 전 대통령 간에 표출되었던 첨예한 갈등 관계 속에서도 여실히 확인된 바 있다. 대통령에 의해 대표되는 광의의 행정부에 속하면서도 대통령의 직접 지휘를 받지 않는 독립적 행정기관으로서의 이러한 중앙은행의 위상은 행정부에 속하는 준사법기관인 검찰의 독립성에 비견될 수 있는 측면이 있다고 하겠다.

그러면 중앙은행을 이끄는 중앙은행 총재가 갖추어야 할 역량은 어떠한 것이어야 할까? 중앙은행은 망망대해를 헤쳐 나가는 항해자에 자주 비유된다. 그리스 신화의 영웅 율리시스는 트로이 전쟁을 승리로 이끌고 돌아가는 길에 요정 사이렌이 사는 섬을 지나게 된다. 이전의 수많은 항해자들이 사이렌의 아름다운 노래에 홀려 바다에 빠지거나 배가 난파되었는데 이를 익히 알고 있던 율리시스는 자신의 몸을 배의 돛대에 묶는다. 그렇게 해서 사이렌의 유혹을 견뎌내고 섬을 무사히 통과하게 된다.

중앙은행도 자신을 주어진 책무에 묶어둠으로써 외부 압력이나 유혹에 흔들리지 않아야 한다. 항해자로서의 중앙은행 총재는 율리시스와 같은 자세의 실천자일 필요가 있다. 중앙은행은 안정과 성장이라는 사회의 상충되는 요구에 끊임없이 직면하게 되고 법적 책무(legal mandate)와 사회적 책무(social imperatives) 간의 간극에서 고뇌하게 마련이다. 중앙은행 총재의 직은 독립성에 관한 법경제적 성찰을 일상적으로 할 수밖에 없는 자리이다. 중앙은행 총재의 경제철학이 중요한 이유이다.

중앙은행 총재가 선출직은 아니지만 국민에 대해 직접 책임을 지고 행정부 전체를 대표하는 대통령에 의해 임명되는 직인 만큼 국민에 대한 책임이 있으며 따라서 중앙은행 총재의 정치적 책임성(political accountability)이 정당하게 존중될 필요가 있다. 중앙은행 총재의 경제철학에 대한 사회적 확신이 필요한 것이다.

공정과 정의라는 법철학을 지닌 검찰총장이 국민의 지지를 받아 차기 행정부를 대표하는 대통령에 당선된 데에서도 확인되듯이 국민은 위기의 시대를 헤쳐 나갈 차기 중앙은행 총재의 경제철학에 대해 지대한 관심을 갖고 있다.

임명된 이후에는 대통령의 직접 지휘를 받지 않는 중앙은행과 같은 독립적 전문 행정기관의 장일수록 전 행정부를 대표하는 대통령의 헌법적 의무에 기초하여 국민은 그 경제철학을 충분히 알 필요가 있다.

국민의 삶에 밀접한 영향을 미치는 중앙은행 총재의 조건은 일반 내각의 구성원과는 사뭇 다르다. 비선출직이지만 대통령의 직접 지휘를 받지 않는 중앙은행 총재의 국민에 대한 책임성은 내각 구성원과는 결이 다른 측면이 있는 것이다. 중앙은행 총재의 경제철학에 대한 세간의 관심이 선출직 못지 않게 늘 높았던 이유 중 하나이다. 이렇게 볼 때 중앙은행 총재 후보들의 경제철학을 국회 청문회와 별도로 국민에게 미리 밝힌다면 이는 헌법적 원리에 보다 부합할 수 있는 하나의 방편이 된다.

그렇다면 바람직한 중앙은행 총재의 경제철학은 앞서 말한 율리시스와 같은 자세와 더불어 어떠한 모습이어야 할까? 영국 경제학자 존 메이너드 케인스가 1924년 스승 앨프리드 마셜에게 헌정한 에세이에서 힌트를 얻을 수 있다. 이코노미스트를 포함하여 모든 사람이 갖추면 바람직한 덕목이기도 하다.

 '일반의 관점에서 특별을 고려해야 하고, 추상과 현실을 같은 생각의 궤적에서 다루어야 한다. 미래의 목적을 위해서 과거에 비추어 현재를 공부해야 한다. 인간의 본성과 제도의 어떤 부분도 관심사에서 완전히 벗어나 있으면 안된다. 마음속에 목적성과 객관성을 동시에 지녀야 하고, 예술가처럼 초연하고 오염되지 않아야 하지만 때로는 정치인처럼 세상과 가까워야 된다.'

(2022년 3월 16일 기고)

2.36 코로나 위기로 다시 귀환한 케인스와 '큰 정부'의 시대

| 위기 대응, 단지 '큰 정부'이기만 하면 되는 건 아냐
| 케인스와 하이에크 역량 겸비한 통찰력과 균형 필요

중앙은행인으로서 필자에게 코로나 위기는 세 번째 맞는 위기다. 외환위기와 글로벌 금융위기의 현장에 있었고 이젠 코로나 위기를 경험하고 있다. 90년 전에는 직접 경험하지는 않았지만 경제사와 금융사의 흐름을 바꾸었던 대공황이 있었다. 이러한 위기 시에는 항상 큰 정부(big government)가 등장했다. 그리고 엄청난 변화의 모멘텀이 있었다. 코로나 위기는 진행형이지만 이미 많은 변화의 모멘텀으로 작용하고 있다.

대공황을 계기로 19세기 후반경부터 이어져 오던 자유방임주의(laissez-faire) 철학이 큰 정부를 뒷받침하는 철학으로 바뀌었고 이같은 흐름은 그 이후의 위기에서도 이어졌다. 외환위기가 그랬고 글로벌 금융위기 또한 자유방임주의에서 큰 정부로의 전환점을 제공했다.

코로나 위기에서도 마찬가지 상황이 전개되는 것으로 볼 수 있다. 영국의 시사주간지 이코노미스트는 최근 '큰 정부의 승리(The triumph of big government)'라는 제목의 커버스토리를 냈다. 팬데믹에 대응한 각국 정부의 지출이 '작은 정부'를 선호했던 밀턴 프리드먼이 보면 놀랄 17조 달러로 전세계 GDP의 16%에 이르는 규모라는 것이다. 코로나 위기는 글로벌 금융위기 때보다 강하게 정부의 귀환을 촉진했고 강력한 재정, 통화정책을 통해 천문학적인 법정 화폐(fiat money)를 공급했다. 다시 케인스의 귀환이며 케인스의 시대라 할 수 있다. 위기 때면 늘 케인스가 구원투수로 등판해 적극적인 정부의 역할이 부각되는 흐름이다.

그런데 위기 대응이 단순히 큰 정부면 되는 것인가? 직관적이고 선언적으로 들리겠으나 큰 정부로 갈 경우에도 단순하게 큰 정부면 되는 것은 아니다. 역량(competence)과 공정성(fairness)을 지닌 큰 정부여야 할 당위성이 있다고 본다. 대공황을 분기점으로 1930년대 중반 이후 나타났던 변화도 공정성을 강화하는 방향으로 정부의 역할을 중시한 시대사상이 있었는지를 생각해볼 필요가 있다. 코로나 이후의 패러다임 전환 국면에서 새로운 사회계약으로 가는 흐름이 있는가를 살펴보아야 한다. 예컨대 예전에 비해 고용에 보다 많은 관심을 갖는 흐름이 있는지, 그렇다면 이것이 공정성 내지 사회 안정 유지에 가까이 다가가는 단면을 시사하는지 주시할 필요가 있는 것이다.

과거 위기와 마찬가지로 금번 위기로부터 잠재적 취약그룹이 형성될 가능성, 글로벌 금융위기 이후 부각된 불평등의 심화가 코로나 위기 이후 더욱 심화될 가능성, 코로나 위기 대응 과정에서 만들어질 수 있는 새로운 리스크와 불균형 가능성, 사회 곳곳에 아직 내재된 서민들이 느끼는 착취적 구조와 시스템이 코로나 위기 이후 한층 고착화될 가능성 등을 적시에 포착해서 대처할 수 있어야 한다.

아직 취약한 법의 지배(rule of law)가 21세기에 어울리는 선진국 수준으로 확립되어야 하며 행정과 사법 시스템 운영의 현실 정합성이 제고되어야 한다. 민생을 살피는 제도개혁이 이루어져야 한다. 아직도 서민을 착취하는 구시대적 유물이 적지 않으며 강력한 제도개혁을 통해 바로 잡아야 할 당위성이 크다. 취약그룹을 보호하고 중산층을 키우며 미래 세대를 위한 교육과 급변하는 산업환경, 경제환경, 사회환경에 대응하는 인적자원의 역량 제고와 개발에 정부가 리더십을 발휘해야 한다. 큰 정부라 하더라도 이러한 역량을 갖춘 정부를 코로나 위기 이후 절실히 필요로 할 것으로 생각한다.

그렇다면 이러한 역량을 갖춘 정부는 어떻게 만들어질 수 있는 것일까? 우선 현실에 대한 넓은 이해와 통찰력을 갖추는 데서 비롯된다고 본다. 이는 이른바 보수와 진보의 문제라기보다는 현실에 대한 인식과 인식의 변화를 향한 노력의 문제이다. 시인 로버트 프로스트는 리버럴(liberal)을 논쟁에 있어 특정 편을 들지 않는 넓은 마음을 지닌(broad-minded) 사람으로 정의한 바 있다. '가지 않은 길'이라는 시에서 길이 다양하다는 것을 말함으로써 리버럴의 면모를 보여주는 듯하다. 선택하지 않은 다른 길에 대한 아쉬움을 간직하면서도 동시에 현실의 어느 길을 받아들이는 쪽으로 선회하는 아이디어를 지지함으로써 현실주의자로서의 면모를 시사하고 있다. 프로스트의 시에 나타나는 리버럴리즘은 현실을 도외시하지 않는 리얼리즘의 표현이다.

패러다임의 전환 단계에서 현실문제에 접근함에 있어서는 늘 겸손이 필요하다. 글로벌 금융위기 당시 평소 하이에크의 옹호자였던 조지 부시 미 대통령이 케인스의 처방을 선택했던 것은 역설적이지만 현실을 중시한 리얼리즘으로 이해할 수 있다. 특정 관념에 얽매이지 않는 넓은 마음을 지니는 리버럴리즘은 균형 있는 리얼리즘의 표현이다.

위기는 인간의 현실과 삶을 근본적으로 흔든다. 그래서 인간의 요소와 가치를 중시하면서 위기 시 나타나는 문제들의 본질을 제대로 직시하고 대응할 수 있어야 한다. 팬데믹 이후 집중해온 케인스류의 경기대응적 거시정책 처방에만 머무는 것이 아니라 하이에크류의 변화와 새로운 사회계약으로 가는 흐름을 함께 고려하는 통찰력과 균형 있는 접근이 필요하다. 이러한 역량을 갖춘 정부야말로 코로나 위기 이후를 감당할 수 있는 정부일 것이다. 진정한 리버럴은 어떤 이념에 고정되어 있지 않으며 현실에 대한 넓은 이해와 통찰력을 바탕으로 인간의 가치를 중시하는 가운데 균형 있는 접근방법을 모색하기 위해 노력한다.

필자가 공부했던 미 워싱턴대에서 법경제학과 정치경제학을 강의했던 노벨경제학상 수상자 더글러스 노스는 제도와 제도 아래에서 움직이는 정부를 포함한 플레이어의 상호작용이 바람직한 제도변화를 가져오고 경제적 성과를 제고하는 데 긴요하다고 보았다. 여기서 상호작용의 주체인 정부의 역량이 어떠하느냐에 따라 한 나라의 경제적, 사회적 성과는 크게 달라지게 된다.

지난 외환위기와 글로벌 금융위기를 돌아볼 때도 위기 이후 등장하는 정부 역량의 중요성을 실감할 수 있었다. 코로나 위기 이후 직면하는 숱한 도전과 과제를 감당할 수 있는 더 역량 있는 정부의 등장을 많은 사람들이 기대하고 있다.

(2021년 12월 28일 기고)

중앙은행의 정책시스템 설계와 운영

중앙銀 정책시스템은 국가 경제 내비게이션役…독립적 운용 긴요
경제적 성과 제고 위한 제도 설계와 운영에 사회적 지혜 모아야

올해 노벨의학상은 두뇌에 내재된 내비게이션 시스템을 연구해 두뇌가 어떻게 복잡한 환경에서 길을 찾아낼 수 있는가에 관한 문제를 해결하는 데 기여한 학자들이 받았다. 중앙은행은 망망대해를 나아가는 항해자에 종종 비유된다. 복잡한 환경에 처한 항해자일수록 길을 찾아갈 때 잘 설계된 내비게이션이 중요하다. 중앙은행의 정책시스템이 바로 그런 역할을 한다. 정책시스템은 정책 목표, 정책운영체계, 지배구조 등 세 가지 관점에서 볼 수 있다.

중앙은행의 정책을 논할 때 법적 위상이 늘 논의의 전제가 된다. 중앙은행의 법적 위상은 넓은 의미의 독립적 행정기관이라는 것이 현대 행정법상 설득력 있는 견해 가운데 하나다. 입법부가 독립적 행정기관을 만든 이유 중 하나는 이 기관의 결정에 대한 직접적 통제를 줄여 그 기능이 순수한 공공 이익에 부합되도록 하는 데 있다. 각 나라가 통화정책을 대통령의 직접 통제하에 놓여 있지 않은 중앙은행이 수행하도록 하는 건 통화정책은 일반 행정기능과 달리 중립성과 자주성이 크게 요구되는 영역이기 때문이다.

독립적 행정기관으로서의 위상이 중앙은행법에서 나타나는 형식은 나라마다 다르다. 우리나라의 경우 중앙은행을 일반 행정부 조직과 분리된 독립적 특수공법인으로 설립해 중앙은행이 중립적이고 자주적으로 통화정책을 수행하도록 하고 있다. 아울러 통화정책의 중립적 수립 및 자율적 집행과 중앙은행의 자주성 존중을 명문화하고 있다.

중앙은행법에 명확한 책무를 규정하는 것은 중앙은행의 책임성을 높이는 데 기여할 수 있는 반면 책무 간 계층구조 없이 하나 이상의 책무를 정책 목표에 포함시키는 경우는 중앙은행에 광범위한 제도적 재량권을 부여하는 것으로 볼 수 있다. 예를 들어 미국 연방준비제도(연준)의 정책 목표는 최대고용과 물가안정 달성이라는 이원적 책무다. 이같은 복수의 목표들은 상충될 수 있으므로 목표 간 균형을 달성하기 위해 정책수행기관의 재량적 판단이 필요하게 된다. 유럽중앙은행(ECB)은 물가안정을 먼저 달성하고 그 목표가 달성된 이후 경제발전, 고용증진 등 다른 목표들을 추구할 수 있는 계층적 책무를 부여받는다.

이원적 책무와 계층적 책무 간의 이런 대비는 중앙은행 정책 목표의 본질에 대한 법경제적 성찰이 요구됨을 뜻한다. 정책 목표에 관한 중앙은행의 법적 책무는 통화정책이 자리하는 가치 체계를 결정하며 특히 정책결정자들이 사회의 상충되는 요구에 직면할 때 의지할 수 있는 궁극적 준거가 된다. 정치·사회적 수요 내지 요구라는 관점에서 보면 미국 모델이 보다 신축성을 발휘할 수 있고 따라서 해당 중앙은행이 높은 정책 역량을 보유하고 있다는 전제하에서 상대적 강점을 지닐 수 있다. 유럽 모델 형식을 취하고 있는 국가도 정책을 둘러싼 환경 변화와 불확실성에 대응하는 역량을 높이는 과정에서는 미국 모델의 장단점을 참고해 볼 필요가 있다. 이 과정에서는 입법부의 견해 내지 사회적 합의가 중시되어야 한다.

현 한국은행법은 유럽 모델의 계층적 정책 목표 설정 방식에 가까운 형태다. 정부의 경제정책과 통화정책 간 조화를 모색할 때 중앙은행의 정책 목표에 관한 이런 인식을 토대로 중앙은행에 요구되는 합리적이고 균형 있는 판단 역량을 발휘해 나가는 것이 긴요하다. 다양한 사회적 요구와 가치, 중층적이고 상충적인 정책 목표 등을 추구하는 과정에서는 보다 장기적 시야를 갖는 중앙은행과 같은 전문기관의 자율성과 독립적 판단이 중요함을 인식할 필요가 있다.

중앙은행의 정책 목표와 그 하위 요소인 정책운영체계는 밀접하게 관련되어 있다. 정책 목표는 중앙은행이 정책운영체계를 설계하는 기본 환경을 제공한다. 예컨대 정책 목표가 중앙은행을 물가안정에 기속시킬 경우 정책운영체계로서의 물가안정목표제는 정책 목표와 잘 부합한다.

한국은행은 통화정책을 물가안정에 기속시키는 정책운영체계를 갖고 있다. 이러한 운영체계는 경제주체들에게 미래의 물가안정을 보증하는 환경적 토대를 제공한다. 또 정책의 유효성 확보에 긴요한 경제주체들의 기대 관리를 뒷받침하는 준칙으로 물가안정목표제가 기능할 수 있다.

세계 금융위기를 계기로 물가안정이 경제안정의 충분조건이 아님을 인식하게 됐으나 여전히 필요조건의 하나이며 물가안정목표는 임금협상 등 다양한 경제활동의 준거 역할을 하고 있다. 물가안정이란 인플레이션뿐 아니라 디플레이션도 없는 상황을 의미하므로 물가안정목표제가 성장을 도외시하는 것이 아니다. 물가안정과 경제성장의 조화는 물가안정목표제하에서도 정책의 시계를 장기화하고 물가의 상승(상방) 위험과 하강(하방) 위험에 대해 균형적으로 대처하는 정책 수행 등으로 모색 가능하다.

중앙은행 지배구조는 중앙은행 정책결정기구의 구성 및 정책결정시스템을 포괄하며 민주주의 원리 및 중앙은행의 책임성, 투명성, 독립성 등의 논의와 밀접히 관련된다. 중앙은행의 정책 목표가 중앙은행의 판단과 재량을 중시하는 방향으로 설계·운영될수록 국민과 입법부로부터 권한을 위임받은 중앙은행 정책결정자들에게는 더 높은 책임성이 요구된다. 중앙은행의 책임성 강화는 정책결정시스템의 투명성 제고 요구로 연결되지만 중앙은행의 책임성 및 투명성이 높아질수록 정책결정과정의 독립성에는 제약 요인으로 작용할 가능성이 있다. 정책이 외부 시야나 이해관계에 노출돼 있을수록 다양한 대안을 자율적이고 폭넓게 암중모색해 볼 여지가 제약받는 측면이 있기 때문이다. 이런 점에서 정책 목표 설계와 관련한 책임성·투명성과 독립성 간의 상호 관계를 중앙은행 지배구조의 맥락에서 인식하고 적절한 균형을 도모하는 접근방법이 필요하다.

지배구조의 집권화 및 분권화라는 관점에서 보면 미국 모델은 중앙정치권력에의 권한 집중을 추구하는 집권화에 가깝다. 반면 유럽 모델은 나라별 평등한 배분에 기초한 분권화를 추구한다고 평가된다. 미 연방헌법은 중앙정치권력의 핵심인 대통령 및 연방상원이 중앙은행 등의 의사결정기구 구성원 임명에 관여하도록 규정하고 있다. 반면 유럽공동체설립조약은 회원국별로 각 1인을 평등하게 배분하는 방식으로 중앙은행 등의 의사결정기구 구성원을 결정하도록 규정하고 있다.

한국은행 금융통화위원회 구성은 집권화의 성격이 강한 것으로 볼 수 있다. 추천제도가 포함된 점을 고려하더라도 중앙정치권력에 의해 결정되는 지배구조의 유형이다. 정책결정권한을 행사하는 지배구조의 집권화 또는 분권화는 동전의 양면과 같은 특성을 지니고 있다. 예컨대 집권화는 정책 결정의 효율성을 높일 수 있는 반면 오류를 초래할 우려도 있다. 분권화는 정책 결정의 효율성을 낮출 수 있지만 오류 위험성은 상대적으로 덜할 가능성이 있다.

　1993년 노벨경제학상을 수상한 제도경제학자 더글러스 노스는 한 나라의 경제시스템을 지지하는 제도의 틀에 의해 제도의 질적 수준이 결정되고 제도의 질적 수준이 높아지면 그 나라의 경제적 성과가 높아질 수 있다고 했다. 경제시스템의 한 축을 구성하는 중앙은행 정책시스템이 경제적 성과를 높이는 방향으로 설계되고 운영되는 것이 중요하다. 세계 금융위기 이후 중앙은행들이 걸어온 길은 그 이전의 역사적 경로와는 상당히 달랐으며 이는 각국 중앙은행의 정책시스템을 재조명하는 계기를 제공하고 있다. 중앙은행 정책시스템을 디자인하는 데 있어 중앙은행가들은 아직 최적 모델을 갖지 못한 것으로 볼 수 있다. 앞으로 최적 모델을 발견할 것이라는 기대는 기대에 머물 수 있겠으나 경제적 성과 제고라는 관점에서 시스템이 디자인되고 운영될 수 있는 방향을 모색하는 데 사회적 지혜를 모아 나가야 하겠다.

(2014년 10월 27일 기고)

중앙은행의 달라진 위상과 소통

중앙은행 총재 과거엔 '쉬쉬'하더니…미디어 노출 왜 잦아졌나
시장-중앙銀 동반자 관계…정보 비대칭 축소…정책 유효성 제고

　포스트 모더니즘의 세계적 권위자로 알려진 프랑스의 사회학자 장 보드리야르는 '이미지'의 관점에서 현대 사회의 여러 현상을 설명한 바 있다. 그는 실재보다는 각종 미디어가 만들어내는 이미지가 현대 사회를 지배한다는 이론을 제시했다. 이는 21세기 미디어 사회를 이해하는 데 토대가 되는 이론으로 평가받고 있다. 그의 이론은 현실 세계의 다양한 현상에 대하여 통찰력 있는 설명을 가능케 한다. 현대전(戰)에서 세계는 미디어를 통해 전쟁의 참상이 아닌 미사일 발사 장면만을 목격하며 이에 따라 전쟁을 일으킨 죄책감도 느낄 수 없게 된다. 이는 미디어가 만들어낸 이미지가 실재인 것처럼 작용한 예이다. 소비자들이 제품을 소비할 때 제품 자체보다는 TV 광고에서 보았던 유명 모델의 이미지를 소비하고 있다는 추론도 가능하다.

　중앙은행이 수행하는 통화정책도 실재보다는 미디어 등을 통해 표출된 이미지가 강한 영향을 미칠 수 있다. 더 나아가 이미지가 실재를 대체할 수 있다는 상정도 가능할 것이다. 예컨대 외부인에게는 장시간 심사숙고한 정책 수립 및 결정 과정이 아니라 TV 화면에 비친 중앙은행 총재의 모습과 발언이 정책에 대한 평가에 큰 의미를 지닐 수 있다. 미국 중앙은행의 통화정책을

생각할 때 사람들은 뉴스 매체에 나타나는 벤 버냉키 연방준비제도 의장의 기자회견 모습을 먼저 떠올리곤 한다.

오늘날의 통화정책은 상당 부분 그 '실재'(내부적 측면)보다는 '이미지'(대외적 측면)에 의해 평가되는 경향이 있다. 중앙은행 내부의 정책결정자와 외부의 경제주체 간에는 이른바 정보의 격차 및 경제관의 차이가 존재한다. 따라서 이러한 이미지의 형성에 결정적 영향을 미치는 커뮤니케이션(소통)에 관심을 기울일 필요가 있는 것이다.

현대의 통화정책은 시장 메커니즘 및 시장과의 피드백에 그 운영기반을 두고 있기 때문에 커뮤니케이션 전략이 더욱 중시된다. 과거에는 정책 수행 과정을 외부에서 잘 모르도록 하는 것이 당연시되었다. 1920~1944년 영국 중앙은행인 영란은행 총재를 역임한 몬태규 노먼의 모토는 '설명하지도 사과하지도 말라'였고 1980년대 미국 중앙은행인 연방준비제도를 심층 분석하였던 언론인 윌리엄 그라이더의 책 이름이 '사원(Temple)의 비밀'이었다는 사실, 그리고 앨런 그린스펀 연준 의장이 1987년 9월 월스트리트저널에서 '내 말이 분명하게 이해되었다면 그것은 나의 의도를 잘못 이해한 것이다'라고 밝힌 것은 당시의 통화정책이 투명성과 다소 거리가 있었음을 여러 각도에서 보여주는 대목이다. 이처럼 중앙은행이 자신을 밖에 드러내지 않은 채 정책을 수행할 수 있었던 것은 중앙은행과 금융시장이 선도자와 추종자의 관계에 있었기 때문이었다.

그렇지만 1990년대 이후 금융 자유화와 혁신의 진전으로 금융시장이 비약적으로 발전하게 되자 중앙은행은 일방적으로 시장을 주도하는 위치가 아닌 시장과의 동반자 관계라는 구도에서 정책을 수행하지 않으면 소기의 목표를 달성하기 어렵게 되었다.

이 상황에서는 시장이 스스로 중앙은행의 의도를 따라오도록 유도하는 것이 중요하며 이를 위해서는 동반자 간의 신뢰 형성이 필연적으로 요구된다. 서로에 대한 신뢰는 상대가 무엇을 하고 있는지, 상대의 진정한 의도가 무엇인지를 정확히 알 수 있을 때 굳건해질 것이므로 중앙은행은 정책의 투명성을 높이지 않을 수 없게 된 것이다. 이렇게 할 때 중앙은행과 시장 간 정보 비대칭이 축소되고 상호 이해가 증진될 수 있다. 이러한 바탕 위에서 수행되는 통화정책은 보다 적은 비용을 지불하고도 정책 유효성과 성공 가능성을 높일 수 있을 것이다.

글로벌 금융위기를 겪으며 위기의 수습 과정에서 범세계적으로 중앙은행의 역할이 매우 커짐에 따라 중앙은행의 정책과 활동에 관한 정보의 수요는 더욱 증가하고 있다. 이에 따라 각국 중앙은행은 과거 어느 때보다도 대중과 매스 미디어의 강렬한 주목을 받고 있으며 중앙은행이 소기의 목표를 달성하는 데 필요한 커뮤니케이션 전략의 중요성과 필수 불가결성이 집중 조명되고 있다. 특히 2008년 글로벌 금융위기를 계기로 거시건전성정책이 중앙은행의 새로운 정책 과제로 부각되면서 중앙은행에 금융안정 권한을 부여하거나 강화하는 각국의 입법적 움직임이 확산되고 있는 가운데 이런 권한에 상응하는 책임성 제고의 측면에서 보다 투명한 커뮤니케이션을 기대하는 사회적 인식이 강화되는 흐름도 주목할 만한 현상으로 볼 수 있다. 이는 중앙은행의 권한 확대가 책임성과 투명성의 제고를 통해 뒷받침되어야 한다는 논리에 기초하고 있다. 이처럼 중앙은행을 둘러싸고 있는 커뮤니케이션 여건은 마치 진화하는 생물체와도 같이 다양한 모습으로 펼쳐지고 있어 이에 어떠한 방법으로 접근해 나갈 것인가는 각국의 중앙은행에 주어진 중차대한 과제라 할 수 있다.

(2013년 10월 21일 기고)

제도변화와 경제적 성과

중앙은행의 적극적 상호작용…제도변화 유도
경제적 성과 제고로 이어지는 선순환 모색

제도(institutions)를 게임의 룰이라 한다면 조직(organizations)은 플레이어 (players)에 비유할 수 있겠다. 플레이어는 전략(strategies)을 운용하며 룰과 상호작용하는 가운데 양자의 상호작용이 룰의 변화를 가져올 수 있고 룰의 변화는 게임의 결과(performance)에도 영향을 미치게 된다. 경제부문에 있어서도 조직과 제도의 상호작용을 통한 제도변화가 경제적 성과로 나타날 수 있을 것이다. 여기서 룰에 해당하는 제도는 공식적 룰과 사회적 관행과 같은 비공식적 룰을 포함할 수 있을 것이다.

우리가 직면하고 있는 여건과 과제를 이러한 '제도변화와 경제적 성과'의 맥락에서 바라보려 할 경우 대내외 경제 패러다임 변화와 한국은행법 개정 등이 부여하고 있는 여건 속에서 경제적 성과를 제고해 나감에 있어 한국은행이 어떤 길을 가야 할지를 모색해 보는 것은 현 시점에서 의미가 있다고 하겠다. '제도-조직으로서의 한국은행-경제적 성과'라는 구도 내지 인식의 틀에서 한국은행이 제도와의 상호작용을 추구하며 암중모색해 볼 수 있는 관심사에 대하여 생각해 보기로 한다.

당면 과제의 하나인 거시건전성정책의 경우 이러한 논의의 단초를 적절하게 제공하고 있다. 현재 우리에게 주어진 제도에는 거시건전성정책에 관한 조직으로서의 정책당국 간 권한의 한계가 대체로 불확실한 측면이 있다고 볼 수 있다. 이는 이른바 정책의 여명지대(zone of twilight)를 연상케 한다. 한국은행은 지금 이러한 게임의 룰(제도)하에서 경기를 시작하게 되는 플레이어(조직)격일 것이다. 그렇다면 앞으로 한국은행이 취해야 하는 행동철학(전략)은 무엇인가.

제도는 일단 형성되면 상당 기간 안정성을 유지하려는 속성을 지닌다는 점에서 볼 때(historical institutionalism) 당분간 강력한 외부 환경요인의 변화가 없을 경우 제도(법률)의 변화를 도모하기는 쉽지 않을 수 있다. 그런 면에서는 일단 우리가 시작하여야 하는 일은 조직으로서의 전략일 것이다. 우리의 전략을 논의함에 있어서 중앙은행 시스템의 변화가 법률에 의해서만 설명될 수 있을 만큼 간단한 현상이 아니라는 점을 이해할 필요가 있다.

생태학적 시각에서 보면 중앙은행을 둘러싼 환경적 요소들이 중앙은행 시스템의 생태계를 형성하고 있는 가운데 법제의 변경이 없더라도 생태계의 환경 변화에 따라 실제의 중앙은행 시스템은 다양한 모습으로 바뀔 수 있다. 법제가 생태계의 변화를 따라가는 데는 한계가 있다는 점에서 중앙은행법의 논리적 정합성보다는 중앙은행이 경제가 직면하는 문제를 얼마나 효율적으로 해결하고 있느냐 하는 기능적인 관점(instrumentalist approach)에서 중앙은행법을 바라볼 필요가 있다고 본다.

거시건전성정책과 같은 정책의 여명지대에서는 중앙은행의 전문성, 경험 및 특수성의 발현이 사회적 확신으로 이어지고 이것이 법률 등 공식적 룰이 아니더라도 사회적 관행 등 비공식적 룰을 포괄하는 제도의 변화로 이어지는 선순환이 필요하다. 한국은행이 조직으로서의 전략을 그러한 관점에서 추구하는 것이 현실 적합성을 지닌다고 볼 수 있다. 아울러 현 제도 하의 조직 전략 관점에서 통화정책과 거시건전성정책을 유기적으로 엮어 나감으로써 시너지를 도모하는 것은 필수적으로 보여진다.

경로 의존성(path dependence)으로 인해 중앙은행법이 이상적이라고 보여지는 특정한 형태로 수렴(formal convergence)하기는 쉽지 않겠지만 중앙은행법의 형태는 각국별로 다르더라도 기능 면에서 실질적으로 동일한 결과를 얻게 되는 현상인 기능 면에서의 수렴(instrumental convergence)은 일어날 수 있을 가능성이 있다. 중앙은행법을 보다 유연하게 해석하고 다양한 유형의 상황에 대처하는 정책결정기구의 역할을 제고함으로써 기능 면에서의 수렴이 촉진될 수 있을 것이다.

법 현실주의(legal realism, 법은 입법 시에 확정되는 것이라기보다는 후일 사회적 목표 달성을 위해 행하여지는 것이라는 접근방법)의 관점에서는 중앙은행법 그 자체보다는 사회가 중앙은행에 무엇을 요구하는지에 관한 중앙은행 스스로의 가치판단이 중요하게 된다. 정책의 여명지대에서는 모호한 제도보다는 사안의 필수성과 당면한 정황이 우선시될 필요가 있을 것이며 중앙은행의 전문성, 경험 및 특수성이 이러한 이슈를 적절하게 다루는 데 충분하다는 사회적 확신 또한 긴요할 것이다(central bank activism).

이러한 사회적 확신 및 입법부와의 대화 등을 바탕으로 중앙은행법의 유연한 해석과 함께 룰 제정(rulemaking) 권한 등을 행사해 나가는 것이 필요할 것이다. 다만 이러한 접근은 중앙은행의 탁월한 역량(capacity)을 전제로 하며 이상적인 중앙은행법을 현실 속에서 발견하고 구현해 나가는 데 있어 중앙은행의 역할이 중요함을 시사한다. 중앙은행이 갖는 조직으로서의 역량이 강하게 뒷받침될수록 이러한 접근방법 내지 전략의 유효성은 높아질 것이다. 동 접근방법은 법 형식주의(legal formalism)의 한계에 대한 반작용에도 연유하고 있지만 법률 개정을 위한 노력이 무용하다는 의미는 결코 아니다. 중앙은행의 탁월한 역량과 적극적인 역할이 궁극적으로 법률 개정 도출(공식적 제도의 변화)에 기여할 가능성이 있기 때문이다.

이처럼 중앙은행의 적극적 상호작용이 제도(공식 및 비공식)의 변화를 유도하고 이것이 소기의 경제적 성과 제고로 이어지는 선순환의 모색이 중요하다. 한편 한은법 개정에 따른 조직 전략의 일환으로 추진 중인 조직변화 또한 제도와의 상호작용을 통해 궁극적으로 한국은행이 추구하고 가치를 부여하는 경제적 성과를 높이는 데 기여할 수 있는 방향으로 이루어지는 것이 바람직하다고 하겠다.

(2011년 12월 16일 기고)

3부

전환기 금융정책·금융감독 정책 현안 읽기

3.1 '햇볕이 최고의 살균제'…사모펀드 규제철학 전환할 때

MBK파트너스, 금융자본의 산업 지배 부작용…새로운 화두 던져

현금흐름 단기성과 사모펀드 속성, 중장기적 산업발전과 배치

사모펀드 경영 투명성 높이는 '햇볕', 변화 인센티브 만들 개혁

지난주 이복현 금융감독원장이 사모펀드에 대한 인식의 일단을 토로했다. 20~30년 중장기적으로 투자하며 키워나가야 할 산업이 5년이나 10년 안에 투자금 회수에 나서는 사업 구조를 가진 금융자본에 넘어갈 경우의 부작용을 우려했다. 이와 같은 방식을 취하는 금융자본의 산업 지배 문제와 관련하여 이 원장은 MBK파트너스가 새로운 화두를 던진다고 했다. 고려아연을 타깃으로 적대적 기업인수합병(M&A)을 시도해 온 특정 사모펀드에 대한 언급이다. 아울러 사모펀드의 역할에 관한 사회적 논의가 필요함을 지적한 것으로 볼 수 있다.

사모펀드는 기업을 인수하여 가치를 높인 후 다시 매각하는 데서 수익을 도모하는 사업 구조를 기본으로 한다. 실현된 수익은 사모펀드 투자자와 경영자에게 분배된다. 사모펀드가 추구하는 기본 속성상 중장기적인 산업발전 등에 대한 고려보다는 단기적인 현금흐름에 토대를 두는 매각 차익 극대화가 우선적 관심사라 할 수 있다. 최근 사모펀드 관련 글로벌 리서치에 의하면

중위적(median)으로 사모펀드 투자자와 경영자의 투자금 비중은 98 대 2, 이익금 분배 비중은 80 대 20이 예시적 모델이다. 경영자가 투자금의 2%를 제공하는 데에 비해 이익금의 20%를 받는 투자와 분배구조 모델은 경영자의 인센티브가 어디에 방점이 있을지 가늠해볼 수 있게 한다.

한국의 사모펀드는 2004년 도입되어 20년 역사를 이어오고 있다. 그동안 펀드 수는 2개에서 1,126개로 늘어났고 펀드 규모는 0.4조원에서 136.4조원으로 확대되었다. 이러한 양적 성장에 비해 질적인 역할에 대한 평가는 어떻게 내려야 할까. 사모펀드의 빛과 그림자는 무엇인가. 기업 가치를 끌어올리며 산업발전의 견인차 역할을 하는 자본시장의 첨병인가, 아니면 돈만 추구하는 기업 사냥꾼(raider)인가. MBK파트너스가 한국 사모펀드 20년을 평가하는 계기를 만든 형국이다.

사모펀드 경영자의 인센티브를 결정하는 핵심요소의 하나인 기업의 현금흐름은 흔히 '이자비용, 세금, 감가 및 감모상각 차감 전 순이익(EBITDA, Earnings Before Interest, Taxes, Depreciation & Amortization)'으로 측정된다. EBITDA의 몇 배수(multiple)로 M&A 시장에서 기업의 가치를 일차적으로 평가하기도 한다. 이처럼 기업의 가치를 현금흐름 위주로 비교적 단기에 걸쳐 판단하고 의사결정을 내리는 데 사모펀드 경영자의 주된 인센티브가 있다. 기업 사냥꾼으로 비난받기도 하는 이유다. 사모펀드 경영자에게 20~30년 중장기적 관점에서 단기적 현금흐름 시계(視界)를 넘어서는 산업의 미래를 내다보는 고려를 기대하기란 쉽지 않을 것이다. 산업정책, 거시정책 등에 대한 인센티브는 사실상 없다고 볼 수 있기 때문이다.

그렇다면 해법은 무엇인가. 1993년 노벨경제학상 수상자 더글러스 노스의 표현대로 '인센티브를 형성하는 것은 제도(Institutions structure incentives)'라고 할 때 제도를 어떻게 설계하고 운영하는가에 따라 사모펀드 경영자의 인센티브 또한 달라질 수 있다. 초점은 사모펀드에 대한 규제 철학에 있다고 본다.

기존 사모펀드에 대한 규제는 경영자와 투자자 간 또는 경영자와 펀드 자체의 관계 등 미시적 토대(micro-foundation) 위주로 짜여 있다. 금융시장에서 M&A 거래 등을 주도하며 사모펀드가 수행하는 핵심 플레이어 역할은 거시금융안정(macro-financial stability) 관점에서 규제 당위성을 키운다. 돌이켜 보면 2008년 글로벌 금융위기 이전 미시건전성 규제에 머물던 금융규제가 위기를 지나면서 거시건전성정책(macro-prudential policy)이라는 새로운 지평으로 나아가며 발전해왔다. 정보 비대칭성이 강한 사모펀드 시장에서는 애덤 스미스가 도덕감정론에서 말한 대로 '보이지 않는 손'을 작동하게 하는 '공감의 룰'이 전제되어야 한다. 그 '공감의 룰'이 사모펀드 경영자의 인센티브를 착취적 금융이 아닌 지속가능한 거시금융안정에 기여하는 방향으로 변화시킬 수 있어야 한다.

루이스 브랜다이스 미국 연방대법관이 남긴 '햇볕이 최고의 살균제(Sunlight is the best of disinfectants)'라는 말을 떠올린다. 투명성이 중요하다는 메시지다. 사모펀드에 그러한 햇볕을 쬘 때가 되었다. 정보 비대칭을 줄이는 '공감의 룰'은 미흡한 사모펀드 경영자의 활동에 대한 공시를 강화하고 폐쇄적 거버넌스 구조를 전문화 및 분권화 방향으로 바꾸는 등의 개혁을 포함할 수 있다. 이는 사모펀드의 경영 투명성을 높임으로써 사기(fraud), 기만(deception), 조작(manipulation)과 같은 착취적 금융이 아닌 지속가능한 거시금융안정과 같은 포용적 금융으로 나아가도록 촉진하려는 햇볕이다.

사모펀드 경영자 출신으로 중앙은행 총재에 오른 제롬 파월 미 연준 의장의 사례처럼 시장 현장 경험에 더하여 거시금융 안목을 갖춘 인물이 한국에서도 장차 배출될 수 있어야 하겠다. 그러한 토양과 생태계를 만들어 가는 인센티브는 사모펀드에 브랜다이스가 말한 투명성의 햇볕을 쐬는 규제 철학을 불어넣는 데서 그 단초를 찾을 수 있으리라 본다.

MBK파트너스가 금융자본의 산업 지배 부작용 우려와 함께 새로운 화두를 던지고 있는 즈음에 현금흐름 위주의 단기적 성과에 치중하는 사모펀드의 기본 속성이 중장기적인 산업발전과 배치될 수 있음을 직시할 필요가 있다. 아울러 사모펀드 경영의 투명성을 높이는 햇볕이 경영자에게 변화의 인센티브를 만드는 제도 개혁이 될 수 있음을 인식해야 한다. 핵심 플레이어로서의 사모펀드 위상에 부합하는 경영자 활동 공시 강화, 전문화 및 분권화 거버넌스 등을 포함한 사모펀드 규제 개혁과 사모펀드 역할에 관한 사회적 논의와 성찰을 통해 사모펀드의 지난 20년을 돌아보고 향후 20년을 준비해야 할 때다.

(2024년 12월 2일 기고)

3.2 '착취 금융' 발톱 드러낸 고려아연 사태의 교훈

> MBK파트너스·고려아연 경영권 분쟁 전개, 착취 현실 집약판
> 포용은 '법의 지배'로 달성…기존 미시적 토대 규제 한계 노정
> 금융 본질은 리버럴리즘 인식 과정…거시금융안정 규제 길 열어야

사모펀드 MBK파트너스와 고려아연의 경영권 분쟁의 끝은 어디인가. 이번 가을 금융시장을 달군 이 이슈는 여전히 첨예하게 진행 중이다. 고려아연 경영권 인수를 타깃으로 공개매수(tender offer) 시동을 건 MBK파트너스에 비판이 먼저 제기되었다. 투기자본의 착취적 금융이 아니냐는 비판이었다.

이러한 적대적 기업인수합병(M&A) 시도에 대응해 고려아연은 자사주 공개매수에 나섰고 MBK파트너스가 가처분 신청 등으로 저지하려는 대결 양상이 이어졌다. 이번엔 자사주 매입에 소요된 차입금을 상환하기 위한 자금 마련을 위해 유상증자를 전격적으로 추진한 고려아연에 착취적 경영이 아니냐는 비판이 일었다.

비판이 비등하자 유상증자 추진은 결국 철회했다. 한국거래소는 유상증자 공시를 번복한 고려아연을 불성실 공시법인으로 지정할 것임을 예고했다. 고려아연은 MBK파트너스가 공개매수 과정 중에 가처분 신청에 따른 시장 상황

등을 조장하여 저가 매수 부정거래를 했다며 감독당국에 조사를 요청했다.

한편 MBK파트너스가 공개매수 계획을 발표하기 전 고려아연 주식은 3거래일 연속 상당 폭 상승한 가운데 발표 전 2거래일 간 평균 거래량은 직전 1주일 간 평균 거래량 대비 3배 이상 급증했다. 공개매수 가격은 통상 시장가격보다 높은 수준에서 프리미엄을 붙여 설정된다. 따라서 공개매수 정보를 미리 아는 것은 주가가 오른다는 것을 미리 아는 것과 같다. 중요한 미공개 정보(material non-public information)를 활용한 거래, 즉 내부자거래(insider trading)의 개연성도 배제할 수 없는 대목이다.

고려아연 사태는 우리나라 사모펀드와 기업경영, 자본시장의 현실을 집약적으로 보여주는 일련의 현상이다. 여기서 키워드를 뽑으라면 '착취(exploitation)'라는 단어로 집약될 것이다.

이번 가을 노벨문학상을 수상한 한강 작가가 말한 착취적 국가, 그리고 노벨경제학상 수상자들이 말한 착취적 국가에서 흔히 볼 수 있는 착취적 금융, 착취적 경영, 착취적 시장의 단면을 2024년 가을 한국 자본시장에서 생생하게 접하고 있는 형국이다.

착취의 반대는 '포용(inclusion)'이다. 성공하는 국가가 지니는 요소다. 포용은 금년 가을 노벨경제학상 수상자들이 말하는 바와 같이 '법의 지배(rule of law)'를 핵심적 요소로 포함한다. MBK파트너스와 고려아연을 둘러싸고 전개된 제반 금융거래는 이와는 거리가 멀다. 포용적 금융, 포용적 경영, 포용적 시장의 면모는 찾아보기 어려울 뿐 아니라 플레이어의 탐욕이 지배하는 착취의 전형을 보는 듯하다.

사기(fraud), 기만(deception), 조작(manipulation)과 같은 행태를 금융거래에서 착취라고 말한다. MBK파트너스와 고려아연의 분쟁은 당초 시장과 국민이 기대했던 모범적인 플레이어로의 역할이 아닌 착취적 행태를 복합적으로 보여주는 현실로 전개되어 왔다. 착취가 아닌 포용이 자리할 수 있는 규제에 대한 성찰이 필요함을 일깨워주는 2024년 가을이다.

이번 케이스에서 포용은 사모펀드, 기업경영, 자본시장에 대한 '법의 지배'로 달성될 수 있다. 이러한 '법의 지배'를 어떻게 설계하고 구현해 나가는가가 중대 과제다. 이제 사모펀드 규제 철학은 어느 행정기관이나 법원에서 단번에 모든 것을 결정하는 일률적 원리(one-size-fits-all doctrine)에 해당하는 사항은 아니다. 그보다는 경제적, 사회적 성과 제고의 균형 있는 관점에서 지혜를 모으는 논의와 성찰이 필요한 시점에 와 있다.

최근 미국 사법부는 사모펀드 경영자의 신인의무(fiduciary duty)를 투자자로 확대하려는 증권거래위원회(SEC)의 룰에 제동을 걸었다. 경영자의 신인의무는 사모펀드 자체(fund itself)에 있고 투자자에 있지 않다고 판단했다. 독립된 법적 실체(separate legal entity)인 사모펀드에 대한 경영자의 종합적인 경영판단을 중시하는 결정으로 볼 수 있다. 미 행정부와 사법부 간에 금융을 바라보는 인식의 차이가 드러난 가운데에도 무엇인가 빈 공간이 있어 보인다. 그것은 사모펀드 경영자와 사모펀드 자체의 관계 및 투자자의 관계 등 기존 미시적 토대(micro-foundation) 위주의 사모펀드 규제 체계가 갖는 한계라고 여겨진다.

금융시장에서 주요 M&A 거래 등을 주도하며 사모펀드가 수행하는 핵심적 플레이어의 역할은 거시금융안정(macro-financial stability) 관점에서의 규제 및 경영 철학에 대한 당위성과 긴요성을 키우고 있다고 할 수 있다. 옥스

퍼드대의 최근 조사에 따르면 2000년 이후 전 세계 사모펀드 경영자들이 금융거래를 통해 투자자 몫이 아닌 자신들의 몫으로 벌어들인 이익이 1조 달러를 상회한다. 세계 최대 사모펀드 회사인 블랙스톤의 경영자들은 자신들의 몫으로 336억 달러를 벌었다. M&A 등을 무대로 폭넓은 경영판단 자율과 성과를 누리는 사모펀드 경영자들이 금융시장 핵심 플레이어로서의 위상에 부응하는 책무를 지는 룰은 합당하다.

금융의 본질은 리버럴리즘을 바라보는 인식의 과정이라고 할 때 어느 정도의 리버럴리즘을 부여할 것인가, 어느 정도의 정부 개입과 규제를 부여할 것인가의 문제가 늘 금융에 내재되어 있다고 할 수 있다. 시인 로버트 프로스트는 짙은 가을 낙엽을 바라보며 쓴 '가지 않은 길(The Road Not Taken)'이라는 시에서 진정한 리버럴은 특정한 편향에 기울어 있지 않으며 현실에 대한 넓은 이해와 통찰력을 바탕으로 균형 있는 접근방법을 모색하기 위해 노력함을 시사했다.

짙은 2024년 가을, '가지 않은 길'을 가는 사모펀드 규제 철학에 대해 성찰할 때다. 진정한 리버럴은 거시금융안정 규제의 길을 열 수 있어야 한다. 가을 낙엽 하나에서도 착취가 아닌 포용으로 가는 규제 철학의 단초를 찾는 자세가 필요하다.

(2024년 11월 25일 기고)

MBK파트너스는
왜 '착취 금융'으로 비난받게 되었나

고려아연 노조, MBK파트너스 M&A 공개매수 철회 요구
'핵심 플레이어'이자 '좋은 플레이어' 사모펀드 역할 긴요
거시금융안정 규제·경영 철학으로 포용적 금융 주체 돼야

고려아연 노조는 지난 11일 국정감사장 앞에서 집회를 열고 고려아연 경영권 인수를 시도 중인 사모펀드 MBK파트너스에 공개매수(tender offer)를 철회할 것을 요구했다. 공개매수는 기업인수합병(M&A)을 추진하는 과정에서 인수대상 회사의 주주들에게 주식을 매수하겠다는 의사와 조건을 공개적으로 밝히고 주식을 취득하는 방법이다. 고려아연 노조는 MBK파트너스가 그동안 기업들을 인수해 강제적 구조조정과 자산 매각 등으로 사회적 지탄을 받아온 단기 투기자본의 표본이라며 기업을 파괴하는 약탈적인 행태를 중단하라고 했다.

사모펀드는 M&A 시장에서 금융거래를 주도하는 플레이어라 할 수 있고 그야말로 자본시장의 첨병과도 같은 존재다. 그런데 왜 인수대상 회사 노조로부터 '착취적 금융(exploitative finance)'으로 비난받고 있는 것일까. 김병주 MBK파트너스 회장은 국감 증인으로도 채택된 상태다. 노조가 규탄 집회를 열고 국회가 국감 증인으로 부를 정도이니 사모펀드가 '핵심 플레이어'임은

분명한데 '좋은 플레이어'인지는 의구심을 가질 수밖에 없는 형국이다.

사모펀드는 제도와 운영 면에서 공모펀드와는 여러모로 차이가 있다. 예컨대 사모펀드에는 기관투자가를 포함한 소수의 전문투자자들이 자금을 투자하는 반면 공모펀드에는 대중을 포함한 일반투자자들(retail customers)이 자금을 투자한다. 이를 반영하듯 금융소비자보호 관점에서도 공모펀드에 대한 규제는 사모펀드보다 강하다. 상대적으로 규제가 느슨한 사모펀드 경영자가 누리는 경영판단 자율성이 당연히 클 것이다. 사모펀드가 재빠른 의사결정으로 M&A 시장에서 금융거래를 주도하는 플레이어 역할을 많이 해온 이유일 테다.

최근 미국 금융규제기관인 증권거래위원회(SEC)는 사모펀드에 대한 규제를 강화하는 정책을 추진해 왔다. 지난해 8월 SEC는 사모펀드 규제 강화를 위한 새로운 룰을 제정했다. 주요 내용을 보면 먼저 특정 투자자가 우대환매 조건을 제공받거나 사모펀드 포트폴리오 보유 및 익스포저(위험 노출액)에 관한 정보에 접근하는 것을 금지했다. 또 경영자에 대한 조사 관련 또는 규제 및 준법 수수료와 비용을 사모펀드에 청구하는 것을 금지했다. 아울러 사모펀드의 성과, 경영자 보수, 수수료와 비용에 관한 정보를 상세히 공개하는 분기별 보고서와 사모펀드에 대한 외부감사 등을 요구했다.

올해 6월 미국 제5연방항소법원은 SEC의 사모펀드 규제 강화를 위한 이 룰이 SEC의 권한 범위를 넘어서는 것이라고 판결했다. 법원은 사모펀드 경영자의 신인의무(fiduciary duty)는 사모펀드 자체(fund itself)에 있고 투자자에 있지 않다고 판단했다. 중요한 것은 사모펀드의 성과라고 보았다. 사모펀드 투자자로의 신인의무 확대를 기하려는 SEC의 룰을 받아들이지 않은 것이다. 그래서 사모펀드 경영자의 경영판단 자율성도 종전과 같이 유지되게 된다.

SEC는 7월 중 재심리 요청기한을 넘김으로써 이 판결을 수용했고 미 최고법원인 연방대법원은 1930년대 이후 최대 보수 우위인 6 대 3 구도로 행정기관의 재량권에 회의적인 입장이다. 사법적 판단은 사실상 확정된 국면이다.

한미 양국에서 보는 일련의 사모펀드 관련 상황 전개는 사모펀드의 규제 철학에 관한 포괄적 성찰이 필요함을 일깨워준다. 사모펀드 규제 철학은 어느 행정기관이나 법원이 단번에 모든 것을 결정하는 일률적 원리(one-size-fits-all doctrine)에 해당하는 사항이라기보다는 경제적, 사회적 성과 제고의 균형 있는 관점에서 지혜를 모으는 논의와 성찰이 요청되는 시점에 와 있다고 여겨진다.

사모펀드 경영자와 사모펀드 자체의 관계 및 투자자의 관계 등 미시적 토대(micro-foundation) 위주의 사모펀드 규제 철학이 갖는 한계가 점차 노정되고 있음을 인식할 필요가 있다. 금융시장에서 주요 M&A 거래 등을 주도하며 사모펀드가 수행하는 플레이어 역할은 거시금융안정(macro-financial stability) 관점에서의 규제 및 경영 철학에 대한 당위성과 긴요성을 키우고 있다.

사모펀드의 느슨한 내부 거버넌스 관리에 그치는 규제 철학의 한계는 '핵심 플레이어'일 수는 있지만 '좋은 플레이어'가 되는 인센티브 제공에는 확신을 주지 못한 측면이 있다. 사모펀드와 공모펀드 규제의 차이가 그동안 어떤 규제 목표를 지향해 왔는지를 재점검하며 제도의 재설계 방향을 가늠해볼 수 있다. 투자자 보호 내지 금융소비자 보호 규제 목표에 더하여 사모펀드 규제 변화가 금융거래와 거래비용(transaction costs) 등에 어떻게 영향을 줄 수 있는지, 역선택(adverse selection) 등의 우려는 없는지, 금융거래와 경영자의 인센티브 등에 어떤 변화를 줄 수 있는지 제도, 정책, 시장의 맥락에서 포괄적으로 살펴볼 필요가 있다.

일각에서 사모펀드를 비판하는 것처럼 착취적 금융 행태로 비쳐지는 이미지가 행여 있다면 환골탈태해야 함이 마땅하다. 사기(fraud), 기만(deception), 조작(manipulation)과 같은 행태는 착취적이라 할 수 있다. 이는 이른바 주류 금융(mainstream finance)과 주류 정치(mainstream politics)에서도 일어날 수 있는 행태다.

착취적 금융의 반대는 포용적 금융(inclusive finance)이다. 사모펀드가 포용적 금융의 주체로 평가받을 수 있도록 사모펀드 규제 및 경영 철학을 새로이 정립해 나가야 한다. 사모펀드가 금융거래의 '핵심 플레이어'이면서도 '좋은 플레이어'가 될 수 있는 규제와 경영 철학을 모색하는 데 입법, 정책, 시장이 지혜를 모아야 할 시기다. 고려아연 경영권 분쟁 문제를 다루는 이번 국감이 모쪼록 그러한 논의의 단초를 만드는 데도 기여하는 포용적 정치의 모습을 기대해 본다.

(2024년 10월 14일 기고)

한국적 부동산금융 모델,
더는 지속가능하지 않다

> 부동산 PF 위기는 제22대 국회가 우선 대응해야 할 민생 이슈
> GDP 대비 가계부채 비율 157%…OECD 국가 중 최고치
> 경제성장기 가계자산 형성의 한국적 모델 이어져 온 결과
> 선분양-주택대량공급-대량소비, 더는 지속가능하지 않아
> 부동산금융 생태계 변화 이끄는 입법·정책·시장 혁신 긴요

　부동산 프로젝트 파이낸싱(PF)이 위기다. 이 문제는 한국 부동산 시장의 구조적 이슈이자 국민 삶과 긴밀하게 얽힌 이슈다. 부동산은 매우 독특한 상품으로, 사회의 복합 현상이 총체적으로 집약되어 있어 가장 다루기 어려운 정책 대상으로 꼽힌다. 역대 정권의 명운을 좌우했던 이슈가 바로 부동산이다.

　제22대 국회 개원에 즈음하여 한국경제발전학회가 지난 금요일 국회에서 연 정책 심포지엄이 그래서 더 눈길을 끈다. 주제가 '지속가능한 부동산금융 생태계 구축방안'이었다. 필자도 이 심포지엄에 관여했다. 난마처럼 얽혀 있는 부동산 시장 문제의 기저에는 부동산금융이 자리하고 있다. 종합적인 생태계 차원의 접근이 긴요한 시점이다. 제22대 국회가 우선적으로 들여다보아야 할 시의성 있고 첨예한 민생 이슈다.

최근 한국 부동산 시장은 팬데믹 이후 글로벌 고금리와 고물가 지속 등 거시경제여건 속에서 과도한 레버리지와 단기자금에 의존하는 개발금융 구조 등으로 시장 위축의 파장이 건설업을 넘어 금융시장의 변동성을 초래한 측면이 있다. 대규모 부동산 PF 부실은 한국적 부동산금융 시스템의 취약한 리스크 관리 실태를 잘 드러내고 있다. 장기 모기지 금융이 발달되지 못한 데다 금리변동 위험을 가계가 고스란히 부담하는 구조적 특성으로 인해 부동산 시장이 높은 가격 변동성에 노출된 가운데 서민의 주거 안정성은 악화된 실정이다.

통계청, 한국은행, 금융감독원이 공동으로 전국의 2만여 표본가구를 대상으로 실시한 2023년 가계금융복지조사에 따르면 가계의 총자산 중 부동산을 포함한 실물자산의 비중은 76%이며 가계부채 중 부동산 대출의 비중은 84%에 달한다. 이는 부동산 PF 등 부동산금융의 높은 익스포저(위험노출액)로 나타나고 있다. 공식 부동산금융 익스포저에 포함되지는 않지만 한국경제연구원 추정에 따르면 전세보증금은 2022년 기준 약 1,058조 원이며 이를 포함한 GDP 대비 가계부채 비율은 157%로 OECD 국가 중 가장 높은 수준이다. 과거 고도 경제성장기에 작동하던 가계자산 형성과 이에 수반된 부동산금융의 한국적 모델이 이어져 온 형국을 반영하고 있다.

그러나 과거에 작동한 한국 특유의 선분양-주택대량공급-대량소비의 모델이 항상 지속가능하지는 않다는 것을 지금의 부동산 시장 위기는 시사한다. 공급 측면에서 부동산 PF 부실 위험과 악성 미분양 위험이 있고 수요 측면에서는 과도한 가계부채와 전세 위험이 있다. 이러한 위기는 단기적으로는 경기침체와 고금리 등 경기변동과 밀접한 관련이 있으며 이를 극복하기 위한 단기적 대책과 처방이 우선 강구될 수 있을 것이다.

그렇지만 보다 근원적으로는 중장기적 관점에서 공급 과잉과 수요 부족 문제를 들여다 볼 필요가 있다. 이는 모두 부동산금융과 긴밀히 연결되는 이슈다. 그래서 부동산금융의 생태계 변화를 도모하는 정책과 제도변화를 통해 공급 측면의 문제뿐만 아니라 주거안정을 위한 수요 측면 문제를 해결해 나가야 한다. 이와 같은 노력은 부동산 시장의 안정과 지속가능한 발전, 그리고 모든 국민이 마땅히 누려야 할 기본적인 삶의 질에 궁극적으로 기여하게 된다.

금융위원회를 중심으로 부동산 PF 연착륙을 위한 정책이 추진되고 있는 시점에 출범한 제22대 국회의 책무가 막중하다. 부동산금융 생태계의 발전을 위한 정책이 효과적으로 추진되는 데 민생을 중시하는 여야가 힘을 한 데 모으는 것은 당연하다. 학계와 입법부가 머리를 맞대고 제도개선 방안 등을 치열하게 고민하며 토의하는 모습을 제22대 국회에서 보다 자주 볼 수 있어야 한다.

아쉬운 점은 여야 입법가들이 이와 같은 노력을 기울이도록 유인하고 촉진하는 제도적 인센티브가 그다지 커 보이지 않는다는 것이다. 민생을 위한 정책 심포지엄에 굳이 관심을 갖지 않아도 된다고 여길만한 정당 인센티브 구조가 있을 수 있다. 예컨대 지난 총선에서도 보았던 각 정당의 공천 시스템 등이다. 그러한 인센티브 구조에서는 플레이어의 행동이 그에 영향을 받을 수밖에 없다. 제도와 플레이어의 상호작용은 경제적, 사회적 성과에 영향을 미친다. 한국 정치의 거버넌스에서 사회 복리(social welfare)를 추구하는 인센티브보다 다른 정치적 인센티브가 오히려 크게 작용하는 구조가 있다면 여기에는 근본적인 혁신이 필요하다.

지금 부동산 시장과 관련하여 우리가 직면하고 있는 여러 도전적 요소와 환경은 새로운 접근방식과 혁신을 요구하고 있다. 지속가능한 부동산금융 생태계를 구축함으로써 도시와 지역을 포함하여 우리 사회공동체가 더욱 건강하고 발전적이며 포용적인 방향으로 나아가는 터전을 만들 수 있다. 이를 위해서는 정책과 시장, 미시와 거시를 함께 볼 수 있는 안목을 갖추어야 한다.

부동산 PF 위기는 구조적 국민 삶의 이슈다. 해면의 포말을 살피되 심해의 흐름을 간과하지 않는 통찰력이 필요하다. 나무를 보되 숲을 보고 숲을 보되 산을 보라는 격언이 있다. 여야 입법가, 정책가, 시장운영가 모두에게 이러한 역량이 배가되어 국민 삶의 질을 높이고 우리 경제의 지속가능한 발전을 이루는 데 견인차 역할을 할 수 있기를 바란다. 오랜 기간 이어진 과거 한국적 부동산금융 모델은 이제 지속가능하지 않은 것으로 평가되고 있다. 혁신이 긴요하다. 푸르름의 계절에 입법, 정책, 시장의 푸른 혁신을 기대한다.

(2024년 6월 17일 기고)

3.5 2024년은 디지털 자산의 원년이 될 것인가

> 美 SEC, 10년 이상 거부한 비트코인 현물 ETF 2024년 들어 승인
> 판결에 떠밀려 내린 SEC 결정…의회도 디지털 자산 이슈에 당파적 접근
> 정부·시장 노력 관건…행정기관-입법부 대화, 시장 합리적 행동 제고 긴요

미국 증권거래위원회(SEC)가 지난 10년 이상 승인을 거부한 비트코인 현물 상장지수펀드(Exchange Traded Fund, ETF)를 2024년 들어 결국 승인했다. 비트코인을 투자자산으로 담고 증권시장에 상장하여 자유로이 거래할 수 있는 펀드를 승인한 것이다. 이로써 투자자들이 증권시장에 상장되어 규제를 받는 금융상품인 펀드를 통해서도 비트코인을 보유할 수 있게 되었다.

이 펀드는 블랙록, 피델리티 등과 같은 월가의 대형 금융회사들이 관리한다. 주류 금융(mainstream finance)의 투자자산에 비트코인이 포함된 것이다. 비트코인을 투자자산으로 보유하려는 사람들에게 월가 주류 금융의 문호를 열어준 결정이다.

미 SEC의 결정은 지난해 워싱턴 DC 연방항소법원의 판결을 추수(追隨)한 것이다. 자산운용사 그레이스케일이 신청한 비트코인 현물 ETF를 불승인한 SEC의 결정에 대해 연방항소법원은 자의적이고(arbitrary) 변덕스럽다

고(capricious) 판결했다. 디지털 자산의 가격이 조작되기 쉽다며 10년 넘게 비트코인 현물 ETF를 불승인했던 SEC의 핵심 논거를 법원이 인정하지 않은 것이다. 개리 겐슬러 SEC 위원장은 디지털 자산 산업을 '야생의 서부(wild west)'라 부르며 적대시해 왔다. 그러나 법원의 판결에 따라 어쩔 수 없이 비트코인 현물 ETF를 승인하게 됨에 따라 SEC의 신뢰성에도 결정적인 타격을 입은 것으로 볼 수 있다. 디지털 자산 산업 육성론자들이 SEC보다 법원에 감사를 표시해야 마땅하게 된 형국이다.

SEC는 위원장을 포함하여 5명의 위원으로 구성되어 있다. 현재 개리 겐슬러 위원장 등 3명이 민주당 위원이고 2명이 공화당 위원이다. 공화당 위원들은 SEC가 일을 제대로 할 수 있는 10년의 기회를 이미 낭비했고 일반적인 표준과 절차를 따르는 데 실패했으며 SEC의 그간 잘못된 추론이 앞으로 몇 년 동안 메아리치게 될 것이라고 토로했다. 비트코인 현물 ETF 승인에 반대표를 행사한 민주당 위원은 금번 승인이 불건전하고 비(非)역사적이며 SEC가 투자자 보호를 더욱 희생할 수 있는 잘못된 길에 놓이게 되었다고 비판했다.

SEC의 비트코인 현물 ETF 승인은 디지털 자산 정책을 둘러싼 미국 의회의 균열을 극명하게 부각시켰다. 민주당의 엘리자베스 워런 상원의원은 SEC가 이번에 잘못된 결정을 내렸다는 것은 의심의 여지가 없다고 맹비난했다. 반면 공화당의 패트릭 맥헨리 하원 금융서비스위원회 위원장은 SEC의 이번 결정이 미국 디지털 자산의 미래를 위한 역사적인 이정표이자 SEC의 규제 행로에도 중요한 개선이라고 높이 평가했다. 민주당은 비트코인 현물 ETF가 승인되지 않기를 바랐고 공화당은 좀 더 일찍 다른 방식으로 승인되었어야 한다고 생각했다는 방증이다. 미 의회가 디지털 자산 이슈에 당파적으로 접근하고 있음을 여실히 보여준다. 법원의 판결에 떠밀려서 행정기관이 부득이 승인 결정을 하고 의회는 공화, 민주 양당이 갈려서 상반된 입장을 설파하고 있는 것이 미 정부의 총체적 현황이다.

시장 현황은 어떠한가. SEC의 승인이 새로운 투자의 물결을 열어줄 것이라는 기대가 표출된 가운데 일부 비트코인 열성 팬들은 비트코인의 월가 입성이 글로벌 금융위기 이후 주류 금융에 대한 반성 및 대안을 표방하며 등장한 비트코인 본래의 자유주의적 비전을 약화시킨다며 실망감을 드러내기도 했다. 2,100만 개의 토큰만 생성하도록 되어 있는 한정된 공급량으로 인해 적지 않은 사람들이 비트코인을 인플레이션 및 통화 가치 하락에 대한 헤지 수단으로도 바라본 것이 사실이다. 이 시나리오는 지난해 글로벌 인플레이션이 치솟았지만 비트코인 가격이 폭락했을 때 크게 흔들린 바 있다. 비트코인이 다른 투자자산처럼 거시경제와 통화정책 등의 영향을 받는다는 점을 경험한 것이다.

디지털 자산이 선악의 문제, 도덕의 문제는 아니다. 비트코인 가격이 지난 5년 동안 1,300% 가까이 급등하긴 했으나 주류 금융에도 앨런 그린스펀 미 연준 의장이 지적한 비이성적 과열(irrational exuberance) 등 투기적 요소는 태생적으로 내재한다. 한때 일각에서 존경받을만한 투자 공간 밖에 있는 것으로 여겨지던 비트코인이 2024년 들어 올드보이 클럽에 자리를 차지하게 되었다. 디지털 자산의 보관자(custodian), 거래소, 자산관리자, 시장조성자 등 정통적인 플레이어들에 의해 주류 금융에서 상품화를 촉진할 수 있게 되었다.

그러면 2024년은 디지털 자산의 원년이 될 것인가. 이는 개리 겐슬러 SEC 위원장의 표현대로 '야생의 서부'를 어떻게 개척해 나가느냐에 달려 있다. 그 개척에는 정부와 시장의 노력이 관건이라고 하겠다. SEC와 같은 전문 행정기관일수록 사후(ex post) 교정에 흐르기 쉬운 법원 소송에 지나치게 의존하기보다는 사전(ex ante) 설계가 가능한 입법부와의 대화에 더욱 힘쓸 필요가 있다. 이 과정에서 독립적 전문가 그룹과의 정책 토의가 활성화되는 것이 바람직하다. 합리적 제도와 룰의 설계 및 운영이야말로 정부가 역량을 쏟아야 할 부분이다. 정치 양극화와 이념전쟁은 디지털 자산 정책 수립에서 더욱 배격되어야 한다. 철저히 합리적 실용주의로 접근해야 할 영역이기 때문이다. 산업적 측면을 바라보는 진흥과 규제의 조화적 운용에 지혜를 발휘하는 정부의 역할이 긴요하다.

아울러 시장은 합리적 행동양식을 제고해 나가야 한다. 시장참가자 스스로 시장규율(market discipline)을 만들고 확립해 나가려는 자세가 요망된다. 블록체인기술 등 혁신의 유인을 살리고 주류 금융의 문제 등을 보완한다는 당초의 취지를 지속적으로 모색할 필요가 있다.

모든 경우에 적용되는 일률적 원리(one-size-fits-all doctrine)는 날로 진화하는 생물체와 같은 금융 현실에서 일거에 찾기란 어렵다. 정부와 시장이 상호 노력과 협력을 통해 디지털 자산의 밝은 미래를 기할 수 있는 룰들을 차근차근 만들어 나가야 한다. 그래서 더 세월이 흐른 2030년 즈음에는 2024년이 디지털 자산의 원년이었다는 평가를 내릴 수 있기를 기대한다.

(2024년 1월 31일 기고)

정치금융과 상생금융…우리에게 '진정한 리버럴'은 없는가

금융회사 횡재세 법안 발의 등 정치금융과 상생금융 증폭 형국

인센티브 문제, 인식·지식 한계 문제, 집단사고 오류 위험성 성찰할 때

특정 정치이념에 고정 안되고 현실 속 균형 접근하는 '진정한 리버럴' 필요

대통령의 은행권 질타에 이어 금융당국을 중심으로 소상공인 등 취약그룹을 돕겠다는 상생금융 강화가 추진되고 있는 가운데 국회에서 금융회사 초과이익에 추가로 세금을 매기겠다는 이른바 횡재세 법안까지 발의되기에 이르렀다. 여야 간 논란 속에 상생금융이 정치금융과 얽혀 증폭되는 형국이다. 민생이 중요시되는 총선 일정도 다가오고 있어 정치권이 금융에 대해 한층 목소리를 높이고 있다. 이런 때일수록 국민의 삶과 금융의 지속가능한 발전을 고려하는 균형 있는 판단은 정치인, 정책결정자, 시장 플레이어 모두에게 중요하다.

먼저 인센티브 문제(incentive problem)를 생각해 보자. 애덤 스미스는 1776년 집필한 국부론에서 제도가 다르면 성과도 달라진다는 것이 오랫동안 인식된 통찰력이라고 지적하며 한 예로서 스코틀랜드 대학교수들이 잉글랜드 대학교수들보다 학생들을 가르치는 데 열성적인 이유는 제도 차이로 보았다. 스코틀랜드에서는 학생들이 교수에게 직접 수업료를 지불하는데 이는 교수가

수업을 준비하는 강한 인센티브를 부여하고 잉글랜드에서는 강좌의 학생 출석과 무관하게 보수를 지급하므로 교수들이 수업을 준비할 인센티브가 적다는 것이다.

즉 교육제도의 차이가 교육성과의 차이를 가져온다고 설명한다. 잉글랜드 대학들이 학생 수업료 모델에 보상 제도를 채택했다면 교수들이 보다 효과적인 강의자가 되도록 촉진하는 인센티브를 제공했을 것이다. 잉글랜드에서 스코틀랜드로 대학을 이동한 교수는 행동을 바꾸게 하는 인센티브에 의해 유인되었을 것이다.

교육뿐 아니라 금융경제에 있어서도 시장 플레이어에게 인센티브 문제는 경제적 성과의 차이를 가져온다. 국경을 넘나드는 금융의 속성은 국가 간 인센티브 체계의 차이에 더욱 민감하게 반응할 것이다. 정치금융과 상생금융이 초래할 수 있는 금융혁신 유인 저하 우려 등 인센티브 체계의 예상되는 변화를 애덤 스미스의 기본적인 통찰력을 되새기며 면밀히 들여다보아야 한다.

다음으로 인간에게 숙명적인 인식·지식의 한계 문제(knowledge problem)를 언급하지 않을 수 없다. 세계 최고 수준 이코노미스트들을 보유한 미 연준의 제롬 파월 의장마저도 2021년 8월 잭슨홀 미팅에서 높아지고 있는 인플레이션은 일시적이라고 단언하다가 뒤늦게 급격하게 금리를 인상하는 과정에서 금년 3월 이후 미국 은행들이 연달아 무너지는 위기에 직면한 바 있다. 은행 위기 직후 연준은 보고서를 통해 급격한 금리상승 등으로 높아진 리스크 관리를 은행경영진이 제대로 못했고 감독당국도 이를 포착하여 적시에 필요한 조치를 취하는 데 미흡했으며 2018~2019년의 금융규제 완화 법률이 면밀하고 효과적인 감독을 막았음을 고백했다. 아이비리그 출신들이 포진한 은행경영자, 감독당국, 중앙은행, 입법부 모두가 숙명적인 인식·지식의 한계 문제를 극복하지 못했음을 보여준 예가 아닐 수 없다.

파월 의장이 말한 높은 금리 장기화가 언제까지 지속될지 예단하기 어렵겠지만 분명한 것은 금리는 항상 변동하고 은행권의 이자수익도 여러 요인에 따라 변동한다는 것이다. 은행의 비즈니스 모델과 건전성 및 리스크 관리의 적정성에 대한 정밀한 조명, 그리고 위기에 대한 경각심을 늦추지 않는 자세가 상생금융 강화를 추진함에 있어서도 늘 중요한 이유다.

아울러 상생금융과 정치금융 논의에서 경계해야 할 부분은 집단사고 오류(group-thinking bias) 위험성이다. 1957년 개봉한 법정영화 '12 Angry Men'에서 모두 백인으로 구성된 12명의 배심원 중 11명이 유죄로 밀어붙이는 가운데 끝까지 무죄를 주장한 1명의 배심원이 결국에 옳았음을 보여주는 스토리에서 집단사고 오류의 위험성을 볼 수 있다. 자유 민주주의 국가에서 대통령이 말하고 당 대표가 말했더라도 모두가 이견 없이 한 목소리를 내야 하는 것은 아니다.

미국의 심리학자 어빙 재니스는 반대자 낙인찍기(stereotyping opponents), 콘센서스에서 벗어난 의견에 대한 자체 검열(self-censorship), 만장일치의 환상(illusions of unanimity), 다른 의견을 가진 이를 '충성심 낮은 사람'이라고 압력 가하기 등을 집단사고에 의한 문화와 행동의 체크 포인트로 제시했다.

지금 우리 정치권의 문화와 행동에서 이에 비추어 반성할 점은 없는지 한번 돌아볼 대목이다. 국민경제의 지속가능한 발전과 밀접한 상생금융 내지 포용적 금융에 관한 이슈일수록 정치인에게는 시장경제에 대한 올바른 이해에 토대를 둔 균형 있는 통찰력이 필요하다. 선출직 권력(elected power)에게 전제 군주의 권한을 부여한 것이 아니며 자유 민주주의의 대리인(agent) 책무를 부여한 것이다.

시인 로버트 프로스트는 리버럴(liberal)을 특정 편향에 기울어 있지 않은 넓은 마음을 지닌 사람으로 정의한 바 있다. 짙게 단풍 든 가을 숲속에서 두 갈래 길을 바라보며 쓴 '가지 않은 길(The Road Not Taken)'이라는 시에서 우선 길이 다양하다는 것을 말함으로써 리버럴의 면모를 보여주는 듯하다. 프로스트의 시에 나타나는 리버럴리즘은 현실을 도외시하지 않는 리얼리즘의 표현이며 선택하지 않은 다른 길에 대한 아쉬움을 간직하면서도 동시에 현실의 어느 길을 받아들이는 쪽으로 선회하는 아이디어를 지지함으로써 현실주의자로서의 면모를 시사하고 있다고 하겠다.

'진정한 리버럴'은 특정한 정치적 이념에 고정되어 있지 않으며 현실에 대한 넓은 이해와 통찰력을 바탕으로 인간과 삶의 가치를 중시하는 가운데 균형 있는 접근방법을 모색하기 위해 겸허히 노력한다. 상생금융과 정치금융이 얽혀 증폭하는 지금 우리에게는 관련되는 금융경제 인센티브 문제와 인간 본연의 인식·지식 한계 문제, 그리고 집단사고 오류 위험성 등을 성찰하는 가운데 해법을 찾을 수 있는 '진정한 리버럴'이 필요하다.

(2023년 11월 27일 기고)

대통령의 은행권 질타와
상생금융이 고려해야 할 다섯 가지

> 은행 비즈니스모델·리스크관리 적정성
> 은행 거버넌스 개혁
> 구성의 오류
> 범주의 오류
> 금융산업 재설계

윤석열 대통령이 은행권을 강하게 질타했다. 소상공인의 원리금 상환 부담 등을 언급하며 막대한 이자수익을 올리는 은행권의 영업 행태를 비판했다. 아울러 재정을 통한 소상공인 저리 융자자금 지원 계획도 밝혔다. 대통령의 질타에 은행들이 먼저 움직이고 있다. 악덕 고리대금업자가 아니라는 것을 보여주기라도 하듯 이른바 '상생금융' 강화에 일제히 나섰다. 금융당국을 비롯한 행정부는 대통령의 의중을 확인하자 곧바로 대책 논의와 추진에 들어갔다. 입법부 또한 물밑에서의 움직임이 감지된다. 민생이 화두가 되는 총선 일정도 다가오고 있기에 여야를 막론하고 첨예한 관심사가 될 국면이다.

국민의 삶과 밀접한 양극화와 취약그룹에 관한 이슈일수록 그 중요성에 모든 이들이 공감하는 만큼 접근방법에 대한 올바른 성찰이 필요하다. 다섯 가지 포인트로 살펴보자.

첫째, 은행 비즈니스 모델과 리스크 관리의 적정성 관련 성찰이다. 한국의 GDP 대비 민간부채 증가율은 세계 최고 수준으로 민간부채 누적이 위험 단계인 상황에서 은행 자본조달과 신용 면에서 비즈니스 모델의 강건성, 은행이 직면하는 새로운 리스크 관리 등의 중요성은 은행 경영 건전성과 금융시스템 안정을 위해 아무리 강조해도 지나치지 않다. 상생금융 업무는 은행 비즈니스 모델과 리스크 관리의 범주에 포함된다. 따라서 그 기준에서 적정성을 판단할 수 있어야 한다. 지난 3월 이후 미국 은행 위기에서도 나타난 바와 같이 실리콘밸리은행, 퍼스트리퍼블릭은행 등 대형 은행들이라 하더라도 비즈니스 모델에 문제가 있거나 리스크 관리에 실패할 경우 무너질 수 있음을 보았다. 은행 위기 직후 미 연준은 실리콘밸리은행에 대한 점검 보고서를 통해 동 은행의 이사회와 경영진이 리스크 관리에 실패했음을 지적한 바 있다. 급격한 금리상승과 은행의 편중된 사업모델 부진이 겹치면서 높아진 리스크에 대한 관리를 제대로 하지 못했고 금융당국 또한 이를 포착하여 필요한 조치를 하는 데 미흡했다고 보았다. 상생금융을 독려하더라도 금융감독당국은 은행들이 새로이 직면할 수 있는 리스크가 출현할 우려가 있다면 이를 적시에 파악하고 선제적으로 교정하는 경보를 보낼 수 있어야 할 것이다.

둘째, 은행의 거버넌스 개혁에 대한 성찰이다. 은행도 영리를 추구하는 기업이지만 국민경제에서 차지하는 역할이 지대하고 비은행 금융기관에 대한 유동성 백업, 통화정책의 전달경로 등 은행의 특수성 등으로 은행 경영을 자유방임에만 전적으로 맡길 수 없는 제도적 한계가 내재한다. 신용 및 지급결제 등에 국민경제적 비중이 큰 과점적 위치에 있는 은행들에 대해서는 그러한 사회적 인식이 더욱 강하다고 봐야 한다. 은행의 이사회 구성 등 주요 거버넌스에 사적 내지 재량적 지배의 영향력이 상당하게 작용한다면 국민경제의 건전한 발전을 도모함에 있어 은행에 합리적으로 기대되는 역할 수행이 충분치 않을 수 있다. 은행의 합당한 역할에 걸맞는 '전문화된 중립적 분권화' 거버넌스를 강화해 나가는 등 은행 거버넌스 개혁에 대한 사회적 성찰이 필요한 때다.

셋째, 상생금융이 초래할 수 있는 구성의 오류(fallacy of composition)에 대한 성찰이다. 상생금융 노력에 의한 은행권 대출금리 인하 압박으로 중앙은행이 정책금리를 지속적으로 인상했음에도 은행들의 대출금리는 오히려 낮아짐으로써 가계대출이 증가세로 돌아선 상황을 이미 경험한 바 있다. 상생금융으로 인해 긴축 통화정책의 파급경로가 작동하지 않았던 것과 같은 구성의 오류는 사회 전체의 경제적 성과를 낮춘다는 점에서 반복되지 않아야 하겠다.

넷째, 상생금융이 초래할 수 있는 범주의 오류(category mistake)에 대한 성찰이다. 국민의 삶과 밀접한 주요 민생 이슈일수록 일상적인 재정 기능이나 금융감독 기능으로 모든 것을 커버하려고 하기보다는 금융시스템 재설계에 관한 입법 등 제도변화를 통한 정통적 접근방법이 더욱 효과적일 수 있다. 취약그룹을 보호하고 인간의 가치를 중시하는 지속가능한 세계를 만들어 나가는 것은 국가의 존재 이유이자 사회적 책무다. 상생금융은 그 일환으로 바라볼 수 있는 민생 이슈다. 행정부의 한계와 범주를 넘어서는 이슈가 상생금융이라면 입법부가 제도변화를 모색하면서 함께 관심을 기울여야 한다. 영국의 철학자 길버트 라일이 그의 저서 '마음의 개념(The Concept of Mind)'에서 말한 범주의 오류를 경계해야 한다.

다섯째, 금융산업의 재설계에 대한 성찰이다. 소상공인 등 취약그룹에 대한 금융서비스 업무에 모든 은행들이 일률적으로 덩달아 나서는 모습을 이제 되돌아볼 때가 되었다. 글로벌 초경쟁의 무대에서 다른 부가가치를 창출하며 역할을 해야 할 은행들까지 모두 상생금융에 캠페인 식으로 수시 동원되는 방식이라면 우리 금융산업 발전과 선진화에도 바람직하지 않다. 소상공인 등에 특화된 모니터링과 스크리닝을 집중시킴으로써 상생금융의 수익성 평가와 리스크 관리 기능 등을 제고하며 타겟별 금융기법과 노하우를 축적할 수 있다. 애덤 스미스가 국부론에서 강조한 분업(division of labor)의 원리에 의한 생산성 향상에도 부합한다. 은행들이 서민금융, 신용보증 등의 재원으로 출연을 확대해 온 데서 한 걸음 더 나아간다면 상생금융 전문 금융기관 등을 설립하는 방안까지도 논의해 볼 수 있다.

(2023년 11월 7일 기고)

3.8 금융지배와 금융안정…재조명되는 금융감독

민간부채 누적…금융안정 우려, 통화정책 제약 금융지배 국면

美은행위기, 금융지배 반면교사…금융감독 재조명·업그레이드 계기

자본·유동성 등 일반적 금융규제 강화, 금융안정 충분조건 안돼

주도면밀·진취적·선제적 금융감독·통화당국 협력…금융안정 달성에 긴요

민간부채의 누적이 위험 수준이다. 한국의 GDP 대비 민간부채 증가율은 세계 최고 수준인 것으로 이번 9월 국제통화기금(IMF)이 데이터를 통해 밝힌 바 있다. 코로나19 팬데믹 이후 크게 확대된 민간부채가 디레버리징으로 축소되지 않고 계속 늘어난 탓이다.

이런 추세가 이어진다면 금융안정과 거시경제안정을 위협할 것이라는 우려가 크다. 민간부채가 과다하게 누적되면 민간부문의 은행 신용 및 중앙은행 유동성 공급에 대한 의존도가 높아지게 되고 통화 긴축의 수준과 방향에 따라서 시장이 크게 뒤흔들릴 수 있다.

이 경우 금융안정에 관한 우려로 인해 통화당국이 거시경제정책적으로 필요하다고 판단되는 행동을 취하는 데 제약을 받게 된다. 이른바 금융지배 (financial dominance)의 상황에 직면할 수 있는 것이다.

금년 3월 이후 미국에서 발생한 은행 위기는 그러한 금융지배 상황의 반면교사와 같은 환경의 예를 시사해 주었다. 그러한 환경에서는 금리인상뿐 아니라 심지어 매우 조그마한 시장의 동요에도 금융안정이 위협받고 경제시스템 전체가 위험에 처하게 되는 결과를 초래할 수 있다.

과다한 민간부채로 인해 초래되는 금융지배 국면에 대한 우려가 높아진 가운데 금융안정 달성을 위한 정책적 노력의 중요성은 한층 커지고 있다. 15년 전인 2008년 9월 투자은행 리먼 브러더스의 파산으로 확산한 글로벌 금융위기 이후 각국은 금융안정을 핵심 정책 이슈로 다뤄왔다.

금융안정은 어느 하나의 정책당국이 모두 커버하기는 어려운 정책의 여명지대(zone of twilight)에 속하는 과제로 인식되었고 유관 당국이 협력하는 거시건전성정책을 포함하여 금융규제와 금융감독 발전을 모색하여 왔다.

최근 미국 은행 위기 이후에는 한동안 다소 느슨한 면이 있었다고 본 금융규제에 대한 반성과 함께 은행자본규제 강화 논의 등이 이어지고 있다. 최근 은행 위기, 금융지배 등에 대한 성찰은 금융감독의 역할 강화 내지 패러다임 변화 촉진 논의로 전개될 수 있는 여건을 무르익게 하고 있다. 금융감독을 재조명하고 업그레이드할 수 있는 계기로 작용하고 있는 것이다.

예컨대 일반적으로 설정되어 있는 개별 금융규제 항목을 준수했는지를 체크하는 수준의 금융감독에 머물지 않고 은행들의 실제 리스크 관리와 비즈니스 모델의 동학(dynamics) 등을 선제적 관점에서 함께 논의하고 발전시켜 나가는 금융감독 패러다임을 강화할 수 있을 것이다.

은행자본 규제와 유동성 규제를 아무리 수위 높게 바꾼다고 하더라도 은행 위기를 막을 수 없는 상황이 전개될 수 있음을 미국 실리콘밸리은행 등 파산은 여실히 보여주었다. 새로운 게임 체인저인 SNS와 디지털이 촉발하는 분초를 다투는 뱅크런에 높은 자본비율과 유동성비율 그 자체만으로는 큰 의미와 효과를 기대하기 어려움을 깨닫게 되었다.

스위스 투자은행 크레디트스위스는 감독당국이 지난 15년 동안 신중하게 만들어서 강화한 자본 및 유동성 기준을 위반하지 않았음에도 시장의 신뢰가 흔들리면서 금년 3월 단시간에 무너졌다. 자본·유동성 등의 일반적·획일적 금융규제 강화만으로는 금융안정을 달성하는 충분한 여건이 만들어지지 않음을 실체적으로 보여주었다.

금융감독의 재조명, 그리고 진화가 필요한 시점이다. 은행들과 마찬가지로 감독당국이 변화하고 있는 환경에 최적의 방향으로 적응하고 진화해야 할 때다. 사회학자 허버트 스펜서가 제시한 사회진화론의 관점에서도 진화하는 금융감독을 바라볼 수 있다.

은행들이 직면하고 있는 새로운 리스크와 모색하고 있는 새로운 비즈니스 모델을 주도면밀하게(prudent) 이해하고 필요하다고 판단하는 경우 진취적으로(proactive) 은행들을 가이드하며 선제적으로(preemptive) 교정하는 경보를 적법한 권한을 가지고 보낼 수 있어야 한다.

민간부채가 과다한 금융지배 상황에서는 통화정책의 기조 변화는 물론 미조정, 그리고 시장의 작은 촉발 요인에도 금융안정이 크게 흔들리고 시스템 리스크에 영향을 미칠 개연성을 배제할 수 없다.

이와 같은 금융지배의 국면에서는 자본 및 유동성 기준 등을 높게 충족하는 것이 금융안정 달성의 필요조건은 될 수 있지만 충분조건이 되기는 어렵다. 아무리 건전하고 유동성이 높은 은행이라도 일거에 분위기와 추세가 바뀌는 시장의 동요와 급격하고 빠른 소용돌이에 처하게 되면 이를 감당하고 막아내기란 결코 쉽지 않다. 은행 감독지표의 수면 아래에서 움직이며 쉽게 보이지 않는 심해 흐름과 시장 심리를 꿰뚫어 보는 감독당국의 혜안이 필요하다.

따라서 진정한 금융안정을 이루려면 룰에 해당하는 금융규제에 의존하는 것만으로는 부족하며 플레이어로서의 금융감독이 그 역할을 새롭게 제고해 나갈 당위가 있다고 하겠다.

은행 자본조달과 신용 양면에서 비즈니스 모델의 강건성 여부, 거시경제 여건과 통화정책 기조 변화에 대응하는 은행 경영의 취약성 여부 등을 통찰력 있게 살펴야 한다. 이 과정에서 통화당국과의 협력은 필수적이다. 통화당국과 감독당국이 거시경제 및 금융안정 상황 분석과 판단에 관한 핵심 정보와 인식을 공유하며 협력을 강화하는 것이 중요하다. 그렇게 함으로써 당면한 금융지배 상황에서의 금융안정이라는 긴요한 정책 과제를 효과적으로 달성할 수 있다.

이러한 고난도 정책의 여명지대를 지날 때일수록 각 정책당국이 전문성의 지대(zone of expertise)를 서로 확충·강화해 나갈 필요성이 한층 높아진다고 하겠다. 유관 정책당국들의 총체적 전문성과 역량이 어느 때보다 조화롭고 지혜롭게 발휘되어야 할 때다.

(2023년 9월 21일 기고)

미국 은행, 정부·백기사만 믿다간 위기 또 온다

미국 은행들의 취약한 리스크 관리 등 경영 실패 드러나

규제당국에 의존 말고 자기자본 확충 등 은행 스스로 노력해야

금융안정 기여 플레이어 역할 하면 납세자 부담 없이 시스템 지켜

위기 막는 경영진 보수체계, 지배구조 등 유인체계 마련돼야

금리 상승 영향으로 지난 1년 미국 은행들의 자산가치는 급감했다. 시장가치 기준으로 2조 달러 줄었다. 미국 비영리 연구기관 전미경제연구소(NBER, National Bureau of Economic Research)가 4,800여 미국 은행들의 대차대조표를 분석한 결과다.

구체적으로 모기지 증권 시장가치가 10% 이상, 장기국채 시장가치가 25% 이상 떨어졌고 전체적으로 자산규모가 10% 줄었다. 시장가치 기준 자기자본비율도 2,315개 은행이 마이너스로 전환했다. 미국 은행들의 자금조달원은 자기자본 10%, 예금보험예금 63%, 비보험예금 23%였다.

이러한 분석결과는 금리 등 금융여건 변화에 대한 미국 은행들의 경영 취약성과 예금에 크게 의존하는 자금조달구조를 보여준다. 금번 미국 은행 위기가 규제당국의 통찰력 부족 탓도 있겠으나 근본적으로는 은행 경영의 취

약성에 기인함을 시사하는 대목이다.

오늘날의 복합적인 은행시스템에서 규제당국이 모든 금융안정 문제를 완벽하게 예상하고 막을 수 있을 것으로 기대하는 건 무리다. 현장에서 움직이는 플레이어인 은행 경영자야말로 문제를 일차적으로 포착할 수 있는 위치에 있다. 금리 변동에 취약한 자산구성, 단기부채와 장기자산간 기간 불일치, 위태로운 상업용 부동산 대출 등 현재 미국 은행들의 대차대조표에 큰 짐이 되고 있는 요인들은 상당 부분 은행 경영진의 의사결정과 밀접한 관련이 있다.

은행 존립 기반은 신뢰다. 신뢰가 흔들리면서 모든 예금자들이 동시에 예금 인출을 원하면 어떤 은행도 생존하기 어렵다. 40년 역사의 실리콘밸리은행이 무너지는 데 40시간도 채 걸리지 않았다.

금번 은행 위기는 미국 은행시스템에 의미심장한 질문들을 던지고 있다. 은행산업에 깊숙한 부식이 있다는 통렬한 지적이 있고 개별 은행들의 취약한 리스크 관리 실태가 극명하게 드러났다. 고객이 맡긴 돈과 고객에게 제공한 돈을 비춰주는 거울 이미지(mirror image)와 같은 대차대조표 관리에서부터 기본이 흔들렸다.

은행 경영의 기본인 자산부채종합관리(ALM, Asset Liability Management)에서 기간 불일치 문제가 제로금리에서 5%대로 금리가 오르는 동안 계속되었다. 오랜 저금리 시대에 젖어있던 안이한 경영 행태가 은행 위기를 초래한 것이다.

예금의 상당 부분을 차지하는 비보험예금을 포함하여 돈을 맡긴 고객의 심리와 행동은 은행 경영에서 고려해야 할 핵심요소다. 고객이 항상 은행에 머물러 있을 것이라는 전제하에 은행 경영을 손쉽게 생각했다면 오산이다. 글로벌 금융위기 이후 예금은 안전하고 펀드는 위험하며, 국채는 안전하고 대출은 위험하다는 믿음에 사로잡혀 있던 것 또한 잘못이었다.

사실상 암묵적 정부 보증에 의해 자금조달비용의 보조금을 받는 것과 다름없는 예금에 과다 의존한 것은 은행 경영의 모럴 해저드마저 보여주는 단면이다.

금번 은행 위기 이후 예금보호한도(25만 달러)를 초과하는 총 7조 달러의 비보험예금 전액을 보호해야 된다는 주장도 있으나 이는 리스크를 도외시하고 예금자를 고금리로 유치하려는 무분별한 은행 경영을 조장함으로써 금융안정을 저해하고 시장규율을 무너뜨릴 수 있다.

은행 경영의 전반적인 실패 속에서도 금융안정에 기여한 것으로 평가받는 시장 플레이어의 움직임도 있었다. 글로벌 금융위기 당시 베어스턴스와 워싱턴뮤추얼을 인수해 미국 최대 은행으로 올라선 JP모건이 금번 은행 위기에도 백기사로 나선 것이다.

재닛 옐런 미국 재무장관은 오바마 대통령이 가장 스마트한 은행가로 극찬했다는 제이미 다이먼 JP모건 회장에게 맨 먼저 전화했고 JP모건은 위기에 처한 퍼스트리퍼블릭은행을 인수했다. 동 인수는 JP모건에 일정 수익을 안겨줄 것으로 예상되면서도 실리콘밸리은행과 시그니처은행 파산 때와 같은 예금전액보호 결정을 피할 수 있게 했다는 점에서 '수지맞는 애국심(profitable patriotism)'이라는 평가와 민주, 공화 양당의 지지를 받고 있다. 제롬 파월 연준 의장도 금번 인수를 은행시스템을 위한 좋은 성과라고 표현했다.

은행의 공과에 대한 평가를 바탕으로 향후 은행 경영은 어떻게 혁신되어야 할 것인가. 먼저 낮은 비중에 머물고 있는 은행들의 자기자본을 두텁게 확충할 필요가 있다.

현재 실리콘밸리은행보다 작은 규모의 은행들이 미국 전체 은행 자산의 3분의 1을 점유한 가운데 비보험예금 보유가 상당하며 은행 예금 17조 달러를 커버해야 할 연방예금보험공사(FDIC) 보험기금은 900억 달러에 그친다.

이에 비추어볼 때 논의 중인 예금보호한도 상향 조정은 은행 위기를 막는 충분조건이 되기 어렵다. 은행 스스로 예금 위주 자금조달과 정부 보호에 의존하려는 타성에서 벗어나 자체 자본 확충에 힘을 기울여야 한다.

JP모건의 예처럼 금융안정에 기여하는 플레이어로서의 은행 역할 또한 긴요한 것으로 평가된다. 위기 시 안전하게 은행시스템을 지키는 경로의 하나는 납세자 부담 없이 시장에서 이루어지는 은행간 합병이 될 수 있음을 글로벌 금융위기와 금번 은행 위기는 보여준다.

아울러 은행 경영의 혁신을 통해 은행이 스스로 위기를 막을 수 있으려면 이에 합당한 유인체계가 마련되어야 한다. 경영진 보수체계와 지배구조 재설계 등에서 제도변화와 정책적 뒷받침이 필요하다.

(2023년 5월 22일 기고)

3.10 흔들리는 미국 은행…구시대 규제가 위기의 원천

> 미국 은행 위기, 금융안정에 새로운 리스크 요인으로 부상
>
> 금융감독 반성과 규제 움직임…유효하지 않은 과거 규제 직시해야
>
> 디지털 패권 시대…금융시장과 소셜미디어 연계 분석 대응 긴요
>
> 과거 데이터·감독규정이 위기 원천…금융규제 신선한 변화 기대

미국 연방준비제도(연준)는 지난주 발표한 2023년 상반기 금융안정보고서를 통해 3월 이후 전개된 미국 은행 위기가 인플레이션 지속 및 통화긴축, 미중 긴장관계와 함께 금융안정을 위협하는 3대 리스크로 새롭게 등장했음을 밝혔다.

연준의 5월 통화정책 결정에서도 인플레이션 상황과 은행 위기 우려가 반영됐다. 지난 10여 년 다소 느슨했던 금융감독에 대한 반성과 더불어 규제당국의 움직임도 가시화하고 있다.

연방예금보험공사(FDIC)는 실리콘밸리은행과 시그니처은행 파산에 대응한 예금전액보호 결정과 관련하여 두 은행의 비보험예금(uninsured deposits) 보호비용방안을 지난주 발표했다. 두 은행 파산비용 중 약 158억 달러가 비보험예금 보호용으로 추정되는데, 이를 113개 대형은행에 추가 보험료를 8개 분기

에 걸쳐 징수해 충당하겠다는 방안이다. 이에 앞서 예금보호한도(현재 25만 달러) 상향 조정 가능성을 포함한 예금보험제도 개혁 방안도 발표되었다.

비보험예금 규모가 커지면서 뱅크런 리스크가 증가했고 이는 금번 미국 은행 위기의 원인으로도 작용했음을 고려할 때 위기 방지를 위한 규제당국의 이러한 움직임은 일응 필요해 보인다.

은행가들은 평상시에는 자유시장경제의 일반 비즈니스맨처럼 행동하지만 막상 위기가 닥치면 정부에 기대고, 정부는 거의 예외 없이 은행 위기 해결에 앞장서 왔다. 국민경제에서 은행의 필수적 역할과 은행 위기의 파급력을 생각하지 않을 수 없기 때문이다. 금번 미국 은행 위기 대응에서도 마찬가지였다.

위기 대응 과정에서는 어김없이 규제 변화가 뒤따랐다. 도드-프랭크법 제정을 가져온 글로벌 금융위기가 그랬고 글래스-스티걸법 제정을 가져온 대공황이 그랬다. 아직 진행 중인 미국 은행 위기는 어떠한 규제 변화를 가져올 것인가. 몇 가지 제도 및 정책 포인트를 짚어보자.

먼저 더 이상 유효하지 않은 과거의 규제 프레임워크를 직시할 필요가 있다. 일례로 연준의 은행에 대한 스트레스 테스트는 지난 1년간 통화정책의 급격한 긴축 선회에 따른 금리 상승기를 지나오면서도 금리의 변동성을 크게 고려하지 않고 있었다. 이는 글로벌 금융위기 이후 신용 리스크에 초점을 두었던 스트레스 테스트의 유산으로 볼 수 있다. 서브프라임 모기지 위기에서 초래된 신용경색이 글로벌 금융위기를 일으킨 직접적인 원인이었기에 과거의 금융규제가 신용 리스크에 몰두했던 것이다.

아울러 리스크 관리 규제에 대한 재인식의 필요성이다. 금번 미국 은행 위기의 아킬레스건은 역설적이게도 가장 안전하다고 간주한 장기국채였다. 은행들이 안전하고 유동성이 높으며 바젤 III 등 자기자본규제 면에서도 유리한 장기국채를 보유하도록 조장하는 유인은 규제시스템 곳곳에 내재되어 있다.

부동산 담보 대출이 기업대출보다 안전하다고 생각했고 높은 신용평가등급까지 보유한 서브프라임 모기지가 급증하면서 글로벌 금융위기가 발생했음을 익히 알고 있었음에도 리스크 관리 규제에 다시 실패하고 있음을 금번 은행 위기가 여실히 보여준다.

SNS 등 소셜 미디어와 모바일 뱅킹 등 디지털 금융은 급속히 영향력을 확대하고 있다. 이는 규제당국에게 보다 획기적이고 포괄적인 접근방법을 요구한다. 중앙은행과 금융감독의 선제적 협력이 긴요한 영역이기도 하다. 트윗 하나에 뱅크런이 야기될 수 있는 미디어와 디지털 패권의 시대에는 금융시장과 소셜 미디어를 연계하여 금융 상황을 체계적으로 모니터링하고 분석·판단할 수 있는 전문기구(apparatus)의 설립까지도 고려해볼 법하다.

금번 미국 은행 위기를 통해 규제 철학의 중요성을 새삼 실감하게 된다. 초스피드로 변화하는 시장과 금융환경은 규제가 과거에 머물러 있을 때 위기를 불러옴을 실증적, 실체적으로 보여준다. 과거의 규제 철학으로 측정되고 입안된 수많은 데이터와 리포트 및 감독규정이야말로 오히려 위기의 원천이다.

금번 은행 위기를 다시 낭비하지 않고(Don't waste crisis again) 신선한 아이디어와 상상력으로 금융규제에 신선한 변화를 가져오길 기대한다.

(2023년 5월 15일 기고)

3.11 대통령까지 앞장선 은행산업 과점 논의, 금융발전 모멘텀 되길

> 은행업 과점문제 제기, 은행업 본질의 문제와 무관치 않아
> 기업가들은 은행과 산업 결합 시도하며 위기를 야기하고
> 정부는 금산분리 등 규제 통해 대응해 온 것이 은행업 역사
> 로버트 실러가 말한 금융의 민주화, 인간화 다시 떠올릴 때
> 대전환기 은행업에 요구되는 흐름 읽는 통찰력 긴요

윤석열 대통령까지 적극 앞장선 은행산업의 과점 체제에 대한 비판적 시각이 금융의 틀을 새로이 짜는 계기로 이어질 것인가. 은행산업 과점 체제는 사실 새삼스럽지는 않다. 필자가 당시 은행감독권을 보유했던 한은에 입행하여 대금융기관 업무를 수행하기 시작한 30여년 전에도 조흥, 상업, 제일, 한일, 서울신탁(당시 실무편의상 '조·상·제·한·서'라 칭했음)이라는 5대 선두 은행들의 과점 체제가 견고했다.

화두가 무엇으로 촉발되었든 금번에 제기된 은행산업 과점 논의가 성공적으로 진행되어 금융발전을 가져오는 모멘텀으로 연결되는 것이 중요하다고 본다.

은행산업 과점 체제에 대한 문제 제기는 '은행이란 무엇인가', 즉, 은행업

의 본질에 대한 문제 제기와 무관하지 않다. 과점 체제를 바라보는 인식의 기저에는 은연중 은행업의 본질에 대한 근원적 질문이 자리하고 있는 것이다.

　세상 사람들의 일상생활과 밀접한 은행이지만 은행업의 정의는 쉽지 않고 시대와 장소에 따라서도 은행업의 모습이 달라질 수 있다. 제럴드 코리건 전 뉴욕연방준비은행 총재는 비은행 금융기관에 대한 유동성 백업, 중앙은행 통화정책의 전달경로(transmission channel) 등 은행의 특수성을 강조했다. 은행도 영리를 추구하는 기업이지만 은행의 특수성 등으로 리버럴리즘(자유주의)에만 맡길 수 없는 한계가 내재하고 따라서 규제의 당위성이 있을 수 있다. 신용 및 지급결제에 국민경제적 비중이 큰 과점적 위치에 있는 은행들에 대해서는 더욱 그러한 사회적 인식이 강할 것이다.

　역사적으로 금융의 본질은 리버럴리즘을 바라보는 인식의 과정이었다고도 생각할 수 있다. 어느 정도의 리버럴리즘을 부여할 것인가, 정부 개입과 규제를 어느 정도로 부여할 것인가의 문제가 늘 금융에 내재되어 있다고 할 수 있다. 즉, 금융의 존재는 리버럴리즘의 그림자와 같은 형태로 표현되고 있다고도 볼 수 있겠다. 이러한 인식은 은행·금융과 산업의 분리, 은행업과 증권업·비은행업의 분리, 이른바 은산분리, 금산분리의 창으로도 바라볼 수 있다. 미국의 금융사를 한번 살펴보자.

　1799년 설립된 뉴욕의 식수 공급 기업 맨해튼사(Manhattan Company)는 당국 허가를 받아 은행업을 겸영했고 후일 체이스맨해튼은행(Chase Manhattan Bank)으로 성장했다. 미국의 초창기 은행들은 여행업을 겸영하며 이민자를 위한 환전과 송금은 물론 숙박업체 알선, 선박표 구매대행 업무도 취급했다.

그러던 은행업에 대한 규제의 계기는 1836년 설립된 필라델피아 미합중국은행(Bank of the United States of Philadelphia)의 파산이었다. 이 은행은 당시 미국과 영국의 최대 수출입 품목인 목화를 대규모로 매집하여 양국 교역에 영향력을 행사했는데 1839년 들어 목화가격이 하락하고 경기가 침체함에 따라 1841년 파산했다. 목화거래에서 중요 역할을 하던 은행이 파산하자 미국의 목화 수출이 급격히 감소하고 남부의 주들이 연쇄적 경제위기에 직면했다. 이 사태의 영향으로 은행의 산업 분야 투자를 금지해야 한다는 여론이 형성된다.

　이에 뉴욕주 은행법은 은행의 업무범위를 예금, 대출 등으로 제한했고 이러한 입법은 1864년 연방의회의 은행법 개정시 모델이 되었다. 그러자 은행들이 규제를 피하여 증권계열사를 두어 우회적으로 산업 투자를 해오던 중 1929년 대공황의 시발점이 된 주식시장 붕괴로 은행, 일반회사, 언론사 등의 연쇄 파산이 초래되게 된다. 이에 1933년 연방의회는 은행업과 증권업을 분리하는 글래스-스티걸법을 제정하기에 이른다. 이윤을 추구하는 기업가들이 은행업과 산업의 결합을 끊임없이 시도하며 위기를 야기하고 정부는 규제를 통해 그에 대응해온 것이다.

　금융의 역사는 이처럼 은행업의 역사와 긴밀한 가운데 리버럴리즘과 규제의 상호 변증법적 과정을 보는 듯하다. 그렇다면 지금 은행산업 과점 논의를 시발로 추진되고 있는 제도와 정책 변화는 어떤 방향으로 나아가야 하는 것일까. 은행업의 본질과 눈앞의 현상을 바라보되 인류가 직면하고 있는 대전환기에 요구되는 흐름을 읽는 통찰력이 긴요하다. 그 대전환기 흐름 중 하나는 휴먼 시큐리티(Human Security for All)를 우선시하면서 사람을 중시하는 지속가능한 세계를 만들어 가고자 하는 열망이라 할 수 있다.

은행업이 리버럴리즘과 규제의 변곡점을 따라 움직이며 시대와 장소에 따라 변화하고 진화해 왔음을 상기하면서 우리에게 필요한 제도와 정책 변화를 지혜롭게 모색해 나가야 할 때다. 코로나 위기 이후 전개되는 문명사적 대전환기의 은행업은 어떠한 모습으로 발전해 나가야 할 것인가.

깊이 있는 성찰과 논의를 요구하며 특히 사람을 중시하는 지속가능한 세계를 만드는 데 은행업이 더욱 역할을 할 수 있도록 해야 한다. 로버트 실러가 말했던 금융의 민주화와 인간화(democratizing and humanizing finance)를 다시 떠올리게 된다. 모든 사람을 위한 리스크 관리, 그리고 인간을 직시하는 금융의 필요성을 강조한 슬로건이다.

포용적 금융(inclusive finance)의 맥락에서 코로나 위기 이후 형성되는 리스크와 불균형을 포착하며 인간 중심의 따뜻한 시각을 지니고 적시에 필요한 대응을 할 수 있는 금융시스템 설계와 정책 운영이 긴요하다고 하겠다. 30여년 전 '조·상·제·한·서'라고 부른 5대 주력 은행 체제에서도 취약그룹을 포함한 국민의 복리(human welfare) 증진에 기여하는 역할이 은행업의 본질에서 벗어나지는 않았다고 여겨진다.

대전환의 시대에 우리에게 '은행이란 무엇인가'라는 질문을 다시 던지면서 금번 은행산업 과점 논의가 은행업의 본질을 성찰하는 가운데 모쪼록 사람을 더욱 중시하며 금융의 가치와 역할을 제고하는 금융발전의 모멘텀이 되길 기대한다.

(2023년 3월 12일 기고)

암호자산의 미래, '신뢰'에 달렸다

| 법적 실체 불확실한 암호자산, '신뢰 창출'이 관건
| 시장 대혼란, 금융 민주화·인간화 다시 생각케 해

암호자산(crypto), 세간의 뜨거운 이슈다. 일부에서는 암호화폐, 가상화폐라 부르기도 하나 교환의 매개, 회계의 단위, 가치의 저장 등 화폐의 3대 기능에 부합되지 않음은 명백하다. 현대 국가에서 화폐는 국가가 법적으로 그 가치를 보장하는 법화(法貨, legal tender)를 의미한다. 그러면 암호자산은 증권인가. 미 증권거래위원회(SEC)는 암호자산을 증권으로 해석하지 않고 있다.

법적 실체조차 확실치 않은 암호자산에 사람들은 왜 열광한 것일까. 유럽중앙은행(ECB)과 미 연준(Federal Reserve)의 최근 서베이에 따르면 유로지역 가구의 10%가 현재 암호자산을 보유 중이고 미국 성인의 12%가 2021년중 암호자산을 보유했거나 사용했다. 전 세계 암호자산 시장은 최근 변동성이 매우 큰 가운데 1조 3,000억 달러에 달한 것으로 추산된다.

전통적인 증권인 주식과 채권에 60% 대 40% 비중으로 분산한 투자 포트폴리오를 구성했을 때 2008년부터 2021년 사이 미국에서의 연평균 수익률은 11%에 이르렀고 2022년 들어서는 마이너스 10%로 전환되었다. 투자

대상으로서의 암호자산 시장은 코로나 팬데믹 이후 다른 자산시장과 더불어 팽창했는데 최근 전통적 증권의 투자심리 침체 속에서 암호자산 시장에서 수익을 보려는 투기적 속성(attributes of speculative assets)은 극대화했다.

블록체인 등 기술을 기반으로 이른바 탈중앙화 금융(decentralized finance, DeFi)이라는 혁신의 기치까지 내세우던 암호자산 시장이 현재 붕괴 수준에 가까운 일대 혼란 상태에 빠져 있다. 암호자산의 대표주자 격인 비트코인을 포함하여 이른바 스테이블코인들의 가격이 대폭락하였고 암호자산 시장 자체의 신뢰성마저 흔들리는 위기에 처해 있다. 얼마 전까지도 새로운 금융시스템의 한 축을 꿈꾸며 법화의 지위까지도 넘볼 듯한 기세는 지금 찾아보기 어렵다.

그렇다면 앞으로 암호자산의 미래는 어떻게 될 것인가. 인류가 창조한 많은 구조물이 그러하겠지만 암호자산의 미래도 궁극적으로 그것을 만든 인류에 달려 있다고 봐야 할 것이다. 암호자산의 미래는 본질적으로 암호자산을 바라보는 인식의 문제로 귀결되리라고 본다.

지금은 인플레이션이 이슈지만 금본위제도(gold standard)를 채택했던 시절 디플레이션이 문제였던 때가 있었다. 1865년부터 1895년 사이 미국의 물가가 무려 47%나 하락함에 따라 동북부의 채권자들은 엄청난 혜택을 봤지만 남부와 서부의 농민과 근로자들은 빚의 실질가치 급등으로 불만이 극에 달했다. 이렇게 되자 금과 함께 은도 화폐로 유통하자는 대안이 등장했다. 금과 은을 화폐로 같이 쓰는 복본위제도(bimetallic standard)로 바뀌면 화폐 공급량이 늘어나 디플레이션을 막을 수 있다는 가능성 때문이었다.

이 문제는 1896년 미국 대통령 선거의 쟁점이 되기에 이른다. 물가하락에 수반되는 채무자의 고통을 대변하던 민주당의 후보 윌리엄 브라이언은 금·은 복본위제를 주장한 반면 보수세력의 지지를 받고 있던 공화당의 후보 윌리엄 매킨리는 금본위제의 고수를 각각 공약으로 내걸었다. 금본위제 고수를 주장한 매킨리가 대선에서 승리한다.

그로부터 100년이 넘는 세월이 흐른 후 등장한 암호자산을 바라볼 때 순수 금본위제의 고수냐 아니냐의 선택을 했던 당시의 상황이 오늘날에도 시사하는 바 있다고 생각된다. 알고리즘에 토대를 둔 암호자산, 이는 법화와의 관계를 떼어놓고 생각하기 어려운 존재다. 화폐와 금융을 바라보는 철학의 문제다. 화폐와 금융은 제도의 산물이며 제도는 다시 인식의 산물이다. 1896년 미 대선에서도 금본위제의 고수냐 아니냐를 둘러싸고 화폐와 금융의 고결성(integrity)에 관한 인식의 차이가 있었다고 볼 수 있다.

바로 금융에 대한 인식의 문제다. 암호자산의 문제도 기술의 문제, 블록체인의 문제라기보다는 '사람들에게 어떠한 신뢰를 창출할 수 있느냐'하는 인식의 문제로 귀결된다고 하겠다. 금융의 기반은 신뢰이기 때문이다. 신뢰는 공시(disclosure), 투명성(transparency) 등 보편타당한 법의 지배(rule of law)와 상호작용하며 쌓일 수 있다. 기술의 구현방식이 탈중앙화 내지 분권화된 시스템이건, 집권화된 시스템이건 신뢰라는 필수요소가 결여되어 있다면 그 시스템은 지속가능하기 어려워질 수밖에 없다.

로버트 실러 예일대 교수가 글로벌 금융위기 직후 2009년 하버드대 주관 심포지엄에서 금융의 민주화(democratization)와 인간화(humanization)를 언급했다. 금융의 민주화에 대해 특정 파트가 아닌 모든 당사자를 위한 리스크 관리(risk management for everyone)를 강조했고 이것이 자본주의와 금융의 원리로 작동해야 한다는 시사점을 주었다. 금융의 인간화는 투기적 속성을 포함한 인간 본성을 이해하고 반영하는 금융시스템 설계의 필요성을 강조한 슬로건으로 이해할 수 있다.

글로벌 금융위기 시에도 그랬지만 코로나 위기 이후 형성되고 있는 새로운 리스크와 취약성을 직시해야 한다. 암호자산 시장의 대혼란을 보면서 금융의 민주화와 인간화를 다시 생각한다. 모든 당사자를 위한 리스크 관리, 그리고 인간 본성에 대한 통찰이 현실 속에서 금융과 사회를 디자인하고 운영하는 데 긴요하다.

여기서 국가는 무엇을 해야 할까. 인류는 팬데믹 위기 이후 원시 미개사회가 아닌 더 나은 삶과 세계를 위한 미래 문명을 준비하려 한다. 대공황을 포함한 역사에서 보았듯이 위기 이후 자유방임(laissez-faire)이 경제주체들에게 항상 최적의 삶을 보장하지는 않았음을 인식해야 할 시기다. 일부 국가는 이미 움직이고 있다.

(2022년 6월 23일 기고)

3.13 검찰 출신 금감원장…금융감독 진화하나

檢출신 금감원장…우려 시각 있지만 韓금융 진일보 계기 될 수도
금융 본질 '신뢰'의 토대는 '법의 지배'…금융 중심지의 필수요소
세계 금융 중심 뉴욕, 수십년간 금융범죄 척결 뉴욕 검찰이 역할
팬데믹 이후 대전환기…금융-검찰 접점, 금융 발전 기여 기대

신임 금융감독원장에 사상 최초로 검찰 출신이 임명되었다.

검찰 내부에서만 줄곧 경력을 쌓아온 인물에게 금융기관과 금융소비자를 일상적으로 접하는 금융감독기관의 장을 곧바로 맡긴 것에 대해 일각에서 우려하는 시각도 표출되었다.

그렇지만 향후 신임 금융감독원장의 노력과 올바른 역할에 따라서는 그러한 우려를 불식하고 한국 금융이 진일보할 수 있는 계기가 될 수도 있다고 본다. 때마침 신임 법무부장관은 금융증권범죄에 대한 검찰 수사조직을 확충했다. 검찰과 금융과의 접점이 강화되는 일련의 흐름으로 볼 수 있다.

그렇다면 검찰의 역량이 금융 발전에 어떤 보탬이 되는 것일까.

오늘날 뉴욕이 세계 금융의 중심지가 되는 과정에는 뉴욕 검찰의 역할이 상당했음을 돌아볼 필요가 있다. 2차 세계대전 이후 이른바 화이트칼라 범죄가 급증하는 시기에 뉴욕 맨해튼지검과 남부지검의 활약은 눈부셨다.

1942년 5월 22일자 뉴욕타임스에 제정 소식이 보도될 정도로 주목을 받은 Rule 10b-5 등의 규제 타깃인 내부자거래(insider trading)와 같은 고도의 금융시장 범죄를 뉴욕 검찰은 뛰어난 수사역량과 확고한 법집행 의지로 수십년에 걸쳐 지속적으로 척결했다.

이에 따라 뉴욕 금융시장의 투명성과 안정성이 크게 제고되고 지금과 같은 세계 최고 수준의 굳건한 신뢰를 얻게 되기에 이른다. 뉴욕 금융시장으로 전 세계에서 투자자본과 금융전문인력이 몰려드는 이유다.

미국이 지금 구가하는 금융 패권(finance supremacy)은 검찰의 오랜 노력과 역량이 보태져 쌓아진, 신뢰성 높은 금융 인프라와 시스템에 힘입은 것으로 평가할 수 있는 대목이다. 검찰의 역량이 금융 발전에 기여함을 미국 금융사는 잘 보여주고 있다.

우리나라도 그동안 아시아의 금융 중심지로 도약하겠다는 목표를 가지고 역대 정부에 걸쳐서 다각적으로 노력을 기울여 왔으나 아직 그 목표에는 미치지 못하고 있다.

금융 중심지로 발전하기 위해 필요한 요소들이 많지만 그 핵심요소의 하나이며 반드시 필요한 요소는 금융에 있어 법의 지배(rule of law)를 확고히 해나가는 것이다. 금융의 본질은 신뢰이며 그 신뢰의 토대는 바로 법의 지배에서 비롯되고 형성될 수 있기 때문이다.

이렇게 볼 때 금융과 검찰과의 접점 강화가 우리나라 금융에 있어서 법의 지배를 더욱 효과적으로 확립하는 계기가 되어 금융 발전에 긍정적 역할을 할 수 있을 것으로 기대한다.

합리적인 법적, 제도적 환경은 금융 중심지로 발전하기 위한 필요조건이다. 뉴욕 검찰이 법의 지배 확립에 역량을 발휘하고 노력을 기울임으로써 뉴욕이 세계의 금융 중심지로 발돋움할 수 있는 법적, 제도적 환경을 만드는 데 기여했음은 우리에게도 시사하는 바가 있다.

금융감독은 금융에 관한 룰을 만들고 룰을 운영하며 룰과 상호작용하는 과정이라고 생각해 볼 때 법의 지배라는 맥락에서 금융과 검찰의 접점 강화를 계기로 금융감독 시스템과 운영의 유효성 내지 합목적성이 더욱 제고될 수 있기를 기대한다.

미국 연방대법원은 1803년 Marbury v. Madison 판결을 계기로 단순한 법률 해석기관에 머물지 않고 의회의 입법이 위헌이라고 선언함으로써 법률의 존재 자체를 비토할 수 있는 힘을 갖게 된다.

이는 미국 최고법원이 특정 목표, 즉 법률해석에만 묶여있지 않게 되었다는 측면에서 목표 독립성(goal independence)을 갖게 된 것으로 볼 수 있다. 이러한 목표 독립성 개념을 금융감독에 적용하면 금융의 룰에 관한 광범위한 재량권을 한 기관이 부여받게 되는 시스템이 바로 목표 독립성을 갖는 금융감독 시스템이라고 볼 수 있다.

목표 독립성의 여부는 예를 들면 금융감독 룰의 제정과 운영, 건전성감독과 금융소비자보호 등을 한 기관이 수행하느냐 여러 기관이 수행하느냐의 문제 등을 고려할 때 준거 기준이 될 수 있다.

목표 독립성을 갖는 금융감독 시스템은 금융감독이라는 공적 서비스에 대한 사회적 수요와 요구의 관점에서 보면 보다 신축성(flexibility)을 발휘할 수 있고 따라서 해당 감독기관이 높은 역량(competence)을 보유한다는 전제하에 상대적으로 강점을 지닐 수 있다.

팬데믹 이후 전개되는 대전환, 대변화의 시대를 우리는 준비하고 있다. 위기 이후 변화하는 환경과 점증하는 불확실성 속에서도 금융은 발전하고 이에 따라 금융감독도 끊임없는 진화의 과정으로 갈 수밖에 없다. 금융감독을 둘러싼 환경적 요소들이 금융감독 시스템의 생태계를 형성하고 있는 가운데 생태계의 환경 변화에 따라 금융감독 시스템은 진화할 수 있다.

인류가 직면하고 있는 문제를 해결하고 더 나은 삶과 세계를 만들어 나가는 데 검찰과 금융, 금융감독이 기여하는 역할은 점점 더 커져간다. 금융과 검찰의 접점 강화가 문명사적 대전환기의 바람직한 역할 수행에 있어 진화하는 상호작용의 모멘텀이 될 것이라 믿는다.

(2022년 6월 20일 기고)

Climate Crisis and Finance, What Should We Tackle?

Climate crisis and finance are areas where the expertise, experience and wisdom of relevant stakeholders including financial supervisory bodies that regulate financial markets should be gathered

In the fall semester of 2020 amid the coronavirus pandemic crisis which we are still struggling with, I taught a graduate-level finance class at a university.

A part of my syllabus was climate crisis and finance, during which a student raised a question about the relationship between the two. As a contemporary graduate student, it might be impossible not to be aware of the reality humanity is facing, which is called a climate crisis, beyond climate change.

But that question paradoxically made me think that I did the right thing to include this topic in the syllabus and it later became necessary to address the subject with more interest in the educational field. I believe the purpose of contributing to the press includes an educational aspect to the public, such as allowing readers to broaden their horizon. From this perspective, it is meaningful to expand the classroom to the broader public regarding this issue.

Climate change can be by and large a financial problem. Insurance companies have suffered from the effects of wildfires due in many places to climate change, and banks can lose money if their collateral is submerged due to rising sea levels. There is a risk that direct or indirect material damage caused by climate change in the real sector of the economy may spread to the financial sector through business relationships such as insurance contracts, loans and investments. Financial risks may also arise in the process of transitioning to a low-carbon economy to respond to climate change. Carbon taxes and renewables can devalue oil and gas bonds. These financial risks may be amplified through investment losses in carbon-emitting industries and a consequent portfolio rebalancing.

The transition to a low-carbon economy can create both a decline in carbon emission-related asset values and new investment opportunities in low-carbon and eco-friendly technologies. In other words, it can create losers and winners at the same time.

Issues such as climate change and environmental protection have traditionally been recognized as one of the domains of governments and the public goods.

However, when looking at the climate change issue in relation to finance, it would not be an exaggeration to say that the market moved first this time. Until the Biden administration took office, the US government was lukewarm in responding to climate change compared to Europe.

While the 27 EU countries have been active, such as announcing in 2020 that they will reduce greenhouse gas emissions by 55% by 2030, the United States was comparatively passive in responding to climate change, with the Trump administration announcing its withdrawal from the Paris Agreement, an international climate accord.

In addition, the composition of the U.S. Supreme Court was also reorganized in 2020 into six conservatives to three liberals, which was evaluated as the largest conservative bloc structure since the 1930s. The conservative position on green or environmental law was generally in the direction of reducing the government's regulatory authority related to environmental protection. Unlike the mixed movements of international politics in the United States and Europe, changes in the financial markets to actively respond to the climate crisis were clearly detected after the coronavirus pandemic crisis.

The term ESG may sound familiar. Environmental, Social, and Governance (ESG) can be said to be the latest standards of corporate evaluation and investment. When talking about climate change issues in finance, the ESG principle may apply particularly when discussing so-called sustainable companies and investment in these.

ESG has been receiving attention during the coronavirus pandemic. Why is that? Crisis factors such as COVID-19, geopolitical risks and climate change provide evidence that companies pursuing long-term and sustainable strategies are better at surviving these crises than companies that do not. What is crucial is that investors have taken notice of this point. This can be thought of as the basic background for the recent rise in the ESG paradigm.

As the performance of ESG-based investments overwhelms those that ignore this paradigm, the flow of investment has become more concentrated in ESG. As a result, an interesting but paradoxical situation developed in which US financial companies were urging the government, which was passive in responding to climate change under the influence of the Trump administration, to respond promptly.

US financial companies sent letters to government agencies last year urging them to respond to climate change. The recipients of these letters included the Federal Reserve chair, SEC chair, insurance regulators, and the heads of financial supervision-related institutions. The letters called on the authorities to act immediately in the face of climate change that could pose systemic financial risks.

This can only be considered as an example demonstrating that the private-led response to climate change has already progressed to a level that cannot be resisted by market principles. In October 2020, the Korea Investment Corporation (KIC), a sovereign wealth fund, announced a policy to expand investment based on ESG, and many Korean financial companies are also making sustainable investments to respond to climate change.

As the financial market has performed well through ESG-based investments despite some critical viewpoints, particularly after the coronavirus crisis, the market is doing much to address the climate change issue. This appears to be due to the fact that investors have recognized the vulnerability of the global community's public health to climate crises, and value companies that pursue sustainability through these crises. Under these internal and external circumstances, what kind of work should the relevant stakeholders, including financial supervisory bodies, central banks and the legislature that regulate financial markets as well as educational institutions, prepare for to respond to the climate crisis?

Climate crisis and finance are areas where the expertise, experience and wisdom of relevant stakeholders should be gathered. Starting small things today for tomorrow has always been a shining code of conduct that has led to progress and the development of individuals and human history. In this season of greenery, as one of these contemporaries, I am again immersed in my thoughts on our tasks to prepare for tomorrow.

(2021년 9월 19일 기고)

금융개혁의 바람직한 모습

> 헤겔 변증법적 금융사 제도변화 흐름…금융 민주화·인간화 지향
> 금감원 도입 대심제…변화 흐름 부합, 거래비용 줄이는 금융개혁

근대의 금융사를 돌아볼 때 세 가지의 빅 이벤트가 떠오른다. 첫 번째는 은행업과 증권업을 분리해 규제의 상징이 된 1933년의 글래스·스티걸법, 두 번째는 그로부터 60여년이 경과한 후 글래스·스티걸법의 폐기를 선언함으로써 규제완화의 상징이 된 1999년의 그램·리치·블라일리법, 세 번째는 글로벌 금융위기 이후 금융개혁 과정에서의 재규제 내지 신규제의 산물인 2010년의 도드·프랭크법(월가 개혁 및 소비자보호법)이다. 헤겔의 변증법에서 말하는 정·반·합의 역사발전 과정을 생각게 하는 일련의 제도변화 흐름이 아닐 수 없다.

세 번째의 합에 해당하는 월가 개혁과 소비자보호법의 본질은 한마디로 무엇일까. 2013년 노벨경제학상을 수상한 로버트 실러가 언급했던 금융의 민주화와 인간화라는 표현으로 집약될 수 있지 않을까 생각한다. 여기서 금융의 민주화는 특정인의 편이 아닌 모든 당사자를 위한 리스크 관리의 원칙을 금융시스템에 반영하고자 하는 것이며, 금융의 인간화는 인간의 본성과 마음을 고려하는 금융시스템을 지향하는 슬로건으로 이해할 수 있다. 최근

수년간 경제협력개발기구(OECD)와 G20(주요 20개국) 등에서도 집중적인 관심을 갖고 국제적인 노력을 기울여온 금융포용과 금융소비자보호 관련 이슈도 이런 방향으로 향하는 금융개혁의 흐름과 맥을 같이한다고 하겠다.

국내로 눈을 돌려보면 글로벌 금융위기 이후 근 10년이 지나는 동안 금융발전을 위해 기울여온 노력이 적지 않은 것이 사실이다. 그간 정책의 여명지대로 부상한 거시건전성정책과 금융소비자보호정책의 인프라 구축을 위해 힘쓰는 등 금융개혁의 국제적 흐름에 호흡을 맞추는 데 입법부, 정책당국, 학계 등이 다방면으로 노력해 왔다. 앞으로 우리에게는 어떠한 모색이 더욱 필요한 것일까. 금융현장의 목소리를 보다 가까이서 접할 수 있는 금융연수기관에 와 있는 필자의 관점에서는 로버트 실러가 말한 금융의 민주화와 인간화 모색이라는 슬로건이 새삼 설득력과 현장감을 지니고 다가온다.

마침 이번 4월 금융감독원이 도입한 대심제(금융회사와 감독자 등 관련 당사자가 동시에 참석하는 상호 커뮤니케이션 방식으로 진행하는 제재심의제도)는 여러 측면에서 금융의 민주화와 인간화 모색 강화와도 관련성이 높다고 보여지는 제도로서, 향후 금융현장의 긍정적인 평가와 기대를 모을 것으로 예상된다. 금융규제에 책임을 지는 당국이 금융현장에 있는 당사자들과의 상호작용에 있어 이처럼 창의성을 발휘할 때 금융의 민주화와 인간화가 한층 강화될 수 있을 것이다. 이와 같은 방향으로의 금융규제 관련 제도 변화는 궁극적으로 검사, 정보수집, 감독, 조정, 협상 등에 수반되는 제반 코스트, 즉 금융부문 내 거래비용을 줄임으로써 금융 발전과 경제적 성과의 증진을 가져오는 데 도움을 줄 것으로 본다.

신제도학파의 문을 연 1993년 노벨경제학상 수상자 더글러스 노스는 제도는 인간의 상호작용을 형성하는 게임의 룰이며 결국 마음이 만드는 구조물이라고 했다. 앞으로 바람직한 금융개혁 방안을 논의하고 추진함에 있어서도 금융현장에 있는 금융회사와 금융소비자 등의 마음을 균형 있게 헤아리는 제도의 설계와 운영에 사회적 지혜를 모아 나갔으면 하는 소망을 가져본다.

(2018년 4월 27일 기고)

4부

혁신과 변화 속
산업·기업·과학기술 향방은

인공지능 전쟁 승자의 길

공급망 서비스 교역 위주 재편…인공지능이 핵심 역할
韓경제 서비스 수출 부진…공급망 재편 흐름서 뒤쳐져
공급망·인공지능戰 파고 헤쳐 나갈 경제 방향타가 중요

국가인공지능위원회 출범식과 1차 회의가 지난주 목요일 열렸다. 윤석열 대통령이 위원장이다. 이 자리에서 윤 대통령은 인공지능 3대 강국 도약을 위한 비전을 말했다. 금요일에는 최태원 대한상공회의소 회장과 이창용 한국 은행 총재가 양 기관 공동세미나를 열고 공급망과 인공지능에 관한 전략과 정책에 대해 토의했다. 세미나에 안덕근 산업통상자원부장관도 함께 했다.

앞서 수요일에는 더불어민주당 진성준 정책위 의장이 이사의 주주에 대한 충실의무를 신설하는 상법 개정안을 당론으로 채택하여 가을 정기국회에서 통과시킬 뜻을 밝혔다. 인공지능 주도권 경쟁의 핵심 플레이어가 될 기업인들로 구성된 대한상의 등 경제단체들이 강력히 반대하는 상법 개정안이다. 같은 주(週)에 대한민국이라는 같은 공간에서 스펙트럼이 교차함을 느끼게 하는 대통령, 기업인, 정책가, 정치인의 모습이다. 정치와 정책과 기업이 총체적으로 경제의 방향타를 제대로 잡아야 치열한 인공지능과 공급망 전쟁에서 승자가 될 수 있음은 두말할 나위가 없다.

이번 대한상의-한은 공동세미나에서 리처드 볼드윈 스위스 국제경영개발원(IMD) 교수는 기조연설을 통해 디지털 기술 발전이 서비스 교역을 확대하고 있고 이는 선진국의 거대한 서비스 수요와 이에 상응하는 신흥국의 공급 역량이 결합된 결과이며 특히 최근 주목받고 있는 인공지능 기술의 발전은 서비스의 해외 아웃소싱을 가속화하고 신흥국으로의 관련 인력 유입을 촉진하는 것으로 분석했다. 아울러 앞으로의 글로벌 교역은 인공지능 등 기술 발전에 힘입은 신흥국의 서비스 공급망 참여에 의해 크게 영향을 받을 것으로 전망했다. 공급망이 서비스 교역 위주로 빠르게 재편되고 있으며 그 핵심에는 신흥국의 공급 역량이 큰 역할을 하는 인공지능이 자리하고 있음을 시사하는 대목이다.

한국경제 현황은 어떠한가. 세미나에서 발표된 한은 논문을 인용해 본다. 한국경제는 생산구조가 제조업에 치중되어 있고 수출 의존도가 높은 가운데 서비스 수출은 잠재력이 있지만 성장세가 더딘 모습이다. 한국의 GDP 기준 제조업 비중은 약 27%로 OECD국가 평균 14%를 크게 상회한다. 높은 수출 익스포저에도 불구하고 서비스 수출 증가율이 2010년 이후 연평균 4.6%로 글로벌 성장세(6%)를 하회하고 수출 중 서비스 비중도 약 16%로 글로벌 평균 25%보다 크게 낮다. 과거 서비스는 내수시장에서 소비되는 비교역재로 인식된 측면이 있다. 제조상품과 달리 물리적 형태를 지니지 않는 무형성, 생산과 동시에 소비가 이루어져야 하는 동시성, 재고로 쌓아둘 수 없는 비저장성, 생산자와 소비자의 상호작용에 의해 제공되는 노동집약성 등으로 인해 교역 가능성이 낮았다.

그러나 디지털 대전환과 인공지능은 무형성을 제외한 서비스의 특성을 크게 변모시키고 있다. 코로나19 팬데믹을 거치면서 비대면 서비스의 활용이 늘어난 가운데 스트리밍 등 디지털 기술에 힘입어 공연예술, 방송 등 서비스의 동시성이 해소되고 저장성을 지니게 되었다. 인공지능이 기존의 대면 서비스를 대체하면서 금융, 법률, 교육, 의료 등 전문서비스의 노동집약성이 줄어들고 있다. 이에 따라 서비스의 상당 부분이 글로벌 시장에서 소비되는 교역재로 전환되고 있는 흐름이다. 제조업과 서비스업의 경계가 흐려지고 있는 것이다.

그렇다면 공급망의 본질이 이처럼 크게 바뀌고 있는 시점에서 한국경제는 어떤 방향으로 나아가야 하는가. 제조업의 서비스화가 가속화하고 비교역재로 인식되던 서비스의 국경 간 거래가 전통적 무역 패턴의 혁신을 가져오고 있는 공급망 패러다임의 전환에 부응하는 전략과 정책이 필요하다고 할 수 있다.

기업은 제품의 생산, 관리, 판매, 소비 등 전체 라이프 사이클에 걸쳐 수집 분석한 데이터를 활용함으로써 맞춤형 서비스를 제공할 수 있다. 예컨대 반도체 기업은 설계에서 제조에 이르는 모든 단계를 통합 제공하는 서비스 모델로 업그레이드하며 자동차 기업은 모빌리티 서비스와 자율주행 기술 개발에 집중하는 전략을 모색할 수 있다. 이러한 기업의 움직임을 반영한 맞춤형 인공지능 칩 수요 증가는 기술혁신과 시장수요의 긴밀한 상호작용을 말해준다.

정책 면에서는 제조업과 서비스업의 경계가 흐려지는 상황에서 기술 간 융합을 저해하는 업종별 구분에 근거한 규제를 일신할 필요가 있다. 기술혁신 분야에서 규제 유연성을 높여 한국의 서비스 산업이 재편되는 글로벌 공급망에서 경쟁력을 확보할 수 있도록 정책을 설계하고 운영해야 한다.

정치의 역할은 무엇인가. 국가의 명운이 걸린 공급망과 인공지능 글로벌 전쟁에서 우리 기업들이 승자가 될 수 있도록 돕는 일이 중요하다. 당내에서 금융투자소득세 시행을 놓고 논란을 벌이다가 유예로 선회하면서 시행론자의 반발을 무마하기 위해 상법 개정을 밀어붙이는 듯한 모습은 제대로 된 정치의 역할과 거리가 멀다.

코리아 디스카운트의 가장 큰 당면한 위협은 공급망과 인공지능 전쟁에서 기업들이 패자가 되는 것이다. 주주에 대한 이사의 충실의무 신설이 높은 파고(波高)의 대해에서 전쟁에 나서는 기업들의 신축적이고 종합적인 경영판단을 제약하는 요소가 될 수 있음을 살펴야 할 시기다. 지난주 대통령이 국가인공지능위원회 위원장이 되고 대한상의 회장과 한은 총재가 관련 전략과 정책을 토의하는 시점에 정치권 다수당은 기업들이 반대하는 상법 개정안에 정파적으로 접근하고 있는 모습은 한국경제가 마주한 파고의 스펙트럼을 보여주는 장면이다. 파고를 헤쳐 나갈 경제의 방향타가 중요하다.

(2024년 9월 30일 기고)

4.2 기업 밸류업 관건은
'이사 주주충실 의무'보다 '기업가정신'

> 회사법 이사충실의무, 회사에 대한 충실이 본질
> 법개정안, 신축경영·주주보호 균형 위협 검토해야
> 경영판단원칙 등 기업가정신 창달 제도변화 긴요

　정치권과 정부 일각에서 한국 증시의 저평가 문제를 해결하기 위한 기업 가치 제고, 이른바 기업 밸류업 방안으로서 경영자, 즉 이사의 주주에 대한 충실(忠實)의무를 신설하는 상법 개정을 추진하는 가운데 대한상공회의소 등 주요 경제단체들이 이에 강력히 반대의견을 제시하면서 찬반 논쟁이 뜨겁다.

　필자는 8년 전 대한상공회의소에서 이와 관련 있는 선진경영환경 모색을 주제로 기업인 대상 강의를 한 바 있기에 이번 논쟁이 더욱 관심을 끈다. 문제의 본질이 무엇인지 살펴보며 사회적 토의를 거치는 지혜를 모을 필요가 있는 사안이라고 본다.

　현대 회사법은 회사를 주인-대리인 구도(principal-agent paradigm)로 개념화하고 대리인에 해당하는 이사에게 합리적이고 사려 깊게 판단하며 행동해야 할 신인(信認)의무(fiduciary duty)를 부여하고 있다. 신인의무는 다시 선량한 관리자의 주의의무(duty of care)와 충실의무(duty of loyalty)로 구성된다.

미국법률협회(American Law Institute, ALI)가 제정한 기업지배구조원칙 (Principles of Corporate Governance)에 따르면 선량한 관리자의 주의의무는 회사에 최선이라고 합리적으로 생각하는 이익을 위해 유사한 상황의 유사한 지위에서 보통의 분별력을 지닌 사람이 합리적으로 행사할 것이라고 기대되는 주의를 기울일 의무로 설명된다. 아울러 충실의무는 이사가 '개인의 이익 보다 회사의 이익을 위해(corporation's interests over personal interests)' 충실을 다할 의무로 설명된다. 일반적으로 충실의무의 본질은 이사의 이기적인 행동(selfish actions)을 방지하고 회사에 대한 충실을 기하도록 하는 데 있음을 말해준다.

지금 상법 개정의 핵심 논쟁 대상은 이사의 충실의무를 현행 상법 제382조의3에 규정되어 있는 회사에 대한 충실의무에 더하여 주주에 대한 충실의무도 신설하자는 정치권 및 정부 일각의 제안이다. 그렇게 함으로써 저평가된 기업 가치를 높일 수 있고 이른바 코리아 디스카운트를 해소할 수 있으리라는 시각이다. 이사의 주주에 대한 충실의무를 신설하는 상법 개정안들이 제22대 국회에 6월 이미 발의되어 있다.

회사법의 일반원리에 비추어 이사의 신인의무는 기본적으로 독립된 법적 실체(separate legal entity)인 회사에 있음은 두말할 나위가 없겠으며 주주 또한 그로부터 이익을 얻을 수 있음은 당연한 귀결이라 하겠다. 신인의무를 구성하는 주의의무와 충실의무 또한 기본적으로 회사에 대한 의무이며 주주는 그로부터 당연히 이익을 얻을 수 있는 위치에 있다. 다만 이사가 주주에게 직접적으로 신인의무를 지게 되는 상황 또한 있을 수 있다. 예컨대 소유와 경영이 분리되지 않아 지배주주와 이사가 동일인인 기업(closely-held corporations)이라면 지배주주인 이사가 다른 주주에게 직접 신인의무를 질 수 있다. 주주의 이익과 회사의 경영이 긴밀하게 얽혀 있기 때문이다. 기업인수합병(M&A)을 위한 거래에서 이사가 주주로부터 주식을 취득할 경우 등에도 이사는 주주 간의 대우가 공평하게 이루어지도록 주주에게 직접 신인의무를 져야 할 수 있다.

이처럼 이사의 신인의무와 이를 구성하는 주의의무 및 충실의무를 바라봄에 있어서는 회사 경영의 신축성과 다양성 및 주주 보호 간에 균형을 도모하는 고도의 종합적 경영판단이 중요함을 고찰할 필요가 있다. 이사가 종합적 경영판단을 함에 있어 법적 의무가 상충될 소지가 있을 개연성은 방지 내지 최소화하는 제도설계가 바람직하다고 하겠다. 논쟁 중인 상법 개정안에 신축적 경영, 주주 보호 등 균형과 종합적 경영판단이라는 핵심적인 가치들을 흔들거나 위협하는 요소는 없는지 면밀하게 검토하며 토의해야 한다.

정치경제학자 대런 애쓰모글루와 제임스 로빈슨은 2012년 집필한 저서 '국가는 왜 실패하는가(Why Nations Fail: The Origins of Power, Prosperity, and Poverty)'에서 국가의 성패는 제도에 달렸다고 보았다. 국가의 번영을 결정하는 핵심 요소는 포용적 경제제도임을 강조했다. 그러한 제도에는 기업가정신(entrepreneurship)을 창달하는 룰이 포함된다. 경영자, 이사가 선량한 관리자의 주의의무를 다하고 권한 내의 행위를 했다면 그 경영판단을 존중해 사후 책임을 묻지 않는 경영판단원칙(Business Judgment Rule, BJR)은 기업가정신의 창달에 부합하는 포용적 경제제도라 할 수 있다. 경영자가 기업에 최선의 이익이 된다는 믿음을 가지고 행한 합리적인 경영판단에 대해서는 면책하는 룰이다.

우리 기업문화에서 창업 1세대의 과감한 패기와 도전정신이 사라진 상황에서 기업의 가치를 높일 수 있는 근본적인 원동력은 혁신을 선도하는 기업가정신이며 이를 뒷받침하는 제도의 하나가 바로 경영판단원칙이라는 점을 필자는 8년 전 대한상공회의소 강의에서 강조한 바 있다. 동 제도는 기업 밸류업이 초미의 관심사인 지금 한층 긴요하다고 본다.

주주의 이해관계는 다양하며 주주 간에도 상충될 수 있다. 배당을 선호하는 주주가 있는가 하면 배당보다 투자를 통한 중장기적 성장에 관심 있는 주주가 있다. 경영자는 다양한 주주의 이해관계를 고려하면서 독립된 법적 실체인 기업에 최선의 이익을 가져올 수 있는 신축적이고 종합적인 경영판단을 내릴 수 있어야 한다. 이사의 주주에 대한 충실의무 신설보다 기업가정신의 창달을 위한 제도변화가 경제적 성과 제고에 더 의미 있다고 생각하는 이유다.

(2024년 9월 6일 기고)

4.3 기후위기 대응 흔드는 사법과 정치

美대법원, 40년 '쉐브론 판례' 파기…기후위기 대응 위기

기후·환경·보건·인공지능 등 과학 영역일수록 전문 역량 중요

사법 정치화 배격, 입법 통찰력 긴요…거버넌스 혁신 모색해야

탄소 배출 세계 2위인 미국의 최고법원 연방대법원(US Supreme Court)이 행정부의 기후위기 대응에 긴요하며 지난 40년간 유지되어 온 확립된 룰 '쉐브론(Chevron) 판례'를 지난달 말 파기했다. 1930년대 이후 최대 보수 우위 구도라고 평가받고 있는 6 대 3 대법관 구도와 무관치 않다. 기후위기 대응에 반대하며 파리기후협약(Paris Climate Accord)에서도 탈퇴한 바 있는 트럼프 전 대통령이 2020년 10월 긴즈버그 전 대법관 후임으로 배럿 현 대법관을 임명하면서 미 연방대법원 구성은 압도적 보수 우위가 되었다. 이번 판결은 앞으로 미 환경보호청(Environmental Protection Agency, EPA)의 탄소 배출 규제 등 기후위기 대응 권한을 크게 제한할 것이라는 점에서 그 파장은 심대하다고 하겠다.

1984년 미 연방대법원은 석유회사 쉐브론과 관련한 이 판례를 통해 특정이슈에 관한 법률적 의미가 분명하지 않을 경우 당해 행정기관의 해석이 합리적(reasonable)이거나 허용가능(permissible)하다는 전제하에 사법부는 행정

기관의 해석을 존중할 필요가 있음을 밝혔다. 행정법에서는 이를 '쉐브론 테스트'로 일컫는다. 지난 40년 동안 굳건히 자리를 지켜왔고 연방대법원과 각급 법원에서 수천 번 인용되었다. 수많은 행정법 케이스들이 그동안 어떤 방식으로든 '쉐브론 테스트'에 의존해 왔다고 할 수 있다. 현대 행정국가의 그야말로 날줄과 씨줄과도 같은 역할을 해 왔고 현대 행정법의 핵심 원리로 작동해 왔기에 이의 폐기는 만감을 교차하게 한다. 행정부의 전문적 판단이 코너에 몰리며 기후위기 대응도 위기에 처한 듯 우려를 금할 수 없게 한다.

미 의회는 아직까지 기후변화 대응법안을 통과시킨 적이 없다. 미 환경보호청(EPA)은 기후변화가 대중의 관심을 끌기 훨씬 전인 1970년에 만들어진 '대기오염방지법(Clean Air Act)'을 적용하여 그 해석을 통해 기후위기 문제에 대응해 왔다. 대기오염방지법은 온실가스 배출이나 기후정책에 대해 직접적으로 언급하지 않고 있다. 즉 해당 문제에 대해 침묵하고 있다. 그래서 환경보호청은 기후위기 문제에 대응하기 위해 '쉐브론 테스트'에 따라 동 법률의 여러 조항을 해석하며 운용해 왔다. 연방대법원이 이에 제동을 건 것이다. 이로 인해 기후위기 대응이 일대 위기에 처할 국면이다. 기후위기와 같은 첨단 과학 영역에 관련되는 이슈와 정책에 대해 모호하거나 침묵하고 있는 법률의 해석을 전문성을 지닌 당해 행정기관에 맡기지 않고 법원에 맡기는 결과를 가져오게 되는 이번 연방대법원 판결은 여러모로 우려스럽다.

현대 사회에서 직면하는 다양한 이슈는 점점 더 복잡·고도화하고 있음에도 불구하고 이를 담당하는 전문적인 행정기관의 역할을 축소하는 방향으로의 역주행이라는 측면이 큰 문제다. 미국 판사들 중 로스쿨 J.D.(Juris Doctor) 과정 이상의 전문 교육을 받은 사람은 거의 없다고 해도 과언이 아니다. 필자는 미국 로스쿨에서 J.D. 과정을 포함하여 학업을 마친 바 있기에 정형적인 법률과목 실무교육 훈련에 중점을 두고 짜인 3년 J.D. 과정의 장점과 한계를 알고 있는 편이다. 기후, 환경, 보건, 인공지능 등 첨단 과학이 요구되는 영역의 이슈에서 관련 법률이 모호하거나 침묵할 때 법원이 환경기후당국, 보건당국, 과학기술당국보다 높은 전문성과 현실 적합성 있는 역량을 발휘하기란 결코 쉽지 않은 과제다.

과학자가 아닌 판사가 예컨대 바이오 제품의 규제와 관련하여 무엇이 단백질에 해당하는지와 같은 고도로 기술적인 문제와 밤새워 씨름해야 하는 상황을 떠올려 볼 수 있다. 이러한 상황은 과학기술 분야의 법적 모호성을 해석할 때조차 전문 행정기관에 있는 과학자의 의견이 더 이상 최고로 존중되지 않을 수 있음을 의미한다. 미국 과학진흥협회(American Association for the Advancement of Science)는 과학적 요소가 필수적인 정부 정책의 결정에 교란이 야기될 수 있고 인공지능 등 규제와 관련하여 대중의 안전이 위험에 처할 수 있다는 우려도 표명했다. 행정부의 전문 역량이 위축되고 약화될 수 있고 이는 공공 이익의 위협으로 다가올 개연성도 배제할 수 없을 것이다.

그렇다면 이와 같은 난제를 풀어나갈 해법은 무엇인가. 본질적으로 '쉐브론 테스트'가 법적 공백과 모호성을 인식하고 해석하는 전문가에 관한 룰이라는 점을 감안할 때 한 가지 해법은 의회가 법원이 따라야 할 보다 명확한 법률을 제정해 주는 것이다. 그러나 대선을 앞두고 더 극명하게 목도하고 있듯이 미국 정치의 분열적 당파주의, 그리고 기후변화와 같은 과학적 문제마저 이념적 정쟁 대상으로 삼고 있는 현실을 바라볼 때 입법부에 당장 그 가능성을 기대하기는 어려워 보인다.

새로운 과학적 발견과 혁신을 수용하고 촉진하는 데에는 명확한 법률보다 유연한 법률이 더 적합할 수 있다는 점도 간과해서는 안 되는 포인트다. 따라서 입법 정책에는 고도의 균형적 판단과 종합적 통찰력이 요청된다. 이를 능히 감당할 수 있는 정치 거버넌스의 혁신이 중요한 이유다. 아울러 사법의 정치화는 철저히 배격되어야 한다. 공공 이익을 추구하는 인센티브보다 정치적 인센티브가 크게 작용하는 사법 거버넌스라면 혁신이 필요하다. 행정, 입법, 사법의 본분은 공공 이익을 위한 대리인(agent)임을 새삼 인식하면서 해법을 향한 사회적 지혜를 모아야 할 때다.

(2024년 7월 10일 기고)

의료AI 시대 히포크라테스의 재림

전세계 의료시스템 전문 인력·지식 크게 부족…인공지능 활용 모색

의료 인공지능 본격화…인간 의료인 인간에 집중하는 인본주의 전망

진정한 히포크라테스 양성 의료·교육…인문학적 성찰 함양·강화 필요

의료 난맥(亂脈)의 시대다. 지난달 영국 시사주간지 이코노미스트에 따르면 2030년까지 전 세계에 거의 1,000만 명에 이르는 의료 인력(의사를 포함한 health-care workers)이 부족할 것으로 예상된다. 이는 현재 세계 의료 인력의 약 15%에 해당한다고 한다. 또한 매년 약 80만 명의 미국인이 잘못된 의학적 의사결정으로 인해 사망하거나 장애를 겪는 실정이라고 한다. 총체적으로 오늘날의 의료 시스템은 전문 인력과 전문 지식의 부족으로 인해 큰 제약을 받고 있는 상황이라는 것이다. 그럼에도 문제는 이렇게 부족한 인력과 지식이 단기간 내에 충분하게 공급되고 축적되기는 어려울 것이라는 점이다.

그래서 의료 시스템의 수요와 공급 간 갭을 줄이기 위한 방편의 하나로 인공지능(Artificial Intelligence, AI)의 활용이 모색되고 있음은 주지의 사실이다. 인간의 언어를 이해하고 생성하도록 훈련된 인공지능인 거대언어모델(Large Language Model, LLM)이 한 예다. 의료 텍스트가 포함된 방대한 정보를 활용하는 LLM을 통해서 상당히 난해한 수준의 의료적 질문에 대해서도 꽤 설득

력 있는 응답을 접할 수 있는 것으로 알려져 있다. 연구자들은 2023년 시행된 미국 의사 면허 시험(US Medical Licensing Exam)에서 챗GPT가 거둔 성적이 4년 과정 미 의대의 3년차 의대생과 동등한 수준이라고 평가하기도 했다.

LLM에서 얻는 의학적 조언이 진료에서 도움이 될 수 있다는 데에 사람들이 점차 동의하고 있다. LLM의 강점은 일상적인 말과 대화 등을 데이터 형태의 입력으로 받아들이는 능력이므로 이를 통해 환자로부터 기존의 설문지 방식 응답에서보다 많은 정보를 얻게 할 수 있다. 그렇게 되면 LLM을 통해 환자의 증세와 건강 관련 사항에 대하여 보다 광범위하고도 세부적인 평가를 내릴 수 있게 될 것이다. 더 나은 진단, 환자를 위한 맞춤형 지원, 더 신속하고 정확한 처방, 더 증진된 효율성 등 여러 긍정적 가능성에 대한 기대와 함께 인공지능은 지금 관심과 흥분을 불러일으키고 있는 것이 사실이다. 인공지능은 인간이 식별하기에는 매우 방대하고 상호 얽혀 있는 복잡한 의료 데이터에서도 연관성과 연결성을 찾을 수 있게 도움을 준다. 그래서 어떤 이들은 인공지능이 인간을 더욱 중시하는 인본주의적 돌파구를 넘어 완전히 새로운 차원의 인식론적 지평을 만들어 줄 것으로 내다보기도 한다.

그렇지만 의료 서비스 분야에서는 환자의 안전과 보호를 위해 새로운 기술과 수단을 도입할 때 높은 증거 장벽(high evidentiary barriers)을 요구해야 한다는 점을 결코 간과해서는 안 될 것이다. 아직 드러나지 않은 인공지능의 잠재적인 위험성은 진단 등의 오류와 실수가 인간의 생명에 치명적인 결과를 초래할 수 있는 의료 영역에서는 특히 심대하기 때문이다. 챗GPT와 같은 생성형 인공지능 모델은 열악하거나 고르지 못한 데이터로 훈련하면 그 분석 결과에도 편향이 나타날 수 있다. 예컨대 소수자, 저소득층, 소외계층 등에 대한 양질의 의료 데이터를 입수하는 데에 국가에 따라 다소 어려움이 있을 수 있다. 이러한 경우에는 사회적 약자와 같은 과소 대표 그룹

(underrepresented groups)에 대한 의료 서비스 시행에 있어서 인공지능의 데이터 분석 결과를 신뢰하는 데 신중을 기해야 할 수 있다.

전 세계적으로 의료 시스템이 전문 인력과 지식의 부족으로 인해 큰 제약을 받고 있는 시점에서 인공지능의 발전은 인력과 지식 양 측면의 보완이라는 관점에서 도움을 줄 것으로 기대를 모으고 있는 것은 사실이다. 하지만 인류의 건강과 복리(welfare) 증진을 위해 인공지능이 제공할 수 있는 잠재력 못지않게 아직 예측하기 어려운 부작용 등에 대한 논의에 있어서는 적지 않은 두려움과 불안감으로도 둘러싸여 있는 국면이라고 하겠다.

후일 인공지능이 발전을 거듭하여 우려되는 위험성과 부작용을 완전히 제거한 후 인간의 얼굴마저 본뜬 의료 인공지능이 등장한다면 인간 의료인의 역할은 줄어들 것인가. 그렇지 않을 것으로 본다. 인간 의료인은 더욱 인간에게 집중하고 충실할 수 있을 것으로 보기 때문이다. 인공지능은 LLM을 통해 환자와 광범위하고 세부적인 커뮤니케이션을 수행하며 그 과정에서 입수된 정보를 데이터로 축적하는 작업, 인간이 식별하기에는 방대한 분량의 복잡한 의료 데이터를 정확하고 신속하게 분석하는 작업 등에서 강점을 발휘할 수 있다. 인간 의료인은 이러한 인공지능의 역할에 힘입어 종전과 같은 기초 데이터 수집 및 분석 업무에의 과중한 부담을 덜고 인간으로서의 환자에게 보다 충실하게 역량을 집중할 수 있는 여건을 맞이하게 된다. 즉 인간을 더욱 중시하는 인본주의적 돌파구를 마련하게 되는 것이다. 이는 기능적 측면에 치우친 의료인이 아닌 진정한 히포크라테스로서 차원 높은 인식론적 지평을 열어갈 수 있게 됨을 의미한다고도 하겠다.

인공지능과 함께 하는 의료의 미래를 상정할 때 인간 의료인에게는 인간을 이해하고 환자와 공감하는 능력이 보다 중요해진다. 의술과 인술을 겸비한 의료인이 더욱 절실해진다. 그렇다면 향후 의대 교육도 선발과 양성의 모든 과정이 여기에 더욱 부합하는 방향으로 이루어지는 것이 합당할 것이다.

특히 인문학적 성찰의 함양과 강화가 필요하다고 할 수 있다. 작금의 극한적인 의료계 사태에 비추어 보더라도 과연 그동안의 교육이 진정한 히포크라테스를 양성하는 데 미흡함은 없었는지 사회 구성원 모두가 겸허하게 살필 시점이다. 의료와 교육은 정치적 이해관계의 문제가 아니기에 초당파적 관점에서 진지하게 사회적 지혜를 모아 한 걸음 더 앞으로 나아가야 할 때다.

(2024년 4월 8일 기고)

'보이지 않는 손'과 '공감의 룰' 절실한 의대증원 사태

4.5

> UN 3·20일 세계 행복의 날 행복 순위 발표, '건강한 삶 기대' 포함 韓52위
> 같은 날 의대증원 의료계 극렬 반대 속 대학별 배정…역설적 시간 일치
> 애덤 스미스 다시 읽을 때…'보이지 않는 손', '공감의 룰' 의료에 작동해야

행복(happiness)이란 무엇인가. 행복의 정의는 사람마다 다르겠으나 고대 그리스 철학자 플라톤은 이상주의자답게 인식(knowledge)과 미덕(virtue)에 헌신하는 삶을 행복이라고 보았다. 인류에게 근본적으로 행복이 중요하다는 것은 의심할 바 없기에 UN은 2012년부터 3월 20일을 '세계 행복의 날(International Day of Happiness)'로 정하고 연례 '세계 행복보고서(World Happiness Report)'를 발표해 왔다. 이 보고서는 1인당 GDP, 사회적 지원 (social support), 건강한 삶의 기대(healthy life expectancy), 자유(freedom), 관대함(generosity), 부패에 대한 인식(perceptions of corruption) 여섯 요소로 각국의 행복을 평가해 왔다.

UN이 2024년 '세계 행복의 날'에 즈음하여 발표한 연례 보고서에서 한국은 143개국 중에서 52위를 차지했다. 핀란드 1위, 덴마크 2위, 스웨덴 4위, 네덜란드 6위, 노르웨이 7위, 스위스 9위, 호주 10위, 캐나다 15위, 영국 20위, 미국 23위, 독일 24위, 프랑스 27위, 싱가포르 30위다.

공교롭게도 '세계 행복의 날' 3월 20일 한국에서는 의료계의 극렬한 반대와 이를 표출하는 집단행동 속에서 의사 공급을 늘리기 위한 의과대학 입학 정원 2,000명 증원이 대학별로 배분되었다. 의료는 UN이 인류의 행복에 영향을 미치는 요소의 하나로 평가한 '건강한 삶의 기대'와 매우 밀접한 관련성을 지니고 있음은 두말할 나위가 없다. 의대 입학 정원 증원에 반대하며 집단행동을 계속해 온 일부 전공의들에 이어 일부 의대교수들마저 사직 등 집단행동에 들어가려는 움직임이 가시화된 의료비상 시기에 2,000명 증원의 대학별 배분일이 '세계 행복의 날'과 일치하게 된 것이다. 마치 역사의 신이 연출이라도 한 듯한 극적이고 역설적인 시간의 일치(coincidence)가 상징적이다. 143개국 중 52위를 기록한 한국의 행복 순위는 우리 국민들의 기대에 못 미치는 수준일 것이다. 이런 가운데 행복과 밀접한 '건강한 삶의 기대'를 높이는 데 의료가 수행하는 역할이 지대하다는 점에서 금번 시간 일치의 역설은 시사하는 바 있다. 플라톤의 행복론인 인식과 미덕에 헌신하는 삶에 동의하면서 인식의 지평을 넓히고 우리에게 필요한 미덕의 규범은 무엇인지를 가늠해 보기 위해 애덤 스미스를 소환하게 된다.

애덤 스미스는 1776년 집필한 국부론(An Inquiry into the Nature and Causes of the Wealth of Nations)에서 '보이지 않는 손(invisible hand)'을 언급하며 우리가 빵을 먹을 수 있는 것은 빵집 주인의 자비심 덕분이 아니라 이기심 덕분이라고 했다. 개인은 일반적으로 사회의 이익을 고려하지도 않거니와 스스로 얼마나 사회의 이익을 증진시키고 있는지도 알지 못하고 자기 자신의 안녕과 이익을 위하여 행동할 뿐이며 이렇게 하는 가운데 '보이지 않는 손'의 인도를 받아 자신이 의도하지 않았던 다른 목적도 달성하게 된다는 것이다. 즉 사리(私利)를 추구하는 가운데 공익(公益)도 저절로 증진된다는 것이다. 이기적인 개인의 활동이 사회의 공공 이익을 증진시킬 수 있음을 말하고자 했다. 여기서 '보이지 않는 손'은 전지전능한 신의 개입을 의미하는 것이 아니며 개인의 이기심에 기초하여 수요와 공급이 스스로 조절되는 시장의 가격 메커니즘을 가리키는 것으로 볼 수 있다. 예컨대 의사를 위한다는 마음으로 의료 서비스를 구입하는 사람은 없고 농민을 위한다는 마음으로 쌀을 사는 사람도 없다고 하더라도 시장의 가격 메커니즘을 통해서 사회 전체적으로 의료와 농업 자원의 배분이 효율적으로 이루어질 수 있다는 것이다.

이와 아울러 애덤 스미스는 1759년 집필한 도덕감정론(The Theory of Moral Sentiments)에서 공감할 수 있는 룰과 질서를 강조했다. '보이지 않는 손'이 작동하기 위해서는 자유방임에 맡기는 것이 아니라 사회와 시장의 또 다른 작동원리인 공감의 룰이 전제되어야 함을 말한 것이다. 공정한 관찰자로서의 인간 본성이 공감할 수 있는 룰을 통해 더 많은 행복과 자유와 부를 모색할 수 있다. 이러한 인간 본성이 더 나은 세계를 만드는 단초가 된다는 사상은 인류 문명의 모습에 대한 성찰과 함께 더 나아가 이를 달성하는 바람직한 사회계약(social contract)의 필요성을 일깨워 준다고 하겠다. 의료와 교육은 시원적(始原的)으로는 자유방임에서 형성된 것으로도 볼 수 있지만 역사의 진화와 함께 '보이지 않는 손'뿐만 아니라 도덕감정론의 공감할 수 있는 룰과 질서의 범주로 들어오게 된 맥락이 있다. 즉 의료와 교육이 시초부터 면허와 인가의 대상은 아니었지만 공공재로서의 역할 확대와 함께 어느 정도의 정부개입과 어느 정도의 자유방임을 부여할 것인가에 관한 사회적 성찰 및 판단의 문제가 늘 내재되어 오고 있는 상황인 것이다. 그래서 우리가 현실에서 직면하고 있는 의료와 의대교육 이슈의 본질 또한 일면 리버럴리즘(liberalism)과 사회계약을 바라보는 인식의 과정으로도 볼 수 있다. 현재 의대 정원 증원 이슈가 행정법원에서 소송으로까지 진행 중인 형국이기에 의료와 교육에 있어 '보이지 않는 손'과 공감의 룰이 함께 작동되어야 할 당위가 더욱 크다.

국민의 행복 증진을 위해서 정부가 해야 할 역할은 무엇일까. 먼저 국민이 건강, 의료 등을 포함한 총체적 삶의 과정에서 직면할 수 있는 불행과 불만족의 원인을 직시하고 이를 줄여주는 것이 긴요하다고 할 수 있다. 최근 MIT 등의 연구에 따르면 높은 삶의 만족도는 집권당의 선거 승리를 예측하게 하는 합리적인 지표이며 불만족이 큰 유권자는 포퓰리스트에게 투표하는 경향이 있는 것으로 나타났다.

비단 눈앞의 선거를 염두에 두지 않더라도 국민의 행복 추구 및 증진은 정부의 보편타당한 책무이자 존재 이유다. 전문가 집단인 의료계 일각이 '보이는 손(visible hand)'을 과대평가하려는 과다확신 오류와 집단사고 오류에 빠질 우려도 있기에 국민의 행복과 밀접한 '건강한 삶의 기대'와 관련하여 정부는 '보이지 않는 손'과 공정한 관찰자로서의 인간 본성이 공감하는 룰이 제대로 작동되도록 역량을 기울여야 할 것이다. 한국의 행복 순위 세계 52위는 그러한 역량과 노력에 따라 앞으로 더 상승할 수 있으리라 기대한다. 지금 애덤 스미스를 다시 읽을 때다.

(2024년 3월 25일 기고)

4.6 '따뜻한 마음과 냉철한 이성' 지닌 진정한 히포크라테스

> 마셜의 이상적 인재상 '따뜻한 마음과 냉철한 이성', 韓의료·교육에 교훈
> '따뜻한 마음' 인재양성 미흡 교육 자화상 아닌지 사회구성원 성찰 계기
> 전문가 그룹 오류 경계…인류복리 증진 소명 둔 진정한 히포크라테스 아쉬워

'따뜻한 마음(warm heart)'과 '냉철한 이성(cool head)'. 영국 정치경제학자 앨프리드 마셜이 1885년 케임브리지대 석좌교수에 취임하면서 제시한 이상적인 인재상이다. 여기서 마셜이 힘주어 말한 따뜻한 마음이란 무엇일까. 또 따뜻한 마음과 차가운 마음(cool heart)의 차이는 무엇일까.

따뜻한 마음은 더 나은 세상(a better world)을 만들고 인류 복리(human welfare) 증진에 이바지하고자 하는 마음이라고 할 수 있다. 이에 비해 차가운 마음은 주로 본인, 자기 자신의 이익만을 위하는 마음이다.

마셜이 지향한 이상형 인재는 머리도 마음도 모두 차가운 인재가 아니라 따뜻한 마음과 차가운 머리를 지닌 인재라고 할 수 있다. 이러한 인재는 균형 있고 바른 생각과 합리적 접근방법을 통해 자신은 물론이거니와 타인과 사회, 인류 공동체에도 이익을 주는 사람이다.

최근 일부 전공의 집단행동 등이 초래하고 있는 의료 비상사태를 보며 마셜이 이상적으로 생각한 인재상을 새삼 떠올려보게 된다. 의사들이 익히 알고 있을 히포크라테스 선서는 의업(醫業)의 생애를 '인류 봉사'에 바칠 것을 엄숙히 서약하는 내용을 담고 있다. 마셜이 강조한 따뜻한 마음과도 매우 부합하는 선서라고 할 수 있다. 본인의 이익만이 아닌 인류 봉사에 헌신하고자 하는 진정한 의료인으로서의 자세와 따뜻한 마음을 다짐하는 서약인 것이다.

경제협력개발기구(OECD)의 최근 자료에 따르면 한국은 OECD 국가 중 의사가 적은 나라 중 하나로 평가된다. 인구 1,000명당 의사 수는 오스트리아 5.48, 노르웨이 5.16, 독일 4.53, 스웨덴 4.32, 호주 4.02, 프랑스 3.36, 영국 3.18, 캐나다 2.8, 미국 2.67, 일본 2.6, 한국 2.56, 멕시코 2.51, 튀르키예 2.18이다. 익히 알려진 대로 고령화가 빠른 속도로 진행되는 인구학적 위기로 인해 한국은 많은 도전적 과제에 직면하고 있다. 이러한 고령화 등 요인으로 인해 향후 의료와 치료의 수요(medicalization)가 전반적으로 더 증가할 것으로 예상하고 정부는 의사 양성에 안간힘을 쓰는 과정에 있다. 그렇지만 일부 전공의, 의료계 일각 등으로부터 강한 반대에 직면하고 있는 형국이다. 그 반대가 히포크라테스 선서 등에도 크게 반하는 극한적 방식을 통해서 집단적 행동으로 표출되고 있는 점이 심각한 문제가 되고 있다. 국민의 건강과 생명과 안전을 위태롭게 할 수도 있는 위협적인 집단행동으로 이어진 측면이 있는 것이다.

정부와 첨예하게 대립하면서 국민의 보건과 안전한 삶을 위험에 처하게 하고 의료대란마저 초래할 우려가 있는 이러한 행동의 정당성이나 적법성 여부에 대한 평가를 떠나서 보더라도 마셜이 교육자로서 경계하고자 했던 머리도 마음도 모두 차가운 인재를 보는 듯하여 안타까움을 금할 수 없다. 의료와 교육은 한 사회를 지속가능하게 만들어주는 역할을 하는 공공재(public goods)에 가깝다는 관점에서 볼 때 이번 사태는 한국의 의료 문제뿐만 아니라 교육의 총체적 문제를 함께 비춰주는 거울 이미지(mirror image)처럼 느껴지면서 착잡한 마음이 교차하게 된다. 인식의 변화는 결정적으로 교육의 영향을 받는다.

시험 점수 위주의 입시교육에서도 가장 높은 점수를 받은 학생을 선발한다는 의과대학에 가기까지의 교육이 어떠했는지, 그리고 의대에 들어가서도 인간의 본연적 가치와 행복을 드높이는 데 헌신하고자 하는 의료인 양성의 열정으로 과연 교육이 수행되고 이루어졌는지를 국민의 한 사람으로서 의문을 품고 돌아보게 되는 상황이기 때문이다. 시험과 직업 선택에서의 머리는 차가울지 모르겠지만 마음은 따뜻하지 못한 인재를 양성해 왔던 것이 그동안 우리 교육의 자화상은 혹여 아니었는지 사회 구성원 모두가 겸허하게 성찰해볼 일이다.

미국의 작가 데이비드 포스터 월리스는 2005년 어느 대학 졸업식 연설에서 내가 이 우주의 절대적 중심이며 가장 중요한 사람이라는 잘못된 믿음이 누구나 태어날 때부터 뇌에 디폴트로 새겨져 있다고 말한 적이 있다. 인간의 이러한 본연적 성향을 과다확신 오류(hubris bias, overconfidence bias)라고 표현한다. 과다확신 오류는 이른바 전문가 집단일수록 더욱 커질 위험성을 배제할 수 없다고 한다. 세계 최고 수준의 엔지니어들을 보유한 미 항공기 제작사 보잉의 B737 맥스가 두 차례 연속해서 대형 추락 사고를 겪었던 것은 그들의 전문성과 과거의 강력한 안전기록에 대한 과다확신에 기인한다는 분석도 있었다.

과다확신 오류에 더해 집단사고 오류(group-thinking bias) 또한 경계해야 할 부분이다. 사회심리학자 어빙 재니스는 응집력이 높은 그룹일수록 강하게 드러나는 집단사고에 의한 행동을 체크할 수 있는 포인트로 '반대자 낙인찍기', '컨센서스에서 벗어난 의견의 자체검열' 등을 제시했는데 이는 일부 전공의 집단행동 등 일각의 의료계 움직임뿐 아니라 선거를 앞두고 한창 전개되고 있는 우리 정치권의 일부 행태에도 시사하고 있는 대목이 적지 않다고 하겠다.

그래서 과다확신 오류와 집단사고 오류는 특히 전문가 그룹 등이 지녀야 할 냉철한 이성의 필요성을 일깨워 준다고 하겠다. 이에 더하여 따뜻한 마음을 지닌 인재를 양성하는 데 미흡했던 교육의 오류가 복합적으로 작금의 의료 사태를 초래한 요인의 하나일 수도 있다.

그렇기에 마셜이 제시한 인재상인 '따뜻한 마음과 냉철한 이성'이 더욱 절실한 교훈으로 우리 현실에 다가온다. 더 나은 세상을 만들고 인류 복리의 증진에 이바지하고자 하는 의업을 추구하며 전문직으로서의 소명에 가치를 두는 진정한 히포크라테스, '따뜻한 마음과 냉철한 이성'을 지닌 히포크라테스가 지금 그리고 앞으로도 절실히 필요하다.

(2024년 3월 11일 기고)

인공지능 시대와 애덤 스미스

2023년 할리우드 파업과 챗GPT 상업화 조짐…인공지능 파급력 극명 조명
인공지능 시대…노동시장 혁명적 변화 넘어 인류 문명에 근본적 질문 던져
인간 본성이 만드는 올바른 질서 말한 애덤 스미스 사상이 절실한 시대

영국의 일간지 파이낸셜타임스가 2023년을 돌아보며 뽑은 월별 톱 뉴스 12개 중 인공지능(Artificial Intelligence, AI) 관련 뉴스가 2개로 비중이 가장 크다.

먼저 5월 톱 뉴스로 할리우드 작가들이 파업에 들어간 배경이 인공지능임에 초점을 맞추었다. 곧이어 할리우드 배우들도 파업에 합류했다. 배우와 작가의 동반 파업은 할리우드 역사상 1960년 이후 63년 만이다. 창작 현장에서 이미 인공지능이 영화 대본을 쓰고 있고 배우가 출연하지 않고도 인공지능을 통해 영화를 제작하고 있는 현실에 문제를 제기한 것이다.

11월 톱 뉴스는 1년 전 챗GPT를 출시한 인공지능회사 오픈AI의 최고경영자 샘 올트먼이 이사회에 의해 전격적으로 축출되었다가 5일 만에 극적으로 복귀하며 이사회 구조도 함께 재편되는 회사지배구조 파워 게임의 스토리다. 인류에게 이익이 되는 방식으로 인공지능을 발전시킨다는 비영리 목표를 표

방하며 설립된 오픈AI가 최근 상업화로 향하려는 움직임이 일자 이를 제어하려 한 이사회와 마이크로소프트 등 투자자 간에 불거진 갈등을 조명한 것이다.

이와 같은 할리우드의 파업과 챗GPT 제조회사의 상업화 조짐 등은 인공지능이 가져오는 일련의 파급력을 극명하고 시사적으로 조명해주는 측면이 있다. 할리우드 영화계 파업은 이용자의 요구에 따라 결과를 만들어내는 챗GPT와 같은 이른바 생성형(generative) 모델 인공지능이 인간의 일자리를 빼앗아 가고 있는 노동시장의 한 단면을 보여준 예라고 할 수 있다.

대표적인 전문직의 하나인 변호사의 업무는 어떠할까. 거대언어모델(Large Language Model, LLM)은 인간의 언어를 이해하고 생성하도록 훈련된 인공지능을 통칭한다. LLM을 활용하여 법률문서를 작성하거나 요약하는 업무가 이미 실험적으로 이루어지고 있고 상당한 노동 시간과 비용을 절감하고 있음이 확인되고 있다. 일상적이고 정형적인 법률문서 등 작성과 관련한 변호사의 업무가 점차 인공지능에 의해 대체될 수 있을 개연성이 언급되고 있다. 심지어 경험 많고 노련한 기장(pilot) 변호사에게 기대할 수 있는 특정 케이스의 과거 소송 대비 유사성 판단 등과 같은 업무마저도 생성형 인공지능이라는 부기장(co-pilot)에게 상당 부분 위임될 수 있다는 전망까지 나오고 있다. 과거에 일을 행해왔던 방식을 분석하는 유형 인식(pattern recognition)이야말로 인공지능이 자연스럽게 학습을 강화해 나갈 수 있도록 설계되어 있다는 것이다.

이코노미스트의 업무는 어떠한가. 통계를 수집하고 광범위한 데이터와 정보를 활용하는 작업을 기본으로 하는 경제분석 업무야말로 인공지능이 인간 이코노미스트보다 정확성, 신속성, 효율성 등 면에서 우위에 설 가능성을 배제하기 어려울 것이다. 챗GPT를 활용하여 작성한 경제분석 보고서가 정책결정자들에게 속보성 있는 참고자료의 하나로 활용되는 모습도 상상하기 어렵지 않을 것이다. 가히 인공지능의 시대가 도래했음을, 혁명적인 노동시장의 변화가 시작됐음을 실감하는 국면에 진입한 것이다.

지난달 초 영국 블레츨리(Bletchley) 파크에서 열린 제1회 인공지능 안전 정상회의(AI Safety Summit)에서는 한국, 미국, 영국 등 28개국과 유럽연합(EU)이 참가하여 인공지능 관련 안전을 도모하기 위한 국제협력을 다짐하는 블레츨리 선언을 발표한 바 있다. 각국 정부가 인공지능 안전의 감시자 역할 논의를 시작하는 것이 타당한 시점이다. 강력한 과학기술은 위험을 수반하며 이러한 위험은 사람들이 스스로 해결하도록 자유방임에 맡기기보다는 집합적으로 관리되어야 할 당위가 있기 때문이다. 그렇지만 이와 같은 안전 패러다임만으로는 당면한 인공지능의 시대에 충분히 대응하는 데 한계가 있을 것이다. 인공지능에 관한 정책과 제도는 좋은 점을 장려하고 나쁜 점을 억제하는 것과 같은 단순한 차원의 이슈가 아니기 때문이다. 특히 무엇이 좋고 나쁜 것인지에 대한 판단이 쉽지 않기 때문이다. 예컨대 할리우드 영화계의 파업은 일반적인 노사분쟁 이상의 이슈를 제기했다. 인공지능이 재능 있는 인간과 맞먹는 대본을 작성할 수도 있고 인간 배우의 외모와 음성을 대체할 수도 있는 상황은 영화산업에 종사하는 사람들의 생계를 위협하는 한편으로 영화 소비자들에게는 새로운 문화의 지평을 제공할 수도 있는 양면성을 지니고 있다. 소비자가 인공지능 TV에 명령을 내려 할리우드 수준의 영화를 장르와 주제 등을 선택하여 제작할 수 있는 미래를 상상해 볼 수 있다. 소비자가 이미 만들어진 할리우드 메뉴만을 주문하는 대신에 자신만의 독특한 미적 세계를 추구할 수도 있는 것이다.

영화의 목적이 배우와 작가를 대우하고 그들에게 보상을 제공하는 것인지

소비자의 미적 삶을 풍성하게 하고 문화적 발전을 불러일으키는 것인지는 결코 쉬운 질문이 아니다. 단순히 안전이라는 단어만으로 설명하기는 어려울 것이다. 이는 인류의 삶에 관한 가치 판단 이슈이자 옳음과 그름이 아닌 옳음과 옳음 사이에서의 선택 이슈가 된다.

오픈AI의 재편된 이사회가 이에 대한 답을 갖고 있지 않다는 것은 명백하다. 인류가 스스로 만들어 가고자 하는 문명의 방향과 형태에 관한 인류 공동체의 치열한 고민과 근원적 성찰이 필요하기 때문이다.

2023년은 여러모로 인공지능이 크게 주목받은 해이자 애덤 스미스 탄생 300주년이 되는 해이기도 하다. 그는 국부론에서 '보이지 않는 손'을 언급하며 자유시장주의를 주창했고 도덕감정론에서 공감할 수 있는 룰과 질서를 강조했다. '보이지 않는 손'이 작동하기 위해서는 자유방임에 맡기는 것이 아니라 시장경제의 또 다른 작동원리인 공감의 룰이 전제되어야 함을 말했다. 공정한 관찰자로서의 인간 본성이 공감할 수 있는 룰을 통해 더 많은 부와 자유, 행복을 만들어 갈 수 있다. 이러한 인간 본성이 올바른 질서가 지배하는 세계를 만드는 단초가 된다는 애덤 스미스의 사상은 인공지능의 시대와 함께 추구할 인류 문명의 모습에 대한 성찰과 관련한 사회계약의 필요성을 일깨워준다. 인공지능의 시대에 애덤 스미스를 다시 생각한다.

(2023년 12월 26일 기고)

반도체 패권 전쟁과 애덤 스미스

4.8

미·중 반도체 패권 전쟁에 한국 기업 엮인 형국

블링컨 美국무 방중, 디커플링 아닌 디리스킹 시사

한국, 미·중 양자 택일 아닌 실질 이익이 중요

지속가능한 반도체 생태계? 애덤 스미스 다시 읽을 때

이번 주 영국 일간지 파이낸셜타임스는 한국 검찰이 이번 달 기소한 삼성전자와 SK하이닉스 출신 한국인 반도체 전문가의 스토리를 특집기사로 다뤘다. 검찰은 기소된 혐의자가 200명의 한국인 엔지니어들과 함께 삼성전자의 반도체 생산기술을 유출하여 중국에 메모리 칩 공장을 복제 건설하려고 한 유례없는 범죄에 해당한다고 규정했다.

아울러 혐의대로 한국의 핵심 반도체 공장이 복제 건설되어 유사한 품질의 제품이 중국에서 대량 생산될 경우 이는 한국의 반도체 산업에 회복할 수 없는 손실을 끼칠 것으로 보았다.

법적 이슈와 함께 집중 조명된 대목은 세계 톱 수준인 한국 반도체 기업을 성장시키는 데 중책을 맡았던 핵심 인물이 반도체 기술 유출 혐의로 기소되기까지의 배경이다.

먼저 한국의 엔지니어들이 내부승진에서 40~50대 즈음 되어 밀려나면 도리 없이 회사에서 나와야 하는 한국적 기업문화가 중국 기업으로의 두뇌 유출을 초래했다는 점이다. 이러한 기업문화는 미·중 경제패권 구도가 형성되기 이전에도 있었던 현상이지만 한국의 가장 중요한 산업에 위협요인이 될 소지가 있음을 그동안 간과하고 있었다는 것이다.

다음으로 반도체 패권 전쟁 속에서 미국의 기술과 전문성에 대한 중국의 접근은 최근 크게 제한받고 있었다. 금년 2월 미국은 중국의 반도체 등 첨단 기술 탈취를 막기 위한 산업스파이 적발 전담조직(Disruptive Technology Strike Force)을 신설했고 이에 맞서 중국도 오는 7월 1일 스파이방지법 발효를 눈앞에 두고 있다. 이와 같은 미·중의 첨예한 대립 속에서 세계 최고 수준인 한국의 메모리 반도체 기술을 확보하려는 중국의 시도는 최근 들어 매우 공격적으로 바뀌고 있던 터였다.

그렇기에 한국의 간판급 반도체 기업에서 전문가로 큰 엔지니어가 기소된 이번 사건은 한국이 기이하게도 미·중 반도체 패권의 핵심 전쟁터가 되고 있음을 극명하게 보여주는 예가 아닐 수 없다. 법적인 판단과 함께 기업문화적 요소와 글로벌 역학관계의 렌즈를 통해서도 이번 사건을 생각해보게 된다.

이러한 와중에 이번 달 토니 블링컨 미국 국무장관이 중국을 방문했다. 2018년 이래 미 국무장관의 첫 번째 중국 방문이다. 시진핑 주석과 친강 외교부장 등을 만나며 양국 긴장 관계 완화를 도모하고 경제 관점에서도 중국을 분리(de-coupling)하기보다는 위험 제거(de-risking)에 나선 행보로 비쳤다.

그동안 미국의 대중 반도체 수출 제한과 이에 맞선 중국의 미국산 메모리 칩 구매 금지 조치 등과 같은 반도체 패권 전쟁이 격화되어 온 상황에서 미

국무장관의 이번 방문이 무역갈등 완화를 위한 외교적 노력으로 이어질지 주목받고 있는 국면이다. 향후 글로벌 역학관계의 변화 속에서 반도체 패권 전쟁의 흐름을 읽어나가야 할 필요성을 말해준다고 하겠다.

우리나라의 입장에서도 미·중 갈등과 패권 전쟁에 보다 유연한 자세로 대응하면서 반도체 수요의 비중이 가장 큰 미·중 사이의 양자 택일이 아닌 실질적 이익을 추구하는 외교적 역량이 발휘되어야 함을 새삼 일깨워 준다. 우리 기업들에게 첨예한 이익이 걸려있는 반도체법(CHIPS and Science Act) 등의 후속 협의에도 두달 전 한미정상회담 공동성명에서 언급한 대로 긴밀히 임하고 소기의 디테일을 구현시켜야 한다.

금년 6월은 애덤 스미스가 탄생한지 300주년이 되는 달이다. 애덤 스미스는 국부론에서 '보이지 않는 손'을 언급하며 자유시장주의를 주창했고 도덕감정론에서 정의의 룰과 질서를 강조했다. '보이지 않는 손'이 작동하기 위해서는 자유방임에 맡기는 것이 아니라 공감할 수 있는 룰이 전제되어야 함을 말했다.

4차 산업혁명의 핵심 동력이며 산업의 쌀이라 불리는 반도체의 중요성은 날로 커지고 있기에 작금의 혼란스러운 세계 반도체 시장에 제대로 된 원리가 작동되어야 할 당위성이 있다. 애덤 스미스의 철학을 새삼 돌아보게 된다. 자유로운 시장 경쟁과 함께 공정한 질서와 법의 지배가 긴요한 시점이다.

중국의 반도체 굴기 야심과 미·중 패권 전쟁 속에서도 자유시장주의와 정의의 룰이 지켜져야 한다. 과학기술의 힘이 반도체를 이끄는 원동력이므로 연구개발(R&D)과 인적자원 양성의 중요성은 아무리 강조해도 지나치지 않다. 반도체 패권을 가르는 근본적인 요소는 과학기술이고 이를 뒷받침하는 인적자원의 역량을 키워나가는 기업문화와 투자가 존중되어야 한다.

자유로운 시장에서 이루어지는 기업의 혁신 노력에 더하여 각국 정부의 국제정치적 역량이 시험대에 오르는 본격적인 반도체 전쟁이 펼쳐지고 있다. 그 기저에는 늘 정의의 룰과 법의 지배가 함께 하여야만 인류의 삶과 문명을 밝혀주는 글로벌 반도체 생태계가 지속가능하다. 지금 애덤 스미스를 다시 읽어야 할 때다.

(2023년 6월 29일 기고)

4.9 포말과 심해 흐름, 다시 과학기술에 기대며

> 기후변화와 에너지 문제, 과학기술이 근원적 해법
> 자유경쟁시장에만 전적으로 맡겨둘 수 없는 문제
> 정부, 탄소 포집·저장·전환·활용 촉진에 적극 나서야

에너지 가격의 높은 변동성과 그로 인해 경제주체들을 압박해왔던 물가 불안정이 여전하지만 점차 변화하는 복합 국면을 고려하는 정책적 신중함의 반영인 것일까. 미국 연방준비제도가 2022년 중반 이후 네 차례 연속 단행했던 0.75%포인트, 이른바 '자이언트 스텝' 금리인상도 12월에 와서는 0.5%포인트 '빅 스텝' 인상으로 바뀌었다.

공급 및 국제정치 요인이 크게 작용한 에너지 가격 문제의 근원 대책이 통화정책은 아니겠으나 인플레이션 기대심리 진정에 큰 폭의 금리인상이 필요조건으로 인식되어 왔고 12월 정책 변화를 계기로 에너지 가격을 포함한 물가의 향방 등이 계속 주목받는 형국이다.

금년 들어 한동안 유가 변동성에 촉각을 곤두세우는 사이에 화석연료가 초래하는 기후변화 대응 노력, 즉 탄소 배출의 주된 원인이 되는 석유와 같은 에너지 사용을 줄여야 한다는 종전의 정책 우선순위는 잊혀지는 분위기마저

감지된다.

에너지시장 안정에 필요한 석유 증산을 위해 바이든 미국 대통령 등 백방으로 뛰는 서방 정치지도자들과 이를 애써 외면하는 빈 살만 사우디아라비아 총리 등 중동 산유국 지도자들의 모습이 극명하게 오버랩되며 전통 화석에너지의 위력은 여전히 건재함도 한껏 과시되었다.

해면에 일어나는 포말에 집중하다 보면 기조적인 심해의 흐름에는 잠시 눈을 떼게 되는 것이 인간 항해자에게 어쩔 수 없는 모습인 것일까. 에너지시장 불안 등 문제에 대응하는 초점이 포말에 일시 쏠려있을 수 있다 하더라도 심해 흐름을 중시하는 본연적 노력의 긴요함은 언제나 강조되어야 한다.

기후변화와 에너지 문제에는 과학기술의 힘이 근원적인 접근방법이 될 수밖에 없다. 탄소 포집, 저장, 전환, 활용(carbon capture, storage, conversion, and utilization)이 탄소 배출에 의해 초래되는 기후변화 위기와 현실 세계에서 직면하고 있는 에너지 문제를 해결하는 데 디딤돌 역할을 할 것으로 기대되고 있다.

과학기술의 힘은 그 가능성을 충분히 제시하고 있다. 화석연료를 탄소중립적인 영역으로 변화시키는 과학기술의 혁신적 힘이 그 원동력이다. 저명한 과학 학술지 네이처(Nature) 등을 통해 발표되고 있는 연구개발(R&D)의 최근 동향을 보자.

공기중에 포함되어 있는 탄소를 에너지를 적게 들여 분리하고 포집할 수 있는 전자화학적(electrochemical) 혁신 기술이 연구개발되는 가운데 포집된 탄소를 땅속에 저장하는 데 따르는 누출 위험 등 안전성 문제를 원천적으로 해결하기 위해 탄소를 영구적인 고체(solid) 형태로 만들어 위험 없이 보관할 수 있게 하는 연구 또한 이루어지고 있다.

공기중에 있는 탄소량의 120배에 달하며 전체 탄소 배출량의 40%를 머금고 있는 바닷물에서 직접 탄소를 포집하려는 획기적인 기술도 연구되고 있다. 아울러 바닷물에서 포집된 탄소를 합성연료(synthetic fuel) 소재로 전환하여 활용토록 하는 연구가 병행되고 있다.

화석연료의 고갈과 유가의 높은 변동성에 대비하고 에너지 안정성을 제고하기 위해서는 화석연료 의존도를 줄여야 하고 그 방편의 하나는 공기나 바닷물에 있는 탄소를 가솔린 계열 등 실생활에 쓰이는 연료로 직접 전환해 활용하고 저장하는 것인데 이에 관한 연구도 진행되고 있다. 배출된 탄소량을 축소해 나가는 동시에 기존 화석연료 의존도를 줄일 수 있는 방안이다. 에너지 생산의 지속성과 안정성이 떨어지는 태양열이나 풍력과 같은 재생에너지의 한계를 극복하는 대안이기도 하다.

기술의 진보는 공기중에 있는 탄소와 물(H_2O)을 포집한 다음 전기분해(electrolysis) 과정을 거쳐 수소(H_2)와 탄소를 결합하여 수소연료(hydrocarbon fuel)를 생산할 수 있게 하고 있다. 생산된 수소연료는 저장되고 활용되며 또한 활용 과정에서 배출되는 탄소는 재포집되어 에너지로 재전환됨으로써 순제로(net-zero) 탄소 사이클을 형성토록 할 수 있다. 향후 전환된 에너지의 활용분보다 저장분이 더 많아질 경우 인류가 고대하는 음(-)의 탄소 배출(negative emission)도 실현될 수 있게 된다. 스위스의 Climeworks, 독일의 Siemens, 미국의 Velocys, Primus Green Energy 등 선도 기업들은 이러한 기술을 규격화하여 상업화하는 단계에 들어간 상태다.

11월 미국 중간선거에서 여야 간 첨예한 이슈가 되었던 인플레이션 감축법(Inflation Reduction Act of 2022)은 기업들의 탄소 포집 및 저장 등을 위한 활동에 많은 세제 혜택(tax incentives)을 제공하는 내용을 포함하고 있다. 이 법률을 적극 입안한 바이든 행정부가 2050년까지 탄소 배출 순제로를 달성하고 에너지시장 안정을 도모하는 데 다시 과학기술을 핵심으로 바라보고 있음을 시사한다.

국제에너지기구(International Energy Agency) 조사에 따르면 전 세계의 탄소 포집 및 저장 등 시설 구축 계획은 2020년까지 100개 미만에 머물렀으나 2021년 200개를 상회하고 2022년 현재 300개에 근접하는 가파른 증가세를 기록하고 있다. 기후변화와 에너지 문제에 접근하는 글로벌 패러다임의 최근 변화를 단적으로 보여주는 흐름이다. 과학기술의 힘에 기대며 실천가능한 현실 속의 접근방법을 추구하려는 움직임이라 하겠다.

탄소 포집, 저장, 전환, 활용 등을 위한 과학기술 활동에는 애덤 스미스의 보이지 않는 손(invisible hand)뿐 아니라 보이는 손(visible hand)의 역할이 반드시 필요하다고 본다. 과학자들의 연구와 기업들의 노력을 지원하고 촉진하는 데 정부와 입법부가 나서야 한다. 기후변화와 에너지 문제의 해결을 자유경쟁시장에만 전적으로 맡겨둘 수 없음을 직시하며 산학정(産學政)의 융합을 도모해야 한다.

앞으로도 변동성과 변화에 직면할 에너지시장과 인류의 미래를 생각할 때 포말을 보되 심해의 흐름을 함께 살피는 선구자(avant-garde)의 통찰력과 실천력이 과학기술의 힘을 바탕으로 한층 더 발휘되어야 한다고 믿는다.

(2022년 12월 19일 기고)

디지털 대전환,
위기를 넘어 도약의 기회로 삼아야

> 세계는 디지털 전환이라는 패러다임 변화와 마주한 상황
> 코로나19, 인류를 온라인·비대면·가상공간으로 이끌어
> 미래 질서는 변화 주도 국가, 사람 중심으로 새롭게 형성
> 위기 극복하고 도약할 힘의 원천은 인재양성, 연구개발

복합적 도전과 위기에 둘러싸여 있는 지금 다시 돌아보면 서브프라임 모기지가 도화선이 된 지난 글로벌 금융위기는 오히려 작은 위기였다는 생각이 든다.

지구를 휩쓴 코로나19라는 글로벌 공공보건 위기, 핵심 자원 생산지역에서 벌어지고 있는 전쟁과 신냉전 및 각국의 경제패권경쟁, 에너지 위기로 인해 초래되는 기후변화 대응노력 지체 우려, 1970년대에나 보았던 높은 인플레이션과 이에 따른 긴축 통화정책으로의 급선회 및 글로벌 경제의 급격한 변동성 등 평상시 하나만도 감당하기 힘들 요인들이 한꺼번에 닥친 형국이다.

상상할 수 있는 거의 모든 유형의 보건, 정치, 자연, 경제 문제 등이 동시에 얽혀 그 파장이 인류의 삶을 뒤흔드는 국면을 과거에 접한 적이 있었던가. 마치 인류 공동체의 역량을 테스트하는 듯한 상황이다.

그러나 역사를 돌아보면 위기와 혼돈 속에서도 새로운 변화와 기회의 싹은 늘 움트게 마련이다. 내일을 위해 오늘 작은 것을 시작하는 노력은 언제나 개인의 발전과 역사의 진보를 이루는 빛나는 행동 규범(code of conduct)이었다.

지난달 16일 고려대가 주최하고 정세균 전 국무총리와 오세훈 서울시장이 참석한 디지털 전환(Digital Transformation)을 주제로 한 워크숍, 이어 21일 미국 뉴욕대가 주최하고 윤석열 대통령이 참석한 디지털 비전 포럼에서 위기 속에서도 새로운 시대 변화의 이니셔티브를 모색하려는 동시대 각국 지식인과 정치인의 진일보한 인식 및 노력의 일단을 본다.

돌이켜 보면 18세기 중후반 시작된 산업혁명, 20세기 중반 IC 집적회로의 등장으로 시작된 정보기술(IT) 혁명에 이어 지금 인류가 맞이하고 있는 대전환기의 핵심 흐름인 디지털 혁명은 경제와 사회의 미래를 설계하는 데 지대하고 결정적인 영향을 미치는 요소라 할 수 있다. 학계와 현장 전문가 등이 머리를 맞대며 이러한 문명사적 변화를 직시하고 선도해 나가기 위한 논의의 장을 마련하는 것은 매우 시의적절할 뿐만 아니라 변혁기의 동시대 지식인에게 요구되는 선구자적 역할의 하나라고 본다.

지금 인류는 디지털 전환이라는 커다란 패러다임의 변화와 마주하고 있다. 특히 2020년 초 이후 전 세계로 확산된 코로나19는 인류의 생활을 온라인과 비대면, 그리고 가상공간으로 이끌었다. 아울러 비즈니스와 산업의 패러다임을 디지털 방식과 구조로 가속적으로 변화하도록 만들고 촉진하는 결정적 모멘텀을 제공했다.

디지털을 기반으로 한 첨단기술이 인류의 일상과 산업 전반을 완전히 바꾸는 실로 혁명적인 변화를 경험하고 있는 것이다. 미래 질서는 이러한 변화의 흐름을 주도하는 국가나 사람들을 중심으로 새롭게 형성될 것임은 자명한 이치라 하겠다.

디지털 전환이라는 거대한 변혁의 물결에 직면한 가운데 한국은 세계 최초로 5G를 상용화한 최고의 통신 기술 보유국이며 앞으로도 인공지능, 6G, 메타버스 등 새로운 기술혁신을 주도해 나가는 역동적 과정에 있다. 디지털은 우리에게 미래의 먹거리이자 디지털 패권(digital supremacy) 국가로의 도약을 넘볼 수 있게 하는 야심찬 도전이며 새로운 기회의 영역이라 할 수 있다.

디지털 혁신은 제조업과 금융업 등 각 산업에 접목되어 생산성과 부가가치의 혁신을 가져오고 산업의 선진화와 고도화를 촉진할 것이다. 주요 미래전략산업의 초(超)격차 확보를 견인하고 바이오, 디지털 헬스, 보건의료, 탄소중립 등의 글로벌 기술혁신 중심국으로 도약하는 데 큰 원동력이 될 것이다.

이러한 디지털 대전환의 시대, 디지털 주도의 시대에 인재양성과 연구 생태계 육성의 중요성은 아무리 강조해도 지나치지 않다. 진정한 위기는 인재양성의 차질과 연구 생태계 육성의 미흡에서 초래되는 위기이다. 지금 우리가 직면하고 있는 대내외적 복합 위기를 극복하고 도약을 이룰 수 있게 하는 본질적이고 궁극적인 힘의 원천은 인재양성과 연구개발에서 비롯된다는 점을 잊지 말아야 한다.

스위스 국제경영개발원(IMD)이 발표한 2022년 세계 디지털 경쟁력 평가 결과에 따르면 한국은 인재양성 부문에서 평가대상 63개국 중 33위로서 지난해 대비 7계단 하락했고 규제여건 부문은 지난해와 같은 23위에 머물렀다. 인재양성이 크게 흔들리고 있는 데 더하여 연구 생태계의 자율성과 창의성도 답보 상태에 있음을 여실히 보여주는 평가지표들이 아닐 수 없다.

로마가 하루아침에 이루어진 것이 아니듯 현대의 로마격인 디지털 패권국으로의 도약이 단숨에 이루어지지는 않을 것이다. 긴요한 인재양성과 연구생태계의 육성에 산학연(産學研)이 힘을 한 데 모으고 중앙정부와 지방정부 및 입법부가 여기에 신선한 자양분과 활력소를 공급하기 위해 정책과 제도면에서 적극적으로 역할을 해야 한다.

빠르게 다가오는 디지털 대전환의 시대에는 일상생활, 산업과 경제는 물론 문화와 예술, 안보와 국방에 이르기까지 국민의 삶과 한 나라의 명운이 디지털 연구개발 역량과 글로벌 비교우위 경쟁력에 달려 있다고 해도 결코 과언이 아니다.

진정한 위기는 인재양성과 연구개발의 위기에서 비롯됨을 직시해야 한다. 그러한 인식과 위기에 대한 철학을 지니고 디지털 패권국으로 나아가기 위한 이니셔티브와 열정을 발휘해야 한다. 때마침 한미 양국의 유수 대학이 금년 9월중 연달아 주최한 디지털 전환을 주제로 한 선도적인 논의의 장을 계기로 당면한 위기를 넘어 도약으로 향하는 내일을 위한 뜻깊은 오늘이 시작되었으리라 믿는다.

(2022년 10월 3일 기고)

4.11 대전환의 시대와 바이오 패권을 향한 열정

> 코로나19 시대, 바이오 패권이 곧 글로벌 패권
> 한국은 백신 접종, 개발의 오랜 역사 지닌 나라
> 신정부 출범…바이오 패권 향한 열정 쏟을 시간

코로나19 팬데믹이 가져온 대전환의 시대는 인류 역사에서 일찍이 보기 어려웠던 대변화(mega change)와 함께 앞으로의 도전적 과제들을 실감케 하기에 충분하다. 전대미문의 이 글로벌 공공보건 위기는 90년 전 최대위기라고 했던 대공황의 파장을 훨씬 능가하는 대전환의 시대를 열었다.

정치경제와 사회문화 등 인류의 삶과 연결되는 모든 관점에서 가히 문명사적 패러다임 전환이 일어나고 있다 하겠다. 그렇다면 이러한 대전환의 시대에 인류는 어떠한 지향점을 향해 가야 하는가. 직관적이지만 그 궁극적 지향점은 오랜 보편적 가치인 인류 복리(human welfare)의 증진이어야 한다고 믿는다.

글로벌 공공보건 위기는 우리의 삶을 근본적으로 돌아보는 성찰의 계기를 제공했고 인류의 모든 지혜와 역량이 더 나은 삶과 복리의 증진을 위해 모아져야 할 당위성을 확인케 했다. 그리고 우리는 위기의 과정을 겪어오면서 인류의 삶과 복리 증진의 중심에 자리하고 있는 과학의 힘을 절감했다.

백신 개발이 코로나19 팬데믹과 글로벌 역학관계(politics)의 게임 체인저가 되는 상황에서 위기를 돌파하고 글로벌 주도권을 쥐는 능력은 과학의 힘에 절대적으로 달려있을 수밖에 없다. 이를 백신 과학이라 하고 이에 기반하여 각국의 사활을 건 백신 개발 경쟁이 이어졌다. 각국이 총력전을 기울이는 이른바 백신 패권(vaccine supremacy) 내지 바이오 패권(biotech supremacy)이 바로 동시대의 글로벌 패권(contemporary global hegemony)으로 확연하게 연결됨을 인류는 지켜보았다.

백신으로 대표되는 바이오 패권의 맥락에서 한국의 위상과 미래는 어떠한가. 한국은 백신 접종과 개발에서 오랜 역사를 지닌 나라이다. 19세기로 거슬러 올라가면 한국의 제너(Jenner)로 알려진 지석영이 천연두 예방접종법을 소개했고 1945년 조선검역소에서 콜레라 백신을 생산했으며 1990년에는 세계 최초로 한국 학계와 녹십자에서 한타바이러스 신증후군 출혈열(HFRS) 백신을 개발했다. 한타바이러스는 중국에서 150만 명의 감염자와 4만 6,000명의 사망자를 발생케 했는데 백신이 도입된 후 환자수가 2만 명 미만으로 감소하는 기념비적인 업적을 이루었다.

1996년 녹십자는 세계에서 세 번째로 세계보건기구(WHO)의 허가를 받은 B형 간염 백신을 개발했고 이는 이후 저소득 국가에서 가장 많이 사용되는 백신이 되었다. 금번 코로나19 팬데믹 속에서 2021년 엔지켐생명과학은 세계 최초로 인간에게 효과적인 DNA 백신을 개발하여 인도에서 임상 시험을 거쳐 최근 생산 단계에 들어가고 있다.

화이자와 모더나의 RNA 백신이 접종 6개월 경과 시점에 보호 기능 약화로 부스터 샷이 필요하게 되는 단점이 있음을 감안할 때 한국 기업 엔지켐생명과학의 DNA 백신 개발은 코로나19 백신의 역사에 새로운 지평을 여는 획기적인 성과를 기대하게 한다. 한국이 백신 개발의 흐름에서 결코 관망자나 추종자가 아닐 뿐 아니라 글로벌 백신 개발을 선도하는 미래의 바이오 패권국으로 도약할 높은 잠재력을 확인할 수 있게 하는 대목이다.

빠르게 확산하는 오미크론 변이 바이러스에 대응하기 위한 백신을 금년 가을에 출시하기 위한 각국의 개발 경쟁 또한 이미 시작되고 있다. 화이자와 모더나는 지금처럼 6개월마다 반복해서 맞아야 하는 부스터 샷에 사람들이 이제 피로감을 느끼고 있음을 실토한 바 있다. 또한 그들은 백신 효과가 지속되는 기간을 두배로 늘리는 이른바 연간 백신(annual vaccine)의 개발이 기술적으로 쉽지는 않을지라도 반드시 필요하다는 점을 강조하고 있다.

모더나는 계획대로 백신이 개발되어 가을에 출시되면 금년 중 210억 달러의 백신 매출을 예상하고 있다. 모더나는 1분기 주당순이익(EPS)이 지난해 같은 기간(2.84달러)의 세 배가 넘는 8.58달러를 기록한 바 있다. 이러한 재무적 지표는 백신 개발이 인류의 삶과 복리 증진에 기여하는 전체 모습 중 극히 일부만을 표현하고 있을 뿐이다. 두말할 나위 없이 인류의 생명을 구하고 지속가능한 문명 공동체를 구현해 나가는 백신의 존재는 숫자로 표현되기 어려운 헤아릴 수 없는 가치를 지니는 공공재이자 소중한 사회적 자산으로 평가받아야 하겠다.

바이러스는 지금 이 시간에도 진화하고 있다. 백신도 진화해야 함은 자명하다. 코로나19 팬데믹 이후 이어지고 있는 백신 개발 경쟁은 향후 바이오 패권국으로 진입하느냐의 여부를 결정짓는 서막에 불과하다고 본다. 이제 바이오 패권이 곧 글로벌 패권임을 직시하고 과학의 힘을 기르며 리서치 파워를 키우는 데 정책적 노력을 경주해야 한다. 진화하는 바이오 흐름을 내다보는 통찰력을 갖춘 기업가정신(bio-entrepreneurship)의 힘, R&D 등 투자와 인적자원 양성의 중요성은 아무리 강조해도 지나치지 않다.

코로나19 백신은 통상 15년이 걸리던 백신 개발 기간의 10분의 1도 안되는 단기간에 개발되었는데 그 배경에는 여러 요소가 작용했다. 중증급성호흡기증후군(SARS), 중동호흡기증후군(MERS) 등 코로나 팬데믹 이전의 관련 바이러스에 대한 다년간의 연구가 축적되어 있었고 임상시험이 진행되는 동안 제조 공장이 건설되는 동시에 인프라 개발이 진행되었다. 규제 프로세스에 있어서도 위기 시에 정치적, 정책적으로 혁신적 변화의 동기가 있었다. 글로벌 백신 허브가 되기 위해 필요한 요소가 무엇인지 역설적으로 시사하는 바가 있다.

대전환의 시대는 바이오 패권과 함께 전개될 것이다. 때마침 출범한 신정부와 우리 모두에게 바이오 패권을 향한 열정이 요구되는 이유다. 기업가정신과 창의력을 북돋우며 시장 활력을 제고하는 혁신적 정책을 시행함과 아울러 R&D 투자와 인적자원 육성에 선제적 지원이 뒷받침되어야 한다.

끊임없는 혁신과 창조 과정에서 학계, 연구진 등과의 공조 및 협력은 선택이 아닌 필수다. 세계 최초의 한타바이러스 백신 개발과 코로나19 DNA 백신 개발은 학계, 연구진 등과 기업이 힘을 합쳐 이룬 성과다. 산학연이 합심하고 정부와 입법부가 정책과 제도 면에서 새로운 길을 만들어줘야 한다. 로마가 하루아침에 이루어지지 않았듯이 바이오 패권국으로 가는 길에 열정과 땀과 노력이 채워지는 시간이 필요하다.

(2022년 5월 10일 기고)

5부

정치경제·법·사회를
성찰한다

12·3 사태가 던진
시대적 과제 '정치 업그레이드'

> 12·3 사태, 5·18 트라우마 직시한 노벨문학상과 '역사의 신' 시간 일치
> 극한적 당파주의와 파시즘 상호 악순환…착취적 정치로 민주주의 위협
> '진정한 법의 지배' 필수…'좋은 사람들' 정치 유인하는 인센티브 강화돼야

12·3 비상계엄 사태가 대한민국을 뒤흔들고 있는 시각에 스웨덴 스톡홀름에서는 2024년 노벨문학상 시상식이 열렸다. 5·18 광주의 역사적 트라우마를 직시한 한강 작가의 작품 '소년이 온다'가 세계의 조명을 받는 가운데 2024년 한국의 정치 상황 또한 마치 거울 이미지(mirror image)처럼 조명받고 있다. 착취적 국가를 만드는 데에는 착취적 정치가 늘 함께 해왔음을 일깨워 주는 듯 '역사의 신'이 연출이라도 한 시간의 일치(coincidence)인가.

한국 정치의 트라우마는 한국 정치의 특징인 극한적 당파주의(vicious partisanship)와 함께 해왔다. 당파주의가 정치지도자들의 파시즘, 포퓰리즘 등과 상호 악순환을 불러일으킬 때 극한적 파열음이 초래된다. 그럴 때 착취적 정치는 필연적이며 민주주의는 위협받는다. 착취적 정치는 올해 노벨문학상, 그리고 노벨경제학상이 말하는 착취적 국가를 만든다. 노벨경제학상 수상 저서이기도 한 '국가는 왜 실패하는가(Why Nations Fail: The Origins of Power, Prosperity, and Poverty)'의 이유가 된다. 현재 진행형인 12·3 사태의

후폭풍은 한국 정치의 착취적 실상을 극명하고 총체적으로 드러내고 있다. 위기와 함께 직면한 엄청난 사회적, 경제적 코스트는 한국 정치가 극복하고 풀어야만 하는 문제다.

당면한 위기를 헤쳐나갈 해법은 무엇인가. 올해 노벨경제학상이 말하는 바와 같이 착취적 국가가 아닌 포용적 국가, 즉 실패하는 국가가 아닌 성공하는 국가는 '진정한 법의 지배(rule of law)' 실현을 그 핵심요소로 한다. 과거와 마찬가지로 지금 또 앞으로의 한국 정치에서도 진정한 법의 지배는 착취적 정치가 아닌 포용적 정치로 가는 대전제다.

진정한 법의 지배라는 필수불가결한 대전제와 아울러 12·3 이후 한국 정치의 업그레이드를 위한 개혁은 이제 더 미룰 수 없는 과제로 다가왔다. 애덤 스미스는 국부론에서 제도가 다르면 결과도 달라진다는 것이 오랫동안 인식된 통찰력이라고 지적했다. 흔히 정치를 바라봄에 있어서 이 기본적인 통찰력을 간과하려는 경향이 있다. 정치인들은 이론에서 가정하는 완벽한 존재가 아니라 제도의 제약에 종속되어 인센티브에 반응하는 배우들이다. 그 제도와 인센티브가 정치의 선택과 결과를 만든다.

정치인들은 인간 본연의 한계인 인식·지식의 한계 문제 지배(knowledge problem dominance)에서 결코 자유롭지 않다. 뿐만 아니라 과다확신 오류와 집단사고 오류에 빠질 개연성 또한 상존한다. 이들에게 사회적 복리(social welfare)를 추구하는 인센티브가 당파적 인센티브에 비해 충분하지 않거나 오히려 당파적 인센티브 요인이 큰 경우 이는 민주주의의 위기와 실패를 가져올 소지가 크다. 인센티브 구조가 취약한 선출직 권력에 국민의 삶과 운명을 모두 맡김으로써 민주주의 시스템의 결함을 자초하는 오류를 범하고 있는 것이 작금 한국 정치 현실 아닌가.

국민은 선출직 권력에 전제 군주의 권한을 준 것이 아니다. 자유 민주주의(liberal democracy)의 대리인(agent) 책무를 일부 맡긴 것에 불과하다. 다수의 선출직 권력에 대해서도 자유 민주주의 원리에 어긋날 경우 적법한 헌법적 제약을 가하는 것은 다수에 의한 폭정을 막고 민주주의를 보호하기 위한 필수 장치다.

아울러 한국 정치에서 정치의 필드를 선택하는 '좋은 사람들'의 절대 수가 적어지고 있는 정황증거는 없는지 살펴볼 시기다. 그러한 정황이 있다면 정치가 그럴듯한 사회적 지위와 함께 대중의 관심과 인기를 갈망하는 썩 좋지 않은 사람들이 모이는 청산소(clearing house)로 전락하고 있는 게 아닌지를 경계해야 한다. 그 판단에서 중요한 요소는 정치권에 모여드는 사람들의 '더 나은 세계를 만들고자 하는 선량함(good faith)'이다. 선량한 사람들이 정치인의 역할을 선호하지 않는다면 '악화가 양화를 구축(驅逐, drive out)'하는 그레셤의 법칙이 정치에 작동하게 된다. 정치에 어두운 그림자가 짙게 드리우는 것이다. 정치를 선택하는 좋은 사람들이 적어지고 그에 따라 정치 거버넌스가 악화하면 국가가 제공하는 공공 이익의 질 또한 하락한다. 그 결과 유권자들은 정치인들에게 적대감을 더 품게 되고 좋은 사람들은 정치인이 되지 않는 악순환이 이어진다. 민주주의의 교정이 필요한 상황이 되는 것이다. 지금 요동하는 한국 정치가 이를 보여주는 생생한 사례가 아닌지 심각하게 돌아볼 때다.

그렇다면 한국 정치의 업그레이드를 위한 길은 무엇인가. 제도와 사람이 중요하다. 1993년 노벨경제학상 수상자 더글러스 노스는 제도가 인센티브를 형성하며 제도의 질적 수준은 거래비용을 줄여주는 데 달려 있고 제도는 마음이 만드는 구조물이라고 했다.

한국 정치의 현실과 생태계를 생각해 본다. 지속가능한 사회적 복리 추구에 덜 매진하도록 하는 인센티브 구조가 한국 정치와 정당 시스템에 내재해 있다면 이는 정치 제도와 거버넌스 문제의 본질이 된다. 헌법이 정한 5년 단임 대통령 임기에서 정치가 올바르고 정확하게 작동하지 않으면 시간을 허비할 수 있는 거버넌스 구조다. 그렇기에 3부(府) 중에서도 정책을 주도적으로 수립 실행하는 핵심 플레이어에 해당하는 행정부의 중립적이고 전문적인 역량을 함양하는 인센티브 또한 긴요하다. 취약한 정치 거버넌스에 흔들리지 않는 굳건한 행정부의 역량은 입법부, 사법부와의 상호작용을 통해 국가의 성과를 결정하는 핵심요소다. 이러한 맥락에서 사회적, 경제적 거래비용을 줄일 수 있는 높은 질적 수준의 정치 제도와 운영 패러다임을 모색하는 사회적 지혜가 요청되는 시점이다.

특히 당파주의(partisanship)의 덫에서 벗어나 동반주의(partnership)를 만드는 정치 거버넌스 디자인이 필요하다. 그래서 더 많은 좋은 사람들이 정치에서 역할을 할 수 있도록 유인하는 인센티브가 강화되어야 한다. 제도는 마음이 만드는 구조물, 즉 인식의 산물이라고 할 때 특정 이념에 고정되어 있거나 편향에 기울어 있지 않으며 현실에 대한 넓은 이해와 통찰력을 바탕으로 균형 있는 접근을 할 수 있는 진정한 리버럴의 역할이 한국 정치에 더욱 긴요하다고 하겠다. 12·3 이후의 한국 정치의 근본적 업그레이드가 시대적 과제로 떠올랐다. 무엇보다 제도와 사람에 대한 성찰이 절실하다.

(2024년 12월 11일 기고)

2024년 노벨문학·경제학상 키워드 '국가실패'

> 노벨문학상이 다룬 5·18 광주의 국가폭력, 노벨경제학상의 국가실패 사례
> 국가폭력의 인간파괴 韓현대사 트라우마 직시…세계인 공감이 수상 가져와
> 국가실패 귀결되는 착취적 정치·경제·사회 여전…포용적 사회로 전환해야

올해 노벨문학상 수상의 영광을 한국에 가져온 한강 작가의 2014년 소설 '소년이 온다'는 5·18 광주, 1980년 5월 광주의 참상을 다뤘다. 결코 있어서는 안 되는 한국 현대사 최대 비극이다. 공권력에 의한 폭력, 국가에 의한 폭력이 시민들을 무참히 살상하고 권력을 찬탈하는 데 동원되었다. 필자는 1980년 5월, 그 비극의 현장에 있었고 이를 생생히 목격했던 광주의 소년이었다. 5·18 광주는 국가에 의한 폭력이자 국가에 의한 인간파괴의 참담한 현장이었다.

이러한 국가폭력에 대한 문제의식을 가지고 한국 현대사의 트라우마를 용기 있게 직시한 문학의 진정한 힘과 높은 가치가 세계인의 공감을 불러일으켰다. 그리고 마침내 노벨문학상의 영예를 결출한 문학가와 한국에 안겨준 것이다. 이번 수상은 온 국민이 기뻐하는 기념비적인 큰 경사임에 틀림없다. 그러면서도 동시에 착잡한 심경이 교차하게 됨은 5·18 광주의 소년이었던 필자만의 느낌인 것일까.

올해 노벨경제학상을 수상케 한 저서는 대런 애쓰모글루와 제임스 로빈슨이 2012년 집필한 저서 '국가는 왜 실패하는가(Why Nations Fail: The Origins of Power, Prosperity, and Poverty)'이다. 필자의 애독서이기도 하다. 1980년 5월 광주의 현장에서 필자에게 불현듯 떠올랐던 단어가 국가실패였다. 노벨경제학상이 말하는 국가실패의 극명한 사례를 노벨문학상이 다루는 다소 기묘하고 착잡한 상황이다. 전형적으로 실패한 국가의 과거 모습에서 노벨문학상이 나오는 격이다.

여기서 실패한 국가란 무엇인가. 한마디로 착취적 국가를 말한다. 이번 노벨경제학상 수상자들은 착취는 포용의 반대 개념이라고 설명한다. 한 국가의 성패는 그 국가가 지니고 있는 포용의 정도에 달려 있다고 보았다. 1980년 5월의 한국이 포용적 국가가 아니었음은 분명하다. 포용적이 아닌 착취적 국가였기에 국가에 의한 폭력이 광주의 비극을 초래한 것이다.

착취적 국가였음에도 노벨문학상을 수상하게 되는 상황은 노벨경제학상의 뜻하지 않은 역설처럼 비쳐진다. 한강 작가와 '소년이 온다'가 과거 정부에서 블랙리스트에 올라 당국의 검열 대상으로 관리된 점도 포용적이지 않은 착취적 국가의 한 단면을 보여준다. 한강 작가가 노벨문학상 수상에도 불구하고 지금 잔치를 하거나 즐길 상황이 아닐 뿐 아니라 오히려 현실에 더 냉철해져야 한다는 뜻을 전한 것은 여러모로 의미심장한 대목이다.

그러면 5·18 광주 이후 40년이 넘는 세월이 흘렀고 한국이 노벨문학상 수상자를 배출하기에 이른 지금은 국가폭력에 의한 인간 경시와 국가의 착취적 요소는 사라졌는가. 노벨경제학상이 말하는 성공하는 유형의 국가가 되었는가. 그렇다고 확신하기 어려운 것이 우리가 직면하고 있는 현실이다.

3년 전 10월의 어느 화창한 가을날 필자의 여동생이 집 근처에서 초록색 신호등의 횡단보도를 건너던 중 강타한 대중교통 버스에 의해 사망 수준의 상해를 입었다. 버스의 중과실이 한 인간의 삶을 파괴한 것이다. 두개골 절개 수술을 포함한 참담한 치료 과정을 지나며 현재까지도 병원에서 나오지 못하는 기약 없는 고통의 세월을 이어왔다. 국민의 세금을 들여 운영되는 대중교통 버스의 사고처리는 행정부처 산하의 공적기관이 담당한다. 피해자의 보호자인 필자가 지난 3년간 느껴온 것은 여러 각도에서 가해지는 착취라는 단어다. 피해자인 국민들이 그동안 착취의 대상으로 취급받았을 개연성을 짐작하기 어렵지 않았다. 한편 일부 의료기관의 경우에도 금전적 수지를 더 맞추는 것이 생명의 가치보다 중요한 듯한 착취적 행태를 보였다. 사건을 맡은 수사기관은 공적기관과 연계된 가해자보다 약자이기 쉬운 피해자를 손쉽게 대하는 듯 보였다. 착취는 아직 우리 사회 곳곳에 남아 있음을 절절히 실감했다.

착취의 목적이나 인센티브가 금전적이든 5·18 광주처럼 권력적이든 그 본질은 인간에 대한 착취라는 점에서 같다. 인간에 대한 착취가 공권력에 의해, 국가에 의해 행해진다면 국가폭력에 의한 처절한 인간파괴가 된다. 착취적 사회, 착취적 국가는 포용적이지 않음으로 해서 노벨경제학상이 말하는 실패하는 국가가 된다.

올해 노벨문학상을 수상한 한강 작가는 인간에 대한 착취를 그 참담한 고통의 트라우마로 직시함으로써 세계인의 공감을 이끌어냈다. 이는 착취적 요소를 줄이고 포용적 요소를 늘려야 실패하지 않고 성공하는 국가가 될 수 있다는 올해 노벨경제학상 수상자들의 메시지와 더불어 세계인에게 큰 울림을 준다.

착취적 정치, 착취적 경제, 착취적 사회가 아직 지배하고 있는 우리의 현실, 그리고 세계의 현실을 돌아보게 하는 계기를 올해 노벨문학상과 노벨경제학상이 마련해주었다. 그렇다면 여기에서 어떤 교훈을 얻고 미래를 위한 통찰력을 얻을 것인가. 마침 독서의 계절이자 최고의 계절 한가운데에 와 있다. 10월의 짙어가는 가을과 함께 한국 최초 노벨문학상 수상자의 기념비적 작품을 밤새워 읽으며 더 사색에 잠겨보고자 한다. 문학이 착취적 정치, 경제, 사회를 포용적 정치, 경제, 사회로 바꾸는 힘을 지니고 있다고 믿는다.

(2024년 10월 18일 기고)

'잃어버린 15년' 韓로스쿨, 해법은 인센티브에 있다

> 韓로스쿨 총체적 위기, 3부 요인 한목소리
> 교육·학문·전문 영역 짙어가는 근본적 우려
> 15년 경로 의존성 바꿀 인센티브 해법 긴요

전국 법학교수들의 모임인 한국법학교수회 창립 60주년을 기념하는 학술대회가 이번 달 열렸다. 이 학술대회에 윤석열 대통령, 조희대 대법원장, 이종석 헌법재판소장, 주호영 국회부의장이 참석했다. 행정, 사법, 입법 3부(府)를 대표하는 요인들이 함께 자리한 것은 여느 학술대회에서 쉽게 보기 어려울 법한 이례적인 장면이다.

윤 대통령은 축사를 통해 법을 다루는 실무가들은 법의 본질과 사회적 사명을 제대로 이해해야 한다며 단순히 법조문 자체를 해석하고 적용하는 데만 그쳐서는 안 되고 자유, 공정, 인권과 같은 근본 가치가 우리 사회에 제대로 실현될 수 있도록 기여해야 한다고 말했다. 이를 위해서는 기초법학의 소양이 견고해야 하며 기초법학이 소외되고 약화하면 정의와 공정성, 사회적 신뢰의 기반까지 흔들릴 수밖에 없다고 강조했다. 조 대법원장은 한국 로스쿨이 설립 취지와는 달리 변호사 시험 준비 위주의 교육에 치중하고 있다는 비판을 비롯해 법학자 및 법학을 이어갈 후속 학문세대의 양성을 걱정하는 목소리도 높아지고 있다고 전했다. 이 헌법재판소장은 헌재가 본연의 책임과 역할을 다해 헌법에 부합하는 충실한 결정을 할 수 있었던 것은 법학자들의 부단한 학문적 연구 성과에 기댄 바가 크다며 학문 연구가 흔들리고 있는 작금의 상황에 대해 우려를 표시했다. 주 국회부의장은 법학의 위기는 곧 법치주의의 위기이며 이는 대한민국의 위기로 이어질 수 있다고 말했다.

이날 학술대회에 온 3부 요인들이 한목소리로 걱정한 것은 한국에서 로스쿨 제도를 도입하여 운영해온 지난 15년에 대한 심각한 평가에 다름 아니다. 그야말로 '잃어버린 15년'이 되어버린 한국 로스쿨의 실상을 말한 것이라 하겠다. 1895년 법관양성소 설립으로 시작된 것으로 볼 수 있는 우리나라 법학교육의 역사는 어언 130년에 이르고 있다. 130년 중 최근 15년을 바라볼 때 면면히 이어져 오며 축적된 법학교육의 기반과 자산을 업그레이드하기는커녕 와해시킨 시간이 된 '잃어버린 15년'이라면 지금 철저한 반성과 함께 대변화를 모색하지 않으면 안 된다. 주 국회부의장이 말한 대로 법학의 위기를 넘어 법치주의의 위기와 대한민국의 위기로 파급될 수 있기 때문이다.

한국법학교수회 회장 조홍식 서울대 로스쿨 교수는 법학 및 법학교육의 현실이 필설(筆舌, 글과 말)로 표현할 수 없을 정도로 심각한 위기에 처해 있다고 토로했다. 법학논문과 법학박사학위 취득자가 뚜렷하게 감소하고 있으며 로스쿨은 변호사 시험 준비를 위한 정보와 요령을 전달하는 학원으로 전락했다고 했다. 또 법의 본질적인 문제와 기본원리를 탐구하는 기초법학은 철저하게 외면된 채 아예 폐강되고 있는 상황이라는 것이다. 로스쿨이 총체적으로 위기에 직면해 있음을 알리는 경고음이 안팎에서 들려오고 있다.

이를 여실히 보여주듯 현재 전국 25개 로스쿨에 남아 있는 기초법학 교수는 30명에 불과한 실정이며 더욱이 지난 10년간 신규 임용된 법철학 교수는 단 1명뿐이다. 기초법학이 멸종위기에 처해 있음을 극명히 시사한다. 학생들은 시험에 나오는 1만 2,000개에 달하는 판례를 기계적으로 암기하다가 졸업함에 따라 로스쿨이 균형 있는 통찰력을 갖춘 미래인재는 고사하고 곧 시장에서 사라질 저(低)사양 기능형 로봇을 양산하고 있는 형국이다. 노동시장의 평가는 대체로 정확하다. 로스쿨 졸업생들이 행정기관 6~7급 주무관으로 채용되기 위해 치열한 자체 경쟁을 벌이고 있는 것이 현실이다. 시험에 안 나오는 전문법학 교육도 사정은 비슷하다. 금융회사 등 전문적 수요에 부합하는 졸업생은 찾기 어렵다는 것이 시장의 평가다. 법학전문대학원 졸업생이라는 전문학위 타이틀이 무색할 지경이다. 3년 내내 시험 준비에만 전념하는 로스쿨은 지구상 어디에도 찾기 어렵다. 무엇보다 그것은 대학이 추구하는 가치가 아니기 때문이다. 로스쿨의 교육, 학문, 전문 영역에 짙어가는 근본적인 우려가 드리워져 있다.

미국 로스쿨을 벤치마킹하며 도입한 로스쿨 제도의 취지는 이런 것이 아니었기에 '귤이 회수를 건너면 탱자가 된다'는 '귤화위지(橘化爲枳)'를 떠올리지 않을 수 없게 한다. 필자는 20년 전 미국 로스쿨에서 공부한 바 있다. 실무와 이론이 함께 하는 학문적 메트로폴리탄 역할을 하며 각계 전문가와 리더를 배출하는 미국 로스쿨이 한국 로스쿨의 롤 모델이었다. 필자는 1993년 노벨경제학상 수상자 더글러스 노스의 법경제학을 로스쿨에서 접했다. 한국 로스쿨에 왜 이와 같은 학제적 접근(interdisciplinary approach)의 기회가 교육과 학문과 전문 영역에서 보기 어려운 것인가. 제도가 도입 취지와 다르게 변질하는 특유의 토양과 환경 탓인가. 그런 면에서 귤이 탱자가 된 곳이 한국에서 비단 로스쿨뿐만은 아니리라 본다. 정치 현실 또한 당초 지향하고자 한 민주주의 제도의 본질과 거리가 있다고 봐야 할 것이다. 공공선보다 탐욕이 지배하는 듯한 한국 정치의 거버넌스 행태는 '귤화위지'의 또 다른 반면교사 아닌가.

제도는 마음이 만드는 구조물(constructs of the human mind)이며 그 제도가 인센티브를 형성한다는 노스의 제도관을 생각해 본다. 한국 로스쿨에 기초법학과 전문법학을 육성하는 인센티브가 부족하다면 그것을 확충하는 제도가 필요하다. 노벨상을 수상한 정치경제학자 하이에크, 프리드먼, 뷰캐넌 3인이 공통적으로 주목한 것도 인센티브 문제다. 예컨대 헤겔 철학을 포함한 법철학을 연구하고 로마법을 포함한 세계법제사를 공부함으로써 인간과 역사를 보는 안목과 통찰력을 길렀을 때 법조계를 넘는 지도자로 성장할 수 있다는 인센티브가 제도로 마련되어 있다면 기초법학이 고사 위기에 처하는 상황은 있을 수 없다. 3부 요인이 학술대회에 와서 축사만 할 것이 아니라 머리를 맞대고 그러한 인센티브를 만들 수 있는 생태계와 제도변화를 모색하는 데 지혜를 모아야 할 것이다. 재정·행정·고용 등 인센티브는 하나의 예다. 로스쿨이 그간의 경로 의존성(path dependence)으로 인해 '잃어버린 15년'에 그치지 않고 '잃어버린 20년, 30년'이 되어서는 안 되기에 이제 변화에 나서야 한다. 로스쿨의 변화를 유인하는 인센티브를 만들려고 한다면 제도변화는 다양한 각도와 모습으로 이루어질 수 있다. 정치의 변화 또한 공공선에 매진토록 하는 여러 인센티브를 필요로 한다. 공공선은 로스쿨이 추구하고 가꾸어 나갈 중요 가치이기도 하다. 무릇 해법은 인센티브에 있다.

(2024년 9월 23일 기고)

5.4 '귤이 탱자가 되어버린' 韓로스쿨 15년

기초법학·전문법학 모두 고사 위기 우려

국제 경쟁력 지향 법학 교육·연구 실패

로스쿨 변화 촉진할 인센티브·제도변화 필요

'귤화위지(橘化爲枳)', '귤이 회수를 건너면 탱자가 된다'는 고사성어다. 귤을 회수 이남에 심으면 귤이지만 회수 이북에 옮겨 심으면 탱자가 된다는 것이며 그 이유는 물과 토질이 다르기 때문이라는 것이다. 같은 씨앗을 뿌려도 자라는 토양이나 환경이 달라지면 전혀 다른 결과가 나오게 됨을 말해준다.

한국에 로스쿨 제도가 도입된 지 어느덧 15년의 세월이 흘렀다. 이에 즈음하여 전국 25개 로스쿨의 협의체인 법학전문대학원협의회가 국회에서 주최한 학술대회가 눈길을 끈다. 이번 학술대회의 주제인 '법학과 법치주의의 위기와 대응방안'이 시사해 주듯 로스쿨 15년에 대하여 로스쿨 스스로 내린 평가는 심각하다.

학술대회에서 한국법학교수회 회장 조홍식 서울대 로스쿨 교수는 로스쿨 제도 도입 이후 법학은 유명무실해졌음을 통렬하게 지적하며 이는 우리나라 법치주의의 위기로서 국제적 경쟁력을 지닌 법률가를 양성하겠다는 당초의 목표는 공염불에 불과해졌다고 문제의 심각성을 표현했다.

미국 로스쿨을 벤치마킹하며 도입했다는 제도가 태평양을 건너서 한국으로 온 이후에는 전혀 다른 모습으로 바뀐 것인가. 귤이 회수를 건너서 그동안 탱자가 된 것인가.

이번 학술대회에서는 로스쿨 제도 도입 이후 기초법학과 전문법학이 모두 고사 위기에 처해 있음을 우려하는 목소리가 특히 높았다. 학문으로서의 법학과 국제 경쟁력을 지향하는 전문분야에서의 교육과 연구가 모두 실패하고 있음을 토로했다. 지나치게 많은 분량의 판례 암기를 요구하는 변호사 시험 과목 위주로 짜인 로스쿨 강좌가 기초와 원리를 탄탄하게 익혀야 하는 교육 방식과는 맞지 않음을 강하게 비판했다. 법을 포함한 폭넓은 학문적 메트로폴리탄 역할을 하며 실무와 함께 하는 이론 개발, 새로운 영역에 대한 과감한 개척정신을 통해 법률전문가를 포함하여 정치, 언론, 경제, 사회, 과학기술, 문화, 스포츠 등 각계 전문가와 리더를 배출하는 미국 로스쿨과는 상당한 차이가 있음을 직감케 한다.

로스쿨 도입 15년이 지난 한국에서 로스쿨의 실상과 문제에 대하여 치열한 자체 비판이 제기되고 있는 점은 일단 고무적이고 희망적이다. 비판이 있어야 해법도 있기 때문이다. 다만 지금은 로스쿨 문제의 근본 원인에 대한 인식에 있어서 닭이 먼저냐, 달걀이 먼저냐를 따질 시기라기보다는 로스쿨이 출범할 당시에 지향했던 로스쿨 설립 취지와 목적이 무엇인지를 성찰해야할 때라고 본다. 취지와 목적에서 벗어나 있는 부분을 바꾸어나가는 데서 변화가 시작될 수 있기 때문이다. 치열한 성찰, 그리고 변화가 필요한 것이다.

우선 교육의 핵심 주체인 로스쿨 교수들과 학생들이 이니셔티브와 상호작용을 통해 변화의 추동력을 적극적으로 만들어나가려는 노력이 무엇보다 긴요하다고 할 수 있다. 아울러 변화를 향한 교수들과 학생들의 이니셔티브와 상호작용은 다양한 방향과 관점에서 창의적으로 펼쳐질 수 있으리라 생각한다.

하나의 예로 필자는 미국 로스쿨에서 공부한 바 있어 다양한 학문적 배경과 실무적 관심을 지니고 있는 로스쿨 교수들이 대체로 학제적(學際的) 접근방법(interdisciplinary approach)을 선호하는 경향이 있음을 알고 있다. 필자가 공부했던 미 워싱턴대 로스쿨(2024년 미 로스쿨 랭킹 16위)에서 1993년 노벨경제학상 수상자인 더글러스 노스 교수와 존 드로백 교수(로스쿨 내 'Center for Interdisciplinary Studies' 소장)가 합동으로 법경제학 강좌인 'Theory of Property Rights'를 개설했는데 학생들도 학부 전공과 관계없이 심오한 재산권 이론 분야에 점차 흥미를 나타내며 심취하기 시작했다.

로스쿨 내 'Center for Interdisciplinary Studies' 주최로 당시 학교에서 3일간(2005.9.29~10.1) 열린 'Corporate Governance Conference'에는 미국 및 세계 각지의 로스쿨과 비즈니스스쿨 교수들, 미 SEC, 기업활동의 메카 델라웨어주 대법원, 뉴욕타임스, 유수 컨설팅펌 등의 전문가들이 대거 참석하여 CEO, 이사회 및 주주의 역할 등 기업지배구조의 주요 이슈에 대한 다면적 조명을 시도한 바 있었다.

발제자 중 '일본 금융산업의 발전 과제'를 발표한 동경대 법대 교수의 프레젠테이션에 법에 관한 내용이 전혀 없고 금융기관 재무제표 분석으로만 구성되어 있기에 법대 교수가 맞는지 의아해했는데 '요즘 법 아닌 것 하는 것이 유행'이라는 조크 아닌 조크를 들었던 기억이 새롭다. 나중에 알고 보니 일본 법학계의 석학으로 손꼽히는 학자였다.

로스쿨이 출범할 때 지향한 높은 이상과 가치에 부응하는 교육이 지난 15년 간 충분히 이루어지지 못했다면 지금 필요한 것은 교육을 바로 세우는 변화 다. 그 변화를 향한 교수들과 학생들의 적극적 이니셔티브와 상호작용이 긴요하다. 기초법학도 전문법학도 모두 고사 위기에 처했다는 이번 학술대회의 통렬한 자체 비판이 변화의 전환점이 되어야 한다.

판례와 교과서를 단순 암기하는 방식에 치우친 기능적 교육은 이제 로스 쿨에서 배제되어야 한다. 세계법제사를 공부하고 법철학을 연구함으로써 역 사와 인류의 미래를 보는 안목과 통찰력, 생각하는 힘을 길렀을 때 후일 법조 계를 넘어 과학기술계를 이끄는 지도자로도 성장할 수 있다. 생성형 인공지 능에 더 강점이 있을 기능적 법률지식을 보유한 법률가의 역할은 점점 더 제 한적일 수밖에 없다.

그래서인지 6급 주무관으로 채용되기 위해 수십대 일 자체 경쟁을 해야 한다는 로스쿨 졸업생들의 현실은 당초 지향했던 로스쿨 설립 취지와 목적 에 2% 부족하다. 대학이 추구하는 가치가 그러하듯 로스쿨은 더 나은 세계 를 만들고 인류 복리(human welfare) 증진에 이바지하는 높은 이상을 품어야 한다. 전문성 연마와 함께 법의 지배(rule of law)를 실현할 수 있는 각계 리더 로 성장하는 힘을 길러주는 곳이 로스쿨이다. 그렇게 될 수 있도록 로스쿨이 변화해야 한다.

아울러 로스쿨의 변화를 촉진할 수 있도록 제도와 인센티브에도 변화가 있어야 한다. 정치경제학자이며 노벨상을 수상했던 프리드리히 하이에크, 밀 턴 프리드먼, 제임스 뷰캐넌 3인이 공통적으로 주목한 것은 인센티브 문제 다. 인센티브 문제를 해결할 수 있는 룰의 중요성을 강조했다. 로스쿨 교육 문제의 소재를 규명하는 것만으로는 부족하다. 이제 제도변화에 나서는 노력이 중요하다. 그동안 로스쿨이 본질상 덜 중요한 다른 목적을 추구하게 하는 유인(예 판례 암기 위주의 기능적 시험 준비에 안주)이 있었을 수 있기에 이를 교정하는 제도변화가 본격적으로 모색되어야 한다. 귤이 회수를 건너도 귤이 될 수 있도록 물과 토질을 바꾸어야 할 때다.

(2024년 8월 9일 기고)

이스라엘-팔레스타인 전쟁, 인도주의 국제법 룰은 작동하는가

美대학 인도주의적 시위 경찰진압, 1980년대 韓대학 반독재 시위 연상

아직 처절한 세계시민 삶…인도주의 국제법 룰 제대로 작동하는지 의문

법의 지배 실현 나선 국제형사재판소 주목…'전쟁 책임' 정치인 역할 부재

미국 아이비리그 대학인 뉴욕 소재 컬럼비아대 캠퍼스를 근 2주에 걸쳐 점거한 반전 시위가 지난주까지 이어졌다. 이스라엘의 가자 지구 폭격에 분노하는 수백 명의 학생들이 캠퍼스 잔디밭에 텐트를 치고 건물을 점거하자 대학 당국은 뉴욕 경찰에 진압을 요청했다. 캠퍼스에서 철수하지 않을 경우 정학 또는 그 이상의 징계 조치를 취할 것이라는 최후통첩을 발표했다. 그러나 철수를 거부한 상당 수 학생들은 경찰이 섬광탄을 터트리고 후추 스프레이를 사용하며 진입한 당일 밤까지도 캠퍼스에 남아 시위를 계속했다. 그들은 '흔들리지 흔들리지 않게, 물가 심어진 나무같이 흔들리지 않게(We shall, we shall not be moved; just like a tree that's planted by the water, we shall not be moved)'를 소리쳐 노래했다.

1980년대 반독재 민주화 시위의 거점이었던 한국의 대학 캠퍼스에서 최루탄과 함께 하던 노래와 똑같은 익숙한 가사다. 근 40여년 만에 뉴욕의 대학 캠퍼스에서 들려온 이 노래가 오래전 한국 대학의 반독재 시위를 연상시

키며 만감을 교차하게 한다. 뉴욕 경찰은 건물 내부에서 44명 등 총 109명을 체포하며 캠퍼스 점거 시위를 최종 진압했다.

자유와 진리의 전당인 대학에서 인권과 정의를 주창하는 '표현의 자유 (freedom of speech)'는 소중한 가치를 지닌다는 점에서 캠퍼스를 점거 농성하고 이를 진압한 방식에 대한 평가는 별론(別論)으로 하더라도 시위 자체가 학생들에게 이유 있는 행동이었다면 책임 있는 정치인들에게는 치열한 성찰의 계기가 되는 것이 마땅할 터이다. 이번 시위의 주요 동인은 인도주의적 (humanitarian)이기에 이른바 명문대학 젊은이들이 수많은 어린이의 죽음에 무관심하다면 그것이 오히려 더 걱정스러운 일이라 할 수 있겠다.

지난달 있었던 한국의 총선에서 '1980년대 운동권 청산론'과 같은 슬로건을 내걸었던 어느 정당의 논리가 문득 스쳐오면서 2024년 미국 젊은이들이 1980년대 한국 젊은이들이 불렀던 '흔들리지 않게'를 대학 캠퍼스에서 부르는 결연함은 아직도 처절한 동시대(contemporary) 세계시민의 삶과 현실을 새삼 일깨워주는 듯하다.

최근 이스라엘 정부 당국자들은 가자 지구 전쟁이 8개월째 이어지고 있는 가운데 국제형사재판소(International Criminal Court, ICC)가 이스라엘 정치 및 군 고위 인사들에 대해 체포영장(arrest warrants)을 발부할 수 있다는 우려를 표명하기 시작한 것으로 전해지고 있다. ICC는 2002년에 설립되었으며 반인도적 범죄, 대량 학살, 전쟁 범죄 등에 대해 개인을 기소할 수 있는 권한을 가지고 있다. 그 관할권은 해당 법에 서명한 124개국의 영토에서 그 시민에 의해 행해진 범죄를 관할한다. 팔레스타인은 2015년 이 법에 서명했고 이스라엘은 서명하지 않았다. 그러나 수년간의 법적 논쟁 끝에 ICC는 팔레스타인 영토에서 발생한 사건에 대한 관할권이 있다고 판단하고 2021년 팔레스타인 상황에 대한 수사에 들어갔다. ICC 검찰관은 지난해 10월 7일 하마스의 이스라엘 기습공격으로 촉발된 현재의 전쟁도 동 수사에 포함되어 있음을 최근 확인한 바 있다. ICC 검찰관은 이스라엘의 범죄 혐의뿐만 아니라 하마스와 다른 무장 단체의 혐의도 수사하고 있음을 밝혔다. 국제법 전문가들은 ICC가 이스라엘의 정치 및 군 고위 인사들에게 체포영장을 발부한다면 가자 지구에 반입하는 인도적 지원에 대해 부과한 제한 조치와 민간인에 대한 무차별 폭격 혐의와 관련될 가능성이 있을 것으로 보고 있다. 이스라엘은 이러한 혐의를 부인하고 있다.

전쟁에도 룰이 있다. 국제법 등 법의 지배(rule of law)가 있다. 1949년 제네바 협약(1949 Geneva Conventions)과 같은 국제 조약(international treaty)이자 인간을 보호하고 존중하는 인도주의법(humanitarian law)을 포함한다. 전쟁의 룰은 국가가 스스로를 방어할 권리, 사용할 수 있는 무력의 정도, 비전투원(non-combatants) 보호 등 영역을 다룬다. 국가는 무력 공격을 받을 경우 스스로를 방어할 권리가 있으나 근본적인 원칙은 전쟁 당사자 중 한쪽이 범죄를 저질렀더라도 다른 쪽이 보복적으로 범죄를 행하는 것을 정당화할 수 없다. 사상자에 대응하여 집단으로 응징하는 것이 아니라 무장한 적들을 군사적으로 격퇴하는 데 초점을 맞춰야 한다. 가자 지구 주민들에게 대피하라는 최후통첩을 하고 무차별 폭격에 들어가는 경우 국제법상 불법이 될 수 있다. 민간 지역에서 군사 작전을 행하는 경우 교전 당사자는 비전투원에게 고의로 해를 입히거나 군사 목표와 민간 목표를 구별하지 않는 공격을 가하는 것이 금지된다. 상점, 병원, 학교, 예배당 등과 같은 장소는 공격이 금지되는 민간 시설이다. 민간 시설이 표적이 되지 않더라도 이스라엘의 공습이나 하마스의 이스라엘을 겨냥한 로켓 발사 등 작전으로 예상치 않은 민간 피해가 발생하면 전쟁 범죄가 될 수 있다. 하마스가 지금 행하고 있는 인질극도 전쟁 범죄에 해당한다.

이스라엘-팔레스타인 전쟁이 2024년 미 대학 캠퍼스를 흔들며 인도주의적 시위를 경찰이 투입되어 전격 진압하는 과정은 1980년대 한국 대학 캠퍼스를 흔들었던 반독재 민주화 시위를 연상케 하기에 충분하다. '흔들리지 않게', 이 운동권 노래가 한미 간의 시간과 공간을 넘어선 공통 요소라는 점 또한 시사적이다. 동시에 아직도 처절한 상황에 놓여 있는 세계시민의 삶이 착잡함으로 다가온다.

인도주의에 입각한 국제법 룰이 제대로 작동하고 있는지 의문을 제기하지 않을 수 없는 현실을 직시하게 된다. 이러한 가운데 '법의 지배' 실현에 나선 국제형사재판소(ICC)의 향후 역할이 주목받고 있다. 대학이 나서고 사법이 나서는데도 전쟁에 가장 책임 있는 정치인들의 역할이 없거나 심지어 전쟁을 더 악화시키는 역할을 한다면 여간 심각한 문제가 아닐 수 없다.

(2024년 5월 8일 기고)

5.6 선출직 권력은 전제 군주가 아니다

| 英이코노미스트誌, 韓총선 이후 정책 추진동력 위기 전망
| '극한적 당파주의' 정치…정책 실패와 민주주의 위기 우려
| 현대 민주주의 교정, 동반주의 정치 거버넌스 역할 긴요

여당의 총선 참패는 국정의 동력 상실을 의미한다. 나라 밖 시선도 그렇다. 영국 시사주간지 이코노미스트는 국민의힘의 4·10 총선 참패로 정책 추진동력이 심각한 위기에 직면할 것으로 내다봤다. 야당의 반대로 최악의 경우 대통령이 국내 전선(home front)에서 아무 일도 하지 못할 수 있는데, 비난할 사람과 구실은 있을 것이라고 했다. 나아가 정책 실패를 야당 탓으로 돌리며 한미동맹 강화, 일본과의 관계 개선 등 외교 분야에 보다 집중할 가능성을 전망했다.

이코노미스트지는 이러한 한국 정치의 특징을 '극한적 당파주의(vicious partisanship)'로 평가했다. 실제로 여당 일각은 야당의 반대자를 전체주의 옹호자라고 부르기도 하고 야당 일각 또한 현 정권을 독재 정권이라고 부르기도 한다. 전체주의자, 독재자와 같은 표현이 나타내는 극도의 공격성은 일반적인 보수와 진보 내지는 좌파와 우파의 구도라고 보기는 어렵다. 전통적으로 좌와 우의 구분은 정치, 경제, 사회, 문화 등을 바라보는 정책의 차이 또는

5부 정치경제·법·사회를 성찰한다   **381**

접근방법의 차이로 인식될 수 있다.

하지만 한국의 현실은 이와는 크게 다르다. 언제부턴가 한국 정치에서는 이러한 전통적 구분을 적용하기 힘들게 되었다. 양대 정치 진영의 근저에 자리하고 있는 감정에 치우친 파벌의식과 냉소에 가까운 적대의식은 그동안 극한적 당파주의를 증폭시켰고 그것이 이번 총선 과정과 결과에서도 극명하게 드러난 것으로 볼 수 있다.

지난해 미국이 정부 부채한도 협상을 놓고 여야 간 벼랑 끝까지 가는 대치 끝에 디폴트 위기를 아슬아슬하게 넘겼지만 결국에 국가신용등급이 내려간 것은 정치 거버넌스의 문제가 무엇인지를 보여준 반면교사였다. 미국 디폴트 위기를 목전에 두고도 민주당과 공화당이 벌인 당파 싸움이 국가신용등급 강등을 초래한 것이다. AAA에서 AA+로 신용등급을 내린 글로벌 신용평가사 피치(Fitch)의 하향 조정 근거는 미국 정치 거버넌스 파열음에 따른 재정정책의 신뢰성 손상이었다. 13년 전인 2011년 스탠더드앤드푸어스(S&P)가 미국 국가신용등급을 하향 조정(AAA→AA+)할 때에도 정치 거버넌스 문제가 신용등급 강등의 배경이었다. 이러한 정치 거버넌스의 핵심에는 미국 정치의 양극화가 있다. 전문성이 요구되는 경제정책 영역에서 전문역량은 부족한데 정치 양극화 구조에서 당파성 높은 선출직 정치인의 영향력이 과도하게 지배적인 데서 초래된 정책실패 사례다. 여기에서 교훈을 얻을 수 있어야 한다.

양극화를 넘어 극한적 당파주의 양상마저 띠는 한국 정치의 거버넌스가 이번 총선으로 더 취약한 구조로 치닫고 있지는 않은지 우려하지 않을 수 없다. 이코노미스트지의 지적대로 총선 이후 정치 거버넌스 문제가 국내 정책 추진의 동력을 위기로 몰아간다면 이는 정책 실패와 민주주의 위기를 예고하는 것이다.

인식·지식의 한계 문제 지배(knowledge problem dominance)에서 자유롭지 않은 정치인에게 사회적 복리(social welfare)를 추구해야 하는 인센티브가 당파적 인센티브에 비해 충분하지 않거나 오히려 당파적 인센티브 요인이 큰 경우 이는 현대 민주주의의 위기와 실패를 가져올 소지가 크다. 근본적으로 사회적 복리 추구에 매진하지 않아도 된다는 한국 정치의 인센티브 구조가 문제이며 이는 정치 거버넌스 문제의 본질이 된다.

그렇다면 궁극적으로 민주주의의 교정(how to fix democracy)이 중요한 과제가 된다. 같은 맥락에서 선출직 권력의 지배(elected power dominance)에 대한 치열한 성찰이 필요하다. 국민이 선출직 권력에 전제 군주의 권한을 준 것이 아니다. 자유 민주주의(liberal democracy)의 대리인(agent) 책무를 선출직 권력에 일부 부여한 것이다. 이에 방점을 두는 정치 거버넌스의 디자인이 당면 과제가 된다. 고도의 전문성과 창의력이 요구되는 21세기 대전환기의 정책 영역에서 정치적 책임성(political accountability)을 헌법적으로 구현하는 현실적 접근방법이 무엇인지에 대한 진지한 성찰이 필요하다.

인센티브 구조가 취약한 선출직 권력에 국민의 삶과 운명을 모두 맡김으로써 현대 민주주의 시스템의 결함을 자초하는 오류를 되풀이하기보다는 선출되지 않는 중립적 현자 그룹에 정치 거버넌스를 보완하고 업그레이드하는 역할을 부여하는 건 어떤가. 사회적 복리 추구를 위한 현대 민주주의의 교정과 보완을 정치철학·헌법적 관점에서 모색할 수 있어야 할 것이다. 정치 거버넌스의 리스크가 클수록 포퓰리즘과 정치이념에 흔들리지 않는 행정부의 중립적이고 전문적인 역량 또한 한층 더 중요성이 커진다. 이번 총선 이후 우려되는 한국 정치 거버넌스 문제는 우리 현대 정치사에서 일찍이 볼 수 없었던 난제(難題)다. 각별한 사회적 지혜와 노력이 요구되는 시점이다.

미국의 초당파 싱크 탱크 퓨 리서치 센터(Pew Research Center)의 최근 조사에서 정치를 한 단어로 정의해 달라는 질문에 대한 다수 미국인의 응답은 분열적이고(divisive) 부패하고(corrupt) 지저분하고(messy) 나쁘다는(bad) 것이었다. 미국인의 이러한 정치 인식은 당파성 높은 한국의 정치 현실을 다시 돌아보게 한다. 특정 이념에 편향되지 않은 초당파적 정치 혁신이 긴요함을 일깨워 준다.

한국 정치 생태계가 당파주의의 덫에서 계속 벗어나지 못한다면 산적한 정책 과제를 추진할 이니셔티브를 만들어나가는 일은 더 요원해질 수밖에 없다. 헌법이 정한 5년 단임 대통령 임기로 인해 한국은 올바르고 정확하며 빠르게 행동하지 않으면 자칫 5년을 허비할 수도 있는 나라다. 지금 당파주의(partisanship)가 아닌 동반주의(partnership)를 만드는 정치 거버넌스의 디자인이 긴요하다. 그러기 위해서는 특정 이념에 고정되지 않으며 이상을 추구하되 현실 속에서 균형 있고 통찰력 있는 접근을 할 수 있는 진정한 지도자와 현자의 역할 또한 긴요하다.

(2024년 4월 15일 기고)

5.7 **2024년판 매카시즘,**
대학·정치·시장경제 흔든다

> 반유대주의 논란 여파로 美아이비리그 총장 연이어 사퇴
>
> 이분법 구도 치닫는 이념전쟁…대학·정치·시장경제 흔든다
>
> 침묵하는 다수 유권자…이념 편향 없는 진정한 리버럴 갈망

인류 역사상 최대 선거가 있는 슈퍼 선거의 해 2024년 벽두부터 경계해야 할 이념전쟁 조짐이 엿보인다. 학문의 최고 전당이라 할 미국 아이비리그 대학의 총장들이 이념전쟁 여파로 연이어 타의로 자리에서 물러나는 유례없는 사태가 전개되었고 그 파장이 예사롭지 않다.

지난해 10월 이스라엘-팔레스타인 전쟁 발발 이후 명문대 캠퍼스에 확산된 반(反)유대주의(antisemitism) 논란과 관련 펜실베이니아대 엘리자베스 매길 총장이 지난달 전격 사퇴한 데 이어 하버드대 클로딘 게이 총장도 사퇴 압력을 견디지 못하고 취임 6개월 만인 이달 끝내 물러났다. 총장들은 공화당이 주도한 의회 청문회에서 캠퍼스의 반유대주의를 둘러싼 논란에 관해 집중적인 추궁을 받았다. 총장들이 반유대주의에 미온적이고 모호한 입장을 취하고 있다는 비판이 쏟아졌다. 반유대주의 구호와 관련하여 민주주의 사회의 헌법적 기본권인 '표현의 자유(freedom of speech)'가 대학에서 어디까지 허용되어야 하는지에 대한 치열한 논쟁이 불붙었다.

좌·우, 보수·진보의 이분법 구도에서 가장 자유로워야 할 대학, 그야말로 자유와 진리의 전당이 되어야 할 대학에 우파 보수정치권의 공격이 가해진 가운데 대학 기부금 등에 영향력이 큰 자본가 그룹인 유대계로부터 집중적인 비난이 이어졌다. 주요 유대계 기부자들은 대학 당국이 친팔레스타인 반유대주의자들을 단호하게 진압하지 않았다고 주장했다. 청문회 이후 총장 사퇴 요구가 빗발친 가운데 유대계 자본가들의 기부금 중단 위협에 이어 반유대주의 선도 학생의 월가 취업 취소 등 반민주주의, 반시장주의적 압박이 대학에 전방위로 가해졌다. 이에 밀려 총장들이 결국 사퇴하게 되자 우파 공화당 의원, 유대계 고액 기부자 등이 곧바로 환영의 뜻을 표시했다.

1950년대에 미국을 휩쓸었던 공산주의자 색출 열풍을 의미하는 매카시즘(McCarthyism)을 방불케 하는 고등교육에 대한 일대 공격이 아닐 수 없다. 당시 공화당 조지프 매카시(Joseph McCarthy) 상원의원이 주도한 매카시즘의 여파로 많은 사람들이 공산주의자가 아니었음에도 불구하고 블랙리스트에 올라 억울하게 고초를 겪었다. 매카시즘이 무분별한 비난과 선동의 대명사가 된 이유다.

그 매카시즘이 2024년 반유대주의 버전으로 부활하여 아이비리그를 흔들고 미국 정치를 흔들고 시장경제를 흔들고 있는 것인가. 미 대통령 선거 레이스가 이제 시작된 가운데 이념적 대결을 부추겨서 이득을 꾀하려는 일부 정치인과 이에 영합하는 자본가 카르텔이 지금 아이비리그를 흔드는 배경일지도 모른다.

그렇지만 이념전쟁으로 사회를 흔들어 보려던 매카시즘은 성공하지 못하고 스스로 무너졌다. 그것은 살아있는 민주주의의 힘이었고 열린 생각을 지닌 시민의 힘이었다. 매카시즘은 국방의 최후 보루인 군대마저 이념으로 흔들려는 오류를 범했다. 학문의 최후 보루인 대학이 이분법적 이념전쟁으로 흔들린다면 그 파장은 심히 우려된다.

아이비리그 총장들의 사퇴 과정에서 적나라하게 드러난 이분법 구도로 치닫는 이념전쟁에는 '보이는 유대인'과 '보이지 않는 팔레스타인인' 간의 대립 양상이 기저에 깔려 있다고 할 수 있다. 이는 의회 청문회를 주도한 공화당뿐 아니라 민주당의 정치지도자들에게도 보이지 않는 사각지대(blind spot)가 있을 수 있음을 간파할 수 있게 한다. 지난주 스위스에서 열린 세계경제포럼(일명 다보스 포럼)에서 조 바이든 미 대통령의 텃밭인 델라웨어 출신 최측근 정치인이자 중도파로 알려진 크리스 쿤스 상원의원은 미국이 이스라엘에 대한 군사 지원에 조건을 부과하는 것을 고려해야 한다고 발언했다. 이스라엘이 지난 10월 이후 미국으로부터 제공받은 100개 이상의 2,000파운드 벙커파괴 폭탄들이 테러리스트들을 정밀하게 타격한 것이 아니라 무차별적으로 사용되었다는 주장에 대해 심각하게 이의를 제기한 사람은 없다. 바이든 대통령은 의회에서 승인받고자 하는 145억 달러의 이스라엘 지원에 조건을 붙이는 것을 여전히 거부하고 있다. 지난달 선거자금 모금행사에서는 이스라엘을 보호하는 것 외에는 아무것도 하지 않을 것이라고 말하기도 했다.

이런 가운데 최근 비정부기구(NGO) 세이브더칠드런(Save the Children)에 따르면 지난 100일 동안 팔레스타인 어린이 1만 명이 목숨을 잃었다. 이번 달 바이든 대통령은 이러한 팔레스타인의 고통에 대한 언급 없이 100명의 인질을 석방할 것만을 촉구했다. 공교롭게도 오는 11월 대선에서 민주, 공화 양당이 절실히 지지를 필요로 하는 경합 주(swing states)의 주요 투표 집단이 아랍계 미국인들이다. 목소리 큰 '보이는 유대인'에 가려져 있지만 수적으로 더 많은 '보이지 않는 팔레스타인인'이 지금 양당에게 모두 사각지대가 되고 있는 셈이다.

유대주의냐 반유대주의냐 하는 이분법 구도로 대학과 정치와 시장경제를 바라본다면 그것은 단견이자 오류이며 실패할 수밖에 없는 매카시즘의 재현이다. 사회를 이념으로 흔들려는 2024년판 매카시즘은 누구나 경계해야 할 위험한 발상이다.

대학의 본연적이고 소중한 사명은 자유와 정의, 진리를 추구하는 데 있기에 이념전쟁의 프레임에 지배되는 상황은 단호히 배격되어야 한다. 대학은 현실 이슈를 비판하는 데 그치는 것이 아니라 서로 다른 의견들을 경청하고 심지어 유쾌하지 않은 복잡성을 이해하려는 노력을 통해 더욱 많은 배움과 발전의 기회를 얻을 수 있다. 그러한 대학의 노력은 인류 공동체가 민주주의로 더욱 진보할 수 있게 하는 소중한 자산이 된다. 목소리 큰 보이는 유권자뿐 아니라 다수의 침묵하는 보이지 않는 유권자의 존재는 좌·우, 보수·진보를 떠나 사회와 인류 공동체에 사각지대가 있어서는 안됨을 일깨워준다. 이분법 구도의 이념전쟁이 아닌 균형 있는 실용주의의 가치와 중요성을 아이비리그 총장들의 사퇴를 보며 새삼 그리고 절실히 확인하게 된다.

한국 또한 이분법 색채가 강한 사회로 볼 수 있다. 미국 못지않은 편 가르기 이분법 사회에서 경계에 서는 것은 쉽지 않다. 그렇기에 미국의 현실은 더욱 우리에게 반면교사의 교훈을 준다. 합리적인 좌와 우, 합리적인 보수와 진보, 특정한 이념에 얽매이지 않은 리버럴이 필요하다. 다수의 침묵하는 보이지 않는 유권자는 이념 편향 없는 진정한 리버럴을 갈망한다. 늘 살아있는 민주주의의 힘, 그리고 열린 생각을 지닌 시민의 힘을 믿는다.

(2024년 1월 22일 기고)

슈퍼 선거의 해 2024년, 민주주의 실현의 조건은

> 올해는 인류 역사상 최대 선거의 해…美대선 등 42억명 인구 76개국 선거
>
> 민주주의 지수 높은 국가도 예측 어려워…美정치문화·양극화는 반면교사
>
> 韓총선, 이념 편향 없는 정치문화 혁신과 민주주의 실현 이정표 만들어야

2024년에는 세계 인구의 절반이 넘는 42억 명 인구의 76개국이 전국 단위의 선거를 치르게 된다. 인류 선거 역사상 최대로 기록되는 그야말로 슈퍼 선거의 해다. 지구촌의 모든 선거가 민주주의 실현이라는 본연의 목표를 달성하면서 자유롭고 공정하며 합리적으로 이루어진다면 이상적인 모습일 것이다.

그렇지만 현실 정치에서는 그것을 확실성 있게 구현하기를 기대하기 쉽지 않다. 이를 가늠해 보기 위해 영국 시사주간지 이코노미스트는 부설 연구기관(Economist Intelligence Unit, EIU)을 통해 올해 선거를 치르는 76개국 중에서 분석이 가능한 71개국에 대해 민주주의 지수(democracy index, 10점 만점)를 산출하여 평가해 보았다. 선거 과정, 정부 기능, 정치 참여, 정치 문화, 시민 자유 등 민주주의를 형성하는 다섯 가지 요소를 고려하여 만든 지수다.

인구 5천만 이상 15개국을 평가한 점수를 살펴보니 독일 8.8, 영국 8.3, 프

랑스 8.1, 한국 8.0, 미국 7.9, 이탈리아 7.7, 남아프리카공화국 7.1, 인도 7.0, 브라질 6.8, 인도네시아 6.7, 방글라데시 6.0, 멕시코 5.3, 터키 4.4, 파키스탄 4.1, 러시아 2.3으로 나타났다. 이코노미스트지는 이 점수를 바탕으로 독재주의 체제에 가깝다고 분류한 러시아의 경우 오는 3월 선거가 블라디미르 푸틴 대통령의 권력 장악을 변경시킬 가능성은 매우 낮을 것으로 보았다. 푸틴이 3연임, 집권 5기 대통령으로 이변 없이 선출될 것이라고 내다보았다.

실제 선거에는 이와 같은 수량적인 점수뿐만이 아니라 각국에 특유한 복합적 요인과 상황 등이 상호작용하며 영향을 끼칠 것이다. 그래서 민주주의 지수가 비교적 높다고 평가하는 국가라 하더라도 선거 결과가 어떤 방향으로 흐를지는 장담하기 어렵다. 인류 역사상 숫자 면에서 최대 이정표가 되는 2024년 선거가 민주주의 실현까지도 최대 수준으로 이루어 내는 이정표가 될 수 있을 것이라는 확신을 쉽사리 갖지 못하는 이유다.

미국 유권자들은 오는 11월에 차기 대통령과 하원의원 전체, 그리고 상원의원 3분의 1을 선출하게 된다. 이코노미스트지는 미국의 경우 민주주의를 형성하는 요소 중 가장 취약한 부분이 정치문화라고 보았다. 미국 정치의 극명한 양극화는 취약한 정치문화의 단면이라 할 수 있다. 그래서 민주당 조 바이든 대통령은 4년 전인 2020년 선거 때처럼 공화당의 선두 주자인 도널드 트럼프와 맞붙을 가능성을 배제하기 어려울 것이라고 보았다.

2024년에 이루어지는 세계 각국의 많은 선거 중에서도 글로벌 관점에서 단연코 가장 중요한 승부이자 관전 포인트는 미국 대통령 선거라고 할 수 있다. 미 대선 결과에 따라 우크라이나와 중동 지역 전쟁 양상을 포함하여 국제정치외교의 방향이 달라질 수 있고 예측 불허의 긴장과 리스크라는 형국의 시험대에 세계시민이 내몰릴 수 있기 때문이다. 앞으로 경선 과정에서 트럼프가 공화당 후보가 되지 못할 수도 있고 후보가 된다고 하더라도 민주당 후보에 패배할 수도 있겠으나 공화, 민주 양당의 당파성이 갈수록 극명해질 이번 대선 레이스에서 트럼프가 주요 플레이어로 뛰는 것 자체가 미국 민주주의의 근본을 훼손할 수 있다는 우려를 자아내고 있는 현실을 세계가 주시하고 있다.

미국의 초당파 싱크 탱크인 퓨 리서치 센터(Pew Research Center)가 실시한 최근 조사에 따르면 미국인의 65%가 미국 정치에 대해 항상 또는 자주 지쳐 있고(exhausted) 55%가 정치에 일반적으로 분노(anger)를 느낀다고 응답했다. 10%는 정치에 일말의 희망을 표시했고 4%만이 정치에 열광하고 있다고 응답했다. 정치를 한 단어로 정의해 달라는 질문에 대해 다수 미국인의 응답은 분열적이고(divisive) 부패하고(corrupt) 지저분하고(messy) 나쁘다는(bad) 것이었다. 이쯤 되면 정치에 대한 무관심을 넘어 혐오를 드러내는 반(反) 정치 정서를 보여주고 있다 해도 과언이 아니다.

바이든과 트럼프 중 '누가 더 인기 없나를 겨루는 대회(unpopularity contest)'의 양상으로 11월까지 미 대통령 선거가 전개되는 경우라면 미국인의 정치에 대한 부정적 정서가 더욱 확산될 것임은 명약관화하다. 여러 사법적 리스크에 둘러싸인 트럼프와 능력이 부족하지 않느냐는 비판을 받는 바이든 양 진영이 정통적인 정책 토론과 미래비전 제시 대신에 상대 후보를 개인 차원에서 공격하고 나라의 종말을 초래할 선도자로까지 극한적으로 묘사할수록 국민의 정치 혐오는 심화할 수밖에 없을 것이다.

오는 4월 총선을 앞둔 한국의 현실은 어떻게 바라봐야 할까. 우선 민주주의 지수가 8.0으로 미국(7.9)을 소폭 상회할 정도로 한국 민주주의를 형성하고 있는 요소들이 발전해온 것은 고무적이다. 글로벌 비교 관점에서 상위권

순위를 차지하여 객관적으로 양호한 평가를 받고 있다고 볼 수 있다.

그러나 한국의 정치문화 또한 근본적인 취약성이 있다는 점은 누구보다도 우리 스스로 실감하고 있는 부분이다. 미국인의 과반수가 정치에 지쳐있고 분노를 느끼고 있다는 현실은 당파성 높은 한국의 정치문화에도 반면교사의 교훈을 준다. 특정 이념에 편향되지 않은 초당파적 정치문화의 혁신이 긴요하다.

그러면 정치문화는 누가 주도적으로 만드는가. 바로 정치인이다. 사람의 문제이며 근본적으로 인식의 문제로 귀결된다. 이번 총선에서 올바른 정치문화를 만들어 갈 수 있는 사람, 그러한 인식을 지닌 인물들이 초당파적으로 등장해야 할 시대적 당위가 있다. 슈퍼 선거의 해 2024년이 한국에서도 그러한 선거와 정치의 역사가 펼쳐지는 민주주의 실현의 이정표가 되기를 기대한다.

(2024년 1월 9일 기고)

'중립적 저널리즘'은 민주주의 토대

> 토머스 제퍼슨, 언론 없는 정부보다 정부 없는 언론 선택
> 美주류언론 정치적 편향으로 신뢰 저하…민주주의 위협 요인
> 이념 아닌 실용 추구 '중립적 저널리즘' 절실

미국 독립 선언서를 기초하고 대통령을 역임했으며 미국 민주주의 토대를 다진 이로 평가받는 토머스 제퍼슨은 언론 없는 정부와 정부 없는 언론 중 하나를 선택해야 한다면 언론을 선택할 것이라고 말했다. 정보를 발견하고 획득하며 전파하는 언론의 올바른 기능이 없이는 정부가 올바로 기능할 수 없고 건강한 민주주의를 달성할 수 없음을 일찍이 간파한 정치인의 통찰력을 엿볼 수 있는 대목이다. 사람들이 건설적으로 논쟁하고 반대할 수 있으며 타협할 수 있는 정치문화를 만드는 것은 저절로 이루어지는 일이 아니다. 언론이 올바르게 기능하고 있을 때라야 가능한 일이다.

이번 달 영국의 시사주간지 이코노미스트 분석에 따르면 미국 주류 언론의 언어가 정치적 중립에서 벗어나 민주당이 선호하는 용어와 주제를 향해 표류하고 있는 것으로 나타났다. 먼저 2009~2022년 미 의회 연설을 분석하여 민주당과 공화당의 연설을 확실하게 구별할 수 있게 하는 428개의 문구를 수집하였다. 다음으로 이를 활용하여 2016~2022년 미 뉴스 웹사이트의 24만

2,000개 기사와 2009~2022년 황금시간대 미 TV 방송의 39만 7,000개 녹취록을 분석해 보았다. 분석 결과 뉴스 웹사이트 20개 중 17개는 공화당 관련 용어보다 민주당 관련 용어를 더 많이 사용했고 6개 주요 TV 뉴스 매체 중 보수적인 언어가 지배적인 곳은 폭스뉴스(Fox News) 단 하나뿐이었다.

미 언론의 이러한 민주당 성향은 2017년 이후 급격하게 심화된 것으로 분석되었다. 또한 대부분의 변화는 언론이 무엇(what)에 관해 이야기하는가가 아니라 어떻게(how) 이야기하는가에서 비롯된다는 점을 데이터가 명확히 말해주는 것으로 보았다. 이와 같은 분석을 바탕으로 이코노미스트지는 미국 저널리즘이 공화당보다 민주당에 기울어 있는 것으로 평가될 수 있으며 이것이 편향의 반영인지 현실의 반영인지는 바라보는 사람의 시각에 달려있을 수 있다고 했다.

한쪽에서는 언론이 사실을 따라서 행동한 것으로 생각하는 저널리즘도 다른 쪽에서는 종종 이념적인 편향인 것으로 간주될 수 있을 것이다. 이는 언론에 대한 대중의 신뢰를 떨어뜨리는 요인이 될 수 있다. 아울러 언론이 이념적인 저널리즘에 사로잡힌 데 따른 영향으로 서로 다른 정치 진영이 서로 다른 정보의 세계에 존재하는 결과가 초래될 때 그들은 상대 정치 진영을 악마화하게 될 개연성이 있다.

정치인들이 세상을 있는 그대로 볼 수 없다면 그들은 잘못된 결정을 내리게 될 수밖에 없을 것이다. 이렇게 되면 언론과 정치에 바로 문제가 될 뿐만 아니라 민주주의에 대한 근본적 위협이 된다. 각자의 주장이 검증되면서도 반대 견해나 불편한 주장도 용인해야 하는 것이 민주주의이기 때문이다.

그래서 언론이 대중과 정치인을 포함한 독자들에게 다양한 목소리를 제공함으로써 독자들이 스스로 판단할 수 있도록 해주는 것이 매우 중요하다. 이 코노미스트지의 분석은 내년 대통령 선거를 앞두고 한층 심화되고 있는 미국 정치의 양극화와 균열을 치유하려면 미국 저널리즘의 쇄신이 긴요함을 일깨워주는 주는 동시에 총선을 앞둔 한국에도 반면교사의 교훈을 준다.

때마침 이념전쟁의 허구성을 꿰뚫고 상식과 실용의 중요성을 갈파한 책 한 권이 출간되고 북콘서트가 열려 눈길을 끈다. 류순열 UPI뉴스 편집인이 펴낸 '엉터리 보수, 무늬만 진보…가짜 이념의 나라'인데, 이 책은 이념 양극 화하는 이 시대에 긴요하게 요청되는 저널리즘, 특히 '중립적 저널리즘'의 가치를 일깨운다.

저자는 이 책에서 이념은 수단일 뿐 사람 위에 있지 않고 보수냐 진보냐, 좌냐 우냐 하는 이념보다 더 나은 세상을 만들고 시민 삶을 개선하는 상식과 실용의 중요성을 강조하고 있다.

이념에 편향된 이분법적 사회는 한국과 미국을 포함한 많은 나라가 처해 있는 현실이다. 이런 양극화 사회에서 벗어나려면 상식과 실용의 눈으로 세상을 봐야 한다는 저자의 통찰은 공감을 불러일으킨다. 특정 이념에 편향되지 않은 박승 전 한은 총재의 북콘서트 축사 또한 같은 맥락의 통찰력을 보여주었다.

언론에 대한 대중의 신뢰는 언론은 물론이고 정부가 제대로 기능하며 정치가 제대로 기능하는 데 필수적이다. 궁극적으로 민주주의의 토대를 이룬다는 점에서 그 중요성을 아무리 강조해도 지나치지 않다. 균형 잡힌 언어와 시각으로 세상을 다룰 수 있는 저널리즘은 언론에 대한 대중의 신뢰를 확보하는 데 필수불가결한 요소다. 무엇이 아닌 어떻게 말하는가에 이러한 저널리즘의 요체가 있다.

대중 매체가 아직 발달하기 훨씬 이전인 토머스 제퍼슨 시대에도 언론 없는 정부는 상상하기 어려웠다. 오늘날 스마트폰을 넘어 인공지능으로 진화하는 디지털 기반의 초 미디어 시대를 맞아 언론은 모든 것을 뒤흔들 수 있는 힘의 원천이 되고 있다. 건강한 민주주의를 달성하고 시민의 삶을 향상시키며 더 나은 세계를 만들어 나가기 위해 이념이 아닌 실용을 추구하는 '중립적 저널리즘'의 소중함을 더욱 절실히 생각하게 되는 시점이다.

(2023년 12월 19일 기고)

5.10 잼버리 실패와 '고양이 목에 방울 달기'

잼버리 파행…이솝 우화 '고양이 목에 방울 달기' 공공재 떠올려
공공 이익 위해 중요하나 힘들고 어려운 일, 누구도 떠맡지 않아
정치적·행정적 책임 공방 벌어지지만 문제 근본 해결책일 수 없어
'합리적 사고와 행동양식' 함양…공공재 인센티브 제도개혁 필요

2023 새만금 제25회 세계스카우트잼버리가 수많은 논란 속에서 끝난 가운데 파행 운영 책임 공방이 본격화하고 있다. 158개국에서 온 4만여 스카우트 단원들이 폭염 속에서 부족한 위생시설, 날벌레, 상한 음식, 불충분한 의료지원, 캠프장 침수까지 열악한 환경을 견디다 못해 조기 철수하기에 이르렀고 세계 최대 규모의 청소년 행사는 전 세계로부터 거센 비난을 받을 수밖에 없었다. 세계스카우트잼버리의 악몽으로 기억될 만하다.

상황이 이렇게 되었지만 책임지는 이는 없다. 여야 간, 중앙정부, 지방정부 간에도 서로 책임을 미루며 발뺌하려는 모습이 역력하다. 잼버리 행사 전까지만 해도 준비를 맡은 직책이 감투라도 되는 양 자리를 탐하던 이들은 다 어디로 간 것일까.

'고양이 목에 방울 달기(Belling the Cats)'라는 이솝 우화가 있다. 쥐들이 고

양이 목에 방울을 달기를 원했는데 이는 고양이들이 접근할 때 방울 소리가 미리 경보를 줘서 자신들을 보호하기 위함이었다. 문제는 어느 쥐가 고양이 목에 방울을 달 것인가였다. 저자가 말하고자 하는 바는 고양이 목에 방울 달기는 공공재(public goods)와 같다는 것이다. 방울 달기가 쉽지 않았기에 누구도 그 일을 하겠다고 나서지 않았지만 공공 이익을 위해서 중요한 일이었다.

이번 잼버리 파행은 '고양이 목에 방울 달기'에서 이솝이 말하고자 했던 공공재를 떠올리기에 충분하다. 여야도, 중앙정부와 지방정부 누구도 힘들고 어려운 일을 책임 있게 떠맡으려 하지 않았던 데에 문제의 핵심이 있다. 그들의 주된 책무는 공공재를 공급하고 서비스하는 일임에도 그러했다. 잼버리에 절실히 필요한, 제대로 된 공공재 서비스 제공자가 없었던 것이다. 지금 이 순간에도 그 공적 책무를 남에게 돌리는 데 급급한 행태가 드러난다. 급기야 공공재 서비스를 받아야 마땅한 납세자인 일반 시민들이 오히려 잼버리의 파행을 줄이는 데 나섰다.

정치적, 행정적 뒷북 책임 공방이 근본 해결책이 되지 못함은 당연하다. 우리 사회 이른바 지도층 공인의 인성에 문제는 없는지 다시 돌아보게 된다. 치열한 반성이 필요하다. 잼버리 사태는 지도층 공인의 '합리적 사고와 행동 양식' 결여를 총체적으로 극명하게 보여주는 우리 사회 인성의 한 단면이 아닐 수 없다.

이솝 우화가 말하는 공공재라는 경제지식의 문제만이 아닌 인성의 문제이며 그 인성의 상당 부분은 그동안의 교육에서도 비롯된다고 하겠다. 교육부에 따르면 지난 6월 대학수학능력시험(수능) 모의평가에서 경제과목 선택 응시생이 1%대에 그쳤고 주된 이유는 수능 고득점에 경제과목이 불리하기 때문이라고 한다. 시사하는 바가 있다. 수능 점수형 인력이 양성되고 점수형 인성이 함양되는 교육의 단면을 보여준다.

교육 현장에서 경제학보다 경제(economy rather than economics), 즉 난해한 경제이론보다 공인은 물론 민주시민의 기본소양인 '합리적 사고와 행동양식'의 함양에 주안점을 두어야 함에도 그렇지 못했다는 반증도 엿보게 한다. 잼버리뿐 아니라 우리 사회가 직면하고 있는 많은 문제는 바로 '합리적 사고와 행동양식' 결여에서 비롯된 측면이 있다.

다음으로 제도의 문제를 생각하지 않을 수 없다. 공공재 서비스 제공자의 인센티브 문제다. 자유주의 정치경제학자이며 노벨상을 수상했던 프리드리히 하이에크, 밀턴 프리드먼, 제임스 뷰캐넌 3인이 공통적으로 주목한 것은 인센티브 문제였다. 공인의 재량에 모든 것을 맡겨서는 안되며 공인의 인센티브 문제를 해결할 수 있는 룰의 중요성을 강조했다. 금번 잼버리 파행의 과거 책임 소재를 규명하는 것만으로는 부족하고 향후 제도변화에 나서는 노력이 한층 중요하다. 그동안 공공 이익보다 다른 이익을 추구하는 유인이 있었을 수 있고 이를 교정하는 제도변화가 모색되어야 하는 것이다. 당파성이 높고 전문성은 낮은 입법부의 공공재 서비스 감시 기능이 미흡하다면 관련 거버넌스의 개혁으로 제도변화가 이루어질 필요성도 있다. 잼버리와 같은 중요한 공공재 서비스 영역일수록 정치 중립적인 전문가 그룹의 역할을 제고하는 거버넌스와 룰의 개혁을 고려해볼 당위가 있다.

금번 잼버리가 악조건 속에서도 나름대로 잘 되지 않았느냐며 애써 변명하기보다는 뼈아픈 교훈을 얻을 수 있어야 한다. 우리에게 부족한 인성 함양과 사회 기풍의 진작, 그리고 인센티브 문제를 비롯한 제도변화 등 이슈에 겸허히 더 관심을 기울이는 계기가 되어야 한다.

2027년 한국에서 개최되는 가톨릭 세계청년대회(World Youth Day)에 다시 전 세계에서 수십만 명이 온다. 2030년 세계 박람회(World Expo) 한국 유치를 위해 우리 정부와 국민이 뛰고 있다. 앞으로도 공공재 서비스를 제대로 제공할 수 있는 소중한 기회들은 계속 다가오고 있다.

(2023년 8월 16일 기고)

5.11 국가신용등급 떨어뜨리는 정치 양극화

> 美재정 거버넌스 파열음, 국가신용등급 강등 초래
> 핵심에 정치 양극화⋯⋯같은 날 트럼프 기소는 상징적
> 非선출 현자 그룹에 재정 거버넌스 위임 고려해볼 만
> 정치 현실-이상 간극 韓, 美케이스 반면교사 삼아야

두 달 전 부채한도 협상을 놓고 여야 간 벼랑 끝까지 가는 치열한 대결로 세계 경제를 불안과 불확실성의 극한으로 몰아넣은 다음에야 디폴트 위기를 아슬아슬하게 넘긴 미국의 국가신용등급이 내려갔다. AAA에서 AA+로 신용등급을 내린 글로벌 신용평가사 피치(Fitch)는 하향 조정의 주된 근거로 미국의 재정 거버넌스 악화를 지적했다.

지난 20여년간 부채한도 증액에 관한 정치적 대치 상황이 반복되었고 마지막 순간에 가서야 가까스로 합의가 이루어짐으로써 재정 관리(fiscal management)의 신뢰성이 손상되었다는 것이다. 12년 전인 2011년 8월에도 스탠더드앤드푸어스(S&P)가 미국 국가신용등급을 동일하게(AAA→AA+) 하향 조정한 바 있고 당시에도 재정 거버넌스 문제가 신용등급 강등 배경으로 작용했다.

백악관과 미 재무부가 피치의 결정에 강력한 반대 입장과 이를 뒷받침하는 논거를 표명한 가운데 금번 신용등급 하락이 실제 시장에 미치는 영향은 거의 미미할 것으로 보는 투자분석가들의 견해가 다수다. 국제금융시장의 투자 포트폴리오에서 차지하는 미국 국채의 확고한 위상이 흔들릴 것으로 보는 전망도 사실상 전무하다. 다만 세계 3대 신용평가사중 2개 사가 신용등급을 내리면서 재정 거버넌스의 중요성을 공통적으로 강조한 대목은 의미심장하다. 특히 납세자 입장에서 재정 거버넌스는 국가운영체계의 하나를 의미하는 것으로 본다면 가벼이 넘길 사안은 아닐 것이다.

코로나19 팬데믹 이후 위기 극복을 위해 노력해 오는 과정에서 세계는 재정지배(fiscal dominance)의 시대에 와있다. 정부 재정지출의 급격한 증대와 함께 국가부채 또한 크게 늘어났다. 확대재정이 그동안 인플레이션 상승과 함께 통화정책 수행에 직간접적으로 미친 영향도 크다. 재정의 힘과 파급력이 커진 이러한 재정지배에 상응하는 재정 거버넌스의 부재가 문제다. 종국적으로 재정지배와 재정 거버넌스 간의 파열음으로 인해 나타난 것이 바로 미국 국가신용등급 강등이라고 볼 수 있다.

그 파열음의 핵심에는 미국 정치의 양극화가 존재한다. 미국 디폴트 위기를 목전에 두고도 민주당과 공화당이 숱하게 벌여온 당파 싸움에 그동안 재정 거버넌스가 부식되어온 것이다. 금번 피치 결정에도 양당은 그 책임을 서로에게 전가하고 비난하는 데 주저하지 않았다. 최근 방한한 공화당 소속의 미 하원 세입위원회 제이슨 스미스 위원장은 고금리와 인플레이션으로 이미 고전하고 있는 국민들이 바이든으로 인해 떨어진 미국 국가신용등급으로 더 힘들게 되었다고 비난했다. 장 피에르 백악관 대변인은 공화당이 부자와 대기업 감세로 재정적자를 확대하고 부채한도 협상 때 디폴트를 부추기는 극단론(extremism)으로 갔다며 비판의 화살을 돌렸다.

공교롭게도 피치가 미국 국가신용등급을 하향 조정한 당일 미 연방검찰은 트럼프 전 대통령을 2021년 1월 6일 의회 난입 사태 등과 관련하여 미국 민주주의 근간에 대한 공격 혐의로 기소했다. 마치 역사의 신이 연출이라도 한 것처럼 보이는 시간의 일치(coincidence)가 상징적이다. 트럼프 전 대통령에 대한 기소가 이후 사법절차와 2024년 대선까지 이어지는 정치 일정에서 민주-공화 양 진영의 대립을 증폭시키고 정치 양극화를 심화시킨다면 재정 거버넌스에 관한 리스크는 오히려 커질 우려마저 있다. 그래서 국가신용등급 강등의 본질이 민주-공화 양당 패권 다툼의 산물임을 상징적으로 보여주는 극명한 시간 일치를 금번 기소에서 보는 듯하다.

미국 정치 생태계가 양극화의 덫에서 계속 벗어나지 못한다면 향후 재정개혁을 위한 초당적인 이니셔티브를 만들어 나가기는 더 어려워질 수밖에 없을 것이다. 2010년 오바마 대통령이 주도한 '재정 책임성 및 개혁 국가위원회(National Commission on Fiscal Responsibility and Reform, 일명 심슨-볼스 위원회)'와 같은 초당적 공식기구는 그 이후 제대로 시도된 적조차 없다. 통상적인 정치 프로세스에 재정 문제를 맡길 수 없다고 해서 재정 거버넌스의 정상화를 마냥 미룰 수는 없을 것이다. '다시 미국을 트리플 A로 만들기(Make America AAA Again)'와 같은 슬로건을 초당적으로 내걸어야 할 상황이다. 재정지배, 재정 관리, 재정 거버넌스의 상호 메커니즘 속에서 현실적 해법을 모색해야 할 것이다. 투자가와는 달리 미국 정치시스템을 바라보는 납세자의 회의적 시각을 백악관과 미 재무부는 애써 무시해서는 안될 것이다.

재정과 같은 고도의 전문성이 요구되는 현대 경제정책 영역에서 정치적 책임성(political accountability)을 헌법적으로 구현하는 현실적 접근방법이 무엇인지에 대한 진지한 성찰이 필요하다. 전문역량이 부족한 당파성 기질의 선출직 정치인들에게 모든 국민의 삶과 운명을 맡김으로써 현대 민주주의 시스템의 결함을 자초하는 오류를 반복하기보다는 선출되지 않은 현자 그룹에 재정 거버넌스의 역할을 일부 위임하는 제도 디자인도 고려해볼 만하다.

정치 양극화가 미국만의 문제는 아니다. 한국을 포함한 많은 나라들의 정치 현실이 이상과는 간극이 있음을 직시하고 미국 케이스를 반면교사로 삼을 일이다.

(2023년 8월 7일 기고)

美아이비리그·韓스카이가 만드는
엘리트 사회는 공정한가

美아이비리그 등 소수 명문대, 엘리트 그룹 확연…韓스카이도 비슷
소득상위층에 유리한 입학정책…첨예한 삶의 이익 걸린 문제
입시제도가 미래사회 디자인…공정·정의 작동하는 정책적 노력 긴요

　현재 뉴욕타임스 등 미국 언론계 저널리스트의 26%, 경제매거진 포춘 선정 500대 기업 CEO의 12%, 33세 기준으로 연간소득 상위 0.1%의 13%를 차지하는 사람들의 출신 대학은 어디일까.

　지난주 브라운대 존 프리드먼, 하버드대 라지 체티, 데이비드 데밍 등이 전미경제연구소(NBER, National Bureau of Economic Research)에 게재한 연구논문에 의하면 아이비리그를 포함한 12개 대학이다. 브라운, 컬럼비아, 코넬, 다트머스, 하버드, 펜실베이니아, 프린스턴, 예일 8개 아이비리그와 시카고, 듀크, MIT, 스탠퍼드 4개 명문대를 이 논문은 아이비플러스(Ivy-Plus)라 칭했다.

　아이비플러스 출신은 현재 미 상원의원의 25%, 1961년 이후 미 대통령의 42%, 1967년 이후 미 연방대법관의 71%를 차지하는 것으로 조사되었다. Ph.D, 로스쿨 등 전문 학위 취득을 위한 대학원 입학자도 아이비플러스 출신이 압도적이다. 12개 아이비플러스와 뉴욕대, 워싱턴대 등 12개 명문 사립대,

미시간대, 버클리대 등 9개 명문 공립대 등 톱 30위권 대학원 입학자의 26%
가 아이비플러스 출신이다.

아이비플러스 출신은 전체 미국 인구의 0.5% 미만이다. 이는 극소수의 특
정 대학 출신이 미국 사회를 이끌고 있거나 장차 이끌어갈 엘리트 그룹의 다
수를 차지하는 극명한 불균등(disproportion)의 대비를 보여준다.

이쯤 되면 미국의 엘리트는 출신 대학이 만든다고 해도 결코 과언이 아닐
것이다. 지난달 미 연방대법원이 흑인과 히스패닉 등 소수인종 우대 입학정
책(affirmative action)이 위헌임을 결정하자 향후 입시제도 전개 양상에 학생
들과 학부모들의 관심이 집중되는 이유가 무엇인지 가히 짐작할 수 있게 한
다. 아이비리그 등 명문대 입학이 경제적으로, 사회적으로, 직업적으로 엘리
트 그룹으로 다가가는 가장 확실한 지름길임을 그들은 알고 있는 것이다. 그
래서 입시제도는 그들에게 첨예한 삶의 이익이 걸려 있다고도 할 수 있다.

존 로버츠 미 대법원장이 지난달 위헌 판결을 내면서 말한 대로 대학입학
은 제로섬 게임이다. 입시에서 이익을 보는 사람이 있으면 그만큼 손해를 보
는 사람이 있다. 하버드대 졸업생 가족 우대 입학제도(이른바 legacies)가 지금
도마에 오른 이유다. 이번 달 하버드대에 위헌 소송이 제기된 데 이어 이례적
으로 백악관이 직접 실태조사에 나서기에 이르렀다. 그러한 제로섬 게임의
실태를 더 들여다보자.

전미경제연구소 논문에 의하면 가족 소득 상위 1%(세전 연간소득 61만 달러
이상)에 해당하는 지원자가 아이비플러스 입학생의 16%를 차지한 것으로 조
사되었다. 이는 소수인종 우대 혜택으로 들어온 흑인과 히스패닉 입학생 비
중과 거의 같다. 그래서 소득상위 1%와 소수인종 출신을 합치면 입학생의

30%가 넘는다. 소득상위 1% 입학생은 중산층(세전 연간소득 8~12만 달러)과 단순비교해도 55% 이상 많다. 한편 소득상위 1% 지원자가 순수한 교과목 시험성적만으로 선발되었다고 가정하면 입학생의 7%를 차지했을 것으로 추정되었다. 교과목 시험성적에 비해 두 배 이상인 16%나 입학한 것은 하버드와 같은 졸업생 가족 우대제도(이미 성공한 가족이 동문), 부유층이 다니는 사립고등학교에서의 활발한 비교과목 활동(extra-curricular activities, 예 아트 활동, 학교 신문에의 기고) 등에 힘입은 것으로 분석되었다. 특히 소득상위 0.1% 지원자의 경우 교과목 시험성적에 비해 아이비플러스 입학생이 세 배에 달했고 지원자의 15%는 가족이 동문이었다.

미국의 실태가 이렇다면 한국의 상황은 어느 정도일까. 미국 못지않은 교육열과 함께 스카이플러스(SKY-Plus)라는 새로운 단어가 유추된다. 강남을 비롯한 소득상위층의 명문대 진학률은 갈수록 높아져 온 것이 사실이다. 그런 가운데 세계에서 유례를 찾기 어려운 시험 준비 사교육비는 중산층 이하가 감당하기 힘든 수준이다. 마침 이번 달 한국경제학회 경제학연구에 게재된 논문에 의하면 스카이플러스에 해당한다고 볼 수 있는 상위권 16개 대학 출신 40~44세 기준 임금이 하위권보다 51% 더 높은 것으로 나타났다. 2023년도 전국 25개 로스쿨 입학자 출신 대학은 고려대 20%, 서울대 19%, 연세대 15%로 스카이가 과반수를 차지했다. 로스쿨 이전 사법시험 체제에서도 서울대 법대, 고려대 법대 등이 합격자를 과점함으로써 사법부와 검찰을 포함하여 법조 엘리트 그룹을 형성해온 것은 주지의 사실이다.

아이비플러스 출신 연방대법관 71%가 결코 남의 이야기는 아닌 것이다. 아이비플러스에 비견되는 스카이플러스가 한국에도 있어 왔고 그 입학에 소득상위층 등이 쏠려온 측면이 없지 않다.

대학입학 정책은 어떤 사회를 디자인할 것이냐의 문제와 밀접한 관련성이 있다. 예컨대 시험점수로 표현되는 교과목 성적이 뛰어난 학생들을 주로 선발한다는 것은 미래사회를 그 유형의 사람들이 주도하도록 하는 것과 다름없다. 비교과목 활동과 경험, 사회경제적 배경 등 다양한 특성을 입학정책에 고려한다면 그 대학 출신들이 이끌어갈 미래사회 모습은 그에 부합하는 방향으로 전개될 것이다.

대학입학제도가 자칫 사회계층 간, 세대 간 불평등을 영속화하는 결과를 초래하지 않도록 공정과 정의의 원리가 작동하도록 하는 사회정책적 노력이 필요하다. 대학입학제도를 둘러싼 논의와 변화 흐름, 그리고 우리의 현실과 미래를 총체적으로 살피는 통찰력과 정책적 노력을 교육당국에 기대한다.

(2023년 7월 31일 기고)

5.13 소수인종 우대정책 위헌 판결과 아이비리그의 미래

| 美연방대법원, 소수인종 입학 우대정책 폐기…입학 룰 재조명 확산
| 아이비리그 등 명문대 입학 분포에 영향…그간의 功過 평가는 일러
| 인종간 패권주의 아닌 제도변화 과정…경제적·사회적 성과 중요

미국 연방대법원의 소수인종 우대정책(affirmative action) 위헌 판결 후폭풍이 거세다. 대학들은 신입생 선발뿐 아니라 장학금 지원에서도 소수인종 우대 중단에 나섰다.

연방대법원은 최근 흑인과 히스패닉을 우대한 하버드대와 노스캐롤라이나대의 입학제도가 백인과 아시아계 지원자들을 차별했다며 제기된 소송에서 대법관 6인의 다수의견으로 위헌 결정을 내렸다. 1960년대에 시작되어 1978년 판례로 확립되며 반세기 넘게 유지된 정책에 사망선고가 내려진 셈이다.

파장이 소수인종에게만 미치는 게 아니다. 판결 후 채 일주일이 지나지 않아 하버드대가 졸업생과 기부자 가족을 우대해온 입학제도가 위헌임을 주장하는 소송이 새로이 제기되었다. 대학입학 제도와 관련하여 오랫동안 누적된 첨예한 논쟁이 일거에 분출하는 형국이다.

교육을 통해 개개인이 원하는 바를 성취할 수 있다는 믿음이 큰 나라일수록 교육에 관한 룰의 변화가 갖는 의미는 지대하다. 미국 동부의 역사 깊은 8개 사립대학을 일컫는 아이비리그(Ivy League)를 비롯한 명문대 입학 경쟁은 미국뿐 아니라 글로벌 차원에서도 치열하다.

그래서 흑인과 히스패닉을 우대해온 입학정책이 백인과 아시아계 경쟁자들에게 불리한 변수로 작용했음을 부인하기 어렵다. 졸업생 및 기부자 가족 우대정책의 혜택을 받은 하버드대 입학생은 약 15%에 달하고 그중 70%가 백인인 것으로 알려져 있다. 존 로버츠 미 대법원장이 이번 판결에서 말한 대로 대학입학은 제로섬 게임이기에 헌법의 평등 보호와 관련하여 이 위헌 소송의 향후 귀추 또한 주목된다. 대학입학 관련 룰의 재조명이 확산되는 상황이다.

소수인종 우대정책 위헌 판결 이후 아이비리그 대학들이 먼저 움직이고 있다. 크리스티나 팍슨 브라운대 총장은 이번 여름방학중 연방대법원 판결에 대한 철저한 법률검토를 거쳐 입학제도를 발전시키는 데 매진하겠다고 밝혔다. 코넬대 관계자는 연방대법원 판결에 부응할 수 있을 것이라는 대체적인 자신감이 캠퍼스의 분위기에서 느껴진다고 말했다. 예일대는 연방대법원 판결에 대해 논의하는 토론회를 곧 개최할 것이며 입학 지원자들을 돕기 위한 입학상담실도 설치하겠다고 발표했다.

궁극적으로 미국 대학의 입학 정책과 경쟁은 어떻게 달라질 것인가. 이 분야 연구에 독보적인 전문가로 꼽히는 미국 클리블랜드 연방준비은행 조사국 이코노미스트 피터 힌리히스는 금번 판결로 흑인과 히스패닉의 아이비리그 등 명문대학 입학 인원이 당분간 줄어들 것이며 대신에 그들은 경쟁이 조금 덜 치열한 대학으로 가게 될 것으로 내다보았다. 즉 소수인종의 대학입학 전체인원 자체가 바뀌는 것은 아니지만 그들이 명문대학으로 입학하게 되는 분포에는 변화가 있을 것으로 예상했다.

현재 18~24세 미국인 3,100만 명의 0.2%에 해당하는 6만 8,000명만이 아이비리그 대학에 재학중이다. 이중 상당수가 소수인종 우대정책의 혜택을 받고 들어간 흑인이나 히스패닉이다. 동 연령대의 61%에 해당하는 1,900만 명은 고등학교만 졸업했고 아직 대학에 가지 못했다. 38% 정도는 이른바 다소 덜 엘리트적인 대학에 갔다. 클리블랜드 연준 전문가의 예상에 의하면 거의 99%의 젊은이들에게 이번 연방대법원 판결은 큰 연관성이 없다고도 할 수 있는 것이다. 아이비리그의 0.2%를 포함한 극소수 그들만의 리그에 해당되는 이슈로도 볼 수 있는 대목이다.

팍스 로마나(Pax Romana)에 비견되는 지금의 팍스 아메리카나(Pax Americana)를 이끌어가는 지속적인 엘리트 시스템은 아이비리그를 포함한 미국의 명문대학들을 떼어놓고 생각하기는 사실 어렵다. 그래서 금번 연방대법원 판결은 소수인종의 영향력이 줄어든 로마 과두지배체제의 미래 모습을 연상케 한다는 일각의 비판도 불러일으킬 수 있다. 그러한 인종간 패권주의적 각도에서만 이 사안을 바라보아야 할 것인가.

1978년 연방대법원이 캘리포니아대 대 바키 판례에서 첨예한 논쟁 끝에 도입한 학생 구성원의 다양성(diversity) 추구라는 소수인종 입학 우대정책의 논거는 25년 후인 2003년 그루터 대 볼링거 판례에서 재확인된 바 있다. 2003년 판례의 다수의견을 작성한 미국 최초 여성 대법관 오코너는 고등교육기관 입학에서 인종에 대한 고려는 잠정적이어야 하며 점차 학생 구성원의 다양성이 확보되고 인종차별 문제가 개선되면서 사라져야 할 정책이라고 규정했다. 또한 그 시점은 다시 25년의 세월이 흐른 2028년 즈음이 될 것으로 예측했다. 오코너 대법관의 예측보다 5년이 빠른 2023년 연방대법원은 소수인종 우대정책을 폐기하기에 이른 것이다.

측정할 수 없는 인종이라는 요소가 더 이상 현대적 의미의 다양성 목표에 부합하기 어렵다는 시대 철학에 발맞추어 필연적으로 제도변화가 이루어지는 과정으로 인식할 수 있고 헤겔의 변증법적 역사 흐름으로 바라볼 수 있는 측면도 있다. 끊임없는 생성과 소멸을 거치는 흐름에 교육부문도 예외가 아닐 것이다. 이제 인종이 아닌 다른 사회경제적 기준 등으로도 다양성을 모색해 나가는 과제가 대학에 요구되는 것이다.

소수인종 우대정책에는 공과가 있을 것이다. 최근 조사에 의하면 하버드대 로리뷰(Harvard Law Review) 편집위원 48명 중 18명이 소수인종 우대정책 혜택을 받고 선발된 것으로 추정된다. 로스쿨 대표 간행물(flagship publication)인 로리뷰의 편집위원 경쟁은 치열하다.

오바마 미국 대통령은 1990년 하버드대 로스쿨 역사상 최초의 흑인 로리뷰 편집장이 되었다. 오바마 대통령이 흑인 우대정책에 힘입어 하버드대 로스쿨에 입학했거나 로리뷰 편집위원과 편집장이 되었는지 여부는 본인도 알지 못한다고 2000년 밝힌 바 있다. 다만 그가 로리뷰 편집장을 맡았던 시기에 심사하여 게재한 논문들이 이후 20여년간 학술지 등에서 인용된 건수는 가장 저조했다는 조사가 있다. 2018년 하버드대와 뉴욕대 로리뷰에는 편집위원 선발에 관한 소수인종 우대정책이 위헌임을 주장하는 소송도 제기되었다.

반면 2022년 컬럼비아대 로리뷰 연구 논문(Assessing Affirmative Action's Diversity Rationale)에 의하면 편집위원 선발에 소수인종 우대정책이 있는 하버드대, 예일대, 펜실베이니아대, 뉴욕대, 워싱턴대 등 랭킹 20위 이내 로스쿨의 로리뷰에 1960~2018년 중 게재한 1만 3,000여편 논문들의 피인용 건수가 우대정책 도입 전후 10년간 약 25% 증가한 것으로 나타났다. 소수인종 우대정책의 여러 공과를 단편적 통계나 관찰로 판단하기는 무리임을 엿볼 수 있다. 동 정책에 대한 평가는 더 시간을 두고 역사에 맡겨야 할 것이다.

많은 논란과 함께 한 시대에 영향을 미친 미국의 소수인종 입학 우대정책이 이제 역사의 한 페이지로 남게 되면서 경제와 사회 전반에 새로운 변화를 예고하고 있다.

어느 나라나 대학입학 정책을 포함한 교육 문제는 경제와 사회 전반에 광범위한 영향을 미치는 경제 문제이며 사회 문제이다. 그래서 변화의 방향은 일시적 출렁임이 있을 수 있다 할지라도 경제적 성과와 사회적 성과를 제고할 수 있는 방향이어야 한다. 아울러 우리도 유사한 난제에 직면했을 때 진행 중인 미국의 변화로부터 어떠한 지혜와 통찰을 발휘할 수 있을지 시사점을 얻을 수 있어야 한다.

(2023년 7월 11일 기고)

5.14 국민은 더 이상 이분법적 선택의 민주주의를 지지하지 않는다

> 미국 최고법원, 기존의 판례 뒤집고 보수 일색 판결
> 집권화 거버넌스, 과다확신·집단사고의 오류 위험성
> 다원적 가치 담아야 진정한 보수·진보 가치 추구 가능

　미국 최고법원인 연방대법원(US Supreme Court)이 지난달 미국뿐만 아니라 세계의 이목을 끌며 큰 파장을 가져온 판례들을 쏟아냈다. 1973년 이후 미국에서 50여년간 유지되어온 여성의 헌법적 권리에 관한 로 대 웨이드(Roe v. Wade) 판결의 파기, 기후변화 위기에 대응하기 위한 미 환경보호청(Environmental Protection Agency)의 탄소배출 규제 권한을 제한하는 판결, 지난 100여년간 공공장소에서의 총기 휴대를 규제해온 뉴욕주 총기법에 대한 위헌 판결 등이다.

　그간 미국인들의 다수가 로 대 웨이드 판결을 지지하는 것으로 조사되어 왔다. 기후위기 대응에 소극적이었던 트럼프 행정부 시절 갤럽이 실시한 조사에서조차도 73%의 미국인들이 더 강력한 환경 규제가 필요하다고 응답했고 당시 응답자의 절반은 집권 여당 지지자들이었다. 현재 총기를 소유하지 않고 있는 미국 가정이 60%로서 1960년의 50%보다 오히려 높아졌을 정도로 총기규제를 지지하는 미국인들이 더 많아지고 있다. 금번 일련의 연방대법원 판례들이 바이든 행정부의 정치적, 정책적 기조와 배치됨은 물론 보수

와 진보를 막론하고 일반 미국인들의 현실 인식과 상당한 거리가 있음을 미국의 정치 동향과 들끓는 여론을 통해서도 짐작할 수 있게 한다.

국제적인 파장 또한 만만치 않다. 기후위기 대응에 앞장서 온 유엔이 사무총장 대변인의 성명을 통해 미 최고법원의 이번 판결에 대한 실망과 우려를 공개적으로 표명했다. 세계 1위 탄소 배출국인 중국이 외교부 대변인 성명을 통해 2위 탄소 배출국인 미국을 비판하는 다소 역설적인 장면이 연출되었다. 미국과 같은 선진국이 기후위기에 대응한다는 슬로건만 외칠 것이 아니라 역사적인 책무와 정면으로 마주해야 한다고 촉구했다. 파리기후협약(Paris Climate Accord)에 복귀하는 등 기후위기 대응에 '미국이 돌아왔다(America is back)'고 선언했던 바이든 미 대통령을 한껏 겨냥하는 모양새다.

정치적 또는 정책적 방향성 차이 등을 감안해서 보더라도 세상 사람들의 보편적 인식이나 가치관과 다소 괴리가 느껴질 수 있는 판결들이 세상사의 가치 판단에 관한 최고 수준의 현자들이 모인 최고법원에서 이처럼 연달아 나오게 된 배경은 어떤 까닭일까.

미 연방대법원의 구성은 트럼프 행정부 시절 긴즈버그 전 대법관의 후임으로 2020년 10월 배럿 현 대법관이 임명되면서 보수 대 진보 구도가 6 대 3으로 재편되었다. 1930년대 이후 최대의 보수 우위 구도라고 평가받고 있다. 금번 연방대법원의 보수 일색 판결들이 압도적 보수 우위인 현 거버넌스와 무관하다고 보기는 어렵다는 것이 세간의 인식인 듯하다.

미 연방대법원의 거버넌스 구조를 살펴보면 전형적인 집권화(centralization) 모델임을 알 수 있다. 중앙정치권력의 핵심인 대통령 및 연방상원에 의해 대법관 임명이 결정되기 때문이다. 미 연방헌법은 대통령이 대법관을 지명하고 연방상원의 조언과 동의를 받아 임명토록 규정하고 있다. 따라서 대법관 임명이 공화당(Republican)이냐 민주당(Democrat)이냐 하는 정치적 선호의 영향 등을 크게 받을 수밖에 없는 거버넌스 구조이다.

한편 유럽의 경우 유럽최고법원(European Court of Justice)의 거버넌스 구조는 미국과는 달리 분권화(decentralization) 모델이다. 미국처럼 정치적 선호의 영향을 받기보다는 초국가적(supranational) 질서 형성 메커니즘 관점의 평등한 국별 배분에 기초한 분권화를 추구한다. 유럽연합(EU) 회원국별로 각 1인을 평등하게 배분하는 방식으로 최고법원의 거버넌스를 구성하도록 유럽 공동체설립조약이 규정하고 있다.

거버넌스의 집권화 또는 분권화는 동전의 양면과 같은 특성을 지니는 것으로 파악할 수 있다. 집권화 모델에서는 정치사회적으로 동질적인 성향을 지닌 구성원들로 거버넌스가 형성될 개연성이 있어 의사결정의 효율성이 높아질 수도 있지만 과다확신(hubris) 또는 집단사고(group thinking) 오류를 초래할 위험성 또한 커질 수 있다.

반대로 분권화 모델에서는 이와 같은 오류가 발생할 위험성은 상대적으로 덜할 수 있지만 의사결정의 효율성은 낮아질 수도 있다. 집권화 모델이든 분권화 모델이든 각기 장단점(pros and cons)을 지니고 있다고 할 수 있다. 그렇다면 장점을 살리고 단점은 최소화하는 데 거버넌스 구성의 지혜를 모아야 한다.

한국의 경우 최고법원의 거버넌스 구조는 추천제도와 대법원장의 제청이 있음을 감안하더라도 중앙정치권력에 의해 결정되는 집권화 모델에 가까운 것으로 볼 수 있다. 집권화 모델의 위험요소인 과다확신 오류 또는 집단사고 오류 등을 최소화하기 위한 사회적 지혜를 모색하는 것은 바람직하다고 할 수 있다. 거버넌스의 스펙트럼을 다양화하고 균형을 도모하는 제도운영 노력이 필요한 것이다.

보수 대 진보의 이분법적 구도로 세상사의 가치 판단을 획일화하기 어려운 변화의 시대, 진화의 시대에 우리는 살고 있다. 이러한 시대의 유권자들은 더 이상 이분법적 선택의 민주주의를 지지하지 않는다. 보수이거나 진보이면서도 각기 다양한 스펙트럼을 발휘할 수 있어야 보수와 진보의 진정한 가치를 추구할 수 있다.

미 연방대법원의 금번 판례들은 관련 헌법적 견해나 정치사회적 파장에 대한 평가를 떠나 최고법원의 거버넌스에 다원적 가치를 담는 스펙트럼이 필요함을 일깨워주면서 동시대의 사법제도 운영에 관한 복합적 시사점을 제시하고 있다고 하겠다.

(2022년 7월 27일 기고)

5.15 국가의 성공을 위한 포용적 제도, 법의 지배와 검찰

> '법의 지배' 포함 포용적 제도…국가 성공 핵심요소
> 사회적 약자에 적법절차 작동하는 사법시스템 중요
> 검찰 전문성·경험 존중…위상 올바르게 세울 당위성

'국가는 왜 실패하는가(Why Nations Fail: The Origins of Power, Prosperity, and Poverty)' 대런 애쓰모글루 MIT 교수와 제임스 로빈슨 하버드대 교수가 2012년 집필한 책이다. 저자들은 이 책에서 지리, 기후 조건 등이 비슷한데도 경제 및 정치적으로 성공하는 나라가 있고 그렇지 않은 나라가 있다고 소개하고 그 대표적인 예로 남한과 북한을 비교하고 있다. 이어 베를린 장벽 붕괴 이전의 서독과 동독, 현재의 북미와 남미, 유럽과 아프리카의 예를 들고 있다.

비슷한 자연조건하에서 이들 국가의 차이를 가져온 요인은 무엇일까. 바로 제도의 힘, 특히 제도의 포용성(inclusiveness) 정도가 한 나라의 성공을 결정하는 핵심요소라고 이들은 설명한다. 여기서 포용적(inclusive) 제도는 착취적(extractive) 제도에 대비되는 개념으로 사유재산권의 확고한 보장과 계약제도의 발전 등 거래비용을 줄여주는 제도, 법의 지배(rule of law), 자유 민주주의를 그 요소로 포함한다. 어떠한 제도를 선택하느냐가 국가의 성패를 가르는 핵심적 열쇠가 된다고 보는 것이다.

포용적 제도의 관점에서 법의 지배는 검찰을 포함한 사법시스템의 운영과 밀접한 관련성을 지닌다. 두말할 나위 없이 불의와 불법이 횡행하는 국가에서 경제발전과 사회번영을 이룬 사례는 인류역사상 없다. 법의 지배가 실현되지 않은 국가에서는 경제활동의 높은 거래비용 등으로 자유시장경제의 창달을 기대할 수 없음은 물론 인권이 위협받고 공정과 정의가 부인됨으로써 인간다운 삶과 행복은 고사하고 사회공동체의 기반마저 무너지게 되기 때문이다.

국가의 성공을 이룬 나라들이 검찰을 포함한 사법시스템에 독립성을 부여하고 그에 합당한 책무를 부여해온 것은 법의 지배를 실현함에 있어 사법시스템의 역할과 역량이 중요함을 새삼 말해준다. 검찰의 독립성은 법의 지배와 정의를 실현할 수 있는 수단(instrumentalities)의 독립성이 갖춰져야 비로소 작동될 수 있다. 수단의 독립성 없이 목표의 독립성을 이룰 수 없기 때문이다. 법 집행(law enforcement)의 최종 주체로서 수단의 독립성 없이 검찰이 거대한 사회악에 맞서는 용기와 역량을 발휘하기는 매우 어렵다는 점을 인식할 필요가 있다.

검찰이 오랜 기간 쌓아온 역량이 수단의 독립성을 박탈함으로써 하루아침에 유실되는 제도변화는 궁극적으로 법의 지배를 저해하고 건국 이후 이룩해온 포용적 제도를 후퇴시키는 결과를 초래할 수 있음을 유의해야 한다.

독립적 검찰이 실체적 진실을 밝히고 사회악을 척결하는 데 효과적으로 역량을 발휘할 수 있도록 수단의 독립성을 견고히 하며 법의 지배를 실현하는 데 만전을 기하도록 하는 시스템이 긴요하다. 사회적 약자를 포함한 국민 모두에게 정의와 인권이 두텁게 보장되고 적법절차(due process of law)가 제대로 작동되도록 하는 것은 자유 민주주의 국가의 기본이다. 힘없는 국민을 불의와 불법으로부터 보호하고 정의를 적시에 달성토록 하는 것은 자유 민주주의 국가가 반드시 감당해야 하는 책무이다.

법 집행의 최종적인 주체인 검찰의 전문성과 경험 및 독립성을 존중하며 법의 지배와 정의를 실현하는 검찰의 위상을 올바르게 세워나가야 할 당위성과 함께 일국의 사법시스템 설계와 운영은 국민의 삶과 행복을 견인하고 국가의 성공과 실패를 가르는 핵심요소의 하나임을 직시하여야 한다.

그동안 세계사를 주도했던 나라들의 공통점은 무엇일까. 팍스 로마나(Pax Romana), 팍스 브리타니카(Pax Britannica), 그리고 팍스 아메리카나(Pax Americana)는 법의 지배를 포함한 포용적 제도의 힘이 뒷받침되었기에 가능했다. 지금의 팍스 아메리카나가 계속 이어질지의 여부 또한 이러한 제도의 힘에 의해 크게 좌우될 것이라 본다.

건국 이후 대한민국의 제도를 책임지는 큰 축인 국회의 현명한 역할은 대한민국이 성공을 향해 나아가는 데 견인차 역할을 해왔음을 새삼 생각하지 않을 수 없게 되는 시점이다. 국가의 성패를 가르는 제도에 대한 입법부의 올바른 인식이 중요하고 그 인식에 영향을 미치는 힘의 원천은 궁극적으로 국민임을 잊지 않아야 한다. 검찰을 포함한 사법시스템을 바라봄에 있어서도 국민의 이익과 국민의 삶을 깊이 성찰하는 제도 인식이 늘 중요하다.

넬슨 만델라는 '용기는 두려움이 없는 것이 아니라 두려움을 넘어서는 것(Courage is not the absence of fear, but the triumph over it)'이라고 했다. 불굴의 인간 정신과 두려움을 넘어서는 용기가 인류 역사를 바로잡아 왔고 더 나은 세계를 만들어 왔다. 정의를 향한 용기와 인간 정신의 가치는 시대와 공간을 넘어 인류 역사 발전의 원동력으로 평가된다. 많은 경우 그러한 용기와 인간

정신은 동시대와 후대의 국민과 인류에게 더 성공하는 국가와 더 나은 세계를 만들어 주려는 열정에서 비롯된다고 하겠다.

2022년 대한민국에서도 그러한 열정이 가득하기를, 그래서 대한민국이 세계 속의 모범적인 성공하는 국가로 계속 발전해 나가기를 국민의 한 사람으로서 기원해 본다.

(2022년 4월 19일 기고)

5.16 2% 부족한 정치 철학…안타까운 대통령 선거

코로나 위기 이후 패러다임 대전환의 시대 맞아
대선 후보들의 장기적 안목과 철학 보이지 않아
해면의 포말뿐 아니라 심해 흐름 들여다볼 수 있어야

국민의 한 사람으로서 코앞에 다가온 대통령 선거에 아쉬움이 적잖다. 후보들에게서 국가와 사회를 이끌어갈 장기적 안목과 철학이 잘 보이지 않기 때문이다. 차기 정부는 코로나 위기 이후 시대를 이끌어 나가야 할 책무가 있다. 지도자의 철학과 역할이 어느 때보다 중요하다.

'아테네 학당'이라는 그림이 있다. 고대 철학자들이 등장하는 바티칸의 벽화다. 르네상스 시대 화가 라파엘로가 그렸다. 그림 한가운데 보이는 두 핵심 인물이 플라톤과 아리스토텔레스다.

역대 철학자 중 대표적인 현실주의자가 아리스토텔레스였다. 스승인 플라톤이 대표적 이상주의자였던 반면 아리스토텔레스는 철저한 현실주의자였다. 플라톤은 손으로 하늘을 가리키고 아리스토텔레스는 정반대로 땅을 가리키고 있는 모습이 대비된다. 이상주의와 현실주의를 대표하는 두 철학자를 '아테네 학당'의 정 중앙에 위치시킨 구도가 상징적이고 매우 시사적이다. 이상을 추구하면서도 현실을 들여다보아야 함을 말하고 있다.

아테네 학당 철학자들의 지혜는 지금 특히 절실하다. 코로나 위기 이후의 패러다임 전환에 대응하는 데 필요한 철학이요, 지혜다.

그렇다면 코로나 위기 이후의 패러다임 전환은 어떤 모습으로 다가올 것인가? 대공황 등 19세기 후반 이후 세계 경제사의 흐름을 바꾼 위기들은 경제적 자유(economic liberty)의 대변화(mega change)를 수반하는 경우가 많았다. 정부의 권한을 제한하고 개인의 권리를 중시하는 전통적인 리버럴리즘에 대한 반격 또는 리버럴리즘에 우호적이지 않는 방향으로의 대변화가 있었던 것으로 볼 수 있다.

이번 코로나 위기가 어느 정도의 대변화를 가져올지 예단하기 이르지만 대공황을 포함한 과거 위기 시에 경제적 자유의 극적인 변화가 있었음을 상기할 필요가 있다. 1936년, 대공황 시기에 출간된 케인스의 '고용, 이자 및 화폐에 관한 일반이론'에 입각한 정부의 적극적 역할이 이후 위기 시마다 강조되었다.

정부의 적극적 역할을 중시하는 케인스와는 달리 하이에크는 시장의 자율성을 중시했다. 케인스보다 40년 뒤인 1970년대에 세 차례에 걸쳐 집필한 '법, 입법, 자유'가 대표적 저서다. 노벨경제학상을 수상했고 정부의 개입보다는 시장의 자율성과 자율적 룰을 중시한 학자다. 케인스와 하이에크는 대척점에 있지만 어느 일방이 영원한 승자나 패자였다고 보기는 어렵다.

케인스가 승리하는가 하면 하이에크가 승리하고 하이에크가 승리하는가 하면 케인스의 승리로 이어졌다.

코로나 위기 이후 차기 정부가 본격적으로 리더십을 발휘할 시기에 계속 케인스의 시대가 이어질 것이냐, 아니면 하이에크의 시대가 도래하는 것을 준비하고 있어야 하느냐의 판단이 중요하다.

케인스의 처방이 유효했으나 만병통치약이 될 수 없다는 점에 유념할 필요가 있겠으며 그러한 관점에서 위기 대응 과정에서 케인스류의 큰 정부로 왔지만 위기 이후 새로운 사회계약으로 가는 흐름이 있다면 그것이 무엇일지를 정치지도자는 내다보고 포착할 수 있어야 한다.

헤겔의 변증법을 거론하지 않더라도 한 시대를 풍미한 접근방법은 다시 새로운 방향으로 암중모색을 거치면서 보다 바람직한 접근방법이 무엇인지에 대한 치열한 고민으로 이어지게 마련이다. 이는 역사 발전의 자연스러운 과정이다.

코로나 위기 이후 케인스의 시대를 다시 지나오면서 한편으로는 하이에크의 시대를 준비해 나간다는 넓은 관점의 안목과 자세가 필요하다. 케인스의 접근방법 및 정부의 직접적 역할과 아울러 시장 자체의 역량과 창의성이 중시되는 하이에크의 접근방법이 만들어 나가는 사회발전과 경제발전의 모습 또한 코로나 위기 이후 전개될 수 있는 흐름의 하나일 수 있음을 생각해야 한다.

유능한 항해자는 해면의 포말뿐만 아니라 심해의 흐름을 들여다볼 수 있어야 한다. 눈에 보이는 현상과 데이터 뒤에 존재하는 인간의 모습을 보아야 하며 기조적으로 인간의 마음이 만드는 구조물(constructs of the human mind)을 살필 수 있어야 한다.

수년 전 OECD 회의에서 인상 깊게 다가왔던 '인간의 얼굴을 한 공정과

정의가 있는 포용적 성장'이라는 슬로건이 문득 떠오르면서 코로나 위기 이후 변화하는 현실 속에서 바람직한 사회적 목표를 향해 나아가는 정치 철학의 모습은 어떠해야 할지 계속 질문을 던져본다.

코로나 위기 이후 우리는 새로운 패러다임의 형성 국면에 있고 앞으로 나아가야 할 방향을 다시 생각해야 하는 시점에 와 있다. 여기서 정치지도자는 현실을 제대로 바라보고 균형 있게 대처할 수 있어야 한다. '아테네 학당'에 등장하는 철학자의 지혜를 경청하는 겸손이 필요하면서도 위기 이후 나타나는 문제들의 본질을 직시하고 적시성 있게 해결할 수 있는 역량이 있어야 한다.

이러한 리더십과 정치 철학을 지닌 지도자는 과연 누구인가. 이번 대선을 통해 코로나 위기 이후 더 나은 세상을 만들어 나가는 더 역량 있는 정부의 등장을 기대한다.

(2022년 2월 15일 기고)

5.17 중앙은행과 검찰의 중립성이 중요한 이유

> 당면 제도변화 이슈…중앙은행과 검찰을 바라보는 인식으로 귀결
> 지적 자산·경험…사회적 성과 제고로 이어지는 제도설계·운영 필요
> 조직 인적역량 전제, 합당한 책무와 수행수단 신축성 부여해야

신제도학파의 문을 연 1993년 노벨경제학상 수상자 더글러스 노스는 제도는 인간의 상호작용을 형성하는 게임의 룰이며 결국 마음이 만드는 구조물, 즉 인식의 산물로 보았다. 어느 사회이건 게임의 룰을 정하는 논의는 구성원들의 큰 관심 대상이 된다.

최근 세간의 주목을 받으며 치열한 논쟁의 대상이 되고 있는 두 가지 제도 이슈가 있다. 국회와 정치권 등을 중심으로 제기되어 온 이른바 핀테크와 빅테크 관련 지급결제제도를 둘러싼 전자금융거래법 개정 논의, 그리고 검찰제도를 둘러싼 논의가 그것이다.

필자가 공부했던 미 워싱턴대에서 법경제학과 정치경제학을 강의하며 제도는 인식의 산물이라고 한 노스의 제도관을 새삼 떠올려 보면서 금번 논쟁이 결국 인식의 문제라는 생각을 해본다.

본질적으로 이 두 사안은 우리 사회가 중앙은행과 금융을 바라보는 인식, 그리고 검찰과 법집행(law enforcement)을 바라보는 인식에서 그 논의의 단서를 찾으려는 노력이 선행되어야 한다고 본다.

공교롭게도 중앙은행과 검찰은 제도적 위상 면에서 공통분모를 지니는 기관들이다. 여러 관점과 각국의 입법례가 있겠으나 중앙은행과 검찰은 대통령의 직접 통제하에 놓여 있지 않은 독립적 전문 행정기관 내지 준사법기관이라는 것이 설득력 있는 견해의 하나라 할 수 있다.

그 장(長)의 임명은 비록 대통령이 하지만 임명된 이후에는 업무의 독립성과 중립성이 철저히 보장되어야 하는 기관들이다. 근대적 국가 형성기를 거치면서 이러한 독립적 전문 국가기관들이 창설되어 다양하고 복잡한 사회적 사안들을 다루게 된 것은 동 기관들이 입법부 또는 선거를 기반으로 구성되는 내각에 비해 특정 공공 영역에 대한 전문성 및 규제과정의 신축성과 법집행의 역량 등이 뛰어나기 때문인 것으로 평가된다.

동 기관들은 헌법과 법률에 의해 국민으로부터 위임받은 권한을 행사한다. 의회가 이러한 독립적 국가기관을 창설하는 이유 중 하나는 동 기관의 결정에 대한 직접적 통제를 줄임으로써 그 기능이 순수한 공공 이익에 부합되는 방향으로 불편부당하게 행사되도록 하는 데 있다고 할 수 있다.

Beauty is in the eyes of the beholder(아름다움이란 보는 사람의 마음에 달려 있는 것이다). 논쟁이 되고 있는 금융과 사법 부문에서의 제도변화 이슈는 중앙은행과 검찰을 바라보는 인식의 문제로 귀결됨을 표현하는 데 적합한 말이 아닐 수 없다.

금융을 최종적으로 책임지는 주체로서 독립적으로 통화정책을 수행하며 금융시장을 일상적인 활동무대로 하고 있는 중앙은행이 금융의 흐름 그 자체인 지급결제시스템을 관장하는 것은 태생적이고도 본질적이다.

날로 진화, 고도화, 디지털화하고 있는 지급결제업무를 전문성과 경험 및 독립성을 지닌 중앙은행이 총괄하여 맡음으로써 금융의 바람직한 발전과 공공 이익, 그리고 궁극적으로 추구하는 사회적 성과의 제고에 부합하게 됨을 충분히 고려하여야 한다.

검찰제도의 변화 또한 법집행의 최종적인 주체로서 판결을 이끌어내며 법정이 일상적인 활동무대인 검찰의 전문성과 경험 및 독립성을 전제로 제반 논의가 이루어져야 한다고 본다.

검찰제도 변화 논의가 공공 이익과 사회적 성과 제고에 부합하는지 여부 등을 진지하고 신중히 살펴야 할 것이다. 중앙은행과 검찰이 조직으로서 지니는 지적 자산과 경험(institutional memory)이 사회적 성과 제고로 이어지도록 하는 제도 설계와 운영에 지혜를 모아 나가야 하겠다.

이들 기관이 갖는 조직으로서의 인적역량(institutional capability)을 전제로 이에 합당한 책무와 수행수단의 신축성을 부여하는 것이 사회적 성과 제고에 긴요할 것으로 생각한다.

최근 제기된 이 두 가지 제도 이슈 논쟁을 바라보는 국민의 한 사람으로서 염원해 보는 것은 우리 사회의 미래와 번영을 위해 바람직한 제도변화를 모색하는 입법부의 현명한 역할이다.

또한 제도변화의 근본적 동인은 바로 인식의 변화라는 점에서 인식을 타깃으로 하고 인식의 변화에 결정적 영향을 미치는 교육의 올바른 역할은 늘 강조해도 결코 지나치지 않다고 생각한다.

점차 가까이 느껴지는 약동하는 봄을 기다리면서 우리 사회의 제도변화, 그리고 인식의 변화에도 사회적 성과 제고를 향한 봄바람이 함께 불어오기를 충심을 담아 기대한다.

(2021년 3월 11일 기고)

5.18 포용적 경제제도와 교육

> 거래비용 줄이고 포용성 높이는 제도변화…인식의 변화로 뒷받침
> 교육, 인식 변화에 결정적 영향…지속가능한 발전의 근원적 추동력

필자가 5년여 동안 공부한 미국 세인트루이스 소재 워싱턴대학교의 교수로 재직하였고 1993년 노벨경제학상을 수상한 더글러스 노스는 경제발전의 동인(動因)으로서 '제도'의 역할을 중시한 학자로 유명하다.

1973년 집필한 '서구세계의 성장(The Rise of the Western World: A New Economic History)'에서 그는 A.D. 900~1700년의 서유럽 경제사를 조망하면서 중세 암흑기에 역설적이게도 재산권 제도와 상업활동의 기반을 구축하는 진화 과정에서 이뤄낸 제도의 힘이 서구가 시장경제로 발돋움하게끔 한 원동력임을 강조하였다.

1990년에 출간된 기념비적 역작인 '제도, 제도변화와 경제적 성과(Institutions, Institutional Change, and Economic Performance)'에서 그는 제도를 인식의 산물로 전제한 다음, 제도의 질적 수준에 의해 경제적 성과가 결정되고 질적 수준을 높이기 위해서는 거래비용을 낮추는 방향으로 제도가 설계되어야 한다고 했다. 여기서 거래비용은 경제거래의 직접적인 비용은 물론 정보탐색에

투입되는 시간 비용, 규제·조정·모니터링·협상에 따른 비용 등을 모두 포함한다.

2005년의 '경제적 변화의 과정에 대한 이해(Understanding the Process of Economic Change)'에서는 거래 관련 계약이행 비용을 줄이는 효과적인 제도 설계의 중요성을 역설하였다.

MIT 교수인 대런 애쓰모글루는 그의 저서 '국가는 왜 실패하는가(Why Nations Fail: The Origins of Power, Prosperity, and Poverty)'에서 지리·기후 조건이 비슷한데도 성공하는 나라와 그렇지 않은 나라가 있다면서 남·북한을 비교했다. 옛 서독과 동독, 현재의 북미와 남미, 유럽과 아프리카의 예도 들었다. 비슷한 자연조건임에도 차이가 발생한 요인은 무엇일까. 그는 경제 및 정치 제도의 포용성 여부가 그 요인이라고 설명했다.

필자는 여기서 포용성이 자유와 창의의 존중이라는 사상과 밀접히 관련된 것으로 해석하고자 한다. 그는 남북한의 극명한 격차가 판이한 경제제도 채택의 결과임을 강조하고 있다. 남한은 개인이 역량을 발휘하며 의사결정권을 갖는 포용적 경제제도를 채택한 반면 북한은 그렇지 못한 결과라는 것이다. 민주적이고 다원적인 상태가 작동할 때 법의 지배가 보장되며, 포용적인 제도야말로 재능과 창의적 아이디어가 보상받을 수 있는 유인(誘引) 체계를 제공할 수 있으므로 경제적 번영을 촉진할 수 있다. 이는 노스가 '서구세계의 성장'에서 말했던 제도의 특질과 상통하는 관점이다.

한편 애쓰모글루는 포용적 경제제도가 기술혁신과 교육기회라는 번영의 핵심 원동력을 제공한다는 점을 강조했다. 사유재산권과 계약의 자유가 보장되는 가운데 공정한 경쟁과 기업활동을 촉진하는 포용적 경제제도 하에서

에디슨과 같은 혁신가가 배출되었고 북한이 아닌 남한에서 혁신기업이 배출되고 있다는 것이다. 또 포용적 경제제도 하에서는 역량 향상을 통해 원하는 바를 성취할 수 있다는 믿음이 있으므로 교육을 받고자 하는 인센티브가 있다는 것이다.

2015년 노벨경제학상을 수상한 앵거스 디턴 프린스턴대 교수는 그의 저서 '위대한 탈출(The Great Escape: Health, Wealth, and the Origins of Inequality)'에서 경제성장을 위해서는 물적·인적 자원에 대한 투자가 필요하지만, 포용적 정치제도의 발전이 미흡한 저개발국에 대한 원조 확대는 성장에 미치는 영향이 의심스러울 뿐만 아니라 빈곤층 해소에 도움도 되지 않고 경제적 불평등을 심화시켜왔다고 역설하였다. 따라서 민주적 정치제도를 갖추지 못한 저개발국의 국민들을 빈곤에서 탈출시키고 경제성장을 촉진하기 위해서는 무상원조보다는 이들 국가의 인적자원 육성을 직접 지원하는 것이 더 바람직하다는 것이다.

노스, 애쓰모글루, 디턴, 이 세 학자의 견해를 관류하는 논의의 초점은 무엇일까. 거래비용을 줄이고 포용성을 높이는 방향으로 제도를 바꾸는 것과 이를 뒷받침하도록 인식을 변화시키는 것이 중요하다는 것이다. 인식의 변화는 두말할 나위 없이 교육으로부터 결정적 영향을 받는다. 교육을 통한 인식의 변화, 인식의 변화가 가져오는 제도의 변화, 제도변화가 가져오는 경제적 성과 제고. 이러한 선순환 구조의 형성이 번영을 구가하는 데 대단히 중요하다는 시사점을 얻을 수 있다.

세계사를 주도하는 미국의 영광은 포용적 제도의 힘과 인적자원의 힘이 뒷받침되었기에 가능했다. 지금의 팍스 아메리카나가 계속 이어질지 여부 또한 포용적 제도와 인적자원의 힘에 의해 크게 좌우될 것으로 본다. 역사를 진보시키는 힘이 무엇인지를 생각할 때마다 국민의 한 사람으로서 염원하는 것은 미래와 번영을 위해 바람직한 제도변화를 모색하는 입법부의 현명한 역할이다. 또한 제도변화의 근본적 동인은 바로 인식의 변화라는 점에서 교육의 올바른 역할은 아무리 강조해도 결코 지나치지 않다. 교육은 경제주체들의 인식을 타깃으로 한다는 점에서 효과가 강력한 경제정책의 하나이며 동시에 사회변화를 달성하게 하는 사회정책의 하나로도 볼 수 있다. 지속가능한 발전을 이루어 나가는 근원적 추동력인 인적자원의 육성을 위해 교육에 부여된 역할이 더 알차게 펼쳐지는 모습을 푸르름의 계절에 소망해 본다.

(2019년 6월 20일 기고)

로스쿨과 통화정책

> 美로스쿨 진학 모티베이션, 중앙은행 합리적 행동철학 모색
> '통화정책과 법' 학제적 접근 통해 인식의 지평 넓히려 노력

한 나라를 운영해 나가는 데 가장 필수적인 요소 두 가지만 말하라고 한다면 필자는 외세로부터 국민을 보호할 국방력, 그리고 경제안정을 최종적으로 책임지는 중앙은행을 꼽고 싶다. 중앙은행이 지닌 책무가 막중한 만큼 한 사회가 중앙은행에 요구하는 주문과 기대하는 역할은 다양한 스펙트럼으로 나타나게 마련이다. 또한 많은 경우 그 주문과 역할은 다소의 상충성을 띠면서 사회가 중앙은행에 어떤 가치를 우선적으로 부여하고 있는지에 대한 합리적 판단이 필요하게 된다.

지난 금융위기 이후 변화된 패러다임 하에서 통화정책을 수행해 온 한국은행도 그러한 경험을 한 바 있다. 경제구조조정 추진기의 금융안정과 인플레이션 방지 목표 간의 상충, 자산가격 급등기의 안정과 성장 목표 간의 상충 등이 그 예이다. 필자는 1999년 이후 정책기획국에 근무하면서 통화정책 결정자들이 거의 숙명적으로 다양한 가치 선택의 문제에 직면해야 하는 점을 인식하게 되었다. 필자가 실무자로 집필에 관여한 바 있는 한국은행 최초의 통화정책 해설서 '우리나라의 통화정책'에도 이러한 정책결정자들의 고뇌의 일단이 나타나고 있다. 2001년 가을 미국 연방준비제도(연준) 본부와 유

럽중앙은행을 방문하였을 때도 이들 세계 양대 중앙은행의 정책결정자들 또한 우리와 유사한 가치 선택의 문제로 늘 고뇌하고 있다는 사실을 알게 되었다. 아울러 이것은 순수 이코노믹 어프로치로만 해결될 문제가 아니며 사회경제적, 규범적 관점에서도 접근될 필요가 있는 사안임을 깨닫게 되었다. 그로부터 3년 후 필자는 미 중부에 있는 한 로스쿨의 강의실에 앉아 있게 되었다. 세계에서 가장 앞선 시스템임을 자랑한다는 미국적 시스템의 논리적 기반을 제공해 온 미국 로스쿨에서 공부함으로써 중앙은행의 합리적 행동철학 방향을 뒷받침하는 시스템적 틀을 한번 모색해 보고 싶었던 것이다.

당초 상과대학 출신으로서 대학 2학년 때 기업법개론 한 과목을 수강한 것이 법학지식의 전부이며 영어 실력 또한 변변치 않은 필자에게 미국 로스쿨(low? school)의 강도 높은 학습은 엄청난 부담으로 다가왔다. 14포인트 글자체에 익숙해 있다 갑자기 깨알 같은 글자체를 일주일에 수백 페이지씩 읽어야 해서였을까 2주 만에 오른쪽 눈에 이상이 왔다. 다행히 안약을 넣고 수면시간을 다시 늘린 결과 곧 회복되었다. 입행 이후 조사제1부, 국제부, 정책기획국 등에서 10년 이상 받았던 훈련이 외국인으로서는 버거운 로스쿨의 학업을 소화하는 원동력이 되었다.

로스쿨 교과과정은 절대 시간의 부족을 실감케 하는 가운데 빠른 독서력과 정제된 글쓰기 능력을 요구하는데 글쓰기의 경우 영어로 써야 한다는 부담을 제외하면 과거 조사제1부에서 느꼈던 강도보다는 상당폭 약한 듯했다. 소크라테스식 강의방식을 채택하고 있는 미국 로스쿨에서 간혹 차례가 돌아오는 교수의 발언 지명(call on)도 외국인에게는 매우 부담스러운 일이 아닐 수 없다. 토익세대가 아닌 필자의 경우 가급적 핵심단어 위주의 간결한 문장을 사용하고 'fact finding'보다는 비교 우위가 있다고 여겨지는 'policy implication'에 비중을 두었으나 강의가 빠르게 진행되어 흐름 자체를 놓치는 경우도 적지 않았다. 비영어권 국가 출신 학생들이 미국 로스쿨의 'call on'에 대해 갖는 공포감은 예상외로 크다. 어느 과목에서 필자 옆자리에 있던 일본동경지법 현직판사가 민사소송 케이스에서 'call on'을 받고 문외한인 필자의 눈치를 보며 도움을 청할 정도였다. 필자는 외국인이 미국 로스쿨에서 공부하는 데 가장 필요한 것은 좋은 머리도 유창한 영어도 아니라고 생각한다. 어차피 그들의 논리와 그들의 세계관을 중심으로 논의가 이루어지므로 외국인의 한계는 머리 회전이나 언어 차원의 문제를 넘어서는 보다 근본적인 영역에 있다고 보기 때문이다. 왜 공부하고 있는지에 대한 치열한 문제의식, 보편적 진리에 겸허한 열린 마음, 그리고 역설적으로 자신의 가치관에 대한 신뢰야말로 힘든 과정에서 스스로의 정체성을 지키는 덕목이 아닌가 생각한다. 한편 질보다 양에 치중하는 듯한 일부 미국식 접근법을 맹목적으로 따르는 것도 바람직하지 않다고 생각한다. 가을 낙엽 하나, 풀잎 이슬 한 방울에서 진리를 찾으려 했던 우리 선조들의 학문 태도에서도 배워야 할 점이 많다고 본다.

전반적으로 실용적, 기술적 성격이 강한 미국 로스쿨 시스템에서도 많은 교수들이 아카데믹한 연구에 강한 열정을 갖고 있는데 이것은 학자로서의 교수에 대한 평가는 강의보다 이론개발 등 연구를 통해 이루어지기 때문이다. 저명 교수일수록 저명 논문이 많다는 사실이 이를 증명하고 있다. 미국이 학문적 세계 경쟁력을 유지하고 있는 것은 이들 학자들이 기울이는 각고의 연구 노력 덕분일 것이다. 미국 학계에서 이미 확고한 위치를 굳힌 최원로급의 찰스 맥매니스 교수가 첨단 영역인 디지털정보 보호 분야를 새로 개척하는 모습에는 절로 고개가 숙여졌다. 교수들은 로스쿨이라는 새로운 각도에서 중앙은행과 통화정책에 접근하려는 필자의 의지에 대하여도 좋은 평가와 격려를 아끼지 않았다. 비교법 분야의 미국 내 1인자로 평가받는 예일 로스쿨 출신의 존 헤일리 교수는 필자에게 comparative central banking 관점에서 접근할 것을 권고해 주었다. 연중 나비넥타이 정장이 인상적이며 아시아권 학계에서도 잘 알려져 있는 헤일리 교수와의 꾸준한 만남을 통해 필자는 'monetary policy and law'라는 새로운 관심 영역을 어떻게 헤쳐 나가야 할지에 대한 방법론적 감을 잡게 되었다. 헤일리 교수는 그가 움직이면(학교를 옮기면) 로스쿨 랭킹 몇 단계가 함께 움직인다고 할 정도로 영향력 있는 학자이며 동서고금을 넘나드는 해박한 지식과 사회과학 전체에 대한 통찰력을 바탕으로 늘 새로운 이슈에 대한 학문적 도전을 즐겨한다. 헤일리 교수는 그간 중앙은행과 통화정책에 대해서도 이해의 폭을 꽤 넓힌 것으로 보인다. 그가 'comparative approach'의 대가로 인정받는 것은 기존의 학문적 성취에 안주하지 않고 계속 새로운 관심사를 모색해 나가는 진취적 성향의 반영이 아닐 수 없다.

미국 로스쿨이 주로 활용하는 케이스 연구는 늘 'policy issue'를 다루는데 판례에 나타나는 미 연방대법원의 최근 정책 기조가 미 연준의 정책 기조와 매우 유사한 점을 발견하게 된다. 연방대법원의 최근 기조는 주로 안정(stability)과 정의(justice, 합리성과 효율성을 중시하는 instrumentalist 입장의 경제적 정의; 공정성을 중시했던 과거의 formalist 입장에 대비됨)에 두어지고 이는 지속 가능한 성장과 인플레이션 방지를 추구하는 연준의 기조와 상통하는 것이라 하겠다.

한편 현 앨런 그린스펀 의장 이후의 연준은 통화정책 운영체계 등의 변경 여부를 둘러싼 논쟁을 피하기 어려울 것으로 보이는데 특히 인플레이션 타게팅 제도를 둘러싼 논의와 관련하여 제기되는 법적 측면의 문제에도 연준 수뇌부가 이미 관심을 갖고 있는 것으로 알려지고 있다. 인플레이션 타게팅 제도를 중앙은행과 사회 간의 계약관계로 파악할 때 물가안정과 최대고용 책무를 미 의회로부터 동시에 부여받은 이른바 'dual mandate' 체제하에서는 계약법 이론상 'legally enforceable'해야 하는 물가안정계약을 체결하기 어려운 문제가 일단 제기되며 이와 관련하여 핵심이슈가 될 'legislators' view'는 아직 드러나지 않은 상태이다. 향후 연준이 통화정책 운영체계의 개선방안 등을 모색할 경우 대 의회 관계 등에서 경제 논리와 법적 논리를 포괄하는 논의가 전개될 것으로 예상된다.

다양한 학문적 배경과 관심을 지니고 있는 로스쿨 교수들은 대체로 학제적(學際的) 연구(interdisciplinary approach)를 선호하는 경향이 있다. 한 예로 1993년 노벨경제학상 수상자인 경제학과의 더글러스 노스 교수와 로스쿨의 존 드로백 교수(로스쿨 내 Center for Interdisciplinary Studies 소장)가 합동으로 법경제학 강좌를 개설하고 있는데 학생들도 이 분야에 점차 많은 관심을 보이고 있다. 금년 9.29~10.1 중 Center for Interdisciplinary Studies 주최로 학교에서 열린 'Corporate Governance Conference'에서는 미국 및 세계 각지의 로스쿨과 비즈니스스쿨 교수들, 미 SEC, 기업활동의 메카 Delaware 주 대법원, 뉴욕타임스지, 유수 컨설팅펌 등의 전문가들이 대거 참석하여 CEO, 이사회 및 주주의 역할 등 기업지배구조의 주요 이슈에 대한 다면적 조명을 시도한 바 있다. 앞서 언급한 맥매니스 교수의 경우 오랜 주특기인 지적재산권 분야에 다시 이코노믹 어프로치를 가미하기 위하여 지금은 경제학 텍스트를 연구실에 쌓아놓고 있으며 몇년 후 일흔이 되지만 로스쿨 내 Center for Research on Innovation and Entrepreneurship 소장을 맡고 있을 정도로 젊고 혁신적이다. 도서관에서 자료를 찾다보면 그 또한 서가를 돌며 열심히 자료를 찾고 있는 모습이 눈에 띄기도 한다.

현재 J.D.(Juris Doctor) 과정에 있는 필자는 많은 이수 과목에 절대 시간이 부족한 것이 사실이나 향후 힘닿는 대로 Law Journal 등에의 기고를 통해 중앙은행과 통화정책에 대한 학제적 인식의 지평을 넓혀 나갈 계획이다.

또 여건을 보아가며 이곳 세인트루이스 연준과도 공동관심사를 함께 연구해볼 생각이다. 머지않아 여러 로스쿨에 가칭 'Center for Central Banking Studies'가 설립되어 중앙은행과 통화정책의 본질을 더욱 포괄적 시각에서 조명하는 전기가 마련되길 기대해 본다. 학제적 연구를 중시하며 각자의 전문성을 스스로 개척해 나가는 미국 로스쿨 시스템에서 필자가 'monetary policy'가 주된 관심 분야라고 말하는 것은 아주 자연스럽고 고상하게까지 받아들여진다. Entertainment 또는 sports 분야에 특화하겠다는 학생이 우스꽝스럽게 인식되지 않음은 물론 오히려 매우 유망한 전문분야로 받아들여지는 것과 같은 맥락이다. 미국 로스쿨이 법률가 양성이라는 본래의 목적뿐 아니라 거대한 학문적 메트로폴리탄으로서의 역할을 수행하고 있는 것은 다양한 전공과 경험을 가진 학생들의 구성에서도 비롯된다고 생각된다. 20대와 60대가 학생으로 공존하는 독특한 분위기, 실무와 함께 하는 이론개발, 새로운 영역에 대한 과감한 개척정신 등 미국적 실용주의가 유감없이 발현되고 있는 곳이 로스쿨이라고 여겨진다.

개척자적 중앙은행인으로서 로스쿨에 발을 디뎠다고 자부하는 필자는 이를 통해 더욱 중앙은행에 기여하는 역량을 갖추게 되길 바라는 마음 간절하다. 입행 시험은 경영학으로, 4급 승진시험은 경제학으로 응시하였으니 학술연수를 마치면 3합(홍어+삼겹살+김치)에 해당하는 메뉴가 마련되는 셈이다. 중앙은행이 필요로 하는 여러 메뉴 중 한국은행스러운 메뉴 하나를 정성껏 준비한다는 자세로 학업에 매진할 것을 다짐해 본다. 연중 불이 꺼지지 않는 도서관에서 긴 식빵 하나를 놓고 24시간 연속 책과 씨름하는 경험을 할 수 있고 새벽녘 도서관을 나와 텅빈 거리를 드라이브하는 낭만도 즐길 수 있는 현재 생활이 만족스럽다. 중앙은행 생활로 단련된 체력과 정신력이야말로 해외학술연수 생활의 절대적 필요조건이 된다고 생각한다. 중앙은행 생활의 연장선상에 있는 집중적 학술훈련이 다시 중앙은행 발전의 선순환으로 이어진다고 믿는다.

지난해 총재님께서 보내주신 격려 서한, 출장차 오신 이상용 감사님의 격려 만찬, 박재환 부총재보님의 격려 전화, 그리고 김학렬 원장님의 격려 연하장과 조기준 국장님, 이홍모 국장님의 격려 이메일, 금년 가을 'Corporate Governance Conference'에 주제 발표차 오신 김건식 서울대학교 교수님의 도서관 격려 방문, 또 지면 관계상 일일이 열거하기 어려운 많은 분들의 격려와 후의에 용기를 배가하였던 기억이 새롭다. 이분들과 한국은행의 모든 구성원, 특히 이 시간에도 필자를 대신하여 업무에 매진하고 있는 동료 및 후배 직원들께 깊은 감사의 뜻을 전한다.

(2005년 11월 11일 기고)

우리 시대의 금융경제 읽기
- 어느 중앙은행가의 메모 -

저자 조홍균

금융, 경제, 법을 섭렵하는 학문적 및 실무적 배경을 갖춘 법/제도경제학자 (legal/institutional economist)이자 중앙은행가(central banker)로서 금융경제를 중심으로 한 정책과 제도에 주로 천착해 왔다. 한국은행에 입행하여 조사제1부, 정책기획국 등 정통 금융경제정책 라인에서 훈련받았다. 한은 해외학술연수원으로 선발 및 파견되어 미국 워싱턴대 로스쿨(Washington University in St. Louis School of Law)에서 J.D.(Juris Doctor) 및 J.S.D.(Juris Scientiae Doctor, Doctor of the Science of Law, 법학박사, 법경제학 전공) 학위를 취득했다. 중앙은행과 정부, 국제기구, 시장, 학계 등에 걸쳐 국내외적으로 활동 영역을 넓혀왔다.

통화정책/중앙은행론/금융안정/금융포용/금융정책/금융감독/금융소비자보호/금융산업/금융기관경영/금융제도법/경제정책/재정정책/산업정책/과학기술정책/기업정책/기업재무/기업인수합병/법경제학/제도경제학/법정책학/정치경제학/입법론 등 분야 실무와 정책 전문성을 추구하고 있다. 현재 고려대 행정전문대학원 금융경제정책과정 총괄교수이며 「정책과 시장 센터」를 맡고 있다.

- 고려대 경영학과 졸업
- 서울대 대학원 경영학과 졸업(재무관리 전공, 1989년)
- 한국은행 입행(1989년)
- 조사제1부 조사역
- 국제부 조사역
- 정책기획국 과장
- 정책기획국 차장(2004년)
- 해외학술연수원(2004년)
- 미국 워싱턴대 로스쿨 J.D.(2007년)
- 미국 워싱턴대 로스쿨 J.S.D.(법학박사, 법경제학 전공, 2009년)
- 경제연구원 차장
- 정책기획국 팀장
- 커뮤니케이션국 부국장
- OECD Micro, Small and Medium Enterprises Expert Subgroup Member
- 금융감독원 거시감독국 파견국장
- 인재개발원 부원장/원장겸무
- 한국금융소비자학회 부회장
- 한국금융연수원 교수
- 경제연구원 부원장
- UPI뉴스 논설위원
- 고려대 행정전문대학원 교수(현)

우리 시대의 금융경제 읽기

초판발행   2025년 3월 30일

지은이   조홍균
펴낸이   안종만·안상준

편 집   박정은
기획/마케팅   정연환
표지디자인   BEN STORY
제 작   고철민·김원표

펴낸곳   (주) **박영사**
              서울특별시 금천구 가산디지털2로 53, 210호(가산동, 한라시그마밸리)
              등록 1959.3.11. 제300-1959-1호(倫)

전 화   02)733-6771
f a x   02)736-4818
e-mail   pys@pybook.co.kr
homepage   www.pybook.co.kr
ISBN   979-11-303-2271-1 93320

*파본은 구입하신 곳에서 교환해 드립니다. 본서의 무단복제행위를 금합니다.

정 가   27,000원